国土空间精细化治理

Refined Governance of Territorial Spaces

耿慧志 主编

同济大学出版社
TONGJI UNIVERSITY PRESS
·上海·

图书在版编目(CIP)数据

国土空间精细化治理 / 耿慧志主编. —上海：同济大学出版社，2023.1

（国土空间规划培训丛书 / 彭震伟总主编；5）

ISBN 978-7-5765-0407-1

Ⅰ. ①国… Ⅱ. ①耿… Ⅲ. ①国土管理—中国 Ⅳ. ①F321.1

中国版本图书馆 CIP 数据核字(2022)第 188346 号

国土空间规划培训丛书

国土空间精细化治理

耿慧志 主编

丛书策划 翁 晗

责任编辑 徐 希

责任校对 徐春莲

封面设计 王 翔

出版发行 同济大学出版社 www.tongjipress.com.cn

（地址：上海市四平路 1239 号 邮编：200092 电话：021－65985622）

经　　销 全国各地新华书店、建筑书店、网络书店

排版制作 南京文脉图文设计制作有限公司

印　　刷 上海安枫印务有限公司

开　　本 787mm×1092mm 1/16

印　　张 19

字　　数 474 000

版　　次 2023 年 1 月第 1 版

印　　次 2023 年 2 月第 2 次印刷

书　　号 ISBN 978-7-5765-0407-1

定　　价 168.00 元

国土空间规划培训丛书
编委会

序　一

我国辽阔的陆地和海洋是极其珍贵的财富，保护并充分利用好丰富的国土空间资源，建设富裕美好的家园，实现社会主义现代化强国目标是国土空间规划重要的使命。

随着改革开放逐步深化，与传统的国土规划和区域规划相比，我国的空间规划发生了巨大变化，特别是2019年发布的《中共中央　国务院关于建立国土空间规划体系并监督实施的若干意见》，不仅明确了国土空间开发保护的指导思想、目标和相应的战略，构建了比较完整的规划体系，规划的编制也有重大的发展与突破，体现了党和国家提出的"多规合一""优化国土空间布局"以及"区域协调发展"等一系列重要的思想和国策，突出了规划战略性、综合性和地方性的特色。

规划的核心是"五级三类"规划编制审批体系。"五级"是空间范围，从全国、省、市、县一直分解到乡镇基层单位，对每个空间层级，规划都提出了不同的要求。"三类"的含义更为丰富，既体现了主体功能区规划、城乡规划、土地利用总体规划的"三规合一"，又包含总体规划、详细规划和多项相关专项规划的内容，涉及多个学科领域。面对这一新的变化，我国高等学校现有的规划专业，乃至各类规划设计队伍和管理机构，如果不按新型国土空间规划的要求进行必要的调整、充实，是难以完成国家赋予的这项重要任务的。

可喜的是，为了适应新形势的发展，普及国土空间规划的基本知识和技术，同济大学在短期内组织力量编写5册共百万余字的"国土空间规划培训丛书"。纵观5个分册的内容，既包含对国土空间规划理论体系的探索，规划核心技术的构架，不同空间层次规划的编制和传导等具有战略性、全局性的议题，还用大量的篇幅提供与详细规划、国土空间规划相关的专项规划在编制过程中的经验和案例。全书基本上覆盖了国土空间规划的方方面面，内容十分丰富。"国土空间规划培训丛书"的出版，不仅有益于需要学习这方面知识、技能的专业读者，同时对正在探索创办国土空间规划专业的高等院校也有重要的借鉴意义。

作为长期从事城乡规划与土地利用总体规划的教育工作者，面对国土空间规划的变化，深感紧跟时代步伐的重要性，那就要扩大视野，不断吸收新鲜事物，拓宽原有的专业领域，与时俱进，决不能吃老本，止步不前。回想20世纪70年代末，北京大学地理系应国家需要创办了城市规划专业，为了弥补原有专业的不足，我曾两度赴同济大学取经，在人才培养、教学计划、课程设置、生产实习等方面获取了大量办学的有益经验。通过院校之间的不断交流，同济大学也吸纳了地理学中的一些理论方法，进一步充实城市规划专业的教学内容。这种理工互补、取长补短的方法，也是我国城乡规划教育界的一种创新。1998年6月，建设部组织专业人员分别对6所工科院校的城市规划专业进行评估。作为评估专家组成员，我有机会再次比较全面地了解同济大学改革开放以来该专业发展变化的过程。为适应国家对城市规划人才的需要，同济大学在保持原有专业特色的同时，根据发展需要增设一些新的课程，如城市地理、城市经济、区域规划、城市生态等，同时还吸纳一部分来自地理院校的人员充实教师队伍，通过校际之间的交流，不断优化城市规划专业。同济大学不仅在传统的规划领域——城市总体规划、详细规划、道路交通规划、城市设计等方面展现自身的优势，而且开拓了新的领域，被学界公认为我国城乡规划最全面、实力最雄厚的高校之一。由此看来，同济大学编写出版“国土空间规划培训丛书”并非偶然，如果没有丰厚的专业基础和长期探索积累结下的硕果，是不可能承担国土空间规划培训任务的。

作为一套普及国土空间规划的培训丛书，当然还有可以提高完善的空间。总的来看，文集式的读本虽然内容丰富，但在系统性上仍可提升。丛书收集的文章风格各异，有可能还存在观点碰撞，这也正是当前国土空间规划改革中的时代特点。

还要看到，当前国土空间规划虽然已经形成较完整的编制审批体系，由于尚未经历实践的检验，加之国土空间规划法规尚未完全出台，在规划编制和实施过程中必然会出现各种各样的变数和问题。举例来说，从宏观层面看，国土空间规划虽然实现了“三规合一”，但如何将空间规划与发展规划整合成为既有分工又相互补充、相互依存的规划体系，如何将城镇群、都市圈的发展规划与中心城市的总体规划融为有机整体等问题仍需要进一步探索。从微观层面看，当前对于城市设计、城市更新、历史文化遗产保护、基础设施建设规划的编制，职能部门之间缺乏明确的分工，造成了不必要的交叉重叠。如何理顺这层关系，加强各职能部门之间的分工协作，对完善空间规划的编制体系至关重要。

总之，当前我国国土空间规划仍处于起步阶段，面临种种机遇与挑战，国土空间规划任重道远。我坚信，今后随着更多的相关学科和规划工作者不断地探索和创新，必然会将我国国土空间规划推向一个又一个的高峰。

董黎明
北京大学城市与环境学院教授
2022年7月

序　二

国土空间规划是在原有的主体功能区规划、土地利用规划、城乡规划等空间规划的基础上，经过“多规合一”试点之后，逐步形成的一类新的空间规划。国土空间规划是“国家空间发展的指南、可持续发展的空间蓝图，是各类开发保护建设活动的基本依据”①。它不是原有各类空间规划的拼合与叠加，而是在“融合” 与“化合”后产生的质的飞跃。它具有鲜明的“三全”与“三高”的本质特征与属性。

所谓“三全”指的是“空间规划对象是‘全域、全要素和全行动方略’，涉及山、水、田、林、湖、草、沙、海岛等自然空间要素以及城、镇、村等人工环境的保护、开发利用、修复和治理等”②。所谓“三高”指的是“实现高质量发展、高品质生活、高效能治理”。国务院组建自然资源部，“中央给予自然资源部的职能定位是：履行统一行使全民所有自然资源资产所有者职责，统一行使所有国土空间用途管制和生态保护修复职责。‘两统一’的要求，意味着自然资源部门仅仅做好土地、生态等资源的守护者是不够的，更要转变为一个高效的资产经营者……对国土空间规划而言，就不能只是一个简单解决空间安排、用途管制的问题，而是还要研究如何通过空间规划来促进自然资源的保值增值。”③任何空间的安排与使用都有其正与负的外部效益；因此，在空间资源的配置中必须权衡各类空间使用的需求关系。国土空间规划既要“守底线”，也要“谋发展”，在“生态优先”（刚性管控）的前提下，谋划地方“绿色发展”，并确保规划能用、管用、好用。总之，国土空间规划是国家空间治理行为，是实现国家治理现代化的重要手段，它面临着诸多新的挑战，需要探索。

在以往的各类规划中，好的经验是值得传承的，但更多的经验还需要我们去探索和积累。“国土空间规划培训丛书”正是探索之路上的阶段成果。从理论到实践，包括《国土空间规划理论与前沿》《国土空间规划编制技术》《国土空间专项规划》《城市更新与城市设计》《国土空间精细化治理》5 个分册，75 个章节可谓博览，是一次理论与实践的大检阅。

当然，面对国土空间规划的“三全”与“三高”，书中有些内容尚未深入涉及，例如“双评价”“三线划定”“一张底图”“海洋及海岸线”“自然保护区”“国家公园”等。要完成国土

---

① 《中共中央 国务院关于建立国土空间规划体系并监督实施的若干意见》[EB/OL].(2019-05-23).http://www.gov.cn/zhengce/2019-05/23/content_5394187.htm.

② 孙施文.从城乡规划到国土空间规划[J].城乡规划学刊，2020(4)：11-17.

③ 张京祥.“国土空间规划体系的战略引领与刚性管控的关系”学术笔谈[J].城乡规划学刊，2021(2)：6-14.

空间规划，必须要在原有城乡规划的基础上，扩充土壤学、农学、林学、海洋学、水利学、生物学等相关专业知识。显然，国土空间规划的编制绝不是一个专业能够完成的，它一定是多专业团队的集体工作。然而，从当前我国各地在编制国土空间规划时的实际状况来看，编制国土空间规划的主力军依旧是原来从事城乡规划的专业人员。也许，其根本原因不仅仅在于知识结构，更在于：①原有的城乡规划人员有着比较强的综合思维能力，已经养成了网状的思维习惯，即一旦触及网上一个点（问题），他们马上就会针对许多相关问题进行综合分析、比较、权衡、判断。处理城乡规划空间问题，既是二维的——定点的位置，又是三维的——要考虑高度、容积率，同时还要考虑四维的时序，甚至有人说还有“五维”——要想到人，因为人是问题的核心，要以人为本。这种立体的、多维的、动态的思维习惯是要长期培养才能形成的。②城乡规划工作人员有着较强的政策观念，因为规划不是单纯的技术问题，更重要的是为当前的政策服务，是公共政策的体现。

前面提到了国土空间规划的编制需要知识的扩充，在这里要讲一个历史上的经验与教训。1980年，同济大学恢复城市规划专业不久，在联合国教科文组织的资助下，美国波士顿大学华裔教授华昌宜来同济讲学。我们主动邀请他到教学现场（教室）观摩，学生当时正在编制甘肃省平凉市的城市总体规划。他看后十分感慨地说：这跟我10多年前在美国的时候一样，教师就像一个司令员，指挥各个兵种，你负责土地使用，他负责交通、绿化等。可是美国现在不是这样了，不搞城市的总体规划了。在讲课中，他用了一张城市规划知识膨胀图（图1）：第1圈（核心圈）包括建筑、工程、地景；第2圈包括土地使用、交通设计；第3圈包括经济、社会、政治、法律、人口、地理；此外，还有第4、5、6圈。由于城市规划知识的膨胀，许多自称为“城市规划专业”的人士彼此间却不能很好地沟通，原因在于核心圈的内容被空洞化了。这个经验教训对我们今天的国土空间规划有所启示：虽然国土空间规划涉及的内容很丰富，除山、水、田、林、湖、草、沙等信息外，还有海洋知识、农业知识等，但不能失去共同的核心——人与地。

在知识膨胀的大背景底下，重要的不在于你掌握了哪些知识，而是你要知道有哪些相关知识，并且知道可以到哪里去寻找这些知识。本丛书应该就是能找到国土空间规划相关知识的地方之一。

我们已深切地感受到，从马车时代到汽车时代，城乡空间结构和人们的生活方式都发生了巨大的变化。随着科学技术的迅猛发展，信息技术、大数据所构成的虚拟空间、“元宇宙”等概念又会给国土空间规划带来什么问题呢？这些都值得关注——我们永远走在探索的路上。

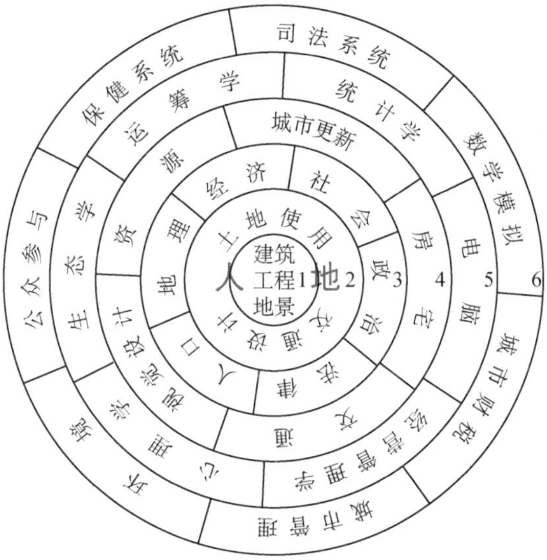

图1　华昌宜教授课上使用的城市规划知识膨胀图

陈秉钊
同济大学建筑与城市规划学院教授
2022年7月

丛书前言

2019年5月23日，《中共中央 国务院关于建立国土空间规划体系并监督实施的若干意见》（以下简称《若干意见》）发布，标志着中国国土空间规划体系建立和相关改革的正式启动。同年5月30日，自然资源部印发《关于全面开展国土空间规划工作的通知》，要求“各级自然资源主管部门要将思想和行动统一到党中央的决策部署上来，按照《若干意见》要求，主动履职尽责，建立‘多规合一’的国土空间规划体系并监督实施”。在自然资源部的大力推动下，全国各地都依据中央和部委文件要求，持续推进国土空间规划的研究与实践。

同济大学作为优势工科引领的世界一流大学建设高校，城乡规划学科发展与人才培养已有百年历史，并在发展中不断拓展与建筑、风景园林、土地规划、环境规划、生态、自然资源开发与利用、海洋工程以及基础设施等相关学科专业的交叉与融合，构建了城乡规划学科专业的教学、科研和实践的一体化发展体系。同济大学积极为国家经济社会发展服务，为全国规划建设系统培训了一批又一批的专业领导干部。自1980年代初期同济大学成立城市建设干部培训中心以来，迄今已为全国培训了3万余名专业领导干部，他们活跃在全国各地城乡规划建设领域，为中国城镇化的健康发展做出了巨大的贡献。

2020年正是推进我国国土空间规划体系建设的重要时刻，但新冠肺炎疫情席卷全国，极大地影响了社会经济的运行，规划专业人员无法赴野外作业。为了慰问武汉市奋战于抗疫前线的规划工作者，同济大学城市建设干部培训中心于2020年3月组织了首场国土空间规划线上公益培训直播活动，点对点为武汉市的规划建设领导干部、专业技术人员、教师及科研群体开设了国土空间规划专题培训班，之后扩展到湖北省，再逐步扩展到全国其他各省。在短短3个月的时间内，邀请了包括中国工程院院士、同济大学吴志强教授在内的国内知名规划专家，共开展了36场线上公益直播培训，累计惠及20余万人。从培训学员反馈来看，这些公益培训课程大大促进了对国土空间规划理论与规划编制技术方法的学习，推动了国土空间管理相关法规与知识的普及，为进一步提高我国国土空间规划体系建设水平作出了贡献。

通过这些公益培训，我们积累了大量宝贵的国土空间规划教学资源。结合这些培训课程的课件和录音录像等资料，并融入最新的国土空间规划发展理念和情境变化，相关授课老师精心打磨形成专题，同时结合国土空间规划的内容结构，增补了少量已在期刊发表的学术论文，形成共计75个章节的“国土空间规划培训丛书”。

丛书 5 个分册的主题和板块内容分别为：

（1）国土空间规划理论与前沿（理论探索、技术前沿）；

（2）国土空间规划编制技术（技术架构、总体规划、详细规划）；

（3）国土空间专项规划（交通与基础设施、生态系统、历史保护、专项研究）；

（4）城市更新与城市设计（城市更新、城市设计、实践案例）；

（5）国土空间精细化治理（大城市、乡村地区、城市社区、建成环境，法规依据和技术支持）。

“国土空间规划培训丛书”的出版能加强我国规划行业的深度交流，在当前国土空间规划体系建设的关键时期，推动规划从业人员业务能力与水平的提升，引导和形成良好的国土空间规划行业发展生态。

彭震伟

同济大学党委副书记、教授

2022 年 7 月

前　言

习近平总书记指出,“城市管理应该像绣花一样精细”,精细化治理是一个近几年讨论比较多的话题,国土空间如何实现精细化治理?需要多角度持续探索。

首先,国土空间的精细化治理在于治理目标的精确。经济社会系统的多样性是空间活力的保证,不同群体对于空间供给需求具有显著的差异性,适应这种差异性应当建立更加多样化的治理目标。其次,国土空间的精细化治理需要治理手段的精准。健全的法规政策体系是治理环境规范化的重要保障,有助于各方预期的一致和共识;智慧化的治理手段是数字时代的必然要求,也是提高治理手段精准性的必由之路。再次,国土空间的精细化治理呼唤治理过程的高效。优化行政管理流程和创新行政管理手段,以提高政府行政管理的绩效;完善政府与社会多元主体,以及多元主体之间的常态化沟通协调机制,实现政府与多元主体的协同共治。

编制审批体系、实施监督体系、法规政策体系和技术标准体系是国土空间规划着力建立的四大体系。法规政策体系和技术标准体系是国土空间精细化治理的基本制度保障,规范化的制度环境有利于提高治理的效率;“五级三类”的编制审批体系正在进行广泛探索;对实施监督体系而言,建立全域全要素用途管制制度是国土空间精细化治理的核心任务,也是政府行政管理流程改进优化的具体落实。“详细规划+规划许可”的建设用地管制在城镇地区已有成熟实践基础,但在乡村地区还应当因地制宜;“用途管制+项目准入”农转用用途管制需要进一步探索;农用地和生态用地的用途管制规则需要尽快完善起来。

在上述认识的基础上,本书选取相关文献成集,更多聚焦理论研讨。3 篇文献探讨大城市自身的精细化治理,3 篇文献聚焦大城市乡村地区的精细化治理和全域用途管制,5 篇文献解析城市社区治理,2 篇文献探讨城市建成环境,2 篇文献讨论国土空间规划管理技术规定和大数据技术支持。

由于国土空间精细化治理的体系尚在探索阶段,希望本书对国土空间精细化治理的体系构建有所裨益。同时,书中一定存在错误和不妥之处,恳请读者批评指正。

耿慧志

同济大学建筑与城市规划学院副院长、教授

目　录

大　城　市

乡 村 地 区

城 市 社 区

建 成 环 境

法规依据和技术支持

大城市

LARGE CITY

1 城市管理精细化*

伍 江 周鸣浩**

1.1 城市管理迈向“精细化”的思想背景

1.1.1 改变粗放型管理方式

2015 年 12 月召开的中央城市工作会议是我国城镇化发展历程中的一个关键节点，为城市精细化管理理念的提出做了充分的准备和铺垫。会议提出“一个尊重，五个统筹”，改变以往偏重城市基础设施建设的倾向，开始关注城市发展与管理的规律性、全局性、系统性、持续性、宜居性、积极性，提出“统筹规划、建设、管理三大环节，提高城市工作的系统性”“抓城市工作，一定要抓住城市管理和服务这个重点，不断完善城市管理和服务，彻底改变粗放型管理方式，让人民群众在城市生活得更方便、更舒心、更美好”。2017 年年底，在国务院关于《上海市城市总体规划（2017—2035 年）》的批复中，第九条“健全城市管理体制”，特别强调要创新城市治理方式，加强精细化管理，在精治、共治、法治上下功夫，走出一条符合超大城市特点和规律的社会治理新路子。

1.1.2 城市治理是国家治理的重要组成部分

十八届三中全会公报指出，全面深化改革的总目标是完善和发展中国特色社会主义制度、推进国家治理体系和治理能力现代化。十九届四中全会作出了坚持和完善中国特色社会主义制度、推进国家治理体系和治理能力现代化的决定。城市治理已经是国家治理的重要组成部分，推进城市治理体系和治理能力现代化，成为新时代国家治理现代化的重要内容之一。2019 年 11 月，习近平总书记听取上海市委、市政府工作汇报时再次强

---

* 本章主要结合 2020 年同济大学国土空间规划人才研究与培训中心举办的公益培训讲座内容整理，其中部分内容纳入《像绣花一样管理超大城市：城市管理精细化卷》，参见：上海市住房和城乡建设管理委员会.像绣花一样管理超大城市：城市管理精细化卷[M].北京：中国建筑工业出版社，2021.

** 伍江，同济大学建筑与城市规划学院教授，同济大学超大城市精细化治理（国际）研究院院长。邮箱：wujiang@tongji.edu.cn。周鸣浩，同济大学建筑与城市规划学院副教授，同济大学超大城市精细化治理（国际）研究院执行副院长。邮箱：zhouminghao@tongji.edu.cn。

调，要深入学习贯彻党的十九届四中全会精神，提高城市治理现代化水平。

国家治理与城市治理有联系也有区别。在中国的政治结构中，国家和省级层面的治理在宏观上设定了城市治理的框架，是城市治理必须要考虑、衔接和融入的治理生态，但在全球治理、国家治理、省域治理、城市治理、县域治理和乡村治理的多层治理结构中，唯有城市治理面对空间高度压缩，资源和人口高度聚集状况，有其独特的治理对象和目标，也需要独特的治理方法和工具。①

1.1.3 城市管理应该像绣花一样精细

习近平总书记曾多次对上海的城市建设和城市治理作出重要指示。2017 年 3 月在参加全国两会上海代表团审议时，习近平总书记指出，“走出一条符合超大城市特点和规律的社会治理新路子，是关系上海发展的大问题。城市管理应该像绣花一样精细。要持续用力，不断深化，提升社会治理能力，增强社会发展力”。2018 年 11 月，总书记在浦东新区城市运行综合管理中心强调，“城市治理是国家治理体系和治理能力现代化的重要内容”“一流城市要有一流治理，要注重在科学化、精细化、智能化上下功夫”。2019 年11 月，他在听取上海市委、市政府工作汇报时指出，“要抓好‘政务服务一网通办’‘城市运行一网统管’，提高城市治理的现代化和精细化水平”。总书记在视察杨浦滨江时，明确提出的“人民城市人民建，人民城市为人民”的重要理念，深刻揭示了中国特色社会主义城市的人民性，赋予了上海未来城市建设和管理精细化的新使命。2020 年 11 月，习近平总书记在浦东开发开放 30 周年庆祝大会上的讲话再次指出，“城市是人集中生活的地方，城市建设必须把让人民宜居安居放在首位，把最好的资源留给人民”。

综合解读习近平总书记的上述指示，他所指出的像绣花一样管理和治理城市，不仅意味着城市管理要聚焦细节，雕琢细部，而且还意味着一种能够快速和精确应对复杂性和不确定性的全局观、应变力和统筹力，其目标是满足人民的需求，服务人民的感受，实现人民的幸福。由此，“城市管理精细化”的内涵和外延逐渐丰富和清晰，成为中国的城市，尤其是上海这样的超大城市在建设管理领域的发展目标和前进方向。

1.2 城市管理迈向“精细化”的必然趋势

截至 2019 年年底，我国城镇化率突破 60%，城镇常住人口达到 8.48 亿人。预计到 2035 年，我国 14 亿人口中将有 70%以上生活在城市中，接近发达国家水平。党的十九大报告指出：“中国特色社会主义进入新时代，我国社会主要矛盾已经转化为人民日益增长

① 夏志强，谭毅.城市治理体系和治理能力建设的基本逻辑[J].上海行政学院学报，2017(5)：12.

的美好生活需要和不平衡不充分的发展之间的矛盾”。从“物质文化需要”到“美好生活需要”，从曾经“落后的社会生产”到如今“不平衡不充分的发展”，城市的发展模式也正在发生深刻的变化，这些新变化推动城市管理迈向精细化。

1.2.1 城市发展基本观念的变化

随着城镇化率的不断攀升，中国的城镇化已然进入“下半场”，过去的单一扩张式发展路径已经不可持续。在城镇化的“上半场”，城市的发展逻辑主要依靠廉价的要素吸引企业投资和落户，再由企业吸引就业和人才。而到了“下半场”，逻辑则变为通过优质的城市生活和公共服务来吸引人才，再通过人才吸引企业，企业创造繁荣。因此，新型城镇化的核心是人，城市在推动城镇化时，首先要打造吸引人才的高品质城市环境、生活和公共服务，这也就意味着过去单纯以国内生产总值（GDP）为导向、追求经济利益的增量扩张式城市发展模式必将向以高质量高品质发展为导向、追求综合效益的内涵提升式城市发展模式转型。精细化管理正是服务于这样一种新发展需求的必然选择。

1.2.2 城市发展前提条件的变化

随着生态文明时代的来临，可持续发展理念日渐深入人心，我国的城市发展面临多重资源紧约束。一是土地空间资源紧约束。城市发展模式将从过去的增量扩张转向增量、存量与减量并重，尤其注重有机更新和内涵提升，亟待全面统筹协调规划、建设和运维之间重叠并行的复杂关系。二是行政管理资源的紧约束。政府行政资源投入的相对有限性与不断增长的社会服务需求之间存在显著矛盾，亟须摆脱政府兜底的惯性思维，创建各类社会力量投入和参与管理的机制和平台。精细化管理也就是为了回应有机更新和社会治理的新语境的一种城市建设和管理新模式。

1.2.3 城市发展侧重点的变化

城市是一个复杂巨系统，随着城镇化的不断推进，城市管理面临的要求也越来越高。大量老旧建筑、超高层建筑、复杂交错的生命线管网及规模庞大的地下空间存在高负荷使用、动态监测乏力、维护保养不足等客观现状，安全风险不断累积、耦合、叠加，质量报复期效应初显。疫情防控更是对城市管理工作提出了更高的要求。城市管理的各项相关工作逐步关注风险安全问题，以增强城市韧性为基本目标，以便在短时间内提升对风险的精准预判能力、对问题的及时发现能力、对事件的快速处置能力和对资源的高效统筹能力。在这样复杂严峻的新形势、新挑战中，城市管理逐步走向精细化是必然趋势。

1.3 “城市管理精细化”的概念解析

1.3.1 城市管理

作为公共管理的一个具体领域，城市管理（urban management）是针对城市公共事务的管理活动，其基本使命是提供公共产品和公共服务，满足公共需求，提升城市竞争力。① 随着城市规模的增长与城市事务复杂性的增加，城市管理的内涵以及城市管理部门的职能范畴也往往变动不居，不断调整和变化。

“城市管理”有广义和狭义之分。广义的“城市管理”，是对城市行政辖区内一切人、事、物的管理活动的总称，包括运用的决策、计划、组织、指挥等机制，以及围绕城市运行和发展所进行的决策引导、规范协调、服务和经营行为，涉及与城市发展相关的政治管理、经济管理、社会管理、文化管理、环境管理、市政管理等各个方面。狭义的“城市管理”接近所谓的“城市物业管理”，是指城市政府或城市政府依法成立的城市综合管理部门或特定机构（如公用事业、市政、市容、园林绿化管理等）依照法律授权或行政授权，依法维护城市基础设施功能，管理城市公共空间秩序，保障城市健康运行的行政行为。内容包括“道路交通运输、给水排水污水处理、垃圾收运处置、能源热力供应、邮电通信、园林绿化等城市基础支撑系统和城市公共空间管理”。② 此外，由于宣传不到位，普及不充分，在部分群众眼中，“城市管理”被简单地等同为“城管执法”，即针对城市生活中影响市容市貌的“脏、乱、差”等问题行使街面执法权的行为，造成了对城市管理工作的误解和偏差。

为了更明晰地界定官方语境下城市管理工作的特定范畴，2015 年中央城市工作会议结束后，于 12 月 24 日颁布了《中共中央、国务院关于深入推进城市执法体制改革改进城市管理工作的指导意见》（以下简称《指导意见》），其中专门框定了城市管理的主要职责是市政管理、环境管理、交通管理、应急管理和城市规划实施管理等。具体实施范围包括：市政公用设施运行管理、市容环境卫生管理、园林绿化管理等方面的全部工作；市、县政府依法确定的，与城市管理密切相关、需要纳入统一管理的公共空间秩序管理、违法建设治理、环境保护管理、交通管理、应急管理等方面的部分工作。城市管理执法即是在上述领域，根据国家法律法规的规定，履行行政执法权力的行为。

可见，我国政府部门所界定和关注的“城市管理”，聚焦于对物质空间环境品质和运行秩序的维护管理，以及由此产生的相关社会行为活动，主要是在城建领域的工作内容及其衍生方面。

---

① 杨宏山.城市管理理论与实务[M].北京：中国人民大学出版社，2016：2.

② 翟宝辉，张有坤.城市综合管理[M].北京：中国城市出版社，2020：8.

1.3.2 城市治理

从政治学的角度看,“治理”(governance)的基本含义是指在一个既定范围内运用权威维持秩序,满足公众需要,其基本理念是相对于单方面的统治而言,更强调政府分权、主体多元、社会自治。① 因此,尽管“城市治理”与“城市管理”仅有一字之差,但两者所反映出的内涵理念与行动准则有所不同。

传统意义上的“城市管理”建立在韦伯的官僚制理论和威尔逊的政治与行政两分法基础上,多强调政府或官方自上而下的威权意识,把城市政府视为唯一的权威性管理主体。政府既“掌舵”又“划桨”,高度依赖科层制,以“命令/服从”的单向一线性机制为其运作基础。在某些极端情况下,以“管理”为导向的“理想城市”更接近一个按部就班、井井有条的机械装置,似乎一切都应当遵从管理者制定的规则与标准,维持一种“完美”的秩序。

现代意义上的“城市管理”则不再将管理主体局限为政府部门和公共机构,转而引入更多的市场机制和社会力量,让私人部门、非营利组织和公众也参与进来,从而导向内涵更丰富、内容更广泛的“城市治理”。在“治理”的框架下,尽管政府仍然是最主要、最具主导性的权力主体,但城市管理更强调城市各利益攸关方——不论其处于社会的哪个阶层——“共建共治共享”的多元格局。与“管理”和“被管理”这样二元对立的架构不同,在治理体系中,政府逐步实现从管理者到“管理/服务”者的身份转化,既卸下了“不可承受之重”,又激活了社会其他阶层和群体的参与意识与自主意识。管理/服务者(政府部门)、协调者(专业人员,如规划师、律师、社区工作者)、投资者(开发商和业主)和参与者(市民或其他使用者)共同构成了一个以多元主体合作为导向的动态协商场域。这必将在体制上推动一种公正与效率兼顾的社会发展。近年来兴起的社区规划师制度和微更新活动正是城市治理观念初露端倪的典型表现。

由此,传统的城市管理与城市治理总体上有四点区别:管理的主体是一元的,治理的主体是多元的;管理偏好强制性,治理可以是强制的,但更多采用协商和协同的方式;管理的权力运行向度主要是自上而下的,治理则是双向的,甚至是平行的;管理聚焦的范围基本以政府权力所及的领域为边界,而治理则以公共领域为边界,比管理更宽广。②

1.3.3 城市管理精细化

源自企业管理领域的“精细化”是一种科学的管理思维和理念,是现代化大生产过程

① 俞可平.引论:治理与善治[M]//治理与善治.北京:社会科学文献出版社,2000:5.

② 这里参考了俞可平在《推进国家治理体系和治理能力现代化》一文中关于“治理”和“统治”的概念辨析。参见:俞可平.推进国家治理体系和治理能力现代化[J].前线,2014(1):5-8,13.

中社会分工精细化和生产流程精细化的结果，即在规范化管理的基础上引入精、细、准、严的管理目标，要求管理项目设置精准化，管理内容具体化，管理过程可操作化，同时强调每个管理主体都要明确责任，对照职责分工的要求将工作落实到位。

20世纪以来，精细化管理的思想经历了多个发展阶段。最初，“科学管理之父”弗雷德里克·W.泰勒(Frederick W. Taylor，1856—1915)在最大化工人现场操作的效率方面提出精细化管理的概念。随后，W.爱德华兹·戴明(W. Edwards Deming，1900—1993)围绕质量管控进一步发展了精细化管理的思想。最终又集大成地体现在所谓的“精益生产”，即丰田生产方式(TPS，Toyota Production System)之中。此后，随着新公共管理理论的兴起，精细化管理的思维逻辑开始从企业管理领域被移植到公共管理领域，并向城市治理范畴深度拓展。如果说在企业管理领域，“精细化”更关乎效益和效率的话，那么在城市治理领域，由于涉及更多的社会治理问题，精细化管理就不仅关注城市管理效率和运行效能的提升，还尤为关注城市基础功能和公共空间服务的公平性和均好性问题，纳入更多有关社会公正和空间正义的议题。在此意义上，当代城市发展的语境中，“精细化”的内涵就不仅指通过严格精确的流程和标准来提升管理“效率”，而且还指通过多样化和个性化的服务供给来更精准和巧妙地满足每一个市民的需求。

上海在探索城市管理精细化的过程中逐渐形成了“一核、三全四化、三美丽”的“四梁八柱”。其中，“一核”即“以人民为中心”，是一切工作的出发点和落脚点；“三全四化”即全覆盖、全过程、全天候，法治化、标准化、智能化和社会化，是实现手段，共同提供了精细化管理的实践路径；“三美丽”即美丽街区、美丽家园和美丽乡村，既是精细化管理在空间层面的类型化，也是精细化管理成果的生动画像。它改变了过去城市管理资源投入和行动推进时“撒胡椒面”的简单做法，强化了管理工作的集中度和显示度。

1.3.4 “精细化”的目标层级

在城市管理越来越受重视的今天，各地都在探讨城市管理的精细化，似乎都认为管得越细越好。可当管理者缺少明确的管理目标，为管理而管理时，反而吃力不讨好，管得越细，市民意见越大。因此城市管理的第一要义就是目标导向，明白城市自身以及城市中生活的人——市民的需求。我们可以通过“家”的比喻来理解城市管理目标的层次性，城市建设和管理即是打造和维护这个“家”，最终实现人人都能在城市中“诗意地栖居”的终极目标。

这个“家”包含多重意义，可以把它分解为四个层次：能住、好住、舒适、温馨。

第一，一个“家”最基本的是能住。也就是说，除了通过建设实现基本的硬件设施设备，包括地板、墙面、屋顶等构件，客厅、厨房、卧室、厕所等空间，以及在基本的装修和家具以外，也要有日常维护，包括安全警戒、清洁打扫、东西坏了能维修、保证水电煤等，也就是要能够保障日常生活的安全稳定、干净有序和正常运转。城市本身是一个巨系统，高度的复杂性带来了大量的不确定性，包括技术不确定性、自然环境不确定性、社会经济不确定性等，因此，城市管理一定要遵循一个基本原则——维护城市的安全底线、基本功能和运行秩序，建立高度的韧性和稳定性。

第二，一个“家”不但要能住，还要好住，也即要有及时回应和动态解决日常生活中遇到各种难题和困扰的能力，比如噪声油烟、老鼠蟑螂、返潮漏水等。在城市的日常运行过程中，不同子系统之间的冲突，如建设施工引发的扬尘、噪声或不均匀沉降对周围居住区生活品质的影响、城市水务治理体系与水生态环境可持续之间长期的矛盾、城市人口规模与交通承载体系之间的不匹配等，都会产生大量导致城市运行不畅的问题，进而影响人民的感受度。对应到城市管理，也就是要通过各种持之以恒的政策供给、机制创新和行动计划来优化系统，实现系统间的适配，积极回应社会关切的痛点难点、难题顽症，不断提升市民幸福感。

第三，一个“家”不仅要能住、好住，还要舒适，现代都市在安全、整洁、有序的基础上，也需要便利、高效、宜居，使人们生活舒适。这种舒适性一方面源于以人的需求为中心的全方位品质提升，比如塑造全龄友好的环境、无障碍通行的环境等，将对人的需求的一般化抽象转向对人的需求的差异化具象；另一方面则是在城市管理中对新科技的导入，我们今天经常说的“宅文化”，这是信息化、网络化和智能化的新科技赋予我们的新能力。就像那些新一代的智慧家居，不仅被动适应人的需求，而且主动预测、回应和满足人的需求。城市管理也一样，通过“城市大脑”的系统性建设，软硬件融合所导向的“一网统管”和“一网通办”等，其最终目的就是让城市的管理和服务能够润物细无声地普惠每一个人。

最后，一个“家”之所以为家，就必须拥有将每个成员联结在一起的吸引力、凝聚力和温馨感。一方面，这种吸引力、凝聚力和温馨感源于居住在其中一代代人的历史记忆和文化传承，来自每个“家”自身的特色和特点。城市要有漂亮的“会客厅”，能够自豪地接待远方来客，在城市建设和管理中，这也就意味着对城市历史人文的尊重、传承与创新。另一方面，这种吸引力和凝聚力又源于城市活力的不断提升，通过源源不断的创新持续刺激经济、社会的发展与进步。

这种以人的需求和感受的递进层级为基础设立的精细化管理目标，再度突出了“人”作为主要服务对象和受益者在城市管理中的重要性。当然，在现实中，某些城市管理者也会舍本逐末，过分追求公共设施、设备的安全和有序，却忽视了使用者的感受。比如，为控制五花八门的店招店牌，有的管理部门对其进行统一设计，结果却事与愿违，变成了另一种统一的“丑”。因而，理想的城市管理精细化应该建立起一种更为弹性有机的管控机制，寻求有序和混沌、活力和规则之间的动态平衡。

1.4 上海城市管理精细化的愿景和思路

上海是我国最早开始推进城市管理精细化工作的城市之一。2018 年 1 月，上海市召开了加强城市管理精细化工作推进大会，启动了加强上海城市管理精细化的第一轮“三年行动计划”，宣告上海城市管理进入了追求“精细化”的新阶段，截至目前已取得显著成效。但我们也要看到人民群众对美好幸福生活的追求和向往是不断增长和变化的，随着城市发展水平的提高，市民对城市管理与服务的期待也在提高，上海的城市管理工作仍有不少潜力可以挖掘，仍有较大的成长空间。比如，“三个美丽”建设成效虽然显著，但主要依靠政府推进和投入，运动式的整治行动较多，长效机制建设不充分，市民参与度有待提高；法治体系和标准体系虽都已初步确立，但法规规章的成熟度以及标准规范的编制水平距离国际一流水平还有不小差距，对于力求“卓越”的上海，显然还有很长一段路要走；城市管理领域的数字化转型发展迅速，但数据孤岛还在出现，系统开发建设和应用推广的质量也参差不齐，要真正实现“一屏观天下、一网管全城”的愿景仍需努力。

2020 年 10 月 14 日，在深圳经济特区建立 40 周年庆祝大会上，习近平总书记强调要“创新思路推动城市治理体系和治理能力现代化”“要树立全周期管理意识”“要强化依法治理”“要注重在科学化、精细化、智能化上下功夫，……推动城市管理手段、管理模式、管理理念创新，让城市运转更聪明、更智慧”。一个月后，在浦东开发开放 30 周年庆祝大会上习近平总书记又一次指出，要“提高城市治理现代化水平，开创人民城市建设新局面”“推进城市治理，根本目的是提升人民群众获得感、幸福感、安全感。要着力解决人民群众最关心、最直接、最现实的利益问题，不断提高公共服务均衡化、优质化水平”。

“人民城市”是目标，“创新思路”是路径。习近平总书记的讲话直指城市治理的核心，为城市管理精细化指明了前进方向。对于上海来说，就是要在全面完成第一轮“三年行动计划”的基础上，以创新思路来继续推进“十四五”，尤其是第二轮“三年行动计划”里的城市管理各项工作。

由于城市管理涉及的工作领域宽广，事项颇为繁杂，在推进第一轮“三年行动计划”的过程中，上海城市管理部门愈发意识到城市管理领域的大量问题并不是孤立存在的，而是互相影响，具有高度的综合性、复杂性和系统性，囿于某个条线、某个部门的“头痛医头、脚痛医脚”，并不能真正解决问题，亟须体系上实现创新突破，提出一整套顶层设计清晰、行动路线明确、先进技术赋能的总体方案，为“人民城市”建设打造一枚强韧的“绣花针”。这一创新思路可以归纳为三个聚焦，即聚焦“民心民愿”、聚焦“四梁八柱”和聚焦“深耕细作”。

1.4.1 聚焦“民心民愿”

城市管理精细化工作并非要取代城市管理各条线自身的工作，而是关注于城市管理领域内由于跨部门、跨层级和跨区域而产生的综合性工作，如“三个美丽”建设、绿色社区、旧住房综合改造、既有多层住宅加装电梯和“一网统管”等，以及那些因为琐碎细小而经常被忽视的问题，如停车位、口袋公园、交通隔离栏、行道树盖板、电动自行车充电、桥下空间整治、流浪宠物管理、人行天桥的无障碍设施等。

以“人民城市”理念为标尺，事大还是事小并非城市管理精细化考量的标准，是否是民生痛点、是否与老百姓的幸福感和满意度相关才是关切的焦点。在第二轮“三年行动计划”的 7 项重点任务中，有 5 项是围绕民心工程①开展的专项行动，分别是“公共空间品质提升”“居住小区品质提升”“乡村品质提升”“综合环境补短板”和“韧性城市建设”。

1.4.2 聚焦“四梁八柱”

传统的城市管理之所以粗放，就是因为缺乏系统性的思维和体系化的架构。由于缺乏统筹、衔接和协同，城市管理工作被不同的部门、行业和区域所割裂，呈现碎片化的状态；线上的平台系统与线下的管理流程之间不是互相促进而是互相“较劲”；明明政府的政策和计划有着各种优点与好处，可许多老百姓就是“一叶障目”“熟视无睹”。要彻底改变这种局面，实现传统向现代的转型、粗放向精细的转变，必须依靠顶层设计的力量。上海在城市管理“十四五”规划中，将城市管理视为服务城市有机体健康运转和发展的重要功能系统之一，提出了四个“一”的建设目标和任务，并通过“综合整治”“安全运维”和“示范引领”三类专项行动推动任务的落实和落地（图 1-1）。

图 1-1　上海城市管理精细化“十四五”规划

---

① 民心工程包括养老服务民心工程、“学龄前儿童善育”民心工程、“小学生校内课后服务”民心工程、“旧区改造”民心工程、“农村人居环境优化”民心工程、停车难综合治理民心工程、“早餐”民心工程等。

第一个“一”是一个精细化管理的总体架构，包括行政力量的条、线、块、面统筹协同和规、建、管的一体化，这是对城市管理精细化基本“骨架”的筑造。没有这个由城市各级城市管理部门主导搭建的“骨架”，新时代中国特色社会主义人民城市的基本功能就得不到保障，城市运行将会陷入无序和混乱。

第二个“一”是一批精细化管理的治理模式，管理要“发力”，既需要“骨架”也需要“肌肉”。党建引领下的政府基层组织和各类社会自治共治力量，就是打通城市管理“最后一公里”的“肌肉组织”。“人民城市人民建”——共建共治共享格局的形成，是城市管理精细化得以实施的根本路径。

第三个“一”是一个精细化管理的综合平台。在网格化管理的基础上，这个平台将继续实现软件（应用场景）和硬件（感知末端）的同步建设与升级，积极推动线上技术手段与线下管理流程之间的互相促进与融合。它就仿佛城市的“大脑”和“神经网络”，洞见城市运行中的各类问题，驱动“骨架”和“肌肉”协同应对、解决这些问题。

第四个“一”是一套精细化管理的健康标准，以法治建设为基础、以标准规范为支撑、以城市体检为依据、以考核机制为保障，动态评估城市运行是否健康顺畅、城市管理是否科学高效，“大脑”“神经”“骨骼”和“肌肉”是否协调有序，为城市管理的改进重点和前进方向提供参考。

1.4.3 聚焦“深耕细作”

与大手笔的规划建设相比，城市管理工作似乎缺少变化、缺乏显示度，略显枯燥平淡，如同老农耕地，看似平凡却伟大。只有日复一日、月复一月、年复一年地犁地、播种、洒水、锄草和施肥，悉心照料秧苗，克服各种不可预知的天灾人祸，才能在每年的金秋十月既收获累累硕果，又维持土地肥沃。在整个“深耕细作”的过程中，细心、耐心、卓越心，缺一不可。上海的“十四五”规划力求传达和践行这样一种城市管理领域“深耕细作”的态度。比如，不仅要在“十四五”期间继续拓展“美丽街区”的数量和范围，而且强调要“巩固深化第一轮美丽街区建设成果，并向后街及背街小巷延伸”，提出打造“人民城市精细化管理示范区”，强调在示范区内要“有机结合市民自治与社会共治机制建设，持续深耕细作，探索城市管理的客观发展规律，总结经验和做法，形成可推广可复制的长效管理机制和规范标准”。

城市的运行、发展和演化有其自身规律。若不循“规”蹈“矩”，城市就会生病，城市运行就会不畅，市民生活就会受到影响。城市管理者如果要获得科学的管理方法，破解城市管理“密码”，就要以城市空间为载体开展长期反复的实践探索，探究和捕捉城市管理的客观规律。“深耕细作”不仅是政府管理部门为人民服务应有的姿态，也是实现科学管理城市的一个必要过程和一种必须态度。

参考文献

[1] 上海市人民政府. 上海市人民政府办公厅关于印发《上海市城市管理精细化"十四五"规划》的通知[EB/OL]. https://www.shanghai.gov.cn/hfbf2021/20210827/0630088139a84697a55c0a982437b1bb.html?ivk_sa=1023197a.2021-08-27.

[2] 伍江，周鸣浩，等. 上海改革开放40年大事研究：卷七 · 城市建设[M]. 上海：格致出版社、上海人民出版社，2018.

[3] 夏志强，谭毅. 城市治理体系和治理能力建设的基本逻辑[J]. 上海行政学院学报，2017(5)：11-20.

[4] 薛泽林. 城市精细化治理：中国的理论与实践[M]. 上海：上海社会科学院出版社，2020.

[5] 杨保军. 实现城市管理现代化的六大跃升[N]. 中国建设报，2015-04-14(9).

[6] 杨宏山. 城市管理理论与实务[M]. 北京：中国人民大学出版社，2016.

[7] 杨宏山. 转型中的城市治理[M]. 北京：中国人民大学出版社，2017.

[8] 俞可平. 推进国家治理体系和治理能力现代化[J]. 前线，2014(1)：5-8，13.

[9] 俞可平. 治理与善治[M]. 北京：社会科学文献出版社，2000.

[10] 翟宝辉，张有坤. 城市综合管理[M]. 北京：中国城市出版社，2020.

2 人民城市理念下的杨浦区城市精细化治理*

张尚武**

党的十八届五中全会提出“加强和创新社会治理，推进社会治理精细化，构建全民共建共享的社会治理格局”。社会治理精细化以科学、理性、精准为基本特征，主要是指在绩效目标引导下，通过科学设置机构部门、优化管理流程，推动社会治理思维和方式转变，实现社会治理的标准化、具体化和人性化。

2.1 精细化治理与高质量发展

2.1.1 精细化治理是治理现代化的重要途径

随着我国全面深化改革进入攻坚期和深水区，社会利益诉求更加多元，各类社会问题错综复杂，社会治理面临严峻考验。在过去一个时期，一些地方不同程度地存在社会治理重管控轻治理、重政府轻社会、重大概轻细节等问题。应不断提高社会治理精细化水平，既加强顶层设计又注重基层实践，构建全民共建共享的社会治理格局。

加强顶层设计，着重解决社会治理领域条块分割、资源短缺、响应迟滞、社会主体活力不足等问题，加强区域之间、政府部门之间、政府与社会之间的跨界治理机制建设，逐步构建从横向到纵向、从起点到终点的可量化执行的工作准则和制度规范。

突出基层治理，将社区及社会组织作为推进社会治理精细化的重要抓手，进一步完善社区网格化服务管理模式，加强和规范基层政务平台建设，构建分类分级解决社会矛盾和纠纷的长效机制。

转变治理方式，关键是转变粗放式、经验式的管理思维，充分考虑各地区和不同社会群体的特点，根据实际情况采取个性化、精细化的社会治理措施。

2.1.2 精细化治理是应对复杂社会的重要抓手

伴随着社会分工的发展、科学技术的革新和生产力水平的提升，实现了从简单社会到

---

* 本文根据同济大学《杨浦区创建人民城市重要理念示范区研究报告》(2020 年)整理。

** 张尚武，同济大学建筑与城市规划学院副院长、教授，上海同济城市规划设计研究院有限公司院长，中国城市规划学会常务理事、乡村规划与建设学术委员会主任委员。邮箱：zhshangwu@tongji.edu.cn。

复杂社会的迈进，治理精细化是推动治理转型和实现治理优化的必然要求。亟须转变治理思维，探索和应用新的治理技术，形成更具有适应性和有效性的治理模式。

首先，要承认复杂社会的现实，承认政府治理的有限性以及治理失灵的可能性，政府应该由“控制”角色转向“引导”角色，积极主动地谋求与多元主体的合作，促成社会治理多元格局的形成。其次，要摆脱追求同一性或一致性的惯性思维，承认复杂社会的动态性和偶然性，关注具体的人和事及其行动策略，掌握所有的环节和细节的情况，积极预防和应对可能的风险。最后，积极主动适应社会环境的变化，既要强化整体性思维、战略性思考和前瞻性意识，又要密切关注个体化的社会单元，探索和运用多样化的治理工具和手段，发展具有科学性、灵敏性和弹性化的治理机制，切实提高治理的有效性。

2.1.3 精细化治理以建设人民城市为重要目标

城市精细化治理的核心原则是以人民为中心，要为群众提供精细的城市管理和公共服务。以人民为中心、为群众服务是开展城市精细化管理的出发点和落脚点，是为了更精准地解决群众生老病死、衣食住行、安居乐业的问题。关键在人，重心在社区，聚焦解决好群众身边的操心事、烦心事、揪心事。检验城市精细化管理水平的最终尺度是人民群众的幸福感和满意度。

2.2 建设人民城市

2.2.1 重大意义

2.2.1.1 建设什么样的城市是中国现代化发展的基本命题

2019 年 11 月 2 日，习近平总书记视察杨浦滨江并发表重要讲话，开创性地提出了“人民城市人民建，人民城市为人民”，揭示了城市是什么、为什么、怎么建三个层面的基本问题，并围绕城市治理工作特点，提出统筹规划、建设、管理，统筹生活、生产、生态，发挥政府、社会、市民各方力量的要求。习近平总书记对“人民城市”重要理念的阐述，指明了新时代城市发展方向和根本要求，系统性地提出了中国特色社会主义城市治理的价值取向、治理主体、目标导向、方法路径和战略格局。

2.2.1.2 建设人民城市是中国城市发展道路的根本遵循，具有重大的历史意义

中国现代化建设正处在“两个一百年”的历史交汇期，社会经济发展矛盾发生了历史性转变，也面临百年未有之大变局，城市发展方向与城市治理能力建设事关中国现代化发展成败。从城镇化发展规律和世界经验来看，一个国家城镇化水平超过 50%以

后，现代化道路和社会发展将发生深刻转型。不能有效应对城市发展、经济发展和社会建设关系的变化，特别是发展中国家出现的“中等收入陷阱”，现代化建设将面临重大发展风险（图2-1）。

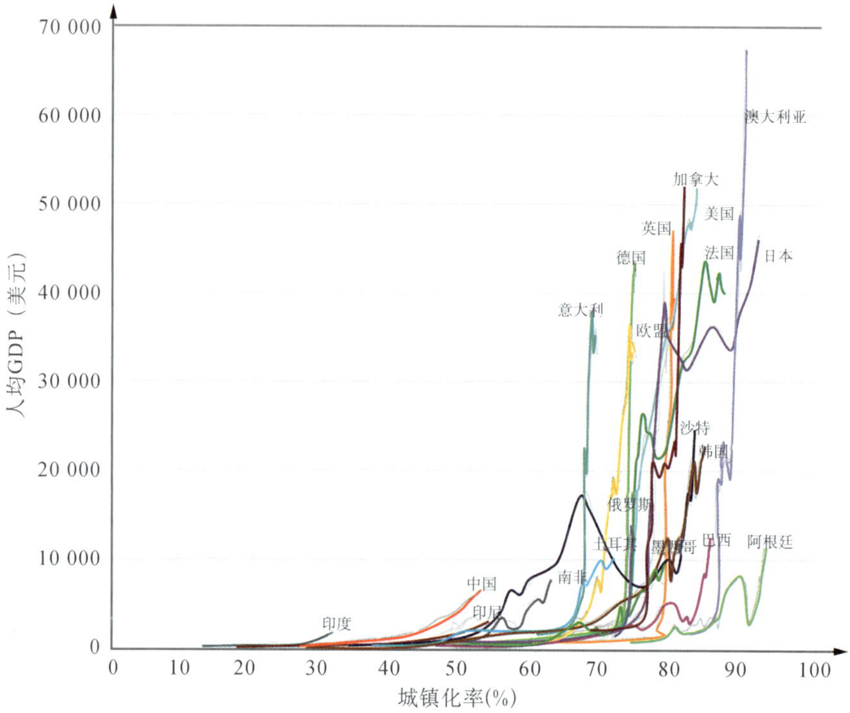

图2-1　城镇化率发展道路与人均GDP关系
来源：吴志强院士工作室

党的十八大以来，中央相继召开了城镇化工作会议、城市工作会议，高度关注我国新型城镇化道路和城市治理工作。十九大明确提出人民日益增长的美好生活需要和不平衡不充分的发展之间的矛盾是主要矛盾，明确城市发展必须坚持以人民为中心的发展思想，贯彻新发展理念，推动高速度发展向高质量发展转变。十九届四中全会全面阐述了完善中国特色社会主义制度，推进国家治理体系和治理能力现代化。

2.2.1.3　以人民为中心提升城市治理能力是中国现代化建设的历史任务

2015年召开的中央城市工作会议，提出城市高质量发展的目标和路径，阐述了提升城市治理能力的系统性及改革创新总体要求。城市发展必须坚持以人民为中心，坚持新发展理念，尊重城市发展规律，加强五个方面的统筹：统筹空间、规模、产业三大结构，提高城市工作全局性；统筹规划、建设、管理三大环节，提高城市工作的系统性；统筹改革、科技、文化三大动力，提高城市发展持续性；统筹生产、生活、生态三大布局，提高城市发展的宜居性；统筹政府、社会、市民三大主体，提高各方推动城市发展的积极性。

中国正全面建设社会主义现代化国家，高质量发展是最重要的战略议题，更是一项最重要的改革议题。以人民为中心，提升城市治理体系和治理能力的现代化，是城市更高质量、更有效率、更加公平、更可持续发展的根本保障。

2.2.2 内涵理解

2.2.2.1 把握建设人民城市的根本要求

城市建设的主体是人民，建设人民城市，要以满足人民群众对美好生活的向往作为城市治理的方向和根本标准，以"两个统筹、一个发挥"为基本路径，以制度体系建设为重点，以城市治理能力建设为保障，通过改革创新形成城市高质量发展的新格局，彰显中国特色、制度优势和治理能力。

2.2.2.2 把握建设人民城市的基本关系

以人民为中心推动城市治理改革创新，包含了理念、模式、动能三个层次的内涵和内在逻辑：一是实现发展理念的转变，突出以人民为中心，回归城市发展的本质；二是实现发展模式转变，统筹规划建设管理、生产生态生活、政府社会市民的关系；三是实现发展动能转变，统筹空间规模产业、改革科技文化的关系（表 2-1）。

表 2-1 城市治理内涵转变

发展理念转变	以人民为中心，坚持新发展理念，尊重城市发展规律
发展模式转变	统筹规划建设管理、生产生活生态、政府社会市民的关系
发展动能转变	统筹空间规模产业、改革科技文化的关系

2.2.2.3 把握建设人民城市的关键领域

人民城市作为城市发展的根本方向和城市治理现代化目标，涉及三个关键领域。其一，社区治理。社区治理是城市发展的基本单元和城市治理能力的基础。促进社会和谐，从老百姓生活的基本需求和城市治理的末端入手，探索党建引领和多元主体参与的共建共治共享机制，让老百姓充分感受到获得感、幸福感、安全感。其二，城市更新。城市更新是城市发展的空间载体和城市治理转型的关键。促进绿色宜居，要补齐公共服务、公共空间短板，探索公共价值导向的开发模式，化解城市安全、土地财政、社会发展的风险，用高品质的城市空间支撑高质量发展。其三，科技创新。科技创新是城市发展的根本动力和城市治理提升的重点。促进发展高效，打通创新链的断点，探索激发创新、创业活力，培育创新生态环境（表 2-2）。

表 2-2　城市发展新路径三大关键领域

领域	内涵	重点
社区治理	城市生活的基本单元，城市治理能力的基础	促进社会和谐，从老百姓生活的基本需求和城市治理的末端入手，探索党建引领和多元主体参与的共建共治共享机制，让老百姓充分感受到获得感、幸福感、安全感
城市更新	城市发展的空间载体，城市治理转型的关键	促进绿色宜居，补齐公共服务、公共空间短板，化解城市发展的风险，探索公共价值导向的开发模式，用高品质的城市空间支撑高质量发展
科技创新	城市发展的根本动力，城市治理提升的重点	促进经济高效，打通创新链的断点，探索激发创新、创业活力，培育创新生态环境

2.2.3　探索上海超大城市发展新路径

践行“人民城市”重要理念，探索上海超大城市发展新路径是习近平总书记的期望和嘱托。超大城市的治理问题是全球性的挑战，也是探索中国特色城市治理道路的关键。上海作为中国最重要的经济中心城市和人口规模最大的超大城市，其治理问题始终受到习近平总书记的高度关注。习近平总书记多次强调一流城市要有一流治理，希望上海继续探索，走出一条中国特色的超大城市管理新路子，提高城市治理现代化水平。

实现城市综合能级和城市治理能力提升是上海新一轮发展两大战略重点。要以人民生活需求为根本，统筹推进城市建设和经济发展，改变粗放发展方式，推动产业转型升级，培育新的经济增长动力，提升城市功能品质，努力实现高质量发展，更好满足人民日益增长的美好生活需要。

2.3　典型价值与必要性

2.3.1　杨浦转型、历史机遇与发展挑战

杨浦区于 2003 年提出“三区联动”的发展思路，相继推动了五角场副中心、环同济知识经济圈、大连路现代服务业集聚区、长阳创谷、互联宝地和杨浦滨江贯通等重大城市更新和创新区项目，成为国家创新型城市示范区、全国首批双创示范基地，逐步明确了“三区一基地”的发展定位。杨浦作为新旧动能转换的典型城区，面临滨江开发的历史机遇，也面临着老工业区转型的种种矛盾和挑战（表 2-3）。

表 2-3 杨浦实践

杨浦实践:从老工业区走向知识创新区

——三个百年的历史积淀:百年工业、百年大学、百年市政。

——三区联动、三城融合:确立"三区一基地"城区定位,国家创新型城区、上海科创中心重要承载区、更高品质国际大都市中心城区,国家双创示范基地。

——"工业锈带"转变"生活秀带",推动城区转型和创新区实践。

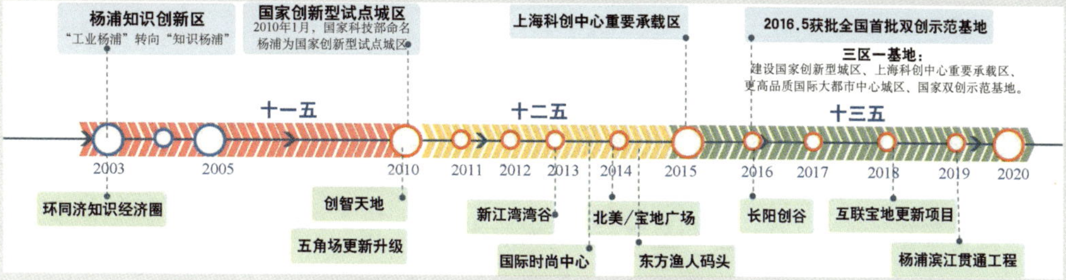

杨浦是新旧动能转换的典型城区。杨浦拥有"三个百年"深厚的历史文化积淀,是中国近代工业、市政建设和大学教育的发祥地,也是新中国国歌的诞生地。作为上海中心城区内面积最大、工人集聚和工人新村最集中的地区,老工业区转型的任务尚未完成,旧改任务重,还有 60 万平方米、2.6 万户二级以下旧里。同时,杨浦也是目前国内科教资源最集中的城区之一,肩负着建设上海全球科创中心核心承载区的时代使命。在建设创新型国家和上海迈向卓越全球城市战略背景下,杨浦需要通过治理能力现代化,推动新旧动能转换,实现工业杨浦向"知识杨浦、幸福家园"的转型。

杨浦转型面临历史性的发展机遇。杨浦在上海中心城区中拥有最丰富科教资源、最宝贵的空间资源,拥有 15.5 千米长的滨江岸线、约 8 平方千米的滨江再开发地区,近 800 万平方米老厂房资源,以及规模最大的世界级工业遗产。中心城区是上海全球城市功能的核心承载区,沿江地区是上海新一轮空间和功能优化的重点,将杨浦空间资源潜力更有效释放,并在存量优化过程中按照"两统筹、一发挥"要求,践行"人民城市"建设重要理念,将是上海探索超大城市治理道路的一次重大实践创新。

杨浦的发展短板和体制机制瓶颈十分突出。作为上海传统的北四区,杨浦经济发展相对落后,科技创新动力不强,新旧动能转换尚未完成;老工业区包袱沉重,城市更新压力大,政府财力不足,基础设施不足,民生事业欠账多,交通区位有待完善,城区品质不高;城市发展中各类深层次发展矛盾交织,存量优化与科技创新、民生改善之间关系尚未理顺,城区、校区、社区之间壁垒尚未突破,政府、社会、市民多元主体参与的合力尚未形成。

杨浦践行"人民城市"重要理念,推动老工业区转型、知识创新区建设、打造老百姓的幸福家园,迫切需要抓住发展中的关键问题,上下联动、多层次政策聚焦,多方参与、多环节行动创新,以体制机制创新为重点,破解发展困境。

2.3.2 典型价值:科技创新、城市更新、社区治理

践行“人民城市”建设理念,杨浦在科技创新、城市更新、社区治理三个领域的实践探索具有重要的典型价值,是国家战略、上海使命、杨浦路径。

2.3.2.1 科技创新:促进校城深度融合

科技创新是中国经济建设的首要任务,更是上海的历史使命,杨浦拥有丰富的科教资源,如何转化为生产力、新动能,杨浦还需进一步破题。

科教资源集聚与校地融合不足,三区联动缺少化学作用,是当前面临的突出矛盾。高校功能外溢不足,面临空间、人才两大瓶颈;城市支撑高校能力不足,城区国际化程度低,高层次人才比重少;园区活力不足,政产学研用的创新链、价值链、产业链存在诸多断点,民营企业和社会资本参与不足,创新主体作用发挥不充分,高校带动企业创新能力不强。

科技创新领域需要着力促进校地深度融合,促进科教资源、文化资源转化,聚焦科技领域,围绕创新主体和环境体制机制创新,推动知识杨浦升级。

2.3.2.2 城市更新:创新城市更新模式

杨浦拥有丰富的历史文化积淀,老城区有机更新是未来长期性挑战,如何释放工业用地存量资源和老厂房、老旧公房的潜力,服务新一轮发展战略,探索体现城市的公共价值、更可持续的更新路径和运营模式。

城市更新领域需要破解存量资源优势转化为城区发展品质的矛盾。一是摆脱高密度、高成本、高风险传统城市开发模式的路径依赖,破解土地财政、城市安全、社会公平等方面的发展风险。二是破解城市区品质短板,尤其是服务设施供给存在的结构性短板。改变设施配给缺口大、水平低,吸引知识创新人才能力薄弱的局面,改善民生设施供给不充分,及高端商务酒店、人才公寓等功能类服务设施缺乏,特色时尚休闲业态不足等矛盾。三是挖掘历史文化资源价值,提升城区文化品质和吸引力。

城市更新领域需要着力创新城市开发和规划建设管理模式。促进存量资源潜力释放,改变供需关系。针对高密度城区开发,改变低弹性、低公共性、低持续性的开发模式,探索建立以公共价值为导向、统筹规划建设管理、统筹民生保障和科技创新的城市更新机制。

2.3.2.3 社区治理:形成共建共治共享

杨浦面临老工业区转型和创新型城区建设的双重任务,人口构成和社会需求多元,社区更新压力大,人口结构呈现双马鞍形,大学生多,老龄化程度高,如何体现以人民为中心,加

强基层社区治理能力建设的要求更为迫切，激发社会活力，实现包容性发展，提升社会可持续性。

社区治理领域需要破解政府推动与市民、社会共同参与的长效机制的矛盾。一是在社区更新过程中，更精准地满足不同人群的需求，建立起更加有效的社区基层治理模式；二是调动市民参与社区更新的积极性，积极培育社会参与主体，激发社会活力，建立社会可持续发展能力；三是面对物质环境老化、社会结构老化和城区转型要求，积极探索创新型社区转型的模式。

社区治理领域需要着力推进共建共治共享氛围，探索建立包容性多元化增长的模式，充分发挥各类主体作用，调动广大群众积极性、主动性、创造性，不断增强人民群众获得感、幸福感、安全感，探索建立可持续的运行机制。

2.3.3 实践意义：国家战略、上海使命、杨浦路径

先行先试是我国现代化建设的重要经验。践行人民为中心发展理念，需要不断改革创新，破解体制机制瓶颈，这是探索创建“人民城市”重要理念示范区的意义所在。建设人民城市，不仅是一个理论问题，更是一个实践问题，既要体现顶层设计，又要抓住关键矛盾，以典型地区为试点，探索围绕重点领域的突破路径。

面向超大城市老城区的实践探索更具示范意义。一是超大城市对中国现代化建设和可持续发展的作用和影响更加深远，其治理问题更加复杂，也更加迫切，需要更加精细化、科学化应对，是展现中国能力、贡献中国智慧的重大议题。二是老城区是面向具体城市建设和基层治理的重要管理单元，更好地体现以社会实际发展需求和问题为导向。三是建设人民城市是发展理念和发展方式转型的过程，我国的城市发展正在步入存量更新阶段，老城区人口密集，深层次转型发展问题、社会需求与发展矛盾更加突出，推进系统构建、存量优化、内涵提升的意义更加重大。

杨浦作为“人民城市”重要理念的首发地，以杨浦滨江为重点创建“人民城市”重要理念示范区，是探索超大城市治理道路的最佳实践。习近平总书记考察杨浦滨江，并概括为“工业锈带”转变为“生活秀带”，是对杨浦转型发展路径和方向的充分肯定。杨浦在科技创新、城市更新及社区治理三大领域的典型实践，是上海探索社会主义现代化国际大都市发展新路径和提升超大城市治理能力的关键议题，也是国家层面推动城市新旧动能转换、转变城市发展理念和发展方式的重大需求。杨浦滨江是上海中心城区宝贵的存量更新资源，面临重大发展机遇，围绕“人民城市”重要理念，通过先行先试、体系化创新、系统性集成，探索可复制、可推广经验，将是一次践行以人民为中心推进城市建设的最佳实践。

2.4 总体目标与思路

2.4.1 总体目标

总体目标：创建“人民城市”重要理念示范区，建设更富活力、更有温度、更加可持续的幸福家园（表 2-4）。

围绕“一根本、两统筹、一发挥”，实施“一带三先行”战略，创建“人民城市”重要理念示范区，将杨浦建设成为更富活力、更有温度、更加可持续，不断满足广大群众对美好生活向往的幸福家园。

实施“一带三先行”战略，即以“滨江智能生活秀带”为引领，围绕“科技创新、城市更新、社区治理”三个关键领域开展先行突破。通过城市更新实现城市振兴，提升城市品质，让城市更有温度，通过科技创新让城市更富创新动能，通过社区治理让城市更富张力和活力。

表 2-4 杨浦区城市精细化治理目标

主题	规划指标	2030 年	负责部门
核心主题 1：平等和谐以人为本的城市	最低收入标准保障率	100%	民政局
	地区公共保健机构数量（10 万人口为准）	1.2	卫生健康委
	老人休闲福利机构数量（60 岁以上老人为准）	10	民政局
	终生教育经验率	70%	教育局
	公立幼儿园保育分担率	35%	卫生健康委
核心主题 2：充满就业机会与活力的国际化共存城市	创新群体比重	33%	科技局
	社会经济就业比例	15%	人社局
	雇用率（15 岁以上 65 岁以下为准）	75%	人社局
核心主题 3：历史渊源流传的快乐的文化城市	文化环境满意度	90	文旅局
	文化基础设施数（10 万人口为准）	4.5	文旅局
	外国旅游者人数	—	文旅局
核心主题 4：充满生命气息的放心城市	公园服务缺乏地区比重	0	住建局
	新再生能源利用率	30%	发展改革委
	灾害受难者增减率	−20%	应急局
核心主题 5：居住稳定交通便捷的居民共享城市	职住平衡指数（各圈域中最小值）	0.90	规划资源局
	所有绿色交通工具分摊率	80%	住建局
	公共租赁住宅比例	12%	住建局

注：数据参考《2030 首尔城市基本规划》。

2.4.2 总体思路

杨浦创建“人民城市”重要理念示范区，需要围绕“三区一基地”建设，以“人民城市”重要理念为核心，优化顶层设计。一是补短板，促进优势资源转化；二是强弱项，促进城区品质提升；三是抓重点，促进体制机制创新。

总体思路是以践行“人民城市”重要理念为根本，以“智能杨浦”为驱动，以多元活力和创新生态为突破，形成“一带三先行”总体格局。

以践行“人民城市”重要理念为根本。以人的发展、追求美好生活、建设幸福家园为目标，以广大人民群众的获得感、幸福感和安全感为衡量标准，全面推动城市发展理念、发展模式和发展动能的转变。建立围绕人民城市建设目标和“一带三先行”的指标体系及相应的实施监督机制。

以“智能杨浦”为驱动。聚焦杨浦升级，促进改革、科技、文化相融合，将“智能杨浦”作为杨浦升级和建设美好家园的新动能。聚焦科技前沿，人工智能是中国、上海科技创新的重大前沿领域。聚焦国家战略，借力新基建，将“智能杨浦”升级与国家需求、上海战略紧密联系。汇聚发展合力，将满足居民对美好生活向往的社会需求，激发年轻人的创造力，推动企业在新兴产业领域的创新力，高校建设世界一流学科的潜力，提升政府精细化治理能力，汇聚成为推动杨浦新一轮发展的共同推动力。

以多元活力和创新生态为突破。夯实“三区一基地”“三区联动、三城融合”的两个战略支点。促进多元活力，从校区、园区、社区“三区联动”走向更高品质的“区校企新的三联动”，激发多元主体参与的作用和积极性，形成政府战略、高校科技、民营资本、创新创业，社会参与的治理格局。打造创新生态体系，从知识经济的单一目标走向追求幸福生活、智能经济、创新生态的多维发展目标体系，增强空间供给和人力资源吸引力，营造更高品质的宜居环境、创新创业环境、营商环境，形成人、产、城融合发展的格局。

形成“一带三先行”总体格局：滨江智能生活秀带引领，科技创新、城市更新、社区治理三个关键领域突破先行。

滨江智能生活秀带引领。滨江带开发集中体现新发展理念、汇聚科技新势能、集成改革新突破、探索杨浦新路径，建设城市更新和城市治理改革先行示范区：成为展现践行“人民城市”重要理念的窗口；成为驱动杨浦迈向新征程的战略引擎。空间战略上，由内向外转向由外向内、内外联动，强化杨浦半岛形态、弓箭模式和锚链结构。科技战略上，重点建设支撑智能科技创新战略的基础性、功能性平台；开放战略上，借助国际、国内、上海资源，发挥高校作用，形成改革开放新高地；成为追求美好生活和城市创新的舞台。探索城市有机更新和综合开发新模式，建设智能生活、智能建造、创新生态示范区。

科技创新、城市更新、社区治理三个关键领域突破先行。聚焦关键问题，破解发展瓶颈，探索更高质量发展模式。在科技创新领域，以校地融合为抓手，推动校地联盟、企业合作新模式，探索政产学研用协同创新共同体；在城市更新领域，以激活存量为抓手，探索以公共价值为导向、可持续的城市更新模式；在社区治理，以共同缔造为抓手，激发社会参与的活力，探索超大城市精细化治理能力提升的实施路径。

2.5 行动领域和关键举措

2.5.1 滨江智能生活秀带

以生活秀带营造为总目标，把握滨江再开发历史机遇，将世界级工业遗产保护、公共空间建设与“智能杨浦”战略有机结合，成为杨浦“两统筹、一发挥”的主战场，成为践行人民城市理念的世界窗口，驱动杨浦转型升级的战略引擎，追求美好生活和城市创新的舞台。

2.5.1.1 建设世界级人工智能科技策源地

建设国际前沿人工智能研究中心、实验室、创新孵化平台。积极推动高校学科“数智化”与国际引智并举，充分借助高校学科平台，引入国际一流资源，围绕智能科技前沿建设一批世界级专家、院士工作站。

建立面向全球智能科技前沿的交流平台和基地。通过专业化技术交易平台、科技论坛、人才培养联盟、技术孵化转化基地建设，扩大滨江地区在人工智能前沿科技领域的世界影响力。

2.5.1.2 建设长三角国际创新枢纽

建设长三角国际创新平台。围绕创新关键领域多层次战略合作关系（人才教育、企业联盟、全周期要素服务联盟），组织国际前沿领域赛事和活动。围绕前沿科技创新，拓展与长三角城市在科创各个领域的长期合作关系，将杨浦滨江塑造成长三角对接世界、推动创新的枢纽性地区。

营造城区即校区的创城氛围。推动高校功能向城区拓展，建立更灵活的学制，使杨浦滨江真正成为长三角“双创”人才的终身培训基地。建设若干青年友好型开放街区，提供青年共享公寓（co-living）、建设网络化开放型创新/培训基础设施、供应低成本高品质的联合办公（co-working）、提供类型时尚化的综合服务中心（提供健身、图书馆等功能），提升滨江地区对“双创”资源集聚能力，成为吸引年轻人，帮助他们走向成功、实现理想的创新创业基地。

2.5.1.3 建设世界级水岸文化枢纽

积极开展科技赋能文化计划。在滨江地区打造若干科技/文化跨界型的地标展示场所，围绕科技/文化跨界领域组织国际性节庆、展会、博物馆群、大师工作室，探索支撑科技/文化创新创意混合型开放街区。

塑造世界级历史文化遗产带。促进工业遗产、市政遗产、滨江腹地历史文化风貌街区活化。

2.5.1.4 营造未来智能创新城区场景/生活

营造未来智能城区场景。城区即实验室，围绕 AI、5G 等技术探索未来应用场景，从建成环境设计与建设管理、交通管理、公共环境管理、市民公共服务等角度探索智能城区应用场景。

营造智能创新生活场景。未来就在身边。从社区建成环境设计、建设管理、居民公共服务、社区公共环境管理等角度探索智能化社区应用场景。

2.5.1.5 实施生态滨江综合开发示范计划

积极探索绿色基础设施增强滨江韧性。在滨江引入高质量生态资源，充分体现人与自然融合，优化滨江地区生产生活生态格局。实施市民共建滨江森林生计划，积极探索智能化技术在生态资源管理中应用。

实施滨江综合示范计划。充分利用好珍贵的滨江空间，统筹新功能开发、历史遗产再生、生态资源保护、交通综合整治、空间形态塑造、建成环境营造，探索规划建设管理的智能化、一体化路径。

图 2-2 杨浦滨江
来源：作者拍摄

2.5.2 科技创新领域

推动校地企深度融合，激发创新动能为目标，统筹空间规模产业、改革科技文化的关系，全面增强创新要素集聚和迭代能力，形成政府战略、高校科技、民营资本、创新创业，社会参与的协同创新活力。

2.5.2.1 推动政府、高校、企业创新联动

共建校地企科技创新共同体。探索政产学研用全链条、全要素、全过程的协同创新模式。探索面向科技创新,政府、高校、企业、社会共同参与的治理模式。探索面向现代产业体系,实体经济、科技创新、现代金融、人力资源的协调发展模式。

推动高校学科资源、功能外溢。鼓励更多高校功能,如国际交流、培训机构、联合实验室、联合工作坊、智库机构等功能走出校园。鼓励高校科研设施、图书馆等资源逐步向社区开放。以创新平台激励高校研究成果应用转化。

共建杨浦智能科技园区,推动政府、高校、企业、第三方组织共建科技园区,共建一批世界级智能科技研究中心、基础设施、功能平台。

2.5.2.2 建设长三角智能科技区域创新共同体

建立面向长三角智能科技功能性平台,将杨浦打造成长三角面向世界的双创窗口,共建双创人才、资本、技术的"蓄水池"。

探索长三角科技创新转化模式。通过股权投资等方式,在长三角建立合作运营的"飞地"园区,形成孵化、转化、再升级的成长性循环产业链。

积极撬动民企资本活力,重视建立长三角战略性政、校、企联盟。

2.5.2.3 实施杨浦科技创新国际化战略

实施引进来、走出去战略。借力自贸新品区政策,引入更多国际前沿领域创新性企业平台、创新性研究平台,形成跨境创新联盟、融资联盟。充分整合国际资源建立离岸创新基地、离岸创新孵化器。

打造杨浦国际品牌。促进一批国际组织、赛事活动、展会论坛、平台联盟等落地杨浦,建立科技创新全新国际品牌。

补齐国际化公共服务和基础设施,包括国际学校、适宜国际人才生活的社区,健全面向国际人群的服务政策、设施和空间。

2.5.2.4 实施杨浦"科创+"/"+科创"赋能计划

实施"智能+""设计+"复兴上海品牌计划。在区层面建立创新激励平台,鼓励通过"智能+""设计+",切实改善上海品牌的用户体验。在杨浦打造若干面向青年人的"潮文化"集聚地。

实施科技创新基础设施建设计划。率先建设 5G 城区,提供研发、数据、智库与商业等资源和服务,丰富专业资讯。

实施科技创新公共服务提升计划。鼓励创新支撑平台更加专业化,形成一批专业性全生命周期功能性平台,配套相应的激励政策与城市基金支持。打造全方位、全地域、全

生命周期、全产业链、全产品系列科技金融体系。

2.5.2.5 实施“招才引智扶青”人才高峰计划

实施国际人才支持策略。联动自贸区的相关政策，建立国际人才支持平台。

实施人才服务品牌策略。面向青年生活、创业需求，提供低成本、高品质居住、工作、休闲相关设施与服务。启动人才创业支持计划、人才安居支持策略、人才服务策略等服务品牌，塑造政府引导、社会参与的新机制。

2.5.3 城市更新领域

以实现城市空间公共价值为目标，统筹生产、生活、生态，增强城市宜居性，补齐公共服务和公共空间短板，增强创新空间供给能力，统筹规划建设管理，推动城市更新范式转型，探索支撑城市高质量发展、可持续的开发模式。

2.5.3.1 创新工业用地开发、老厂房、老旧公房更新利用模式

推动城市更新领域政策机制创新、开发模式创新试点。转变城区发展对土地财政依赖、公共服务供给矛盾，探索以公共价值为导向的城市开发模式，增强公共产品供给能力，形成可持续的财政机制。包括探索存量工业用地再开发的土地政策试点；以公共价值为导向的城市建设、开发模式试点，探索多主体参与开发建设，金融资产管理、建成环境运维、品牌运维、公共服务管理、企业创新服务等一体化城市规划建设管理运行模式；行业管理试点，针对区内用地再开发、老厂房、老旧公房更新、历史建筑保护利用，在规划管理、土地管理、工商管理、消防管理、建设管理等，探索制定具有针对性的行业管理标准与规则，促进存量资源优化利用，完善核心区内容积率转移和奖励机制。

图 2-3 “长阳创谷”工业用地更新
来源：作者拍摄

通过开发管理和运维模式创新，增加创新空间和公共服务设施供给，加强对高校外溢功能的承载。探索可负担住房（人才公寓）、低成本创业空间以及创新基础设施、配套设施供给模式；探索开展老旧公房整体租赁和功能更新、可持续运维模式。

补齐公共服务设施，探索面向民生的教育、医疗、养老等设施服务供给和运维模式。

2.5.3.2 增强创新空间和公共服务供给能力

探索加强可负担住房人才公寓、低成本创新创业空间、共享办公、创新基础设施等供给能力和供给方式。加强对高校外溢功能的承载。以“智能杨浦”为抓手，加强重大信息基础设施布局，建设智能城区。

围绕居民衣食住行、教育就业、医疗养老、文化体育等生活环境需要，增强公共服务供给能力。探索开展老旧公房整体租赁和功能更新模式。积极应对养老问题，加强社区养老服务，探索以房养老模式（表 2-5）。

2.5.3.3 以提升公共空间品质为重点，推进一批具有引领性、特色型的城市更新项目

加强对现有城区品质的全面评估，实施一批面向民生、补齐公共服务短板，建设高品质 15 分钟社区生活圈示范。

推进一批具有引领性的城市更新示范项目建设。在全区范围内推进全龄友好城区建设（老龄、青年、儿童）、健康城区建设示范、学习型城区建设示范等一批具有前沿引领性的城市更新示范项目，提升城区品质，形成引领性城市更新实践。

推进一批富有杨浦特色的城市更新项目。实施杨浦滨江贯通工程，杨浦拥有上海中心城区最有优势的滨江岸线，滨江贯通将是一项全面体现城市治理综合能力的工程；针对杨浦拥有发达的社区林荫道特色，实施杨浦绿道联网工程；针对杨浦拥有多样化的历史文化资源的区情，实施杨浦文化旅游线工程。

通过特色街区和特色街道营造高品质生活空间。以环同济创意社区等为重点打造特色街区。营造“大学路＋”、多主题文化旅游线等特色街道，为市民提供更多高品质生活空间。

表 2-5 基本公共服务生态系统内部结构

基本公共服务生态体系内部结构	供给侧	需求侧	特征
体	一个基本公共服务体系	获得感、幸福感、安全感	精准灵活 开放多元 智慧高效
面	三大平台 （资源、制度、信息平台）	覆盖全人群、贯穿全年龄服务需求	融合共享

续表

基本公共服务生态体系内部结构	供给侧	需求侧	特征
 线	九大领域(教育、卫生、就业与社会保险、社会服务、养老、文化、体育、住房保障、残疾人服务)	学有所教 劳有所得 老有所养 病有所医 困有所帮 住有所居 文体有获 残有所助	公平均等
 点	若干亮点(教育:集团化、集群化;医疗:医联体;社区:睦邻中心;体育:全人群健身健康中心)	个性化、特色化需求得到满足,可复制、可推广	特色优质

来源:同济大学《杨浦创建人民城市重要理念示范区前期研究》,2020 年

2.5.3.4　增强城市文化内涵,促进城市历史文化资源保护、再生和活化利用

在新经济的背景下,探索城市历史文化资源再生和活化利用的新模式,使之成为促进科技创新、转变城区文化基因的重要空间资源。探索存旧续新,赋予历史文化资源新内涵,以文化复兴作为城市的精神内核。探索历史遗产合理更新和长效运维模式,孵化培育更多新业态。

挖掘杨浦历史文化资源多样性特色,探索对工人新村等具有鲜明时代特点的资源活化利用,使之成为促进科技创新的重要空间资源,不断提升居民的获得感、幸福感。

着力实施工业遗产系统性保护与利用,探索多样化工业遗产再利用模式,推动工业遗产向公众开放。探索多元主体共同参与的保护和利用方法,引入多元化文化服务类设施,大力发展工业旅游产业,以杨浦为核心,逐步在长三角一体化网络中建立区域性的工业文化旅游产业链。

2.5.3.5　探索增强城市绿色宜居、安全韧性的城市更新模式

挖掘杨浦生态资源的本底特色,探索在既有建成环境中开展以绿色宜居为导向的专项综合治理与更新的行动计划。完善城区公园体系,积极探索高密度城区公园城市建设模式,营造绿色宜居环境,优化、创新生产生活生态格局和场景。强化城市韧性安全和可持续性,从保障人民群众极端气候、安全事件、公共卫生等突发事件的应急应对能力出发,对保障城市正常运维的关键设施实施专项综合治理与更新的行动计划。

2.5.3.6　创新重大工程协同开发、规划建设管理一体化模式

围绕滨江地区综合开发、杨树浦路综合提升、综合交通环境整治等重大工程,探索重

大工程规划建设管理一体化，探索建立重大工程智能化、精细化城市管理平台，探索多主体多部门、多环节、多要素、地上地下协同开发模式。

2.5.4 社区治理领域

以不断增强老百姓的获得感、幸福感、安全感，形成共建共治共享格局为目标，建立党建引领的社会参与机制，探索超大城市精细化治理路径。

2.5.4.1 实施基层治理能力提升行动

完善党建引领的睦邻家园建设。以建设社会共同体为目标，将街区治理作为突破口，强化党建引领、多方参与的格局，推动睦邻家园内涵、功能体系的升级。

探索政府—社区管理运行模式。优化基层政务服务能力，推动基于智能化的政府服务终端向基层延伸，完善“一网通办”“一网统管”，面向群众和企业，推进量大面广的区级部门服务、审批事项、便民服务向街道下沉。完善政府—部门—街道—居委纵向组织机制，优化形成橄榄型结构，强化基层组织协调能力，横向上构建政府、企业、市民、社会组织的社区治理共同体。

充分激发居民参与的积极性。探索建立社区居民参与的微更新激励机制，调动市民的参与能力、专业人士的协调能力、基层干部的组织能力，充分发挥基层首创精神。

积极培育社会参与主体。鼓励企业参与社区更新，培育专业性社会组织，扩大多元主体参与面和参与度。完善社区规划师制度，培育社区志愿者。规范第三方组织的培育制度，明确政府兜底以及社会组织权利边界，积极发挥第三方组织的参与作用，建立相应评估、激励机制，培育行业龙头型、带动型的社会组织。

2.5.4.2 社区微更新提升行动

探索社区微更新更有效的实施机制和可持续的运维模式。开展常态化民意征询和反馈机制，优化建立需求—立项—实施—激励—运维全链条的社区微更新实施机制。完善市区两级投入和社区基金，优化资金使用方式。探索社区居民和第三方参与的运维模式，提升多元主体的参与的活力与有效性，建立可持续的社区运作、维护机制。

推进社区微更新示范行动。系统总结睦邻家园、共治花园、协作型社区等项目成功经验，形成一批具有推广价值的社区共建共治共享品牌项目，在全区推广，并形成杨浦经验。建立社区自主的微更新推进机制，打造一批示范性微更新项目，建立微更新示范推广项目库和保障制度。加强对社区微更新的规划引领，把社区规划师作为提升社区微更新的品质的重要力量。从体系化保障角度制定社会微更新项目的评估—优化—激励机制。

2.5.4.3 推进一批面向民生、提升社区品质的项目

以民生需求为导向完善“缺什么，补什么”的行动和保障机制，围绕就医、就学、养老、停车等突出矛盾，群策群力持续推进，解决一批居民“急、难、愁、盼”的问题。

以提升社区公共空间品质为抓手，从单位绿地开放、公共空间提升、社区公共服务共享、公共艺术植入等品质优化项目入手，探索相应的推动机制、实施机制和运维制度，推动社区生活空间品质提升。

从创新治理角度推动社区功能定位的转型，从民生保障到市场化元素的融入，增强社区创新创业功能。理顺政府服务与市场化配置关系，由居委会牵头，引入第三方组织，提供老年兜底性基本保障、白领青年创业创新等差异化社区服务，进而提升社区活力。

探索建立老旧小区政策体系，有条件地允许使用功能转变。探索市场参与、多元化资金投入机制、立项审批机制，完善社区规划师制度、“党建统筹＋政府服务＋居民自治＋社会组织＋专家学者参与”的社会治理模式，完善长效管养机制。

2.5.4.4 将社区作为科技创新的重要载体

探索以社区为载体的城市创新的新模式。积极探索大学生创新创业、企业创新进社区，促进高校、企业连接社区，使社区从创新链和产业链的末端走向前端。设立院士讲堂、开展科普教育、学术论坛展览等，将教育和培养、培训功能向社区延伸，推动大学知识和资源溢出。

打造杨浦创意社区品牌。以环同济知识经济圈为策源地，聚焦“NICE 2035 未来生活原型街”，以“智能＋”“设计＋”为驱动，聚焦未来生活方式，用足大学以及相关创新企业的资源，形成政府、社区、高校、居民的创新共同体，创造社区新经济、探索社区创新的新模式，成为具有国际影响力的创新型社区典范。

开展智能社区示范计划。涵盖智能管理、智能服务、智能生活，以应用场景为导向，聚焦安全、医疗、教育、养老等公共服务，推动社区资源共享（停车、设施）等领域。促进多源数据融合，积极开展社区层面的 LoT、AI、社区云运维等方面探索。

参考文献

[1] 秦怀鹏.上海市杨浦区社区更新实践策略与行动配合[J].规划师，2022(1)：78-84.

[2] 张锋.以智能化助推城市社区治理精细化研究——基于上海杨浦区控江路街道的实证分析[J].城市发展研究，2019(3)：6-9.

[3] 张尚武，陈烨，宋伟，马强.以培育知识创新区为导向的城市更新策略——对杨浦建设“知识创新区”的规划思考[J].城市规划学刊，2016(4)：62-66.

[4] 姚存卓.城市公共空间的日常公共生活——以上海市杨浦创意市集、徐汇滨江和虹口市民驿站为例[J].城市规划,2021(6):30-37,62.

[5] 李冬生,陈秉钊.上海市杨浦老工业区工业用地更新对策——从“工业杨浦”到“知识杨浦”[J].城市规划学刊,2005(1):44-50.

[6] 王廷.“三区联动”上海杨浦模式与宁波镇海模式比较研究[J].科技进步与对策,2013(21):25-28.

3 城市更新之老城复兴*

匡晓明**

自城市形成之时起，其建成环境的“新陈代谢”就伴随着城市有机体的成长而持续进行着。城市更新，尤其是老城区的更新，是世界各国城镇化水平进入较高水平发展阶段后，所面临的主要任务之一，也一直是国内外城市规划学术界关注的重要话题。从新中国成立初期至改革开放，城市更新改造对象主要为旧城棚户简屋地区。改革开放以后，随着市场经济体制的建立、土地的有偿使用和房地产业的发展，以及大量外资的引进，城市更新历经了旧城改造、“退二进三”和有机更新三大阶段，逐步走向以人为本和高质量发展的城市更新新时期。

21 世纪 10 年代以来，经济发展从“高速”转入“中高速”阶段的新常态，城镇化也进入“下半场”。在国土空间规划改革、生态环境压力和城市发展边界的刚性约束下，“盘活存量、做优增量、提升质量”的城市转型发展逻辑，也使得老城区的更新和复兴成为城市迈向高质量发展的新推力。

“十四五”规划纲要提出：实施城市更新行动，推动解决城市发展中的突出问题和短板，提升人民群众获得感、幸福感、安全感。老城复兴主要聚焦在提高土地集约利用效率、优化老城中心区生活环境、传承城市历史文化资源和提升城市中心区活力等内容。近年来，北京、上海、广州、厦门、杭州和成都等城市结合各市实际情况开展了积极的城市更新探索。实践表明，在新常态背景下，城市更新的核心在于把握其人本性和持续性内涵，将自上而下的目标导向与自下而上的问题解决相结合，在塑造高品质生活空间的基础上解决老城区的难点和痛点，以人民为中心，让城市空间充满活力，让市民具有获得感和幸福感。

3.1 中国老城复兴的现实问题

老城区是城市的“瓷器博物馆”，是城市自然环境、历史文脉与精神风貌层层积淀的演进“源点”，也是城市经济发展的内在承载区域。但老城区也是城市发展的矛盾地区，历史文化层积于建成环境之中，老化衰落叠加于空间环境之内，充满了时空矛盾性。

---

* 本章结合作者在“2020 中国城市规划学术季”主题报告内容整理撰写而成。

** 匡晓明，同济大学建筑与城市规划学院副教授，上海同济城市规划设计研究院有限公司城市设计研究院常务副院长，四川天府新区总规划师。邮箱：kxm1111@vip.sina.com。

老城复兴需要面对历史叠加形成的建成环境，以及相关的权利归属、社会关系和文化内涵等错综复杂的综合现状，不仅是物质空间环境改造问题，更是权益重构、社会治理和文化续扬等系列历时性、共时性并置的问题集合。老城复兴是对老城物质空间和人文空间的更续建构，不仅面临历史遗存的物质性老化、基础设施短缺和功能结构性衰退问题，还交织着转型期新出现的城市土地空间资源短缺、城市产业结构转型、城市功能提升，以及与之相伴的传统人文环境的继承和保护等诸多问题。

3.1.1 文化传承标本化

老城区是城市历史文化的积聚区域，不仅保留了城市历史生活片段，是城市人文风貌的载体，也是城市历史发展的见证，但老城内历史文化集中的区域往往也是城市更新的难点区域。

受市场化经济利益驱动以及文化遗产保护意识薄弱的影响，部分城市老城更新过程中出现了不少“大拆大建”“拆旧建新”和“拆真建假”的现象。又或是对“文物保护单位”“历史文化街区”“历史建筑”等具有法定地位的对象进行较好保存，而大量普通建筑作为城市特定时期的物质空间形态载体，虽然同样具有整体保护的价值，却在城市更新中遭受严重破坏，使得老城区历史文化和风貌呈现片段型的标本化特征。

此外，拆除危旧建筑，增加大型商业空间，新建高档住区式的更新方式忽略了更新地区与周边区域的关系，尤其是在居住密集区域、历史文化集聚区域的旧城改造中，产生了区域风貌失衡和空间“绅士化”的趋向。

3.1.2 更新模式资本化

多数老城区更新路径更趋向于市场资本主导，以拆为主的改造模式，通过征收、拆迁获得土地再开发权，大幅提高存量建设用地的建设强度，实现城市土地的二次开发。以广东省“三旧”改造中的城中村改造为典型，普遍地出现了原本较高密度建成区采用高拆建比的推倒重建模式。大体量、高强度和高密度满铺开发，造成了城市中心尺度的巨型化。这种依靠实体空间高密度的再开发行为，以实现经济增长目标的“房地产资本化”发展路径，在环境、交通和公共服务等方面带来大量负外部性问题。其他的城市更新形式，如老旧社区和城市街道的“微更新”等，没有直接投入回报的更新项目就难以得到大规模推广。

3.1.3 更新对象孤散化

当前我国老城更新的重要特征还在于更新实施的整体性不足。基于成本收益平衡的局部地块土地再开发"项目逻辑"，老城更新更关注于局部地区的增量型改造，缺乏项目与周边环境、项目与项目以及项目与老城整体之间的统筹考虑，更新目标、规划指标、公共服务设施及基础设施等都缺乏系统性整合，区域功能、容量以及交通环境难以得到系统性的再平衡。同时，由于原本低密度、可新增建设量多的局部地块在市场驱动下优先实施，导致周边高密度旧区更新更加困难。

3.1.4 商业开发利己化

老城更新的重点多集中于大规模的商业和住宅的开发，在交通改善环境提升以及市政设施、公共服务设施等供给和优化方面则明显乏力。一方面基础设施的开发落后于项目开发，导致基础设施与建筑内部功能结构的脱节；另一方面在土地成本及取利空间作用下，空间开发规模盲目扩大，从而造成老城区人口规模过度集中，交通等基础设施压力加大，以及生态环境进一步恶化，老城土地利用综合效益失衡，最终导致老城区整体环境与空间品质的下降。

3.1.5 市民主体缺位化

老城区经过长期的积累，往往已经形成了稳定的"社会网络"和"社会生态链"。由于这些社会网络中蕴含着复杂的产权利益关系，城市更新实际上也是一个对城市空间利益进行再分配的过程。当前我国的老城更新多由政府与开发商为主导，在快速获得土地价值和商业利益的驱动下，市民既缺乏相应的利益代理参与政府决策，也缺乏能力参与开发建设行为，在老城改造中始终处于一种相对被动的弱势地位。老城区中许多长久以来形成的居住空间及其社会网络也被粗暴地移除。

一些综合型的老城更新则因其包含商业、人文和居住等诸多内容，涉及利益群体众多，矛盾点多而繁杂。目前多元主体参与机制尚未完善，政府或开发商主导易导致政府力、市场力与社会力的失衡。

3.2 老城复兴的研究探索与发展方向

3.2.1 欧美城市更新的发展与启示

对现代城市更新的探讨源于西方第二次世界大战后以大拆大建为特征的城市改造，无论是早期政府主导的对衰败历史城区或颓废贫民窟"推倒重建"，还是 20 世纪 80 年代新自由主义思想主张的市场主导的通过房地产开发推动经济增长，其实质均是对城市建成区进行大规模的再开发，由此产生的一系列社会问题引发了对城市改造方式的反思批判和理论探索。

自"二战"后至20世纪60年代初的"推土机时代"，西方城市以政府为推动主体，主要强调对战争后的衰败地区进行"推倒重建"，通过修建高品质的住宅，营造高品质生活环境，推动城市衰败地区大规模物理环境的改善。这类大规模的拆除重建摧毁了城市重要的文化资源，也消减了城市中心区的活力。在20世纪60年代至70年代的公共住区建设和邻里复兴阶段，西方的城市更新逐渐转向建立"公共住房体系"和社区。至20世纪80年代进入城市土地再利用阶段，这一时期全球经济下滑，城市中心区持续衰落，欧洲和美国政府逐渐从城市更新和城市建设中淡出，城市更新转向私人地产商的小规模开发。通过投资商业娱乐设施和标志性建筑刺激城市中心区人口回流。如今，西方城市更新已转向社会、经济、人文和环境的多方面综合更新阶段。这一阶段的更新模式着重突出政府、企业和社区的多方伙伴关系。此外，这个时期开始了对可持续更新的探索，强调城市更新的长期性和延续性，呈现出对更新本质的探讨和回归。

当前，西方城市更新的价值体系逐渐走向对市民的关注以及理性的回归。一方面，城市更新逐渐回归以人为本的视角，在更新中关注民生设施和居民利益诉求，强调多元主体的共同治理。另一方面，城市更新逐渐回归理性，从大拆大建到针灸式更新，从关注地块经济效益的提升到更加注重城市文化的传承和自然环境的保护，强调对城市社会、经济和文化等领域的整体优化作用。更新的整体推进也从蓝图式规划逐步走向渐进式规划。

3.2.2 我国老城复兴的研究探索与实践动态

我国针对老城复兴的探索始于20世纪80年代。在城市化进程中，多数老城区大规模拓展土地，文物引导下的城市遗产保护制度把保护的界限"退守"到文物古迹和历史街区上，保护范围之外则是"失控"的更新拆建，造成文物古迹与历史街区破碎化地分布在老城之中。此外，在文物引导下以历史长短论资排辈，重"古"轻"近"，重传统建筑等遗产，而轻城市文化环境，导致了文化遗产所处的文化环境的丢失。因此，现阶段老城保护与发展重点在于探讨如何在现代城市空间中以整体概念重构名城价值，实现新旧共生。老城区的城市更新实践也逐步完善，整体形成从原真性向整体性的过渡，并呈现出不同的区别。

3.2.2.1 功能提升为导向，注重激活与更新

从城市复兴和新旧融合的逻辑出发，运用点状更新和功能植入等方法来激活区域，成为促进老城复兴的重要手段。卢济威等在连云港海州古城城市设计实践中提出，应扩大保护的范畴，梳理并恢复古城肌理色彩、自然环境、空间结构和历史建筑等多重意象，使其具有历史文化传统意象，且符合现代化生活发展。田涛等以西安古城复兴规划为例，从

"宏观文化格局引导、中观文化脉络控制和微观文化场景塑造"三个层面，处理文化保护传承与经济发展之间的关系。这类观点秉承较为积极主动的更新与发展手段，但面临保护与发展难以调和的矛盾时，易对老城风貌和地域特征造成破坏。

3.2.2.2 规划控制为导向，注重管控与措施

以规划控制为导向，对任何既有建成环境的改变都需要进行管控，在历史文化环境中发生的变化需要以历史文化遗产为主体，谨慎对待，以保证每次新的变化都是增强遗产在空间中主体地位的一项有效措施。

邵甬等结合皖南地区的研究，针对历史文化资源与行政边界不重合的情况提出，建立区域性历史文化资源保护框架，明确管控措施。针对文化线路、文化单元和文化板块建立整体保护规划、管理和检测机制。吴晨等以北京东城区为例，以街区为单位，探索编制风貌保护管控导则、街巷设计导则和绿化、照明、标牌、城市家具等多个专项导则，针对公共空间、建筑风貌、附属设施等几个方面进行整治提升。华芳等则从实施落实、政策保证和维护管理的角度探讨如何加强管理，保证老城保护与更新的系统性和整体性问题。并创新性地提出从文化属性和界面属性两方面进行控制的规划设计导则。

3.2.2.3 空间结构为导向，注重整体与关联

针对历史城区文化遗存破碎化的现象，寻找整合的结构性方法，保护老城的整体风貌和生活场景。如张兵通过皖南城乡文化历史聚落案例研究，提出过去30多年认识城乡文化遗产的方法上主要侧重在"分"，而对文化遗产整体认知、整合的方法还有待加强，并认为应该围绕系统性和关联性的认识，重新注解国际保护文件中反复强调的整体性原则。何依认为当前应对历史城区的价值观进行重构，强调结构关联和形态控制，历史城区保护迫切需要跳出个体和局部保护的思维，研究其内在的整体逻辑，建立结构关联的保护方法；并以宁波历史城区为例，分析其历史文本，着眼于历史城区的关联整合与形态重构，强化中心—边界两大结构性空间要素。肖竞等认为，应重点关注城镇遗产资源空间—文化的关联机制，以及时间维度下不同历史时期中遗产对象的演进过程与层积关系。这类观点侧重保护内容的整体性和保护手段的多样性。

3.2.2.4 机制建设为导向，注重过程与路径

城市更新作为当前城市存量发展的重要途径，强调用综合的、整体性的观念和行动计划来解决城市存量发展过程中遇到的各种问题，促进城市可持续发展。上海的城市更新采用"12 + X"四大行动计划，其中"魅力风貌计划"的历史建筑街坊保留利用，梳理了城市更新评估、控规优化清单、更新要素清单、成立国有开发公司和制定实施计划等一系列更新实施路径。

3.2.3 老城复兴的发展方向

老城复兴应面向提高老城活力、促进老城产业升级、提升老城形象、提高城市品质和推进社会进步这一更长远全局性的目标。因此，老城复兴需要摆脱过去很长一段时间内仅注重“增长”“效率”和“产出”的单一经济价值观，重新树立“以人为核心”的指导思想，以增进群众福祉、完善城市功能、传承历史文化、保护生态环境、提升城市品质、彰显地方特色和提高城市内在活力为根本目标，运用整治、改善、修补、修复、保存、保护以及再生等多种方式进行综合性的更新改造，实现社会、经济、生态、文化多维价值的协调统一，推动城市可持续与和谐全面发展。

3.2.3.1 目标：从朴素的功能主义至上向以人为本的思想转变

党的十九大提出，社会主要矛盾转变为人民日益增长的美好生活需要和不平衡不充分的发展之间的矛盾。现阶段城市发展已从增量时代走向存量时代，挖掘存量空间的潜力成为老城复兴的一个重要内容。增量时代朴素的功能主义所推动的跃进式发展带来城市空间尺度失衡、城市公共空间与使用人群的割裂等问题。存量时代的老城复兴将从过去单一效率主导的价值观转向基于以人为本和高质量发展的多元价值观，秉承以人为本的理念，尊重多元文化价值，关注不同群体的利益需求，完善基础设施体系，提升老城公共服务的标准化、公平性和针对性，改善居住环境，优化公共空间，从侧重硬件环境的建设逐渐转向侧重于居民生活质量的改变，提升城市活力和居民居住的便利性和适宜性，推动城市的持续渐进发展。

3.2.3.2 方法：从单一物质空间提升向多元化城市更新转变

老城社会经济现状错综复杂，但也是城市的多样性和多元化的核心体现，是城市的活力之源。在当前存量与减量规划的新时期，愿景式的城市空间创造创作逐步转向面向现状问题的城市空间解决方案。我国的城市更新经过数十年的发展，已由简单的客观实体更新转向物质、社会、环境、经济和文化等全方面融合的更新。其中老城复兴涉及城市社会、经济和物质空间环境等诸多方面，是一项全局性、政策性和战略性很强的社会系统工程。规划工作的主要对象不再是增量用地，而是由功能、空间、权属等交织形成的十分复杂的现状城市空间系统：功能系统涉及绿地、居住、商业、工业等方面，空间系统包括建筑、交通、景观、土地等，权属系统主要有国有、集体、个人等，在耦合系统方面则包括功能结构耦合、交通用地耦合、空间结构耦合等。因此老城复兴更需要重视城市历史文化遗产的保护和利用，在更新过程中综合研判城市历史文化遗产保护和经济发展之间的关系，关注城市人居空间环境品质的提升，以及城市更新所带来的活力、人文传承等非物质层面的提升。在老城复兴策略制定上应充分考虑老城区现状情况与现实矛盾，制定针对性策略和创造性更新方法，探索老城复兴的范式和理论创新。

3.2.3.3 机制：从政府主导向社会广泛参与的更新协调机制转变

老城地区土地产权复杂，涉及政府、开发商、居民、使用人群等多方主体的利益，因此，老城复兴需要重视协同治理的制度设计。要保证参与的广泛性和包容性，也需要有清晰的规则与透明的过程。政府作为更新政策的制定者和更新方案的推动者，应健全城市更新法规条例、决策机制和管控机制，主动关注公众的利益诉求。在规划目标和实施途径的选择上应充分平衡各主体之间的利益，构建多元主体参与的协商平台，并依托制度体系协调各方利益。鼓励广泛的利益主体参与城市建设管理，畅通公众参与城市治理的渠道，推动规划有效实施。政府应在各方关系中承担引导、调节和监督作用，在保障各方利益的前提下推进更新方案的积极实施。积极培育社会组织，加强社会工作者队伍的建设，调动企业履行社会责任的积极性，推动社区规划师参与治理工作，形成多元共治、良性互动的治理格局。

3.2.3.4 体系：从单一的规划体系向面向实施的更新体系转变

首先，要加强与法定规划的紧密衔接。更新类规划作为非法定规划必须“转译”为以控制性详细规划为主的法定规划才能有效实施。城市更新规划具有多方参与、调整既存利益的特性，而法定规划具有政府主导和刚性管控的特性。二者各自话语体系的差异性，导致它们“若即若离”的模糊关系。如《深圳城市更新单元规划》为已完成法定图则相应内容的编制和修改，就是为适应城市更新而提出的制度创新。

其次，要协调与其他规划的关系。老城复兴涉及完善城市功能、调整产业结构、居民空间转移、传承历史文化和改善生态环境等多元目标，因此需要结合城市整体发展要求，制定渐进式更新策略，对更新的范围、标准、项目、进度和责任等作出明确的战略部署。同时，要处理好更新规划和其他规划以及指导性文件之间的关系。

最后，要完善面向实施的制度体系。应积极建立健全相应的法规政策体系和规范标准体系，在技术层面通过技术标准引导规划编制的精细化；在政策层面通过法规条例明确“游戏规则”，限制和引导土地所有者或使用者在土地市场的活动，有效引导市场行为。如建筑容积率补偿机制存在操作难度，而跨区容积率转移需协调的利益关系多且复杂，应健全相应法律法规，确定容积率转移操作办法的细节，真正做到有利于更新项目的实施。

3.2.3.5 时序：从激进式更新向渐进式更新发展转变

城市是一个动态演进的有机体，老城复兴初期所采用的激进式、愿景化的更新手段在实践中面临利益主体冲突点多、更新推进难、资金平衡难等问题。近年来，随着城市的精细化管理水平逐渐提升，老城复兴也逐渐走向精细、弹性的渐进式更新。整体谋划、突出特色、分步推进、持续维护是渐进式更新的重要内容。此外，更新规划的科学性决定了更新工作的质量和水平，相应管理程序和技术指引应同步跟进，避免渐进式更新变成见缝插针式的更新。

3.3 老城复兴的主要规划策略

老城区是城市历史文化遗迹最为丰富和集中的区域，也是展现城市多层次的历史轨迹和文化断面的区域，各时期的历史遗存在老城区城市空间内呈现高密度分布的特点。老城区虽然承担着商业、办公、居住等重要的城市功能，但多数老城区面临衰落的风险。如何在老城区更新和改造的过程中既保留老城的地域特征和人文底蕴，又能在城市发展中为老城注入新的活力，同时达到新旧区域的风貌相协调，根据相关实践经验总结以下四类老城复兴的规划策略。

3.3.1 以保促新，文化引导发展

以保促新主要通过协调老城区内保护和利用的关系，通过挖掘、修复、显化和活化老城区内的历史文化资源，保护和修复历史文化街区，将文保单位、历史建筑和有价值的历史文化资源整合关联，进一步传承和彰显老城历史文化底蕴，激活区域人文活力，并可进一步拓展老城内的文化创意产业和文化旅游产业，促进老城复兴。

广州荔枝湾文化休闲区规划，针对岭南旧城的水乡形态及商住共享的传统街区格局，提出“古为今用，推陈出新”的设计理念，重塑岭南现代城市景观结构，恢复河涌生态环境，并融入地域传统文化，从保护型改造模式转向以实现社会效益、经济效益和文化传承为目的的发展型更新模式。

上海生物制品研究所办公和科研生产园区的更新，“上生·新所”是老城空间更新为办公、商业、文体和休闲等综合公共空间的案例。这一案例在产业升级、创新植入和功能更新上更具开拓精神。通过留、改、拆，评估甄别保留了园区内主要道路骨架和原哥伦比亚乡村俱乐部和孙科住宅等历史建筑，结合建筑特色量体裁衣，强化其“历史与现代并置叠加的场所感”。科研所时期所建的既有非保护建筑是园区建筑多样性的重要组成部分，因此更新改造工程保留了建筑特色，结合功能植入的手法，形成历史与当代穿插交融的城市活力空间。

3.3.2 留住居民，提高民生福祉

通过补充公共服务设施配套，完善老城物质生活空间，优化原住居民的生活方式，整体

提升老城区内的住区环境,吸引居民回流和新市民迁入,引导社区复兴,进而提升老城区的活力。同时,强化生活、出行与交往的便利性,优化老城多元化的商业业态和复合功能。

苏州老城因有限的古城保护方式以及缺乏有序治理等问题,导致历史文化、公共服务、旅游休闲三方面要素之间尚未形成良性促进关系。老街坊成为"难改难拆"的价值洼地,吸引了许多低收入群体的聚居,老城区呈现出两极分化的现象,在新的时代背景下面临发展困境。在此基础上,通过精细化的空间治理,塑造符合苏州老城风貌的住区和新市井空间,针对不同功能和阶层分类的空间类型划定空间发展单元,引导发展"大混居、小聚居"的空间结构,鼓励吸引原住居民和新兴人才重回老城。

3.3.3 居企共建,社会机制协同

居企共建方法主要通过整理老城内粗放低效用地和闲置用地,挖掘老城土地资源潜力,通过产业升级、创新植入以及社会联系网络的组织和建构,增加老城区对创新个人和企业的吸引力。

纽约布鲁克林科技三角区通过对存量产业空间的扩容和对公共活动空间的改造,推进老城物理空间资产的改良,使地区生活环境更能满足创新企业和人才的需求。并通过针对性的教育培训为本地居民与外来创新企业之间搭建联系桥梁,并通过街道活动提升创新氛围,推动区域创新社会网络的形成。

3.3.4 触媒引动,产业激活动力

老城区历史建筑的物质性老化和功能性衰败是老城区普遍面临的问题。触媒引动方法通过城市形体环境中的某一个物质元素,如一片城市街区的开发、一个建筑实体的立项、一个开放空间或开放空间系统的建设等,或者是一个非物质元素,如一项开发政策或一种城市建设思潮、一个标志性事件或特色活动等,带动基地周边地区的复兴。

在上海太平桥地区改造计划中,以"企业为主、市场运作"为主要思路,通过新天地、新天地南里、太平桥绿地连续的改造,对太平桥地区形成连续性的推动与激发作用。

3.4 成都天府锦城的老城复兴规划探索

3.4.1 天府锦城的历史性城市空间格局梳理

成都别称"锦城","天府锦城"即府河、南河两水环抱的成都老城区。成都建城2300年来城名未改,城址未变,中心未移,天府锦城是成都人历史记忆之所在和天府文

化的精神家园，是成都“两江环抱、三城相重”的传统历史空间格局的核心承载地，以12平方千米的面积汇集了成都中心城区近80%的历史文化资源。但近年来过度重视商业开发，却淡化了历史文化街区的系统保护，导致老城重商业轻保护，历史文化空间片段化和破碎化。天府锦城更新规划在方志、诗歌、文章和地图等历史文献中寻找历史空间信息，从中梳理成都两江环抱地区的空间格局、水系分布、街巷道路、人文场所和建筑特色等内容，研究其中的时空逻辑和现实困境，寻找穿针引线的关联内涵与老城复兴的“题眼”。

自然环境和历史文化在地理空间上层层积淀，并随时间动态变化是老城区的重要特色，老城区即为时空层积与演进所形成的结果。这一时空厚度将成为老城区重要的本底特征和发展基因。历代城址层层叠加形成的“三城相重”时空层积性特征是成都城市空间结构和场所精神的传承与体验。清人吴好山《竹枝词》描写清代成都“本是芙蓉城一座，蓉城以内请分明。满城又共皇城在，三座城成一座城。”即印证清代成都府大城、满城、皇城三城相重的格局(图3-1)。

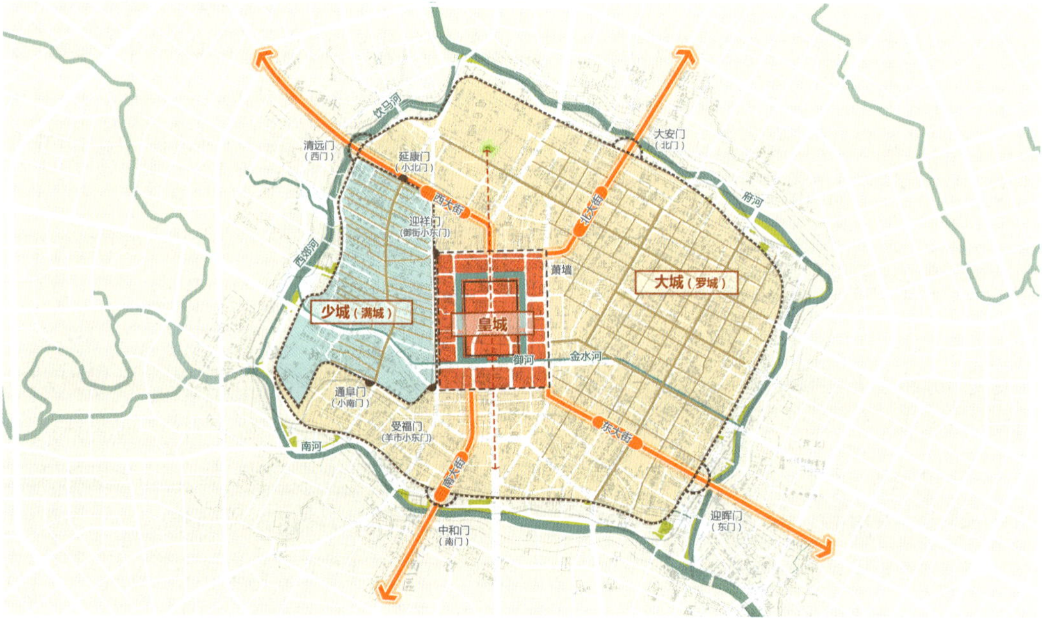

图3-1 天府锦城历史格局分析图
来源:《成都天府锦城总体城市设计及重点地段城市设计》，上海同济城市规划设计研究院有限公司

先秦时期，成都先民顺江山之形，龟化筑城，奠定成都格局。唐代，高骈修筑罗城，明代形成外城、皇城、宫城三套城体系。皇城即蜀王府，正南北向，居达城中，城周五里，城下蓄水为壕，外设萧墙。清代，在蜀王府旧址修建贡院，并在张仪修筑的少城城址上为八旗兵重修满城(图3-2)。《少城形势图》清晰呈现少城以将军衙门为核心，以长顺街为轴，以官街和兵丁胡同为骨架的鱼骨格局(图3-3)。

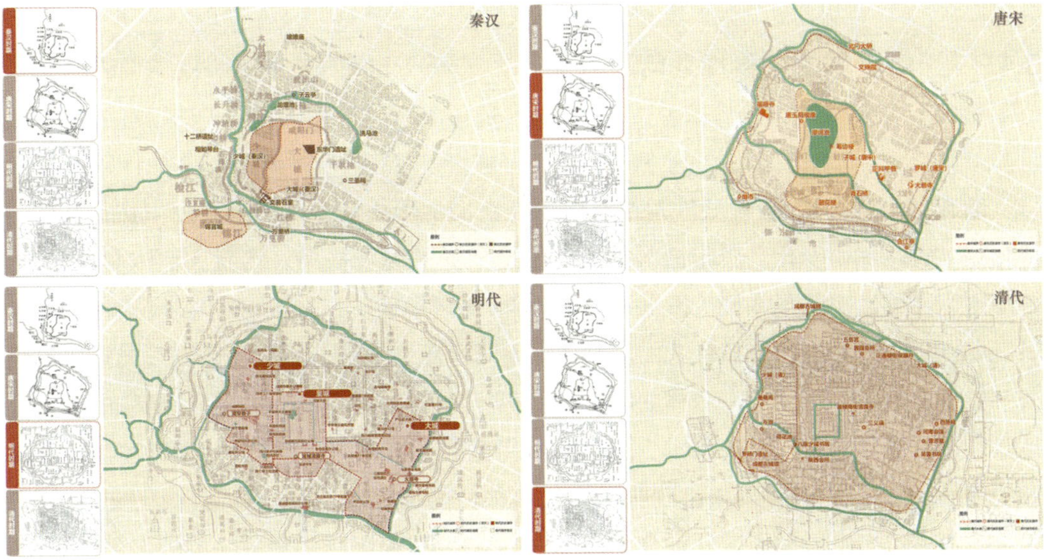

图 3-2　天府锦城历史层积演进
来源:《成都天府锦城总体城市设计及重点地段城市设计》,上海同济城市规划设计研究院有限公司

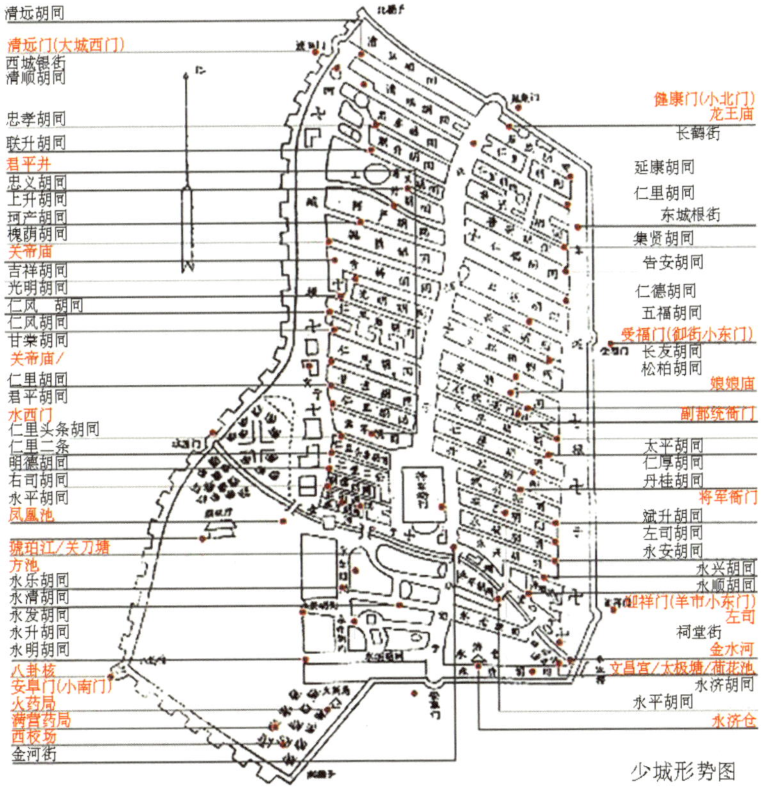

图 3-3　少城形势图
来源:改绘自《成都满蒙族志》,1993 年

3.4.2 天府锦城的主要规划问题

3.4.2.1 老城历史人文的破坏与湮没

随着城市的发展,历史城区的时空层积性在旧的历史信息基础上叠加积淀了新的时代信息,形成新的“变化”与“印记”,呈现出层层积淀的时空格局。然而从整体而言,天府锦城层积性的时空格局在城市发展进程中,特征逐渐模糊。一方面,城市发展追求土地效益,而忽略文化价值,见缝插针式的城市建设不可避免地造成老城重要历史人文资源的遗失和破坏。如大慈寺周边高楼林立,太古里商业化氛围过浓,唐代大城里坊格局的承续和场景营造方面还有待深入挖掘。少城鱼骨状街巷肌理尚存,但街坊院落多已湮没。文殊院也经历了多次整修,但既未达到吸引人气增加活力的目的,又未体现其历史文化价值。另一方面,少城、皇城和大城分别具有独特的空间特征,但因与之相关的历史文化遗存,如萧墙、护城河、摩诃池、将军帅府等大多湮灭,三城相重的特殊空间格局未能得到体现。尤其是大城和皇城区域,文保单位和历史建筑散布且不成体系,周边具有历史风貌和能够展现特定历史时期居民生活场景的传统空间又未能得到保护利用,现状仅能通过路网骨架看出格局轮廓。

3.4.2.2 老城居住环境的衰退与失落

成都老城区在20世纪90年代后经历了快速扩张发展的阶段。老城区吸引了大规模的人口,虽然成为当时成都城市文化、经济、社会交往的中心,但未被开发的空间呈现了老城环境破旧、配套设施缺乏和交通拥堵等一系列城市病,尤其是中心城区的公共服务设施和相应的公园绿地较为缺乏。

3.4.2.3 历史文化资源的破碎与失序

历史地图记载了城市历史文化发展的空间信息。据《乾隆年间成都府全貌》(图3-4),清代城内文化地标集聚分布,形成以文殊院、惜字宫、满城、皇城、武侯祠和青羊宫为核心的文化集聚区域。“夜放笙歌喧紫陌,春邀灯火上红楼”等诗句标识了万里桥、浣花溪、散花楼和蚕市等重要的地标场所,并隐含了这些重要场所之间的历史关联。

天府锦城历史上的文化地标多已湮灭。保护体系之内的文保单位和历史建筑数量有限,大多散落在城区各处,分布孤立,缺少文化廊道和文化路径的串联。文保单位和历史建筑周边的文化建筑本应是风土人情的重要承载场所和历史城区整体风貌的重要延续,但其并未纳入保护体系,保护与利用的界限并不明晰。

图 3-4　乾隆年间成都府地标场所一览图

来源：改绘自《乾隆年间成都府全貌图》

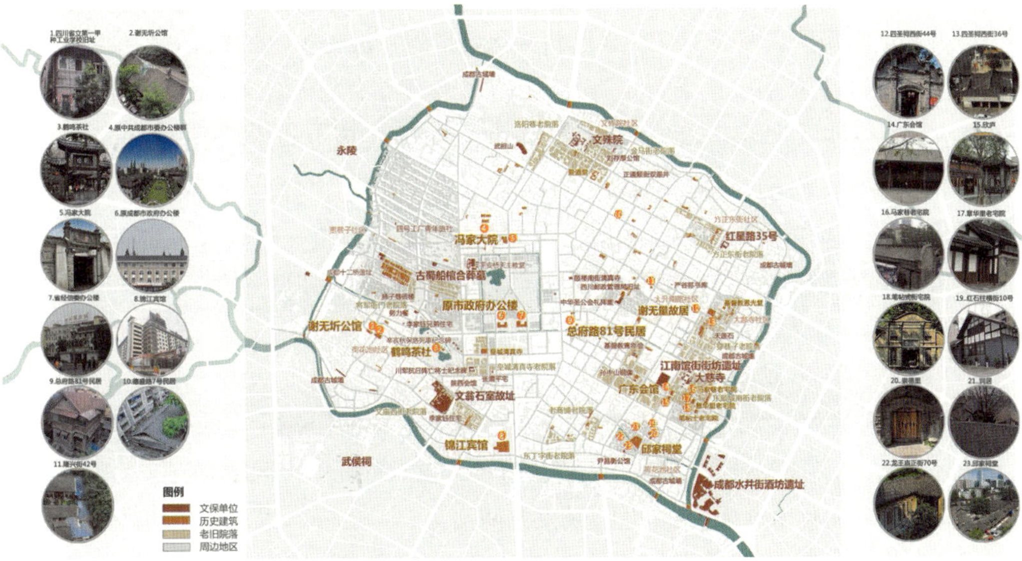

图 3-5　天府锦城历史文化遗存破碎化现状

来源：《成都天府锦城总体城市设计及重点地段城市设计》，上海同济城市规划设计研究院有限公司

3.4.3　天府锦城复兴的规划策略

3.4.3.1　策略一：保护与利用策略

保护与利用是一对相互促进、相辅相成的关系。保护是基础与前提，是老城地域特征与传统风貌的重要承载方法；利用是手段，是激活老城活力和体现保护价值的显化途径。因

此在天府锦城老城复兴中，首先便是挖掘潜在的历史文化资源。城市的物质空间形态随着时间演进不断建构与变化，并层层积淀于城市空间之中。这种积淀包含了层层积淀的历史文化资源，也包含了大量风土民情、传统习俗和地方文化等非物质的文化要素信息。这些内容正是老城区“应保尽保”的关注点和切入点。作者通过全面梳理基地内历史文化资源要素，应保尽保，挖掘潜在的文化标识空间，并通过功能植入与产业升级激发老城区活力。

（1）应保尽保，挖掘全域历史文化资源要素

应保尽保，首先便是挖掘基地内底线性文化资源要素，分析历史文化资源在城市历史演进中的空间逻辑。通过现场调研、文献收集整理、部门走访和市民访谈等方式，整理得到基地内分布有国家级文保单位5处、省级文保单位12处、市级文保单位15处、中国世界遗产预备名单1处、中心城区大遗址5处和已挂牌历史建筑22处。在此基础上，进一步挖掘承载历史风貌和地域特征的历史文化遗存，共梳理45处，包括爱道堂、皇城清真寺、基督教恩光堂在内的具有人文价值的历史建筑，9处现存城墙遗址，以及摩诃池、将军帅府等59处已湮灭历史遗存。

（2）聚点显化，梳理在地文化标识空间载体

历史文化的保护和彰显不仅在于点状文化要素的挖掘保护，更需要识别并界定呈现地域文化特征的、与历史文化要素相关的或在文化彰显上有积极意义的区域，纳入文化标识空间。并将这些文化标识空间作为天府锦城时空格局的展示载体。这些标识空间包括了保护体系下的历史文化街区和历史文化风貌片区，也新增了保护体系之外的、历史图文资料记载的、具有地域特征的院落场所空间和文化特征社区等。结合前文所述的整理出的历史文化资源要素，梳理共计历史文化街区、历史文化风貌片区、院落场所空间和文化特征社区四类25处天府锦城内的人文标识空间。

（3）触媒引动，形成多元多样功能业态布局

天府锦城是成都重要的公共活动中心，规划依据片区特色，制定差异化的功能提升方法和路径，形成文商旅融合发展格局。如皇城片区，重点依托中央区域天府文化公园的打造以文化体验和文化博览为主导功能，激发空间活力；少城片区，以将军帅府所形成的文化标识空间作为触媒，带动周边，发展非遗旅游和文旅休闲等功能，并与宽窄巷形成文化联动，提升区域整体的功能价值；大城片区，则以历史坊巷所形成的传统院落场所空间作为触媒点，打造“一街一景、一坊一品”，推进文化商业和时尚购物等主导功能。

此外，锦江也是天府锦城老城复兴中重要的自然资源触媒抓手。天府锦城发展脉络因水而起，锦江是其最核心的自然资源，彰显了古代成都巧于因借、人与自然和谐共生的营城智慧，也是成都历史文化层积演进的重要承载。文人墨客也在锦江两岸留下了众多诗篇。张籍的“万里桥边多酒家，游人爱向谁家宿”、苏轼的“拾遗被酒行歌处，野梅官柳西郊路”等诗句展现了锦江两岸的酒坊留香、梅花遍植、水岸烟柳和集市繁华。规划将锦江两岸的公共空间优化作为重要的触媒，充分梳理锦江两岸文化资源和人文典故，恢复在城

市发展过程中逐渐弱化的水岸公共空间，提出“锦城水环、顺河七桥、四角四园”的自然地理格局保护框架，通过水系串联合江亭和散花楼等历史文化资源，植入文化演绎内容，激发区域活力，展现因诗而兴、因人而名的锦江生活图景。

3.4.3.2 策略二：聚人与品质策略

遵循以人为本的思想，推进老城区公共服务设施水平的提升，营造友好舒适的公共空间品质，吸引人口回流，增加区域活力，促进区域发展。

(1) 关注公共服务配套，构建功能混合社区

老城区原住居民的日常市井生活是老城区的特征与灵魂，也是老城区人气和活力的支撑。因此在天府锦城更新规划中，遵循以人为本的思想，为不同人群提供个性化和均等化的公共服务设施配置，并形成社区自治管理体系。维持老城特色，在坊巷空间内设置较高比例的混合功能，将商业设施、商务办公场所、公共服务设施和居住空间混合布局于坊巷之中，以提升空间活力。

(2) 构建步行友好体系，激发交往驻留空间

规划建立“八轨多点引动＋两级三类放射”的“轨交＋步行”交通体系，依托老城高密度的道路系统，结合历史街巷空间形成步行友好体系。并通过共享街道、城市绿道、智能街道和限速街道等打造交通稳静化的“轨交＋步行”全覆盖示范区。

高密度的道路系统是天府锦城的重要特色。规划进一步梳理现状道路等级，并重点规划交往街道空间体系。如承载成都城市发展记忆的人民路，串联了成都老体育场和东华门遗址等重要的城市地标。规划经过多轮公众协商，确定保留人民路线型，并逐步转变为天府文化公园内部的步行道路。

(3) 优化城市公共空间，打造地域特征场景

天府锦城内已形成宽窄巷、大慈寺等具有社会认可度和区域标识性的城市核心公共空间。规划将重点围绕少城、大城、皇城三个片区的空间布局特征和文化内涵，打造区域特征场景。如皇城内的天府文化公园，规划依据唐代摩诃池范围及相应古文典籍描述，恢复其水心岛屿和水榭院落，重现花蕊夫人笔下“水心楼殿胜蓬莱”“嫩荷花里摇船去，一阵香风逐水来”的遍植荷花的摩诃池景。并融合成都体育中心和东华门遗址等文化资源，将东城根街、羊市街、西玉龙街、顺城大街和蜀都大道围合的区域整体规划为天府文化公园，成为天府锦城的中央绿心。通过蜀都大道、小南街、祠堂街绿廊向西串联人民公园和锦城水环。天府文化公园传承了皇城苑囿格局，恢复了摩诃池景，同时，弥补了天府锦城内公共绿地的严重不足，通过自然空间与人文意境的结合，形成了具有个性化和场景感的城市特征空间。

3.4.3.3 策略三：整体与关联策略

强化城市空间的结构性关联，即通过空间关联性的方法，去拓展整体性保护的内涵。

成都的街巷保留着城市2300年建城史的悠久记忆，也是成都市民生活美学的传承地和发扬地。而天府锦城又是成都历史街巷数量最多和保留最完整的地区。因此需要以天府锦城独特的街巷空间为载体，梳理整合文化结构，形成将要素特征与脉络结构相关联的整体化结构（图3-6）。

（1）构建“十”字放射活力街巷空间骨架

规划运用GIS和智能街景识别技术，以街道的交通可达性、街道两侧区域主要功能、街道周边服务设施水平和街道周边文旅设施水平等为要素，行进步行吸引度评价；以街道步行区域舒适性、街道的机动车影响性、街道绿化水平等为要素，完成步行适宜性评价。通过两类评价加权叠加，判别得到街道的步行空间品质评价结果，并将其与《成都城坊古迹考》中《清宣统三年成都街道二十七区图》的历史坊巷空间进行叠合分析，筛选出以蜀都大道和人民中路为“十”字轴，以长顺街、斌升街、纱帽街、红星路、文殊院街、锦里路和文翁路等为脉络向四周放射延展的活力街巷空间骨架，作为联系历史文化资源要素和文化标识空间的脉络与抓手。

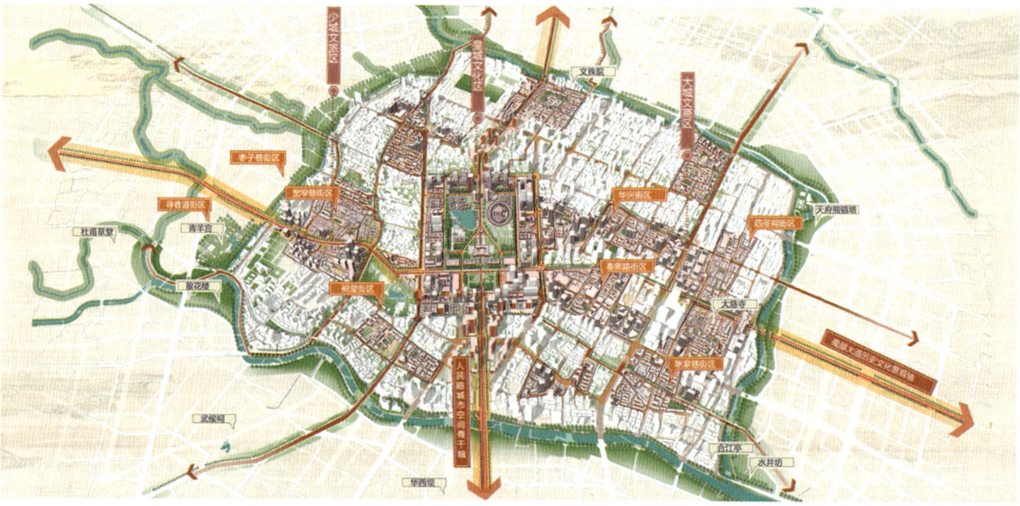

图3-6 整体关联的城市设计框架

来源：《成都天府锦城总体城市设计及重点地段城市设计》，上海同济城市规划设计研究院有限公司

（2）塑造“城—坊—街—景”四级人文活力圈

“十”字放射活力骨架构成了天府锦城亲切宜人和生机勃勃的线性基底。首先，这些线性要素串联历史文化资源要素和文化标识空间，形成城市活力网络的积极载体。宽窄巷子、香香巷和春熙路等已经成为成都汇聚人气、传承生活美学的重要场所。规划将华兴街、祠堂街、耿家巷、枣子巷和寻香道也纳入城市文化和魅力的载体。其次，这些线性要素也是城市公共活力空间的串联桥梁。“十”字放射骨架和特色街巷空间串联形成“城—坊—街—景”四级结构性人文活力圈，构建整体链接型的人文活力网络（图3-7）。并通过

承水脉、续城郭和理街巷，形成水环领四园、两轴连三城、坊巷串十景的整体城市设计意象（图 3-8）。

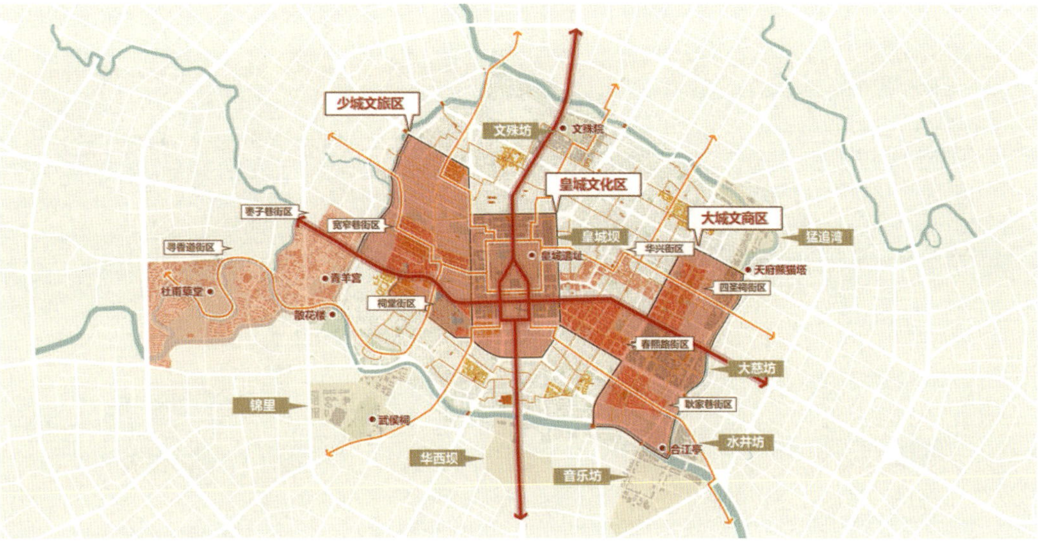

图 3-7　天府锦城人文活力网络
来源：《成都天府锦城总体城市设计及重点地段城市设计》，上海同济城市规划设计研究院有限公司

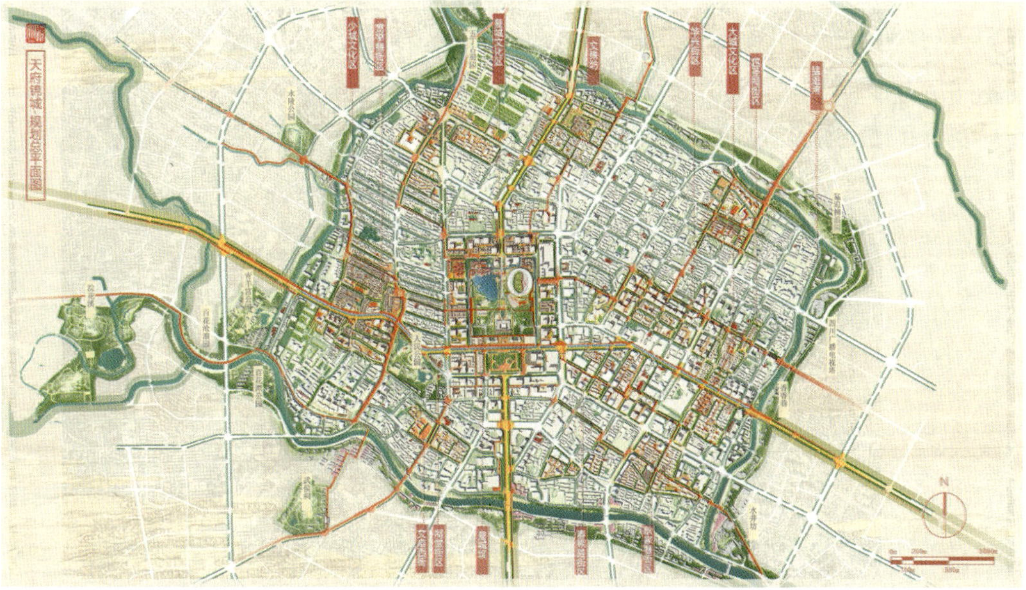

图 3-8　天府锦城总体城市设计意象
来源：同上

少城片区延续清朝满城时期鱼骨型历史街巷肌理，通过斌升街、桂花巷等线性街道，向东连接皇城，进而加强与大城片区的互联，形成活力网络面，串联碎片化的历史

记忆(图 3-9)。

图 3-9 少城片区整体关联性人文活力网络

来源:《成都天府锦城总体城市设计及重点地段城市设计》,上海同济城市规划设计研究院有限公司

大城片区延续唐代里坊格局,保护穿巷子民居、笔帖式老宅院和谢无量故居等历史文化资源,通过活力公共空间串联芙蓉书院、惜字宫、四圣祠和大慈寺,形成四重奏文化活力触媒点。强化武城门大街廊道、大慈寺路廊道、庆云南街—惜字宫南街—书院街廊道两横一纵的活力骨架,连接府河并串联里坊空间,提升四圣坊和富春坊的文化引力,形成活力里坊新模式(图 3-10)。

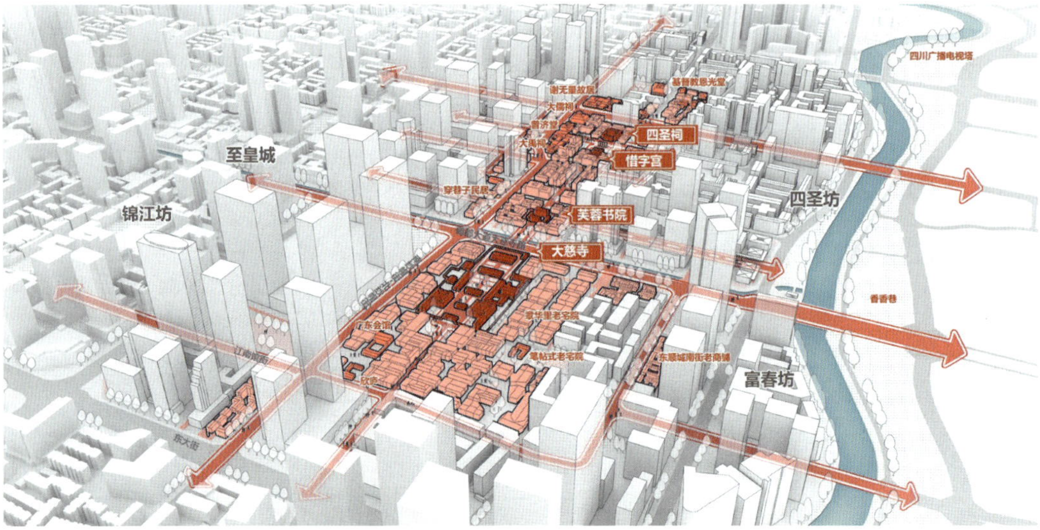

图 3-10 大城片区整体关联性人文活力网络

来源:同上

（3）联结成都全域文化时空绿廊

天府锦城的“十”字放射骨架向外辐射延展，串联基地外的大遗址、文保单位和历史建筑等城市核心文化资源，对接三环熊猫绿道，融入城市绿道体系，进而向北联系古蜀道，向南衔接南丝绸之路，西南对接茶马古道川藏道，西北对接茶马古道甘青道，衔接三星堆、峨眉山、香格里拉等文化遗产与自然遗产，构建从天府锦城这一时空坐标出发的成都文化时空绿廊（图 3-11）。

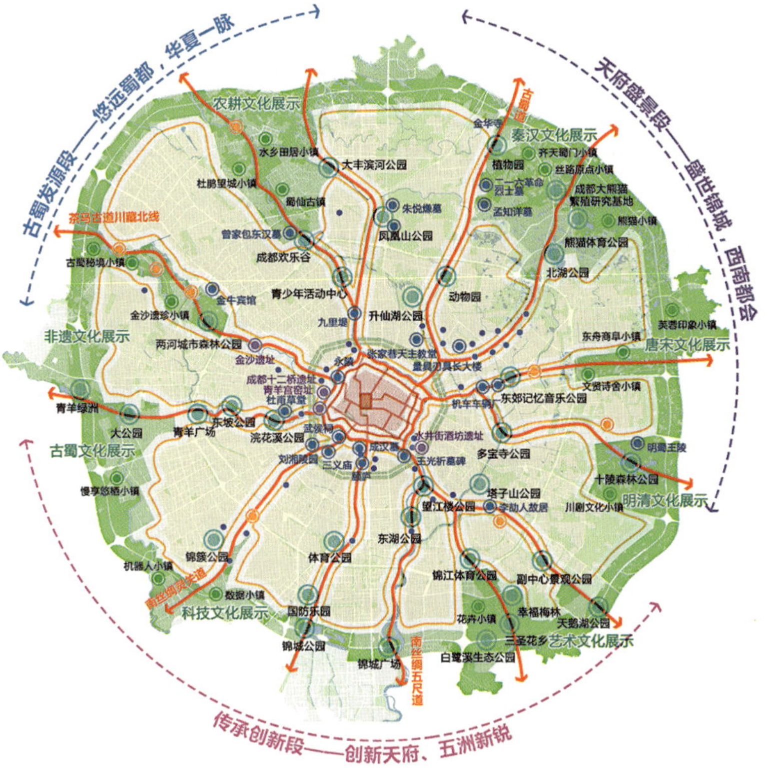

图 3-11　对接城市绿道体系，构建成都文化时空绿廊

来源：《成都天府锦城总体城市设计及重点地段城市设计》，上海同济城市规划设计研究院有限公司

3.5　结语

随着我国城市发展从粗放型增量发展逐渐向精细化存量发展的转变，城市更新工作成为当代城市发展的重要主题。城市更新也越来越多地聚焦于城市功能优化和空间品质的提升。在针对老城复兴的工作中，应更加重视保护与利用的关系、运用城市设计手段，营造市民向往的美好生活，促进城市的可持续更新和发展。

参考文献

[1] COUCH C. Urban Renewal: Theory and Practice[M]. London: Macmillan, 1990.

[2] 丁凡,伍江.城市更新相关概念的演进及在当今的现实意义[J]. 城市规划学刊,2017 (6):95-103.

[3] 成都市满蒙人民学习委员会.成都满蒙族志[M].成都满蒙族人民学习委员会,1993.

[4] 董晓,刘加平.城市更新面临的"顽疾"与对策[J].城市规划,2021(5):56-60.

[5] 何依.走向"后名城时代"——历史城区的建构性探索[J].建筑遗产,2017(3):24-33.

[6] 黄卫东,杨瑞,林辰芳.深圳城市更新演进中的治理转型与制度响应——基于"成本—收益"的视角[J].时代建筑,2021(4):21-27.

[7] 华芳,王沈玉.老城区保护与更新的规划设计导则编制探索——以杭州老城为例[C]//转型与重构——2011 中国城市规划年会论文集,2011:7508-7521.

[8] 匡晓明,陆勇峰.存量背景下上海社区更新规划实践与探索[C]//规划 60 年:成就与挑战——2016 中国城市规划年会论文集(17 住房建设规划),2016:308-318.

[9] 卢济威,张力.基于城市复兴的古城更新——连云港海州古城城市设计[J].城市规划学刊,2016(1):80-87.

[10] 施卫良.规划编制要实现从增量到存量与减量规划的转型[J].城市规划,2014(11):21-22.

[11] 邵甬,胡力骏,赵洁.区域视角下历史文化资源整体保护与利用研究——以皖南地区为例[J].城市规划学刊,2016(3).

[12] 田涛,程芳欣.西安市文化资源梳理及古城复兴空间规划[J].规划师,2014(4):33-39,56.

[13] 吴良镛.从"有机更新"走向新的"有机秩序":北京旧城居住区整治途径(二)[J].建筑学报,1991(2):7-13.

[14] 王世福,张晓阳,费彦.城市更新中的管治困境与创新策略思考[J].城乡规划,2018(4):22-29,40.

[15] 肖竞,曹珂.基于景观"叙事语法"与"层积机制"的历史城镇保护方法研究[J].中国园林,2016(6):20-26.

[16] 阳建强,陈月.1949—2019 年中国城市更新的发展与回顾[J].城市规划,2020(2):12.

[17] 周俭.城市遗产及其保护体系研究——关于上海历史文化名城保护规划若干问题的思辨[J].上海城市规划,2016(3):73-80.

[18] 张庭伟.从城市更新理论看理论溯源及范式转移[J].城市规划学刊,2020(1):9-16.

乡村地区

RURAL AREA

4 上海市乡村精细化治理*

彭震伟 高 璟**

4.1 当代乡村精细化治理的发展趋势

4.1.1 当代中国乡村治理的发展挑战

当代中国乡村治理面临的巨大挑战主要来自城乡社会的现代化转型带来的快速城镇化和农村空心化两大发展趋势。这些趋势迅速改变了乡村社会传统的社会结构、经济结构和人口结构。一方面,快速城镇化地区的城镇郊区乡村存在着大量的外来人口,外来与本地人口比例倒挂带来的人口管理、房屋租赁、社会治安等问题为乡村社会治理带来了严峻的挑战,而城镇化带来的征地拆迁、土地承包、入股入市、集体资产和福利分配等新问题的出现也成为乡村治理需要解决的新命题。另一方面,大量中西部地区乡村人口流出,乡村空心化现象明显,面临完全不同的乡村治理难题。

在乡村建设领域,无论是乡村外来人口密集还是乡村空心化都带来了明显的乡村建设面貌变化,体现在乡村土地流失、乡村宅基地超标、空心村房屋倾颓、公共环境缺乏维护、农田水利设施失修等多个方面。尤其是一些生态敏感地区的偏远乡村,无法满足村庄必需的公共服务供给、人居环境散乱差等现象更为突出。这些现象都直接体现了当前乡村治理体系和治理能力现代化水平不高的现实问题。大量乡村地区的治理理念、治理方式、治理手段还存在着许多不适应当前新发展阶段的地方,乡村治理需要破解的难题还不少。巩固党在农村的执政基础,实现乡村全面振兴,满足农民群众美好生活需要,必须着力解决乡村社会治理中的突出问题。

4.1.2 现代化治理背景下的乡村精细化治理趋势

建立现代化治理体系是实现中华民族伟大复兴目标的必然举措。党的十八届三中全

---

* 国家自然科学基金面上项目“基于生态安全的小城镇群落空间格局优化机制与规划途径研究:以长三角地区为例”(项目批准号:41771567)。本章部分内容发表于《理想空间》2020 年第 6 期,原名“共同缔造模式下的乡村振兴示范村发展研究”。

** 彭震伟,同济大学党委副书记、教授,中国城市规划学会常务理事、小城镇规划学术委员会主任委员。邮箱:pengzhw@tongji.edu.cn。高璟,博士,上海同济城市规划设计研究院有限公司主任规划师。

会首次提出“推进国家治理体系和治理能力现代化”这个重大命题，并且将“完善和发展中国特色社会主义制度，推进国家治理体系和治理能力现代化”确定为全面深化改革的总目标。党的十九届四中全会进一步明确，“坚持和完善中国特色社会主义制度、推进国家治理体系和治理能力现代化，是全党的一项重大战略任务”。国家治理体系的不断发展和完善，是中国特色社会主义制度优势转化为并不断提升治理效能的关键。治理体系完善，制度的优势就能充分发挥，并能很好地转化为治理效能。治理体系不够完善，制度优势就难以顺畅地转化为治理效能，也就无法使人民感受到社会主义制度的优越性。

乡村精细化治理是现代化治理体系的重要一环。乡村治理是国家治理的基石，没有乡村的有效治理，就没有乡村的全面振兴。2019 年 6 月，中共中央办公厅、国务院办公厅印发《关于加强和改进乡村治理的指导意见》（下文简称《指导意见》），提出实现乡村有效治理是乡村振兴的重要内容。《指导意见》提出推进乡村治理体系和治理能力现代化，夯实乡村振兴基层基础，应坚持把夯实基层基础作为固本之策，坚持把治理体系和治理能力建设作为主攻方向，坚持把保障和改善农村民生、促进农村和谐稳定作为根本目的，建立健全党委领导、政府负责、社会协同、公众参与、法治保障、科技支撑的现代乡村社会治理体制，以自治增活力、以法治强保障、以德治扬正气，健全党组织领导的自治、法治、德治相结合的乡村治理体系，构建共建共治共享的社会治理格局，走中国特色社会主义乡村善治之路，建设充满活力、和谐有序的乡村社会，不断增强广大农民的获得感、幸福感、安全感。

乡村精细化治理不仅要在乡村社会管理的程序与机制上多做努力，做到以科学管理促进科学发展，又要在增强农民社会诉求回应性方面下功夫，以社会参与提升治理的灵敏度与细致化程度。乡村精细化治理发展是成功实施乡村振兴战略的保障，2018 年中央一号文件要求“调动亿万农民的积极性、主动性、创造性，把维护农民群众根本利益、促进农民共同富裕作为出发点和落脚点，促进农民持续增收”。可见，乡村振兴的目标是不断提升农民的获得感、幸福感、安全感，增强农民全面积极主动地参与乡村振兴的能力，最终使乡村建设高质量发展。实施有效的乡村精细化治理，建立科学规范的乡村精细化治理机制，降低治理成本，提高治理效率，是实现乡村振兴的有效途径。

全面理解乡村精细化治理的内涵，应当从以下几个方面着手。第一，治理理念从管控转向服务，精细化治理必须立足于以人为本的服务取向，在指导思想、制度设计、技术运用上从传统“政府中心”的管控思维转向“社会本位”的服务取向。第二，治理主体从政府主导转向政府与市场、社会多元合作。乡村精细化治理要求在发挥政府组织、村集体、市场主体、村民等多元主体作用的基础上，清晰厘定多元主体之间的关系，构建多元主体合作治理的体制机制。第三，治理技术从传统手段走向信息化。在大数据时代背景下，乡村精细化治理要求充分利用互联网技术、GIS 技术等多种技术资源，建立一个精准识别、动态追踪、集成共享的信息资源数据库，实现信息资源的整合与共享。第四，治理方式从单兵作战走向协作化。精细化治理不能仅凭政府的单兵作战，而应突出政府、村集体和村民之间的多元协作，不能过于强调政府的科层指令，而应适当引入村集体和村民的参与和监督。第五，治理标准从粗放型走向规范化。在乡村治理的微观实践领域，制度化和程序化是实现精细化治理的重要保障。精细化治理过程应当按照人岗匹配、职责明确、考核合理的基本要求精心设计制度体系和运作机制，使精细化治理实践有章可循，有据可依。

乡村精细化治理的实践路径，应当在以下几个环节实现从理念到手段的精细化转型。首先，要求在各级乡村行政管理部门形成成熟的乡村治理理念和机制，明确乡村精细化治理的工作要求和执行方向。乡村精细化治理要求各级职能部门感知和执行自身所承担的管理责任，熟稔相关管理政策和方法，协调乡村各类利益主体关系，调解好乡村发展中产生的各类矛盾，对需要监管的数据和流程进行汇集和统计，找寻数据背后的意义，及时总结、分析和发现问题，寻找现象和规律，为乡村振兴的不断推进提供科学的指导依据和方向思路。其次，乡村精细化治理要求明确乡村多利益主体协作的治理框架，有效促进农业农村现代化、精细化发展。乡镇管理部门应着力优选并奖励乡村致富"带头人"，着力培养一批农业技术能人、科学先锋，科学制定乡村发展规划计划，深入实际、理性分析、科学预判、定期总结，促进乡村建设全民参与，由粗放型向精细型转变。最后，乡村精细化治理要求乡村服务人性化，坚持做好以人为本，真正关心了解村民关心的事，努力解决村民需要解决的问题，以提升乡村居民幸福感为目标，做好乡村基础设施建设，完善乡村公共设施，着力整治乡村垃圾乱象等薄弱环节，打通城乡沟通渠道，加快乡村振兴建设。总之，乡村精细化治理要求从以政策革新管理为核心，转向以村民满意度为核心，通过精细化的日常治理工作下沉，治理乡村走细、走实、走心，使村民放心、安心、暖心，从内及外地将乡村振兴建设落到实处，取得效果。

4.2 美丽乡村建设在乡村精细化治理中的作用

4.2.1 美丽乡村建设的政策背景与实践

2008 年，浙江安吉县第一次正式提出"中国美丽乡村"计划，并出台了《建设"中国美丽乡村"行动纲要》，提出用 10 年左右时间，把安吉县打造成为中国最美丽乡村，这一计划是最早提出建设美丽乡村的地方实践。2013 年的中央一号文件第一次提出"加强农村生态建设、环境保护和综合整治，努力建设美丽乡村"，代表了美丽乡村建设成为在新农村建设之后乡村建设发展的新阶段目标。[1] 2013 年 7 月，习近平总书记到湖北省鄂州市长港镇峒山村视察城乡一体化试点工作时，再次提到美丽乡村建设。他指出："实现城乡一体化，建设美丽乡村，是要给乡亲们造福，不要把钱花在不必要的事情上，比如说'涂脂抹粉'，房子外面刷层白灰，一白遮百丑。不能大拆大建，特别是古村落要保护好。"他还强调，"即使将来城镇化达到 70%以上，还有四五亿人在农村。农村绝不能成为荒芜的农村、留守的农村、记忆中的故园。城镇化要发展,农业现代化和新农村建设也要发展,同步发展才能相得益彰,要推进城乡一体化发展。”在2013年年底召开的中央农村工作会议上,习近平总书记强调,“中国要强、农业必须强;中国要富、农民必须富;中国要美、农村必须美。建设美丽中国,必须建设好‘美丽乡村’。”此后,在2014年3月出台的《国家新型城镇化规划(2014—2020年)》中,“美丽乡村”被再次提到。文件明确提出“建设各具特色的美丽乡村”。7月,财政部发布《关于发挥一事一议财政奖补作用,推动美丽乡村建设试点的通知》,决定将美丽乡村建设作为一事一议财政奖补工作的主攻方向,启动美丽乡村建设试点。同年农业部办公厅发布的关于开展“美丽乡村”创建活动的意见,标志着全国各地全面开始了美丽乡村的建设。2013年国家标准化管理委员与财政部联合发布了《关于开展农村综合改革标准化试点工作的通知》,将浙江、安徽等13省列为美丽乡村标准化试点,明确指出通过试点,要初步建立结构合理、层次分明、与当地经济社会发展水平相适应的标准体系,形成以标准化支撑农村公共服务的长效机制,促进城乡公共服务均等化和城乡发展一体化。

浙江省在2014年发布了全国首个美丽乡村的地方标准《美丽乡村建设规范》,此后海南等多个省份也出台了美丽乡村建设的考核认定办法。总体而言,美丽乡村建设的主要考核方面包括科学规划布局、功能设施配套、生态人居环境、生产生活发展、文明和谐乡风等方面,尤其聚焦在布局、设施、生态等人居环境建设领域,其主要任务包括道路硬化、卫生净化、村庄绿化、村庄亮化、环境美化等,而具体指标包括地表水环境质量、生活饮用水卫生、粪便无害化卫生、农村住宅卫生、村镇规划卫生等。同时,农村人居环境整治作为美丽乡村建设的核心内容,是美丽乡村建设水平的直观表现。整洁有序、富有特色的乡村面貌既是生态宜居美丽乡村的直接体现,也是保留和传承区域乡土文化的重要载体。2018年2月,中共中央办公厅、国务院办公厅印发《农村人居环境整治三年行动方案》,把提升村容村貌作为重点任务,通过三年努力,全国村庄环境基本实现干净整洁有序。2021年是“十四五”开局之年,不久前,中共中央办公厅、国务院办公厅印发的《农村人居环境整治提升五年行动方案(2021—2025年)》,继续将推动村容村貌整体提升作为重点任务,突显国家改变部分地区农村整体面貌参差不齐、公共环境管控缺位、民房建设无序等现象的决心。

美丽乡村建设的核心在于解决乡村发展理念、乡村经济发展、乡村空间布局、乡村人居环境、乡村生态环境、乡村文化传承以及实施路径等问题。因此,美丽乡村建设是改变农村资源利用模式,推动农村产业发展的需要;是提高农民收入水平,改善农民居住、完善公共服务设施配套和基础设施建设等改善农村生活环境的需要;是保障农民权益、民主管理、民生和谐的需要;是保护和传承文化,改善农村精神文明建设的需要;是提高农民素质和新技能促进自身发展的需要。

以最早提出建设美丽乡村的浙江安吉县为例,2008年,安吉县在率先提出“中国美丽乡村”建设的目标后,以经营乡村的理念,立足本地生态环境资源优势,大力发展竹、茶产业、生态乡村休闲旅游业和生物医药、绿色食品、新能源新材料等新兴产业,实施以“双十村示范、双百村整治”为内容的“两双工程”，以多种形式推进农村环境整治，集中攻坚工业污染、违章建筑、生活垃圾、污水处理等突出问题，着重实施畜禽养殖污染治理、生活污水处理、垃圾固废处理、化肥农药污染治理、河沟池塘污染治理，提高农村生态文明创建水平，极大地改善了农村人居环境。

此外，浙江永嘉县以“环境综合整治、村落保护利用、生态旅游开发、城乡统筹改革”为主要内容，通过人文资源开发，促进城乡要素自由流动，实现城乡资源、人口和土地的最优化配置和利用，开展美丽乡村建设。江苏省南京市高淳区以“村容整洁环境美、村强民富生活美、村风文明和谐美”为内容，以生态家园建设为主题、以休闲旅游和现代农业为支撑、以“国际慢城”为品牌，集中连片营造“欧陆风情式美丽乡村”，形成独特的美丽乡村建设模式。南京市江宁区提出了“农民生活方式城市化、农业生产方式现代化、农村生态环境田园化和山青水碧生态美、科学规划形态美、乡风文明素质美、村强民富生活美、管理民主和谐美”的“三化五美”的美丽乡村建设目标，积极鼓励交建集团等国企参与美丽乡村建设，以市场化机制开发乡村生态资源，吸引社会资本打造乡村生态休闲旅游，形成都市休闲型美丽乡村建设模式。

4.2.2 美丽乡村建设促进乡村精细化治理的作用

美丽乡村建设在政策层面是一项宏观性公共政策，在实践层面是一项系统性建设工程，体现的是从上而下的推广和执行，而不是松散管理型的治理模式。美丽乡村建设工作包含了系统性的工作内容，具有标准明确、计划整体、对象细分，空间精准的工作特点，因此天然具有与乡村精细化治理相结合的政策特点(表 4-1)。

表 4-1 全国首批乡村治理典型案例

序号	案例名称	所属地区
1	“村规民约”推进协同治理	北京市顺义区
2	深化基层民主协商制度	天津市宝坻区
3	红白喜事规范管理	河北省邯郸市肥乡区
4	“社区通”智慧治理	上海市宝山区
5	村务工作标准化管理	上海市金山区漕泾镇护塘村
6	自制法治德治融合	浙江省嘉兴市桐乡市
7	小微权力清单 36 条	浙江省宁波市宁海县
8	村民说事	浙江省宁波市象山县
9	“积分＋清单”防治“小微腐败”	安徽省滁州市天长市
10	构建党建“同心圆”	福建省泉州市洛江区罗溪镇

续表

序号	案例名称	所属地区
11	抓"宅改"促治理	江西省鹰潭市余江区
12	殡葬改革破除丧葬陋习	山东省临沂市沂水县
13	党建引领,活力村庄	湖北省黄石市大冶市
14	村落自治	湖北省宜昌市秭归县
15	村级事务管理积分制	湖南省娄底市新化县吉庆镇油溪桥村
16	一村一法律顾问	广东省惠州市
17	织密三级党建网络	广东省佛山市南海区
18	党建引领社会组织协同治理	四川省成都市郫都区唐昌街道战旗村
19	"三线"联系群众工作法	陕西省安康市汉阴县
20	规范村民代表会议制度	宁夏回族自治区吴忠市红寺堡区

来源:《中央农村工作领导小组办公室秘书局、农业农村部办公厅关于推介首批全国乡村治理典型案例的通知》,中农秘〔2019〕1号

2019年至今,中央农办、农业农村部、国家乡村振兴局陆续推介了三批全国乡村治理典型案例,相当一部分案例和美丽乡村建设的工作息息相关,尤其是村级自治的相关案例中,美丽乡村建设中的人居环境整治工作都是其中涉及乡村精细化治理创新的重要内容。湖北省宜昌市秭归县的村落自治案例中,将乡村自治权下放到村民小组一级,每年,县财政为每个村安排2万元专项建设资金用于开展"幸福村落"建设,投入和美丽乡村建设相关的工作中。湖南省娄底市新化县吉庆镇油溪桥村案例中,以院落为单位,村干部直接挂点当院落院长,通过积分制管理推进院落环境整治、纠纷调解等基层管理工作的精细化。而大部分案例内容也在不同方面和美丽乡村的建设工作有所关联。例如陕西省安康市汉阴县,依托手机软件为村民提供精细化服务,打造了村、组、组以下的三级网格化管理,有效提升了乡村土地管理、规划建设等相关工作的服务效能。而浙江省嘉兴市桐乡市的案例中,区县层面捋清村级"36项依法履职事项"和"40项协助政府工作事项",推动村级自治单元"去机关化"。宁波市宁海县推出《宁海县村级权力清单36条》,对其中19项公共权力事项和17项便民服务事项按照"最多跑一次"原则进行了流程调整。这两个清单式创新案例清晰地明确了美丽乡村建设工作的具体权力事项和推进流程,成为美丽乡村建设工作的政策基础。

总体而言,美丽乡村建设的工作对象涉及全体村民的切身利益,是乡村治理的重要环节,因而也是乡村精细化治理必要而且重要的研究对象。在美丽乡村建设工作中,体现乡村精细化治理以人为本、多主体参与、多方法创新和规范化推进的要求,恰恰是顺利推进乡村人居环境整治、成功打造美丽乡村的重要路径。

4.3 美丽乡村建设推进乡村精细化治理中的实践路径

4.3.1 上海市漕泾镇美丽乡村建设融入“四治一体”乡村精细化治理的实践

上海市金山区漕泾镇“网格化党建＋四张清单”“打通基层治理‘最后一公里’”的乡村治理案例入选了2021年度第三批全国乡村治理典型案例。上海市金山区漕泾镇镇域面积60.42平方千米（含上海化工区），辖11个村和3个居民区，具有“南林北水中社区”的空间格局，是金山区森林覆盖率、水面率、农民集中居住度较高的镇，正按照“滨海绿廊、魅力新镇”的功能定位，有序推进乡村振兴。但同时，漕泾镇是一个典型的老龄化社区，又是人口导出型的社区，这是乡村治理中绕不开的难题。漕泾镇为此开展了“自治、法治、德治、共治”“四治一体”的乡村精细化治理工作，具体探索实施了“网格化党建＋四张清单”的工作机制。

“网格化党建＋四张清单”工作机制是进一步深化探索“四张清单”在基层网格党建的实践，围绕四张清单、18个项目，将生活、工作在网格内的各类党员、各类党组织全部“网”进网格，以具体化、可操作的内容细化网格化党建各项工作，压实网格队伍的“责任书”，实现了党的组织、工作全覆盖。而在“四治一体”工作机制的基础上，漕泾镇对美丽乡村建设融入乡村精细化治理的要求重点体现在通过子网格长的带头作用和村规民约的约束作用，带动乡村治理精细化发展的目标。例如，东海村在创建“美丽宅基”的过程中，村委会发挥了村民自治的作用，安排子网格工作人员分批来到各个小组召开小组会议，通过集中宣传和入户宣传的方式，让村民从根本上了解创建的必要性。于是部分村民不仅自己带头创建，还帮助周围的村民一同创建，营造出一个很好的创建氛围，促成最终评审中东海村“美丽宅基”全部创建成功。再如，充分发挥村规民约作用，推动人居环境整治工作，同时注重发挥村规民约正向激励和反向约束作用，注重发挥网格长、埭长等示范引领作用，通过设立“公开墙”“红黑榜”“曝光台”等方式，结合创建美丽宅基、实施垃圾分类、开展河道整治等人居环境整治工作，对模范遵守村规民约的家庭给予物质或精神奖励；对不遵守村规民约的家庭进行批评教育或通报公告，促进村规民约落到实处。总体而言，纵观漕泾镇借助美丽乡村建设推进乡村精细化治理的工作，主要集中在以下三个方面。

第一，加强规划引导和环境整治，有效推动乡村全社会参与，探索精细化的规划和整治机制。漕泾镇民房建设大多已基本完成，提升村容村貌只能立足村庄现有基础，把重点放在改善村庄整体环境，尤其是村庄公共环境和农家庭院的整治改造两个方面。对已建成的公共空间，加大整治力度，清理私搭乱建、乱堆乱放，整治残垣断壁，并根据实际需要逐步完善公共基础设施，构建干净整洁有序的乡村空间。对于村庄整体风貌极不协调的民居，要在充分尊重农民群众意愿、控制治理成本的基础上，能改则改。同时，积极抓紧编制村庄规划，及时将规划公开发布并宣讲到组到户，引导农民群众按照规划选址建设农房。有条件的地区加快编制民房建设指南或规范，提供不同建设面积、不同楼层数量等指标的民房设计图纸，供农民群众参照建设，对选用推荐图纸的可适当予以补助，促进提升村庄整体风貌。

第二，通过专项整治工作加强政府引导和村民参与的合力，推动精细化整治工作的开展。一方面，整治提升村容村貌特别是公共区域的环境整治，要依靠政府引导推动。镇村管理中要着力于一家一户解决不了的问题，通过实施专项行动或建设项目加以解决。重点包括深入实施村庄绿化美化行动，以村落固有的生态田园、池塘水系为基础，梳理优化村庄植被，优先采用地方特色树木种类，通过以奖代补等方式支持村庄建设微田园、小微公园和公共绿地。加快推进水美乡村建设，做到“水清、岸绿、流畅”。同时，村庄是由一家一户组成的，只有每家每户的环境好了，村庄整体面貌才能更好。要注重对农民群众的规范引导，增强维护公共环境卫生观念，通过修改完善村规民约等方式，积极引导农民群众自觉做好庭院内外清洁卫生，鼓励村民通过栽植果蔬、花木等开展庭院绿化，利用农村的荒地、废弃地、边角地等自发开展村庄绿化，引导群众摈弃乱丢垃圾、乱倒污水、私搭乱建、乱堆乱放等陋习。对破坏村庄环境的行为加强批评教育和约束管理，引导农民自我管理、自我教育、自我服务、自我监督。

第三，融合传统文化和现代文化，推动乡村精细化治理理念宣传。推进美丽乡村建设，要在尊重乡村自然肌理、挖掘历史文化资源的基础上，借鉴传统村落、传统建筑营建的理念、智慧和方法，抓紧编制出台与区域乡土文化相适宜的村容村貌提升导则。村容村貌要突出乡土特色和地域特点，继承和发扬优秀传统建筑文化，把挖掘原生态村居风貌和引入现代元素结合起来，以塑造富有时代特征、彰显区域特色、蕴含传统文化价值的乡村特色风貌为目标，同时因地制宜引进现代城市文明和相关要素，引入现代文化和艺术活动丰富乡村文化，提升农村无障碍环境和“四好”农村路等建设水平，完善农村各项新技术材料、新标识标牌、新设计元素、新设备装置的应用，促进城乡一体化，让广大农民平等参与现代化进程、共同分享现代化成果。

漕泾镇的乡村治理创新体现了当代乡村治理的四个转型，一是从管理型向服务型转变，通过日间照料中心等典型服务设施的完善，凸显服务优先、服务导向的发展方向，二是从维稳型向发展型转变，致力于实现农村人居环境整治、产业融合发展和乡村文化传承的综合优化，三是从管理型向参与型转变，在党建引领下推动农民、社会组织、集体经济组织、乡贤主体等的广泛参与，四是从传统型向现代型转变，不断注入智慧管理、智能感知等多样技术和手段提高乡村治理的信息化水平。其中，美丽乡村建设是漕泾镇乡村治理创新中的重要一环，是体现服务改善、综合发展、广泛参与和智慧管理的重点领域。通过美丽乡村建设，有效地促进了自治、法治、德治、共治的“四治一体”的乡村治理探索，带动了村民参与美丽乡村建设和其他乡村发展工作的积极性，明显地改善了乡村人居环境面貌、乡村社会环境，为乡村振兴战略的实施打下了基础。

4.3.2 上海市漕泾镇水库村美丽乡村建设推进乡村精细化治理的实践

漕泾镇水库村是漕泾镇参与上海乡村振兴示范村建设工作的代表。《上海乡村振兴战略规划(2018—2022年)》指出:“上海的乡村地区是上海超大城市的稀缺资源,是‘五个中心’城市核心功能的重要承载地,是提升全球城市发展能级和核心竞争力的战略性空间。”而如何找到提升上海乡村地区的发展能级和核心竞争力的路径,是上海乡村振兴示范村所承载的使命。[3]水库村属于2018年的首批9个乡村振兴示范村之一,位于漕泾镇北部的金山与奉贤两区交界处,旧时俗称“水库里”,因水网密布、纵横交错、河宽漾大而得名。村域面积3.66平方千米,耕地面积3 336亩(约合2.224平方千米),户籍人口1 763人,以水稻种植和水产养殖为主要产业。全村现有大小河道33条,总长约23千米,最宽处达110米,村域水面率接近40%,还有70多个小岛、半岛点缀其中,主要河道水质常年保持在Ⅲ类水标准,堪称“乡村小威尼斯”,是金山区水面覆盖率最高的一个村。从2018年中被选定为第一批乡村振兴示范村开始,水库村的发展进入了一个快车道。水库村在2018年以来的发展恰恰是通过全社会、全方位、全流程和全空间的美丽乡村建设推动多元主体、多域空间、多线职能的乡村精细化治理的典型案例。

4.3.2.1 乡村规划引领美丽乡村建设,推动乡村精细化治理

水库村在乡村振兴示范村的建设过程中,构建了以郊野单元法定规划和乡村振兴发展规划为统领,以土地整治规划和村庄设计导则为抓手,以项目设计落实的完整的规划设计体系。在这一过程中,尤其体现了多元主体、多线职能和多元专业的共同缔造和协同推进。

郊野单元规划是水库村的法定上位规划,对水库村国土空间的利用进行了总量控制、斑块落位和功能引导,总体上确立了水库村的空间发展格局。而郊野公园规划更多地从功能策划和形象打造的角度出发,围绕“水木栖谷、滨海绿廊”的发展愿景,找寻漕泾镇背靠2 400万人口超大城市以及身处长三角区域一体化发展国家战略的区位优势,探索全球城市乡村郊野生产生活的新模式。

在以上两个上位规划的指引下,水库村开始了全方位的乡村振兴示范村的打造过程。但在工作伊始,千头万绪的专项工作亟须更为细致的规划整合和梳理,尤其是针对水库村作为漕泾郊野公园核心区的功能更加需要进行精准的功能匹配和空间落位,从而全面指导乡村振兴示范村的建设过程。因此,乡村振兴发展规划成为水库村美丽乡村建设工作的整合平台(图4-1)。

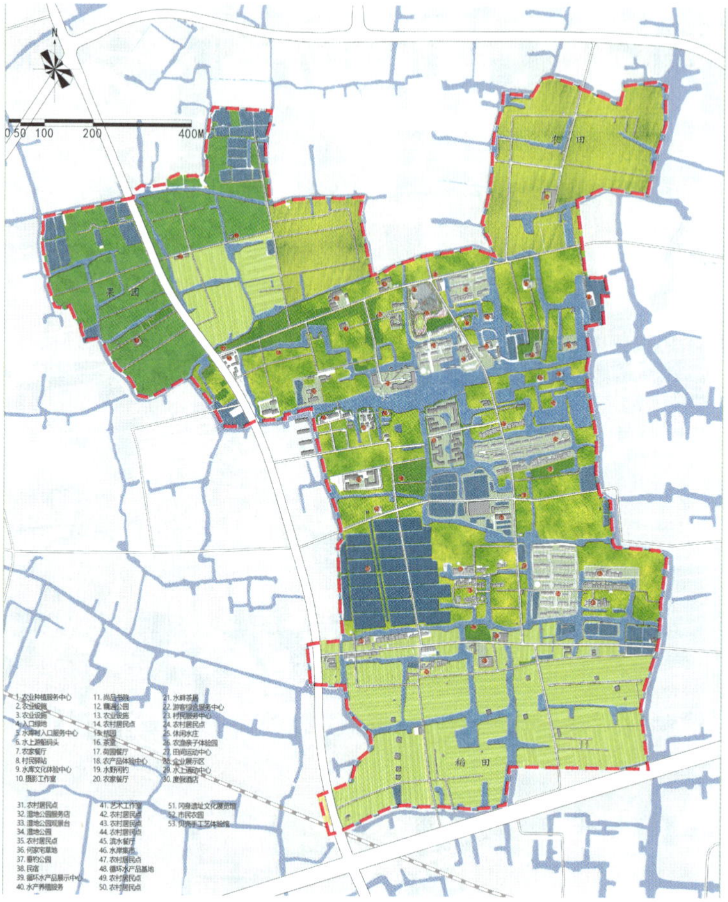

图 4-1 水库村规划方案及建设项目总览

来源:《水库村乡村振兴发展规划》,同济大学,2019 年

乡村振兴发展规划实现了示范村建设的几个重点目标。首先,规划精准提出了水库村产业振兴的方向、定位和产业吸引的具体类型,提出以农、渔、旅作为产业招引的主导门类,形成集现代农业、休闲旅游及田园社区"三位一体"的"沪尚水乡",直接呼应了陆续落地的产业发展项目。其次,规划全方位落实了水库村乡村风貌设计的具体需求,深入理解"新江南田园"的风貌理念,综合建筑、生态和景观多专业知识编制水库村的乡村风貌导引,区别公共空间和私人宅院两类不同空间管理方式的风貌塑造方式、建设方式和导引机制,以水为魂,实现水库村"溪渠田园""滩漾百岛""荷塘聚落"等不同景观主题的展现,体现江南水乡意蕴和全球城市精神的有机协调。最后,乡村振兴发展规划作为实施性的工作平台,作为整个建设过程的总抓手,整合了建筑改造和新建、景观修复与更新、河道整治与修复、道路翻新与提升等不同空间类型、不同职能类型的各项工作,提出了总体的项目库、建设计划和资金台账,对水库村的乡村振兴示范建设工作进行了总体把控和实施整合,有效地提升了水库村乡村治理精细化的落实程度(图 4-2)。

图 4-2　水库村沈家宅河道和广场改造实景
来源：作者拍摄

4.3.2.2　多元主体参与美丽乡村建设，推动乡村精细化治理

新一轮乡村振兴战略实际上改变了传统由政府主导乡村发展建设的模式，开启了政府、村民组织、社会资本共同描绘乡村振兴图景的发展模式。政府的角色从初期的建设启动者逐步转向中期的资本引入者和协调者，将乡村振兴中最重要的产业振兴营造为全社会多元主体共同参与的开放格局。以水库村为例，依托水库村传统的水产养殖特色，吸引专业化养殖机构入驻；利用农林地资源吸引社区农场（CSA，Community Supported Agriculture）入驻；利用水体资源吸引乡村旅游机构入驻，并将这些社会资本的需求整合到乡村振兴的整体布局中，使得每一处空间都可以发挥其最大的潜力。而作为被引入的社会资本，也同样积极发挥其潜在价值。例如，引入水库村的乡伴公司作为发展乡村旅游的重要平台，将自身对于空间价值和利用方式的判断融入水库村的整体规划中，相应提出平台方的规划建议，有利协助优化了水库村的整体发展规划。而村民组织作为其中的重要的利益相关方，不仅承担了保障村民利益的重要作用，也是对乡村发展情况最为了解的在地方，可以更好地协助村庄产业的发展和提供适宜的在地人力支持。同时，水库村引入了乡村规划师团队，作为外部介入的规划设计智库，体现了专业性社会主体对乡村振兴的参与和支持，对整个示范村打造的过程起到了良好的咨询作用。在这一过程中，乡村规划师团队坚持驻村工作，每周都有工作人员在建设现场提供服务咨询，体现了长期而稳定的乡村振兴规划服务。

4.3.2.3　全域空间开展美丽乡村建设，推进乡村精细化治理

全域空间的美丽乡村建设体现为从村域整体到农业空间和建设空间的全覆盖，从村庄公域空间到村民私域空间的全更新。除去传统的村庄建设用地规划之外，水库村改造更新的范围更加扩展到了全域空间的打造。

乡村精细化治理的空间对象从村民的视角出发，最切身相关的是村民宅前屋后小微

空间环境质量的改善，落实在乡村社区中也就是前庭后院的村民私域空间的改善。以水库村为例，在上海市“小三园”（花园、菜园、果园）建设的政策推动下，水库村开展了“美丽宅基”的创建工作，对宅前屋后的宅基空间进行优化设计，共通过253户“美丽宅基”评选，有力地改变了原有重视村庄公共空间改善、忽视村民私域空间美化的痼疾。而同时在村域层面，也从建设用地转向全域空间的整体打造，对农业景观、水体湿地景观等进行针对性的社会细化，有效地提升了乡村特有的自然风貌特征，形成了“新江南田园”的水乡意象。

4.3.2.4 多线职能协同美丽乡村建设，推进乡村精细化治理

多线职能意味着乡村的规划建设不仅仅是自然资源部门单一的工作职能和责任，而是要发挥政府各部门的作用，巧用自然资源、农业农村、交通、水务、园林等各条职能线的政策和资金资源，尤其是充分利用土地整治、乡村振兴、“四好公路”等农村专项建设资金，将乡村振兴内各个面向的工作整合对应相应的扶持政策，获取更多条线共同缔造的成果。例如，水库村成功申报了上海市第五批市级土地整治项目，把农用地和建设用地的整理以及交通水利等各项建设工程打包，分成共三期的土地整治工作，顺利地获取了乡村振兴示范村前期的建设资金投入，保障了各项建设的顺利启动和推进。再以水库村内的长堰路的改造工程为例，原本仅为公路交通部门农村“四好公路”的示范工程。在实际建设过程中，水库村整合了公路设计、沿线景观设计和生态设计以及沿线建筑改造等多项工程，不仅完成了路面和附属设施的改造，更形成了从林木景观、建筑景观和公路景观的一体化打造，展现了上海最美农村公路的品牌。在这一过程中，精细化治理的作用得到了充分的发挥，通过各类财务信息整合和建设台账的梳理，水库村有效地使用了各类建设保障资金，推动了美丽乡村建设的快速发展。

4.3.2.5 空间更新示范美丽乡村建设，推动乡村精细化治理

每一处村庄都拥有村民心目中最值得聚集和记忆的公共空间，无论是山乡古村的磨盘和老树，还是水乡村落的小桥和岸柳，都是属于本地居民最值得铭记的乡愁。在新的乡村振兴示范村的建设中，如何营造属于新一代乡村居民的集体记忆，创造体现新时期乡村文化、生活和精神需求的公共空间，是水库村建设过程中的极大挑战。

把脉水库村作为典型的远郊乡村面临的几个特点，一是“离散”，村民的情感和日常管理缺乏向心力；二是“老化”，乡村的老龄化程度较高；三是“疏离”，乡村生活与最大的景观特征——水的关系疏离。规划通过问题把脉和空间分析提取了四处公共空间进行集中打造，塑造属于新时期水库村民的时代乡愁。

首先，对原有村委会驻地院落进行改造更新，容纳更多的乡村公共服务职能，成为村民公共管理和服务的一站式场所。建筑改造中融入水库村记忆展馆，通过廊、庭、院等具有典型水乡建筑特征的空间营造，吸引村民到这里来办事、咨询、闲谈和驻足，成为整个村

落的精神中心。其次，对一处原有厂房进行改造，建设水库村日间照料中心，为高龄老人提供日间休闲、餐饮和护养的场所。同时，日间照料中心也提供部分住宿式的养老服务，满足村民差异化的养老需求。建筑改造中充分注重老龄化的空间设计需求，在空间使用和设施配置上充分满足村民提出的各种意愿，并在庭院景观上通过可食地景的小型菜园塑造令人感到亲切的乡村庭院景观。最后，营造藕遇公园和安置区滨水广场等多个滨水休闲空间。藕遇公园是对原有一处闲置池塘的改造，通过满池荷花体现最为典型的水乡意蕴。安置区滨水广场是在第一批集中居住点的半岛滨水位置，集中打造田、水、路、林有机协调的广场景观，以一棵参天大树为视觉焦点，营造属于安置区居民的公共中心和精神中心(图 4-3)。

图 4-3　水库村村委会驻地院落改造方案
来源：《水库村乡村振兴发展规划》，同济大学，2019 年

乡村重点公共空间的共同营造充分体现了村民在其中体现的共同缔造作用。在设计前期，对村民意愿的充分了解是保证建设后合理使用的前提。在建设过程中，村民日常不断提出的建议是保证建筑符合村民日常使用习惯的基础。公共空间的成熟也缺少不了村民在后续生活中活动轨迹的不断强化，才能最终成为具有乡村精神记忆和向心活力的公共场所。

美丽乡村建设工作的主要目标是乡村人居环境质量的不断提升。而传统乡村的落后面貌很大程度上就体现在乡村人居环境的散乱差，因此也成为水库村所提出的乡村空间微环境更新的目标。而这一过程融汇了村委会、村民小组、乡村规划师和普通村民的多方交流和协力，集中体现了美丽乡村共同缔造的宗旨。

前庭后院是典型江南民居的空间序列，但在乡村的长期发展中，前庭演化为硬质的水泥场地，后院退缩为杂乱的岸埠杂屋。因此，水库村乡村空间微环境的更新重点放在了屋前场地的整理、屋后滨水的环境和建筑本身的风貌三个方面，从而重新打造出“傍水而居、择水相望”的江南水乡建筑风貌。“小三园”是上海提出在村庄宅前体现的特色空间，分别是小菜园、小果园和小花园。“小三园”满足了村民日常种植、采摘和赏景的需求，结合硬质场地和休闲空间，形成了屋前场地具有多功能、多层次的空间景观。屋后的滨水环境首先是对杂乱厢房的规整和步行空间的疏通，形成屋后连续的滨水休闲空间（图 4-4）。同时，在岸线上，以自然恢复为主、人工修复为辅，探索运用工程技术、农艺技术、生物技术、生态技术等整治修复手段，以生态性、自然性、亲水性、休闲性为基础，实现“一河清水、两岸绿色、田景交融、人水和谐”目标。同时，将屋后滨水空间和河道游线和道路慢行线有机结合，让村民和游客都能闻到水的清新，赏到水的美景（图 4-5）。

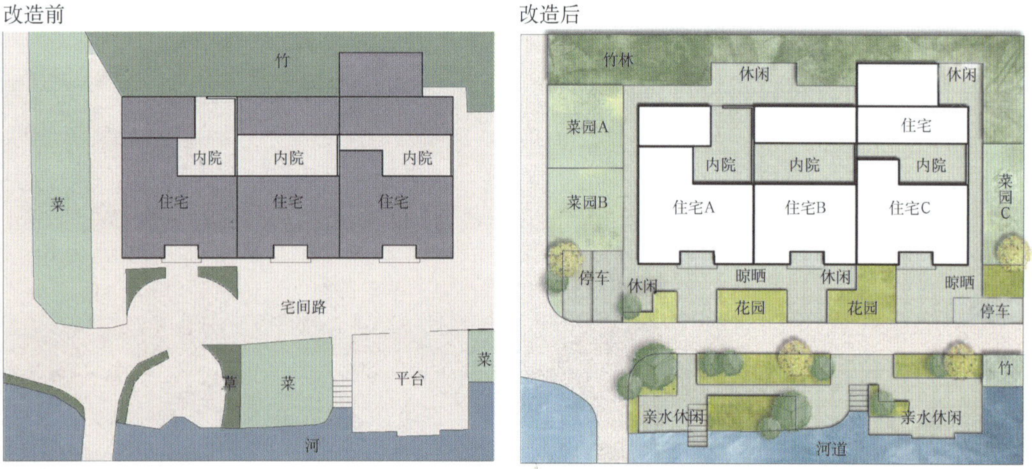

图 4-4 宅前院落的改造引导方案

来源：《水库村乡村振兴发展规划》，同济大学，2019 年

图 4-5 村民安置区建筑设计及水岸广场改造意向

来源：《水库村乡村振兴发展规划》，同济大学，2019 年

村宅建筑风貌的提升是乡村风貌的重要元素，纷乱的建筑材质、比例适当的立面结构、风格多样的细节特征是上海乡村建筑风貌无序的集中体现。因此，“新江南田园”作为对上海乡村发展风貌的总体特征提炼，在建筑层面意味着以传统江南民居的空间理念来容纳新时代上海乡村的空间需求，以水平舒展的屋顶形式和清新宜人的建筑风格来整体改善上海乡村的空间气质。由此，在规划建设过程中，水库村提炼了针对现有建筑的改造导则，从屋面材质和风格、墙面材质和色彩、窗户比例与形式、沿廊空间和功能以及立面的整体搭配等多方面提出了传统建筑的改造建议，并通过广泛的宣讲提供给农户进行参考。同时，水库村选取集中的连片保留建筑沈家宅区域进行改造试点，形成了较为成功的工作经验，并逐步地在全村进行推广（图 4-6）。

改造前 改造后

图 4-6　保留建筑立面的改造意向

来源：《水库村乡村振兴发展规划》，同济大学，2019 年

4.3.2.6　现代文化融入美丽乡村建设，推动乡村精细化治理

水乡文化是水库村的传统文化，水承载的各类产业活动、生活活动构成了水库村水乡文化的丰富图景。乡村规划师团队在工作过程中挖掘出水库村的冈身遗址，找到水库村在上海千万年来由海向陆的演变过程中的地质文化特征。同时，在乡村振兴战略的推动下，水库村作为全球城市的乡村示范，和全球城市流行文化的接触为现代的乡村文化带来了新的触媒。2019 年上海城市艺术季期间，在水库村设立了乡村展区，引入了大量的现代大地艺术作品，成为水库村新乡土文明的标志。与此同时举办的各类丰收祭、亲子游等各种类型的乡村旅游活动都在逐步改变着水库村的传统文化面貌，为水库村带来了丰富的现代乡村文化（图 4-7）。

图 4-7　水库村田园亲子活动
来源：作者拍摄

参考文献

[1] 汤淇皓.美丽乡村建设项目中的乡镇网格化管理研究[D].南京：南京大学，2020.

[2] 王晓莉.新时期我国乡村治理机制创新.科学社会主义[J].2019(6)：123-129.

[3] 高璟，彭震伟，高楠.共同缔造模式下的乡村振兴示范村发展研究——以上海金山区水库村为例.理想空间[J].2020(12)：116-120.

5 上海市乡村地区的全域空间管控*

耿慧志 李开明**

《中共中央、国务院关于建立国土空间规划体系并监督实施的若干意见》(以下简称《若干意见》)构建了我国国土空间规划的总体框架,《自然资源部办公厅关于加强村庄规划促进乡村振兴的通知》明确了村庄规划作为乡村地区详细规划的法定地位。应当看到,乡村地区是一个广阔而复杂的系统,存在着宏观、中观和微观等不同层面的管控需求,[1-3]村庄规划并不能涵盖全部。本文基于"管控对象、管控措施、管控层级"的分析框架,梳理国土空间规划体系管控的基本要求,剖析上海市乡村地区空间管控的演进特征和存在问题,提出乡村地区的全域空间管控策略。

5.1 国土空间规划体系下乡村地区空间管控的基本要求

2013 年,《中共中央关于全面深化改革若干重大问题的决定》提出划定"三生空间"(生产、生活、生态)的开发管制边界,落实用途管制。2015 年,《生态文明体制改革总体方案》提出应将国土空间用途管制扩大到所有自然生态空间。2019 年,《若干意见》再次强调统筹布局生态、农业、城镇等功能空间,健全用途管制。可以看出,国家推进全域国土空间用途管制的初衷是一脉相承并不断细化的。

5.1.1 管控对象全域覆盖

落实全域国土空间用途管制是空间治理的基础。在广域的乡村国土空间中,村庄只是其中的"点",过去的乡村规划更多的是从"点"来思考"域"的问题,关注村庄建设空间,对农业和生态空间的管控流于粗放,导致了乡村地区规划管控遗漏缺失,未能有效实现乡村国土空间的全域用途管控。[4]因此,必须从广域的乡村国土空间格局出发,统筹协调村庄建设、农业生产和生态保护的不同需求,优化建设、农业、生态三类空间格局,协调形成互不交叉重叠的生态保护红线、永久基本农田保护线、村庄集中建设边界等控制线,细化并协调这些空间

---

* 国家自然科学基金资助项目"提升生态韧性的乡村空间规划和建设指引研究"(项目批准号:71841002)。本章发表于《城市规划学刊》2020 年第 4 期。

** 耿慧志,同济大学建筑与城市规划学院副院长、教授,中国城市规划学会城乡治理与政策研究学术委员会副主任委员、小城镇规划学术委员会委员,上海规划委员会社会经济文化专业委员会委员。邮箱:genggeng@tongji.edu.cn。李开明,博士,上海大学上海美术学院建筑系讲师。

要素的关系，实现乡村地区空间管控的全域覆盖。目前，我国对乡村建设空间已逐步建立起覆盖增量和存量的土地用途管制体系，对农业空间中的耕地已有较为清晰的管控方法，而对其他农业空间和生态空间的管控比较粗放[5]，需要细化农业空间和乡村生态的管控内容。

5.1.2 管控措施逐级细化

一方面，建设、农业和生态空间在土地产权[6]、空间组织方式和环境特征[7、8]、治理模式[9]等方面有显著差异，管控措施需要结合各类空间特点，突出针对性。[10]另一方面，由于空间资源的多样性、复杂性和功能复合性，空间管控需要结合政府机构层级事权，依据管什么批什么采用多样化的管控措施。既要加强各类规划之间的有效衔接和传导，确保空间管控层层落实，实现乡村空间规划的底线约束作用；又要提高空间管控的效率和应变能力，为乡村社会发展的不确定性进行空间预留。因此，不同管控措施的衔接是乡村国土空间规划有效覆盖和实施的关键，需要针对乡村空间制定分级分类管控措施，既要明确空间约束性指标和边界，以及各级管控的分解细化要求，健全规划纵向传导机制；又要明确各类弹性指标的要求，便于各级责任主体结合乡村发展实际和发展需求，按需编制乡村规划，突出乡村重点和特色。[11]

5.1.3 管控层级呼应事权

空间规划作为国家开展空间治理的重要手段，需要厘清各级政府在空间规划体系中的权责关系，合理确定上下事权范围、管理权责关系。过去多种空间规划之间的冲突，深层次原因是纵向不衔接、事权关系未理顺造成的一系列博弈的结果。[12]《若干意见》根据不同政府之间的事权关系将空间规划分为“五级三类”，要求按照“谁组织编制、谁组织实施”“谁审批、谁监管”“管什么就批什么”的原则进行国土空间规划的编制与管控。“一级政府，一级事权”的规划管理逻辑已深入人心，自然资源部门的组建基本解决了横向部门之间的规划管理重叠问题，但对于纵向的各级规划事权仍缺少合理的界定。[13]因此，对乡村地区的空间管控，必须研究各级政府机构的规划权责边界，甄选规划管控要素，建立基于事权的多层级规划管控体系。[14]

5.2 上海市乡村地区空间管控的演进特征和问题反思

5.2.1 乡村建设空间的“点域”管控

5.2.1.1 村民自发建房的通则管控（1978—1990 年）

1978 年确定了改革开放的总路线，村民收入不断增加，压抑了近 30 年的村民建房需求释放。为有效引导村民建房，1983 年，上海市颁布了《上海市村镇建房用地管理实施细则》。规定村民建房不能占用耕地，只能在现有的宅基地和空地内协调解决，由此形成带状的村庄居住点，但房前屋后的坑塘水面被村民填补用来建房，侵占了乡村的生态空间。

同时，《细则》规定村民建房用地控制在人均 12～20 平方米，推算人均住房面积应不超过 30 平方米。但由于缺乏有效管控措施，村民建房面积远超规定，根据统计资料①，全市乡村人均房屋居住面积从 1978 年的 16.75 平方米增加到 1990 年的 42.01 平方米。

5.2.1.2 村民集中建房的规划管控（1990—2011 年）

进入 20 世纪 90 年代，村民在原有自然村基础上分散建房的弊端开始显现，居民点布局分散既不利于基础设施的配置，也难满足农业生产的规模化需求。为此，上海市政府提出“居住向城镇集中、工业向园区集中，农田向规模化经营集中”的“三个集中”战略，并确立为乡村建设的基本指导方针。

为落实“三个集中”战略，中心村规划启动编制，完善村庄配套设施和公共空间，形成相对集中的“块状”布局，与村民自发建房的空间肌理形成了鲜明对比（表 5-1）。中心村规划在实施中需要占用周边的耕地和生态用地，但原有零散宅基地又无法有效复垦还耕，难以满足新增建设用地指标和耕地占补平衡指标的管控要求。大部分中心村规划未能实施，部分中心村虽然建成，但由于其人口规模难以支撑小学等服务设施的配置，村民实际入住率偏低。[15]

表 5-1 上海市乡村建设空间的“点域”管控

阶段划分	空间形态特征	典型空间机理			
村民自发建房的通则管控（1978—1990）	在原有自然村基础上形成“带状”居民点	崇明区胜利村	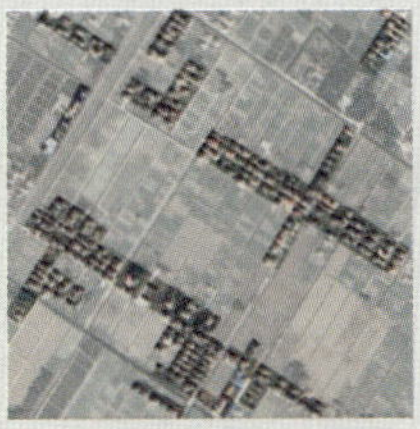	金山区新浜村	
村民集中居住的规划管控（1990—2011）	完善配套设施和公共空间，形成“块状”居民点	奉贤区柘林村		嘉定区北新村	

从管控效果来看，这一阶段主要是对乡村建设空间的“点域”管控，对农业空间和生态空间的管控相对薄弱。同时，该阶段管控由规划部门主导，也缺乏与土地、住房、水利、环

① 此处资料来源于《上海市国民经济和社会发展历史统计资料（1949—2000）——郊区分册》。

保、林业等横向部门的有效衔接，管控的总体效果不尽如人意。

5.2.2 乡村三类空间的“全域”管控

5.2.2.1 郊野单元规划的全覆盖管控（2012 年至今）

2012 年，上海市确定了“总量锁定”“内涵增长”的建设用地策略，建设用地减量成为新时期乡村地区规划管控的主要任务。[16]郊野单元规划编制随之启动，定位为镇域层面统筹全地类、全要素、覆盖全域空间的详细规划。至 2019 年年底，上海市域范围内 86 个涉农街镇均已完成郊野单元规划的编制工作。

以金山区廊下镇郊野单元规划为例（图 5-1），其规划管控内容分为三部分。一是建设用地和耕地的整合置换，将城市开发边界外的乡村闲置、分散的建设用地置换、复垦为耕地，同时给予减量化面积 1/3 的建设用地指标，用于类集建区建设。其内在逻辑是通过建设用地指标的空间转移，促进乡村地区土地集约使用和生态环境的改善。二是整合农业和生态专项规划，实现对农业和生态空间的差异化管控。落实永久基本农田红线，细分农业生产种植分区和设施农用地配置；落实生态保护红线，优化农、林、水等一般生态空间和用地细分。三是细化村庄建设引导，明确配套设施、住房建设和乡村风貌的管控要求。在管控措施上，郊野单元规划通过边界管控和规则管控落实了乡村地区重要控制线，实现了对乡村三类空间的细分，并对各类用地的开发进行指标管控。

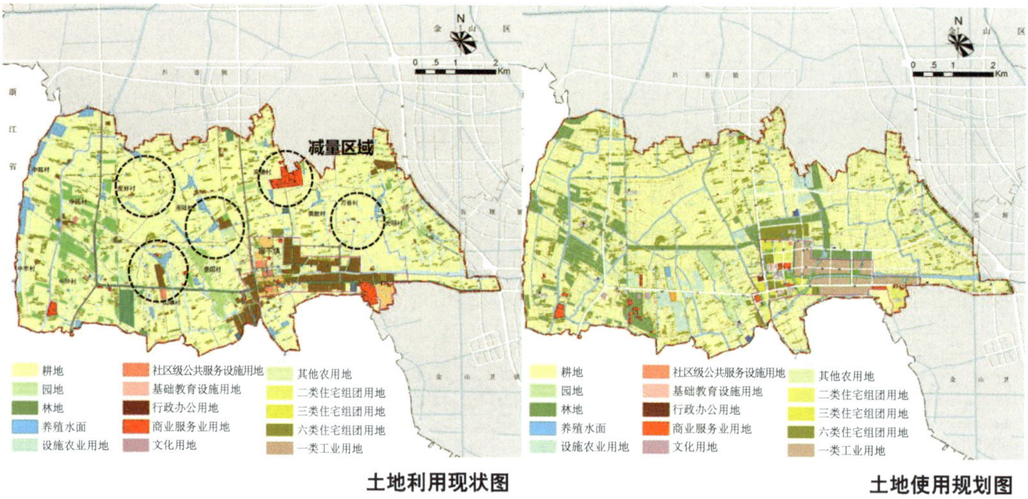

图 5-1 廊下郊野单元规划图

来源：《金山区廊下镇郊野单元规划》，上海市城市规划设计研究院，2015 年[17]

5.2.2.2 村庄布局规划的结构管控（2014 年至今）

村庄布局规划是对乡村地区进行的结构管控探索。2014 年，上海市 9 个郊区陆续启动编制村庄布局规划，重点明确各类村庄分类原则和功能定位，并同步落实各类用地规模总量控制，以指导郊野单元规划的编制。

以嘉定区村庄布局规划为例，其规划管控内容分为三部分。一是衔接城乡空间布局，加强乡村地区在功能定位和发展规模上与城镇的对接；二是明确乡村总体空间布局等“结构性”内容，将现状村庄划分为保护、保留、撤并（细分为撤并上楼以及平移归并两种形式）三种类型，①并同步落实了乡村建设用地、永久基本农田、生态保护用地的规模分解方案；三是关于乡村配套设施和风貌的管控，对镇级、行政村级、自然村级公共服务设施和市政基础设施提出配置标准，对乡村风貌提出引导要求。在管控措施上，通过指标管控、边界管控和功能管控的方式明确建设用地规模和空间布局，通过名录管控，明确乡村发展分类、设施配套标准和乡村风貌管控的要求（图 5-2）。

图 5-2 嘉定区村庄布局规划图

来源：《嘉定区村庄布局规划》，上海广境规划设计有限公司，2014 年[18]

① 保护村庄是指具有历史文化价值或特色传统空间风貌的村庄；保留村庄是指位于基本农田保护区内，空间肌理特征与农田生态景观相协调，体现乡村自然特色的村庄平移归并村庄是指需要归并迁建于其他农居点的自然村。撤并上楼村庄是指受城镇建设或受重大基础设施建设影响，通过宅基地置换或动迁安置的方式，以上楼的形式统一安置于集建区内的居住社区。

5.2.2.3 村庄设计的重点区域管控(2017年至今)

村庄设计是乡村空间秩序和景观风貌的管控探索。2017年,党的十九大提出乡村振兴战略,明确"产业兴旺、生态宜居、乡风文明、治理有效、生活富裕"的20字方针。为提升乡村空间环境品质,塑造特色空间秩序,在落实郊野单元规划对乡村土地用途管制和指标控制的前提下,上海市提出对村民集中居住区域和村庄重点区域可按需开展村庄设计。

以嘉定区北新村村庄设计为例,其管控内容分为三部分。一是优化村庄的整体空间格局和景观风貌特征,加强对沿水沿路等自然景观风貌的引导,对房前屋后庭院空间提出植物种植等设计引导;二是制定新建、改建和保留建筑的风貌设计策略,对建筑体量、风格、材质、颜色等进行管控;三是对村庄入口、滨水岸线、道路桥梁、公共场地、工程设施、滨水、宅旁、村庄入口等重要节点和公共空间进行设计。进一步地,同步完成了各建设项目的资金预算和时间进度安排。在管控措施上,村庄设计通过指标管控、边界管控和形态管控实现管控目标,在编制过程中广泛征询村民意见,在管控方式上体现出更大弹性(图5-3)。

图5-3 嘉定区北新村村庄设计图
来源:《嘉定区北新村村庄设计》,上海广境规划设计有限公司,2018年[19]

从管控效果来看,村庄布局规划实现了对乡村功能、结构和规模的总体控制,解决了乡村发展的结构性问题,并为郊野单元规划落实全域管控提供了上位指导;[20]郊野单元规划实现了乡村地区空间管控的全域覆盖,协调落实了乡村各类项目的用地需求,解决了空间管控的实施性问题;村庄设计将乡村地域文化和特色元素积极融入,有效指导了景观风貌建设(表5-2)。

表 5-2　上海市乡村三类空间的“全域”管控

管控规划和设计类型	管控对象	管控措施	管控层级
郊野单元规划	乡村全域空间 (建设、农业、生态)	边界管控 指标管控 规则管控	镇域
村庄布局规划	建设空间	功能管控 指标管控 边界管控 名录管控	区全域
村庄设计	村民集中居住区域和村庄重点区域	形态管控 边界管控 指标管控	居民点

5.2.3　上海市乡村地区空间管控的问题反思

2018 年，上海市颁布《上海市乡村规划导则》，确认了村庄布局规划、郊野单元规划、村庄设计三个层级的乡村地区管控框架，并明确了与城市开发边界内规划编制体系的对接(图 5-4)。但这一管控体系能否复制和推广还需要更加深入的思考。

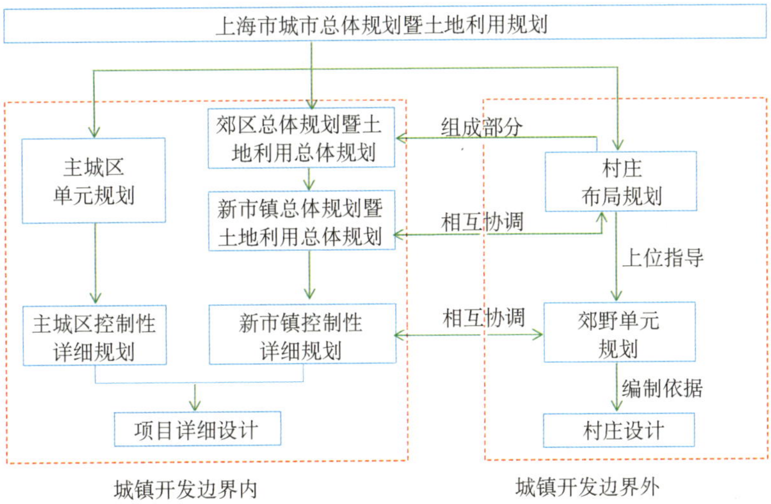

图 5-4　上海市国土空间规划管控体系图
来源：作者依据《上海市城市总体规划(2017—2035 年)》梳理绘制

5.2.3.1　管控对象实现全域覆盖，但生态空间的管控较为薄弱

从建设空间管控发展到全域空间管控，乡村空间管控逐步实现了全域覆盖(图 5-5)，农业和生态空间被侵占的情况也得到了有效缓解。其一，建设空间的管控在原有居民点

用地管控的基础上，完善了覆盖增量和存量的土地用途管制内容；其二，农业空间的管控实现了用地细分，划定了永久基本农田红线，实现了静态边界管理，同时完善了种殖养殖分区和设施农用地的配置，通过耕地占补平衡指标实现对农业边界的动态管控；其三，对生态空间的管控，落实了生态保护红线，设定森林覆盖率、河湖水面率、土地和水体质量等级等约束性指标实现生态和环境承载的动态调控。

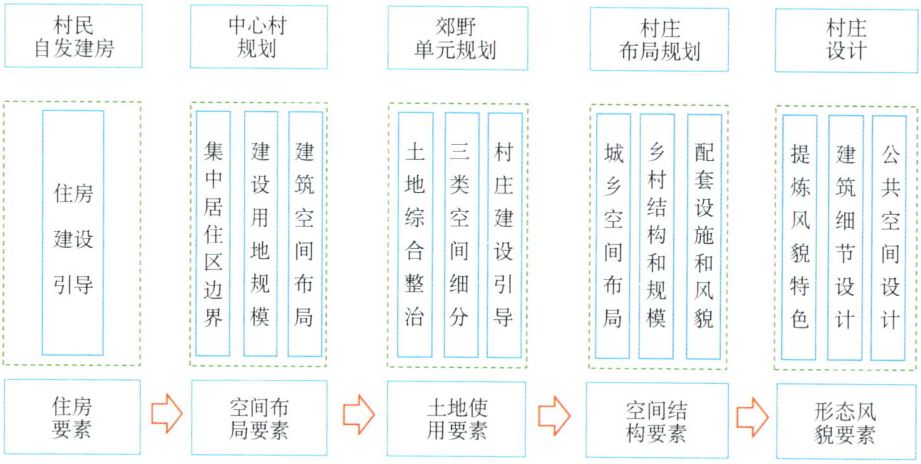

图 5-5　乡域空间要素管控演变

但从实施效果来看，对乡村建设空间的管控具体明确，对农业各类细分空间的管控也比较有效，但对生态空间的管控仅体现在对生态保护红线的划定，内容较为薄弱。首先，缺乏对生态保护红线内自然保护区、水源保护区、湿地保护区等空间管控单元的细分。其次，三类空间的细分主要依据农用地、建设用地、未利用地的划分方法，对生态保护红线外的一般生态空间缺乏明确的范围界定，相关管控内容难以落地实施。再次，虽然生态空间独立于建设空间和农业空间而存在，但在建设空间和农业空间内，也有基于生态目标的管控需求，如绿地率、化肥和农药使用量等生态要素的管控需求。[21]

5.2.3.2　管控措施实现逐级细化，但管控精细化水平有待提升

依据"目标指标化、指标空间化、空间形态化"的原则细化管控要求，形成了逐级递进、精准高效的管控措施。其一，村庄布局规划协调村镇发展定位，分解建设用地规模，并将各种发展目标落实为可量化的指标，实现定性的非空间性内容与定量的空间性内容的融合；其二，郊野单元规划承接村庄布局要求，通过边界管控、指标管控、功能管控的措施统筹落实各项建设需求，并体现在细分用地之中；其三，村庄设计对乡村重点建设区域采用边界控制、形态管控和指标管控的措施，将平面性的空间管控要素转化为立体性的形态控制准则。总体上，对建设空间形成了"指标＋边界＋名录＋规则＋功能＋形态"的管控措施，兼具了空间管控的刚性和弹性；对农业和生态空间形成了"边界＋指标＋规则"的管控措施（表 5-3）。

表 5-3 上海市乡村地区三类空间管控措施

规划类型	管控措施					
	指标管控	边界管控	名录管控	规则管控	功能管控	形态管控
建设空间	●	●	●	●	●	●
农业空间	●	●		●		
生态空间	●	●		●		

但也要看到，空间管控过于刚性，弹性不足，空间管控精细化水平还需提升。对农业和生态空间的管控主要体现在划定永久基本农田和生态保护红线等空间刚性边界的划定方面，配套制定的一系列管控指标，如森林覆盖率、河湖水面率、土地和水体质量等级等，这些指标只是对空间承载力保护的基础要求。随着农业功能现代化和生态功能服务化的趋势，农业旅游、生态观光、自然教育等一些新型业态和项目需要落实在农业和生态空间中，应在分区层面制定这些新型项目的准入规则，在地块层面完善功能、布局、强度、形态、风貌等相关控制要求。

5.2.3.3 层级划分实现有效对接，但镇域管控内容约束较多

上海市乡村地区面临的是在城市化发展后期大量低效闲置的乡村建设用地所带来的资源环境束缚问题，乡村建设用地的减量成为空间管控关注的重点。为推进建设用地减量，郊野单元规划在镇域层面，既完成了全域空间地类用途的细分，实现了底线管控；又以图则的形式完成了乡村发展内容的管控，明确了各类用地的规划控制指标（包括容积率、建筑密度、绿地率、建筑高度等）。这种把村域层次的村庄规划与镇域层次的土地用途管控整合编制的做法有利于推进建设用地的减量，适用于快速发展的上海乡村。但我国广大的中西部地区，乡村普遍发展缓慢，乡村建设实际需求小，[22]追求镇域层面乡村发展内容的全覆盖并不是特别需要的。

村域层面更需要的是强化引导、减少约束，其各项发展指标的确定都应当是在底线约束下，市场和村民深度参与的结果。[23-25]因此，在借鉴上海乡村空间管控的经验时，需要对镇域层面的郊野单元规划管控内容进行瘦身，保留其专项规划协调和地类细分布局的内容，突出其底线管控作用；而将涉及乡村发展的具体内容，包括各类用地开发强度和形态控制等管控要素，放到村域层面的规划中，通过与村民的全方位商议去细化落实。[26]

5.3 国土空间规划体系下乡村地区全域空间管控策略

5.3.1 细化管控要求和管控对象

5.3.1.1 细化分区管控要求

农业空间和生态空间是乡村经济的重要载体，目前多采取被动保护的模式，主要体现

在永久基本农田和生态保护红线的划定，但缺乏对农业空间和生态空间多功能要素的合理利用，造成了空间资源的闲置，农业空间和生态空间的综合效益难以发挥。需要进一步加强农业空间和生态空间的细分，在坚持最严格耕地保护制度下，对农业种植、养殖等空间进行分类管控，兼顾设施农业、农业旅游等业态需求，实现从农业效益到综合效益的提升。生态空间要依据生态重要性进行差异化管控，在保障生态服务功能的整体性和系统性的基础上，落实生态教育、生态观光和服务等项目的准入机制和用地需求。

5.3.1.2 细分用途单元和地块图斑

通过“空间分区—用途单元—地块图斑”逐层细化全域空间管控对象。其一，基于空间开发利用保护的重要性，从乡村三类空间中提炼出需要严格管控的“三线”，三线外的空间可分为弹性建设空间、一般农业空间和一般生态空间，形成乡村地区的“三区三线”；其二，依据用地主导功能的差异，进一步对乡村地区三类空间进行细分，形成 14 类用途单元；其三，依据地块边界和主导功能的差异，将 14 类用途单元细分为 23 项地块图斑要素，落实对乡村宅基地、配套设施、道路交通等建设要素的管控，强化对林地、草地、水域、沼泽、滩涂等生态要素的保护（图 5-6）。

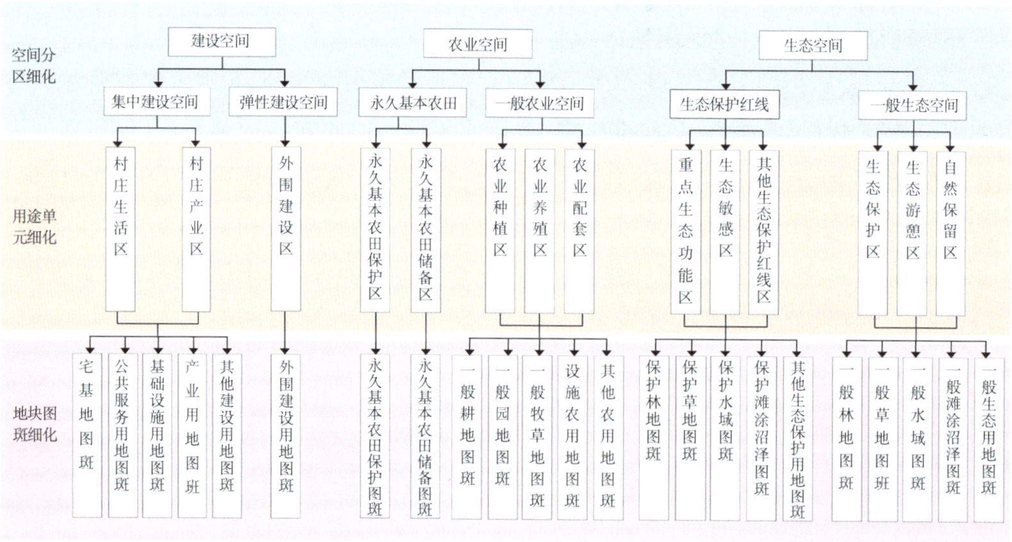

图 5-6　乡村三类空间细分图

5.3.2 明晰管控层级和技术要点

5.3.2.1 各层级管控定位

依据县、乡镇、村三个层级的事权范围和空间尺度特征，按照“分级覆盖、突出重点”的原则，确定“结构管控—用途管控—要素管控”的管控定位。县域层面为结构管控，侧重空间资源底线的控制，完成三类空间边界的划分，将数量指标初步落实在空间边界中；乡镇域层面为用途管控，通过镇国土空间总体规划，整合各类专项规划的用地需求，实现全域空间细分和用途管制，将各项管控需求落实到用途单元中；村域层面为要素管控，通过村庄规划，将各项管控要素落实到地块图斑中，并传递到村庄详细设计中，直接指导村庄的建造实施。

5.3.2.2 各层级技术要点

不同层级的管控重点不同，其适用规划技术亦有所差异（图 5-7）。县域层面需要明确乡村功能结构、三类空间分区和各类规模分解。结合各村功能定位，划定集中建设空间和弹性建设空间边界，衔接部门指标、整合乡镇指标，分解乡村建设用地规模。明确农业产业导向和主要生产任务；划定永久基本农田和一般农业空间边界；分解落实各村耕地保有量、永久基本农田面积等规模。依据生态资源的重要性和价值，明确生态空间功能，划定生态保护红线和一般生态空间边界，分解落实各村生态保护红线规模，明确各类生态要素的总量。

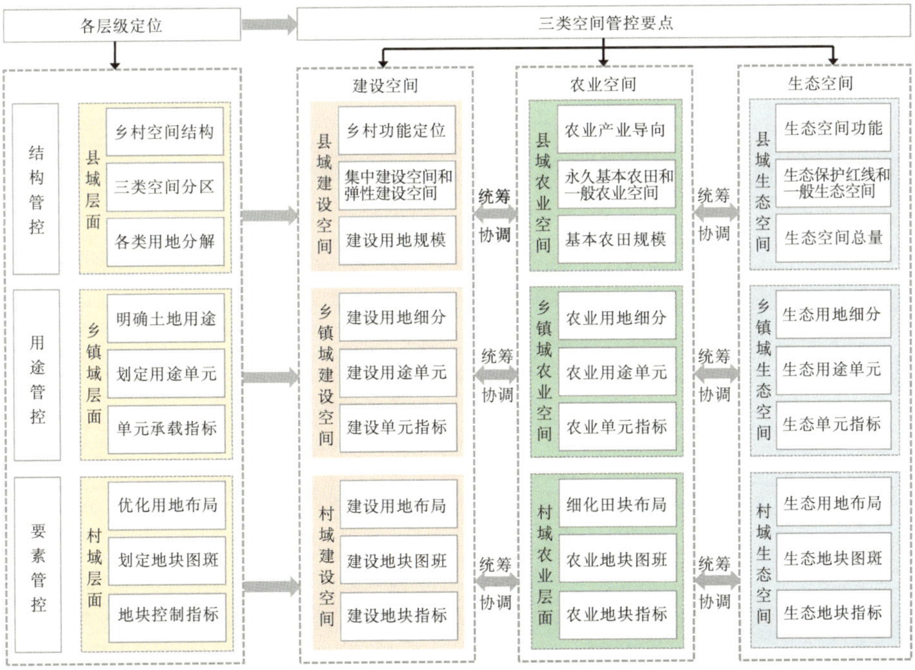

图 5-7 乡村空间管控技术要点

镇域层面明确土地用途，划定用途管控单元，分解单元承载指标体系。将建设用地细分为宅基地、产业用地、公共服务设施用地等，划定村庄生活区、产业区等建设用途单元边界，明确各类建设用地规模、开发强度、村民建房标准等建设单元指标。将农用地细分为耕地、园地、牧草地、设施农用地、其他农业用地，划定农业种养殖等农业用途单元边界，明确各类农用地规模、设施农用地规模等农业单元指标。将生态用地细分为林地、草地、水域、滩涂沼泽和其他生态用地等，划定重点生态功能区、生态保护区等生态用途单元边界，制定相应的准入规则和清单管控。

村域层面应结合村民意愿和市场需求，划定地块产权图斑边界，完善建设、农业、生态三类地块的控制指标。划定建设地块产权图斑，叠加地块用途、面积、强度、形态等管控要素；划定农业地块产权图斑，加强对农业种养殖要素和空间形态要素的引导；划定生态地块图斑，将各项保护和开发要素落实到生态图斑之中，明确允许开发的控制指标，完善生态用地图斑用途转用规则。

5.3.3 实施逐级传导和分类叠加

构建“基础要素逐级传导、附加要素分类叠加”的管控要素体系（图 5-8）。基础要素适用于三类空间的共性管控，结合纵向政府事权，形成逐级细化、分解落实的纵向传导机制。附加要素适用于三类空间不同层级的特色管控，便于突出重点，提高管控的效率。

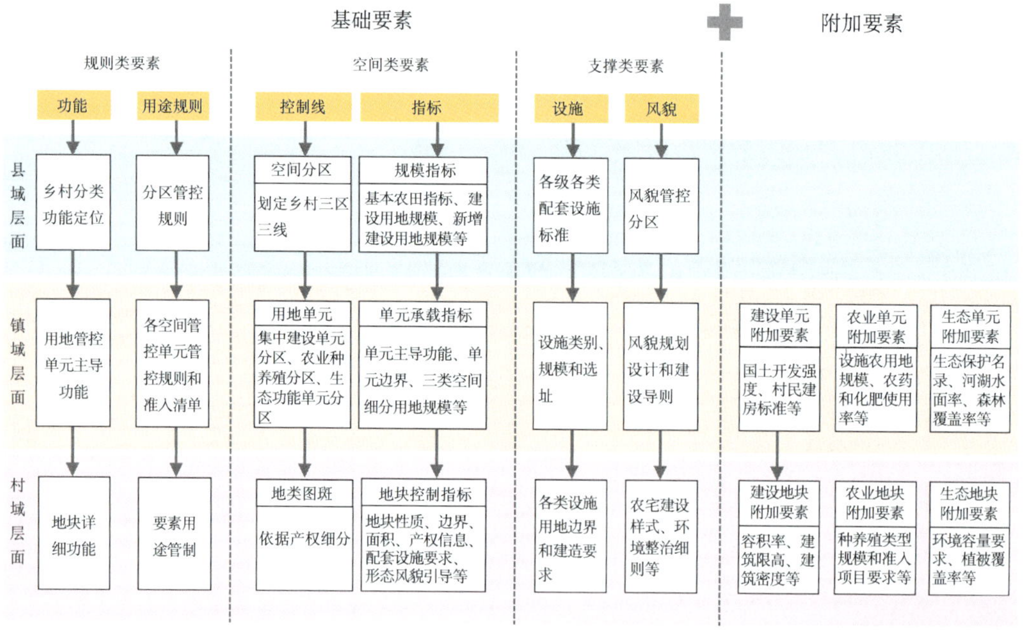

图 5-8　乡村空间管控要素传导图

5.3.3.1 基础要素逐级传导

运用功能管控、规则管控、边界管控、指标管控、名录管控、形态管控，六种管控工具构建“三种类型、六种要素”的基础要素管控体系。规则类要素指难以空间定位的要素，包括功能和用途规则；空间类要素是保障底线边界的空间要素，包括控制线和指标；支撑类要素从设施、风貌两个层面完善空间管控。六种管控要素首先承接上级规划数量要求，落实到县域的管控分区中，结合所在空间层级的管控要点，逐步细化分解至镇域的用途单元中，最后传导至村域的要素图斑中。控制线和指标是各层级之间有序衔接、传递的关键。

5.3.3.2 附加要素分类叠加

在基础要素的基础上，分类叠加附加要素，以满足三类空间在不同层级的特殊管控需求。以乡村旅游、生态观光等新产业新业态项目为例，需要布局诸如餐饮、住宿、停车、综合服务等功能性设施，具有用地规模小、布局灵活、可依附于乡村三类空间存在等特点。基础要素管控采用自上而下的传导路径，在县域层面往往难以准确预测三类空间中该类设施的规模和布局要求，需要在镇域和村域层面叠加附加要素促成项目落地。

镇域层面，应叠加三类用途单元附加要素。对建设单元，需要细化村民建房标准，包括用地和建筑面积标准、后退和间距、建造控制要求等。对于农业单元，应落实生产型和附属型设施农用地的边界和规模，如烘干机房、泵站等；对开展农业旅游所需的点状设施用地提出功能引导和规模控制要求；完善农产品质量认证率、化肥和农药使用量、秸秆综合利用率、土壤酸碱度等附加农业单元指标管控。对于生态单元，需要落实生态保护要素名录和边界，如自然保护区、水源保护区等，制定准入规则和清单管理；对开展生态观光的服务设施用地，应明确其边界、功能和规模等相关控制要求。

村域层面，应叠加地块管控附加要素。对于建设地块，需要增加容积率、建筑限高、建设控制以及其他地块形态管控附加要素。对于农业地块，需要增加种养殖类型、规模、准入项目类型的要求，完善配套农业旅游设施建设控制要求，明确兼容用地边界、详细功能和相关控制要求。对于生态地块，需要明确环境容量要求；明确配套生态服务设施建造要求，包括允许开发建设的类型、规模、强度、布局和相应的控制指标；落实植被覆盖率和原有地形土壤保有率等附加控制要素。

同时，由于各层次空间尺度和管控要素的构成差异，需要刚性管控和弹性引导相结合、动态维护的管控手段。一方面，建立针对乡村三条控制线的刚性管控要求，明确下层级规划需要落实的强制性内容。另一方面，对乡村三条控制线以外的空间，结合各级政府事权，预留一部分弹性空间，实现总量控制和动态优化。通过以上对基础要素、附加要素、管控手段的分析，形成乡村三类空间管控措施建议（表 5-4）。

表 5-4 乡村三类空间管控措施建议

管控要素			建设空间	农业空间	生态空间
县域层面	乡村功能结构		○	○	○
	“三区三线”管控边界		●	●	●
	分区管控规则		○	○	○
	各类用地面积(大类)		●	●	●
	配套设施标准		○	○	○
	风貌管控准则		○	○	○
镇域层面	基础要素	单元主导功能	●	●	●
		用途单元边界	●	●	●
		单元管控规则	●	●	●
		各类用地面积(中类)	●	●	●
		配套设施用地	●	●	●
		风貌分区导则	○	○	○
	建设单元附加要素	国土开发强度	●	×	×
		村民建房标准	●	×	×
	农业单元附加要素	设施农用地规模	×	●	×
		农业旅游设施用地规模	×	●	×
		农产品认证率	×	○	×
		化肥和农药使用量	×	○	×
		秸秆综合利用率	×	○	×
		土壤酸碱度等级	×	○	×
	生态单元附加要素	生态保护类要素名录	×	×	●
		生态服务设施规模	×	×	●
		河湖水面率	×	×	●
		森林覆盖率	×	×	●
		水质达标率	×	×	●
村域层面	基础要素	地块用地性质	●	●	●
		地块边界	●	●	●
		地块用地面积(小类)	●	●	●
		产权信息	●	●	●
		配套设施要求	○	○	○
		形态风貌引导	○	○	○

续表

管控要素			建设空间	农业空间	生态空间
村域层面	建设地块附加要素	容积率	●	X	X
		建筑限高	●	X	X
		建筑密度	○	X	X
		其他建设控制要求	○	X	X
	农业地块附加要素	种养殖类型	X	●	X
		种养殖规模	X	●	X
		配套农业旅游设施要求	X	○	X
		准入项目类型	X	○	X
	生态地块附加要素	清单管理	X	X	●
		环境容量要求	X	X	●
		配套生态服务设施要求	X	X	●
		植被覆盖率	X	X	○
		原有地形土壤保有率	X	X	○

注:●刚性管控,○弹性管控,X 不涉及管控

5.4 结语

在国土空间规划“五级三类”体系下,如何完善乡村地区的全域空间管控是本章研究的出发点。乡村地区全域空间管控体系的建立是涉及政治体制、社会经济等多领域的复杂系统,涉及分区分级分类的关键技术环节,其纵向分级传导机制和横向管控要素的整合仍是未来一段时间内需要重点推进的任务。

参考文献

[1] 葛丹东,华晨.论乡村视角下的村庄规划技术策略与过程模式[J].城市规划,2010(6):50-80.
[2] 郐艳丽,刘海燕.我国村镇规划编制现状、存在问题及完善措施探讨[J].规划师,2010(6):69-74.
[3] 周岚,于春.乡村规划建设的国际经验和江苏实践的专业思考[J].国际城市规划,2014(6):1-7.
[4] 张尚武,李京生,郭继青,等.乡村规划与乡村治理[J].城市规划,2014(11):23-28.
[5] 邓红蒂,袁弘,祁帆.基于自然生态空间用途管制实践的国土空间用途管制思考[J].城市规划学刊,2020(1):23-30.
[6] 田莉,姚之浩,郭旭,等.基于产权重构的土地再开发——新型城镇化背景下的地方实践与启示[J].城市规划,2015(1):22-29.
[7] 罗震东,夏璐,耿磊.家庭视角乡村人口城镇化迁居决策特征与机制——基于武汉的调研[J].城市规

划，2016(7)：38-47，56.

[8] 耿慧志，李开明，韩高峰.内生发展理念下特大城市远郊乡村的规划策略——以上海市崇明区新征村村庄规划为例[J].规划师，2019(23)：53-59，75.

[9] 张京祥，申明锐，赵晨.乡村复兴：生产主义和后生产主义下的中国乡村转型[J].国际城市规划，2014(5)：1-7.

[10] 赵民，游猎，陈晨.论农村人居空间的“精明收缩”导向和规划策略[J].城市规划，2015(7)：9-18，24.

[11] 张立.我国乡村振兴面临的现实矛盾和乡村发展的未来趋势[J].城乡规划，2018(1)：17-23.

[12] 林坚，吴宇翔，吴佳雨，等.论空间规划体系的构建——兼析空间规划、国土空间用途管制与自然资源监管的关系[J].城市规划，2018(5)：9-17.

[13] 张艳芳，刘治彦.国家治理现代化视角下构建空间规划体系的着力点[J].城乡规划，2018(5)：21-26.

[14] 孙莹，张尚武.我国乡村规划研究评述与展望[J].城市规划学刊，2017(4)：74-80.

[15] 王颖，姜骏骅，张凌.上海浦东孙桥镇迁村并点过程与模式考察[J].规划师，2001(1)：25-28.

[16] 庄少勤，史家明，管韬萍，等.以土地综合整治助推新型城镇化发展——谈上海市土地整治工作的定位与战略思考[J].上海城市规划，2013(6)：7-11.

[17] 上海市城市规划设计研究院.金山区廊下镇郊野单元规划[R].2015.

[18] 上海广境规划设计有限公司.嘉定区村庄布局规划[R].2014.

[19] 上海广境规划设计有限公司.嘉定区北新村村庄设计[R].2018.

[20] 吴燕.全球城市目标下上海村庄规划编制的思考[J].城乡规划，2018(1)：84-92.

[21] 颜文涛，邹锦.趋向水环境保护的城市小流域土地利用生态化——生态实践路径、空间规划策略与开发断面模式[J].国际城市规划，2019(3)：45-55.

[22] 彭震伟，张立，董舒婷，等.乡镇级国土空间总体规划的必要性、定位与重点内容[J].城市规划学刊，2020(1)：31-36.

[23] 贺贤华，毛熙彦，贺灿飞.乡村规划的国际经验与实践[J].国际城市规划，2017(5)：63-69.

[24] 杨贵庆，关中美.基于生产力生产关系理论的乡村空间布局优化[J].西部人居环境学刊，2018(1)：1-6.

[25] 赵广英，李晨.国土空间规划体系下的详细规划技术改革思路[J].城市规划学刊，2019(4)：37-46.

[26] 范凌云.城乡关系视角下城镇密集地区乡村规划演进及反思——以苏州地区为例[J].城市规划学刊，2015(6)：106-113.

6　上海市郊野单元规划和村庄规划编制*

周晓娟**

党的十九大报告提出乡村振兴战略和“产业兴旺、生态宜居、乡风文明、治理有效、生活富裕”的总要求，焦点直指在城镇化进程快速推进的同时伴生的农村发展滞后问题。2018 年中央一号文件提出，实施乡村振兴战略，是解决人民日益增长的美好生活需要和不平衡不充分的发展之间矛盾的必然要求，是实现全体人民共同富裕的必然要求。自然资源部为统筹乡村资源配置，优化乡村各类空间布局，深入推进乡村振兴战略实施，出台了《关于加强村庄规划促进乡村振兴的通知》。

近年来，在实施《上海市城市总体规划（2017—2035 年）》（下文简称“上海 2035 总体规划”）的背景下，上海城乡一体化进入了新的发展阶段。乡村地区是上海大都市的重要组成部分，也是上海城乡统筹发展的短板，本章拟回顾上海乡村地区的规划编制历程，主要包含郊野单元规划和村庄规划编制，探索新时代背景下上海特大城市郊区乡村的规划方法，切实发挥规划引领和先导作用，构筑城乡融合发展的空间格局，建设富有时代特征、彰显上海特色、令人心生向往、乡愁所系、传统文化价值认同的江南田园。

6.1　背景概况

6.1.1　国家层面：国土空间规划背景下村庄规划编制新要求

党的十九大报告提出实施乡村振兴战略，村庄规划是乡村振兴战略的一项重要基础性工作，是实施乡村振兴战略的重要举措。

2019 年 1 月以来先后印发：《中共中央、国务院关于坚持农业农村优先发展做好“三农”工作的若干意见》《中央农办、农业农村部、自然资源部、国家发展改革委、财政部关于统筹推进村庄规划工作的意见》《中共中央、国务院关于建立国土空间规划体系并监督实施的若干意见》《自然资源部、关于全面开展国土空间规划工作的通知》《自然资源部办公

* 本章主要结合 2020 年同济大学国土空间规划人才研究与培训中心举办的公益培训讲座内容、作者在上海市城市规划设计研究院参与的相关项目以及作者的《资源紧约束背景下超大城市乡村振兴战略和规划策略的思考——以上海为例》等论文整理。

** 周晓娟，上海市城市规划设计研究院区域分院副院长、教授级高级工程师，上海市建筑学会乡村建设专业委员会委员。邮箱：1346633815@qq.com。

厅、关于加强村庄规划促进乡村振兴的通知》等政策文件，明确村庄规划是法定规划，是国土空间规划体系中乡村地区的详细规划，是开展国土空间开发保护活动、实施国土空间用途管制、核发乡村建设项目规划许可、进行各项建设等的法定依据。

五部委《关于统筹推进村庄规划工作的意见》是推进乡村振兴战略下村庄规划工作的纲领性文件，系统阐述了村庄规划工作的重要性，明确了村庄规划工作的总体要求，提出实施乡村振兴战略，要做好法定的村庄规划。其中指出，坚持县域一盘棋，推动各类规划在村域层面的多规合一。实现村庄建设发展有目标、重要建设项目有安排、生态环境有管控、自然景观和文化遗产有保护、农村人居环境改善有措施。统筹谋划村庄发展定位、主导产业选择、用地布局、人居环境整治、生态保护、建设项目安排等，做到不规划不建设、不建设不投入。

6.1.2 上海层面：规划是乡村振兴的纲

规划是统筹乡村振兴的纲，要强化规划引领，探索超大城市的乡村振兴路径。

乡村振兴首先要加强组织领导。各级领导尤其是主要领导要高度重视、积极主动、亲力亲为。要把郊区乡村的底数摸清楚，把乡村振兴的思路理清楚，把典型经验总结推广好。要从本地实际出发，立足自然资源禀赋条件，把握超大城市郊区特点，体现具有上海特色的乡村风貌、乡村特色、乡村文化。

要面向世界、面向未来，加强服务支撑，提高规划能力，发挥好规划在乡村振兴整个工作链中的作用。

要从单纯“补短板”，转向立足面向全球、面向未来，在更高层次上审视谋划上海郊区的乡村振兴工作，把乡村作为超大城市的稀缺资源，作为城市核心功能的重要承载地，作为提升城市能级和核心竞争力的战略空间。

规划具有重要的引领和先导作用。要提高规划能力，坚持规划先行，发挥好规划在整个乡村振兴工作链中的作用。要提升策划能力，提高规划的科学性，加强服务支撑，加快规划编制进度，保持规划适度弹性。

6.1.3 基本现状：资源紧约束下的乡村现状

从近 10 年来看，上海的发展重心基本上还是以中心城、新城和一些重点镇的发展为主，不断提升精细化和品质化，在中心城扩张和蔓延的同时，郊区乡村却在不断地衰败，上海城乡发展不平衡不充分问题比较突出。因为建设用地的“天花板”，郊区乡村背负着建设用地减量化的重任，承担着生态功能，所以我们在思考，大都市郊区的乡村，它需要怎么样的乡村规划呢？

上海乡村地区总用地面积约 4 047 平方千米，共有 103 个涉农乡镇，1 585 个行政村，

3.3 万个自然村，农业户籍人口共约 136 万人，宅基地共约 75.5 万个（图 6-1）。总体呈现四个方面的特点：

总量大，全市现状农村居民点用地 514 平方千米，约 80％位于城市开发边界外，占农村集体建设用地总量的 51％；

分布散，全市 10 户以下自然村约 1.5 万个，占总数的 45％以上；30 户以下自然村约 2.6 万个，占总数的 78％以上；

环境差，全市涉及“三高”沿线、生态敏感地区、环境整治地区（三高两区）宅基地约 3 万个，占 4％；

效率低，全市户均农村居民点用地达 490 平方米，人均农村居民点用地 180 平方米。

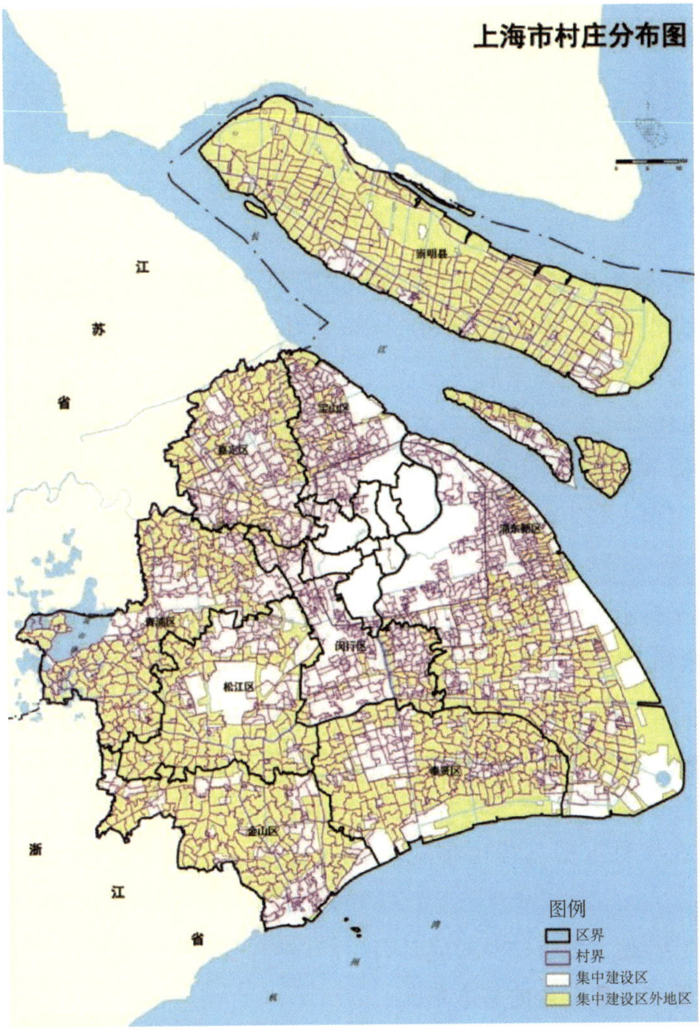

图 6-1 上海市村庄分布图

来源：《统筹城乡规划，优化完善郊区城镇结构和功能布局研究》，上海市城市规划设计研究院，2014 年

规划编制情况:乡村地区的规划编制类型较多,而真正管用的村庄规划不多、实施情况不理想。

上海郊区乡村规划编制的类型非常多,有村庄规划、村庄设计、郊野单元规划、美丽乡村规划以及示范村建设规划,另外还有相关土地整治规划、专项规划等,类型非常多。而真正管用的村庄规划不多,实施情况也不理想,因为对于郊区乡村的发展,规划实施非常依赖于政策的改变,所以说如果政策很多方面没有到位,实施推进会遇到较大阻力。

2019 年 7 月,全市村庄布局规划编制全面完成。郊野单元规划自 2013 年开始编制,经历了 1.0—3.0 版,86 个涉农乡镇大部分已完成即郊野单元(村庄)规划编制和审批。对于村庄规划,在上一轮《上海城市总体规划(1999—2020 年)》实施中,上海规划构建了"1966"城乡体系,在全市推进 600 个中心村的规划编制工作,其中,金山、闵行、青浦和浦东完成中心村规划的全覆盖,但没有大力推进规划实施;2014 年以来,随着市委"二号调研课题"开展和城乡一体化工作的推进,各区先后完成 217 个村庄规划编制。

6.1.4 战略要求:上海 2035 总体规划的基本要求

近年来,在实施 2035 城市总体规划的背景下,上海城乡一体化进入了新的发展阶段。乡村地区是上海大都市的重要组成部分,也是上海城乡统筹发展的短板,由于中心城强大的虹吸效应,上海的农村明显落后于浙江和江苏等省市,更多承担着生态功能,背负着建设用地减量的重任。

上海 2035 总体规划提出迈向卓越的全球城市,对乡村地区提出以下要求。

内涵发展:营造人与自然和谐共处、历史底蕴和现代气息兼容并蓄、城市乡村各具特色的空间风貌。

底线约束:坚持农村低效建设用地拆与优化并重,鼓励利用存量集体建设用地发展郊野地区休闲农业和乡村旅游等产业,规划农村居民点用地占比控制在 6%以内。

保护自然:保护乡村地区的具有传统农耕特色的水田景观。统筹郊野地区的农田、生态片林、水系湿地、村落等自然和人文资源,在保护保育的前提下,体现文脉和自然野趣。

塑造风貌:在乡村重塑过程中推陈出新,以良好的风貌环境促进乡村文化旅游业发展。

按照规划要求,超大城市的乡村应具有生产、生活、生态、文化四重基本定位。

生态:构筑都市生态安全的基本单元。

作为超大城市的上海,乡村的良好生态环境是其区别于高密度封闭的城市建成区的重要特征之一。依托乡村生态基底,保护和重塑丰富多样的原生态自然生境。补齐上海生态环境短板,落实节约优先、保护优先、自然恢复为主的方针,加强耕地和永久基本农田保护建设，持续改善水环境。乡村作为都市生态安全的基本单元，维护物种多样化，保护生态敏感区和水源地，加强各类生态要素的融合发展，促进永久基本农田集中连片建设，形成由水脉、农田、林网组成的复合生态空间，推动乡村低碳循环经济和生活方式。

生活：营造环境友好生活的宜居之所。

按照“保障农民利益、促进建设用地减量化、优化乡村用地布局”的总体要求，积极推进农民集中居住，从根本上改善农民居住条件，提升公共服务水平，促进土地高质量利用。坚持“城镇集中居住为主、农村集中归并为辅”的总体导向，实施村庄分类管控，鼓励保留村集中归并；优先推进“三高两区”和30户以下自然村进城镇集中居住，因地制宜实施农村集中归并。

生产：承载产业融合发展的重要空间。

以功能多元化为方向，推动都市农业现代化。

上海推进乡村振兴，依然应高度重视农业的基础地位。上海农业定位为都市农业，主要包含三方面内容：一是发挥农业生态功能；二是发挥休闲农业功能；三是科技农业总部经济。紧紧围绕都市农业，进一步优化农业产业结构，通过现代农业休闲观光、特色农产品加工销售、生态教育等多种形式推进一、二、三产融合发展，突出农业的产业联动作用，发挥农业多功能性。

以产业兴旺为重点，着力提升郊区产业高质量发展。

上海乡村是提升城市功能和城市能级的战略空间，应以特色镇村为载体，集聚和吸引科创、教育、养生等资源，为科技型、生态型企业总部入驻预留空间。充分利用存量空间，提出农业与旅游、文化、教育、康养等产业深度融合的发展思路和策略。利用互联网推动传统产业更新，提供多样化的创新创业空间，培育新兴业态。

文化：保护历史文化遗产的重要载体。

上海的乡村地区积累了丰厚、独特的生活文化特色，形成了大量的非物质文化遗产。在发展中应遵循乡村自身发展规律，注重挖掘和继承江南传统文化，尊重和保护村庄肌理、自然水系、建筑风貌等特色文化元素。因循传统文脉，最大限度地保留和延续承载历史文化信息与反映乡村社会文化特质的风貌要素。保护2个中国历史文化名村和5个中国传统村落，以及69个保护村，400余项非物质文化遗产；传承文脉，积极挖掘，保护并集中展现上海传统文化和地方特色内涵的乡村文化。

规划构建“主城区—新城—新市镇—乡村”的城乡体系。加强村庄发展的分类引导，改善农村人居环境，保护传统风貌和自然生态格局，全面完善农村骨干基础设施和公共服务设施。

重点保护40个以上具有历史文化底蕴和风貌特色村庄。明确核心资源要素，加强村庄特色风貌保护。完善布局公共服务设施。适度发展休闲、旅游、创意产业。合理保留在资源、环境、规模、区位、产业、历史、文化等方面综合评价较高的村庄。以节约集约用地为导向，结合自然村布局，适当考虑紧凑组团式发展；就近依托城镇公共配套，推进基本公共服务和市政设施建设；有序迁并环境差、规模小、分布散的村庄；优先安排受环境影响严重的村庄居民迁移，包括位于生态敏感区、环境整治区以及受高压线、高速公路和高速铁路影响严重的村庄。加强对乡村地区的建设管理，以节约集约用地为导向，引导农民到城镇生活居住。

同时进一步优化用地结构，适度减少工业用地、农村居民点用地比重，增加绿地、公共服务设施等用地的比例。规划至 2035 年，农业人口约 100 万，全市城市开发边界外农村居民点用地减到 190 平方千米，撤并村落 2.42 万个，自然村减量约 70%。

6.2 郊野单元规划

郊野单元是在城市开发边界外乡村地区实施规划和土地管理的基本地域单位，是乡村地区统筹各专项规划的基本网格，原则上以镇域为基本单元，单元范围的大小为 40～70 平方千米。对于郊野公园等大型生态项目，可根据实际情况跨行政范围划示 1 个单元。

6.2.1 发展历程

为完善上海“多规合一”的空间规划体系，推进城市开发边界外乡村地区的单元式、网络化、精细化管理，上海从 2013 年开始探索郊野单元规划编制和实施管理。基本形成边界内城镇单元、边界外郊野单元的格局，为上海实现城乡全域单元管理奠定了空间基础。

上海是从 2013 年开始创立郊野单元规划，当时上海市规划和土地两部门合并之后，在“两规合一”过程中发现建设用地已经远远超过了“天花板”，必须要采取一种新的方式来推进规划以及减量化，为了完善两规合并之后的空间规划体系，推进城市开发边界外乡村地区的单元式网络化和精细化的管理，基于这个背景提出郊野单元的概念。借鉴当时中心城区划分了 200 多个城镇单元，进一步把这个概念扩展到全市的乡村地区划分郊野单元，之后形成了城市开发边界内是城镇单元，边界外是郊野单元全覆盖的格局，为上海实现城乡全域单元管理奠定了非常好的空间基础。

2014 年 3 月，1.0 版的《郊野单元规划导则》正式发布了，同时也发布了一些配套的政策文件，其中定义的郊野单元是在城市开发边界外乡村地区实施规划和土地管理的基本地域单位，也是上海乡村地区统筹各专项规划的基本网格，原则上是以一个镇域为基本单元。因为同期上海也在推进郊野公园，全市布局了二十几个郊野公园，对于郊野公园这样一些大型的生态项目，它可能是按照道路和河流的边界来划分的，所以对于特定的大型生态项目，也可以根据实际情况，跨行政范围划定郊野单元。

2014 年 5 月，上海市启动新一轮城市总体规划的编制，2015 年开始对郊野单元 1.0 版进行升级版的研究，2016 年正式下发了 2.0 版的《郊野单元规划编制导则》，更强调全镇域的统筹和一张图的管理，更对接近期的实施项目，形成近期项目库，这是2.0版最重要的一个创新，通过全镇域的统筹和一张图的管理，来管理镇域各个乡村的发展。随着 2017 年 10 月，国家提出乡村振兴战略，12 月，上海 2035 总体规划正式批复，2018 年 3 月，自然资源部成立，对村庄规划也提出了很多要求，这些是 3.0 版升级的主要的背景，2018 年 11 月正式下发 3.0 版的《郊野单元规划导则》，这就是整体的发展脉络。

总结来说，1.0 版郊野单元规划率先提出在乡村地区实行全覆盖、网格化单元管理的思路，以土地整治为综合平台、以增减挂钩为政策工具，主要包含农用地整治、建设用地整治和专项规划整合 3 项内容，减量化与土地整治为主要工作（图 6-2）。2.0 版郊野单元规划探索全域空间用途管制，首次使用单元图则管理，落实建设空间、农业空间和生态空间的管控要求。2.0 版聚焦近期，是实施性、策略性规划，建立了近期建设项目库（图 6-3）。3.0 版郊野单元规划衔接国土空间规划，采用了“镇 + 村”的方式，在镇域层面明确分区管制要求，在村域的图则上将刚性管控内容具体落地，更侧重农民集中居住和乡村规划实施（图 6-4）。

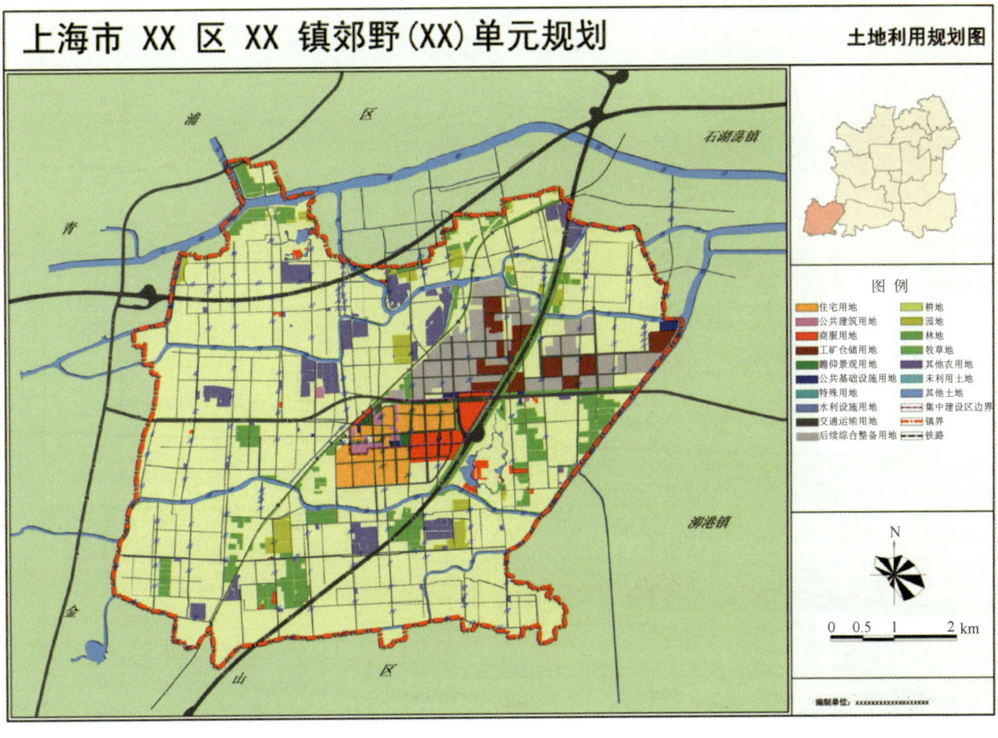

图 6-2 1.0 版郊野单元规划图

来源：《上海市郊野单元规划编制导则》，上海市城市规划设计研究院，2014 年

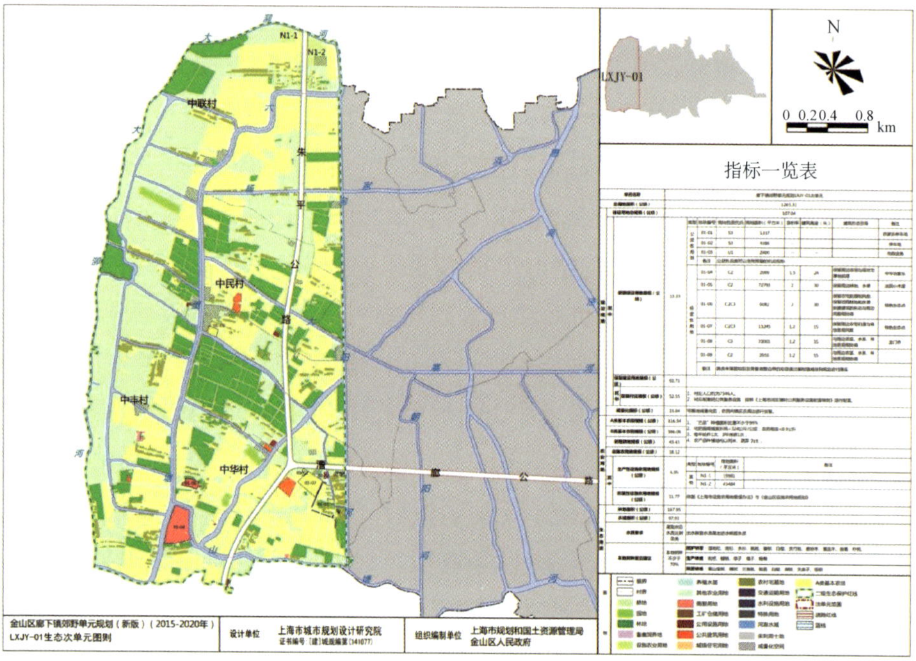

图 6-3　2.0 版郊野单元规划图

来源：《上海市金山区廊下镇郊野单元规划（新版）》，上海市城市规划设计研究院，2016 年

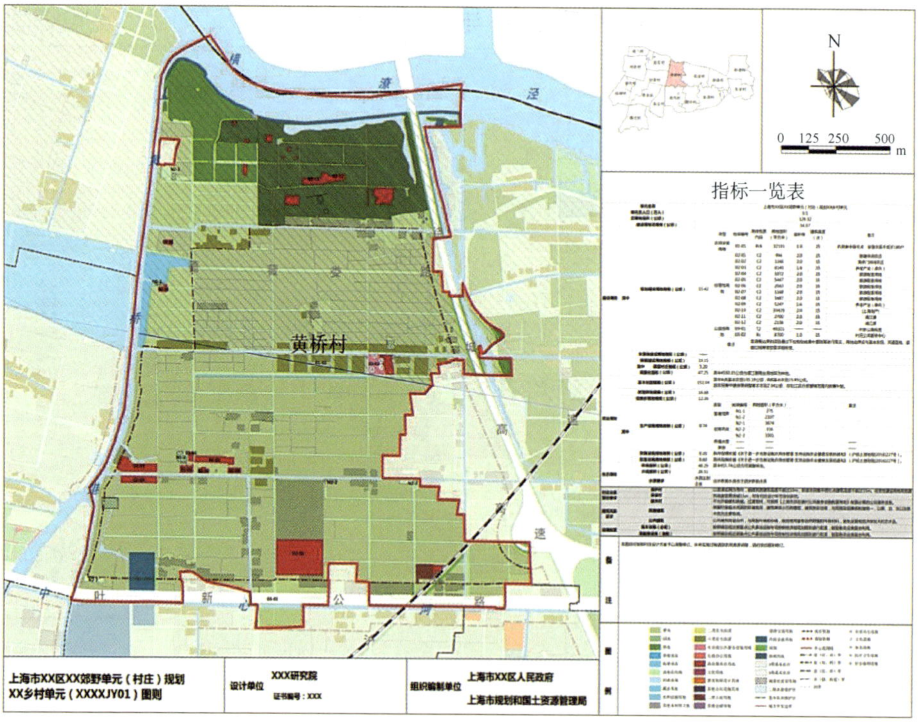

图 6-4　3.0 版郊野单元规划图

来源：《上海市乡村规划导则》，上海市规划和自然资源局，2018 年

6.2.2 郊野单元(村庄)规划

郊野单元(村庄)规划是镇域、村域层面实现“两规融合”“多规合一”的规划，是覆盖乡村地区、统筹全地类全要素的综合性、统筹性、实施性和策略性规划。依据镇总规，在乡村单元已明确的规划要求下，强化镇层面的统筹，深化落实区、镇总规明确的乡村规划建设内容，优化调整建设用地、基本农田、生态用地等各类用地布局，形成近期行动计划，制定规划实施路径和策略，促进乡村地区建设用地布局优化和土地利用效率提升。

编制模式。郊野单元(村庄)规划编制过程中，针对有明确发展需求、有具体建设项目诉求的村庄，套编形成一个总体的郊野单元(村庄)规划和若干个保留村的规划方案。

规划范围。原则上镇域乡村整单元统一编制，对于郊野公园等区域性的乡村建设项目可单独编制特定地区的郊野单元(村庄)规划。

规划期限。规划期限与新市镇总体规划保持一致，为 2035 年，其中近期行动计划为 5 年。

统筹策划。在编制郊野单元(村庄)规划前，镇级党委、政府应在镇总规确定的乡村地区功能定位、发展方向和保留村、撤并村范围的基础上，充分考虑现有条件和实际问题，谋划乡村的生产、生活、生态空间格局，明确具体发展项目、配套政策、实施时序，明确农民集中居住的目标和实施计划。

编制审批。由镇(乡)政府组织编制，区规划和土地管理局审查，其中村庄规划内容应听取村集体经济组织或村民代表的意见。郊野单元(村庄)规划成果经区委审议后，由区政府审批，报市规划和国土资源管理局备案入库。

规划主要内容共包括目标定位、土地利用和空间管制、建设用地规划、自然资源规划与国土综合整治、风貌规划引导、近期行动计划和图则管理六个部分。其中应明确各镇建设用地规划、近期行动计划等核心内容，明确本单元宅基地撤并的近期实施方案和集中居住的近期规划目标、规模总量，具体说明安置方式、安置用地规模、布局及主要控制指标(容积率、建筑高度等)和政策配套。

6.2.2.1 因地制宜，科学确定乡村发展目标定位

立足乡村的区位条件、资源禀赋、特色产业、乡土文化等实际，结合乡村产业导向、人口结构、居住现状、劳动力需求等因素，科学预测乡村人口规模，按照一、二、三产融合发展的要求，合理选择乡村经济特色发展道路，进一步明确本单元乡村的发展目标和功能定位，设定人口、土地利用、生态环境、文化保护与公共保障等主要发展指标，提出特色产业发展和农民集中居住的引导策略(表 6-1)。

表 6-1 单元主要发展指标表

指标类别	规划指标		规划年限			指标类型
	指标名称	单位	基准年	20××年	2035年	
人口规模	农村户籍人口	万人				预期性
	常住人口规模	万人				预期性
	就业人口规模	万人				预期性
土地利用	耕地保有量	公顷				约束性
	基本农田保护面积	公顷				约束性
	新增建设用地占用耕地面积	公顷				约束性
	新增耕地(土地整治补充耕地)	公顷				约束性
	建设用地总规模	公顷				约束性
	规划新增建设用地规模	公顷				预期性
	存量利用建设用地规模	公顷				预期性
	建设用地减量化规模(任务值)	公顷				预期性
生态环境	森林覆盖率	%				约束性
	河湖水面率	%				约束性
	水功能区达标率	%				约束性
	固废无害化处理率	%				约束性
	垃圾无害化处理率	%				约束性
	化肥施用强度(折纯)	千克/公顷				约束性
	农药施用强度	千克/亩				约束性
	(农产品)有机认证率	%				预期性
	(农产品)绿色认证率	%				预期性
	(农产品)无公害产品认证率	%				预期性
	出水水质要求	类				预期性
	$PM_{2.5}$年平均浓度	微克/立方米				约束性
文化保护与公共保障	特色风貌区域	公顷				预期性
	特色风貌村落	个				预期性
	农村社区综合服务设施(文化、体育、医疗设施)覆盖率	%				约束性
	农村公交覆盖率	%				约束性
	农村污水处理率	%				约束性
	农村垃圾收集点覆盖率	%				约束性

来源:《上海市乡村规划导则》,上海市规划和自然资源局,2018 年

(1) 农民集中居住：提出农民集中安置的近、远期目标，包括撤并的户数、去向、安置的区域，以及拟出台的配套政策等。

(2) 乡村产业发展：说明休闲农业和乡村旅游设施配套、农村新产业发展等任务要求。

(3) 生态建设：说明生态用地增加、生态环境保护和修复等任务要求。

(4) 历史文化保护和乡村风貌：说明特色风貌区域、特色风貌村落等的数量和规模。

(5) 土地整治：提出农田保护、国土综合整治的目标。

(6) 公共服务和基础设施：说明公共服务设施、市政基础设施、道路交通及设施等的配套项目的类型和规模。

6.2.2.2 多规融合，统筹安排各类用地空间布局

坚持人口、资源、环境相均衡，经济、社会生态相统一，明确生产、生活、生态的空间结构和城乡功能布局，说明各类功能区的发展导向和规划策略。明确土地利用方向，明确各类建设用地边界和规模及土地利用结构调整情况。提出产业发展、农民集中居住、基础设施和公共服务设施的总体要求。

明确村庄布局，形成“E＋X＋Y”村庄布局方案（图 6-5）：

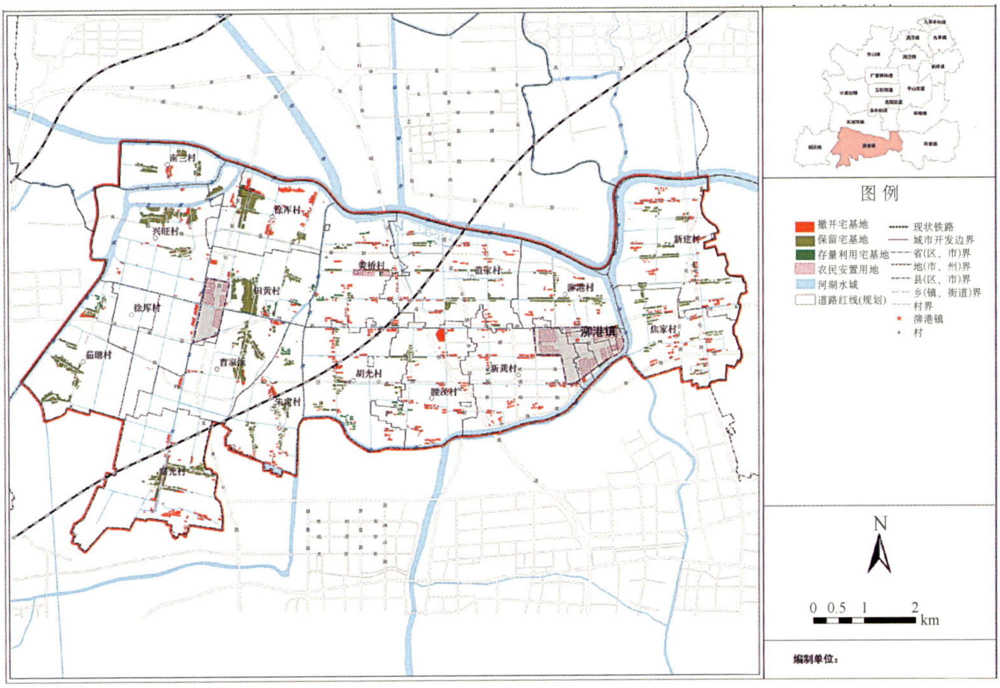

图 6-5 村庄布局规划图

来源：《上海市松江区泖港镇郊野单元(村庄)规划》，上海市城市规划设计研究院，2019 年

“E”指城镇集中安置区，原则上为城市开发边界内规划农民相对集中居住区，按照国有建设用地进行供地。远郊地区经论证确实无法满足进镇安置需求的，在紧邻城市开发边界区域设置集中安置区，可表达为“E′”，未来可结合镇总规或详细规划的编制/修编纳入城市开发边界。

“X”指农村集中归并点，为城市开发边界外，依托保留（保护）村布局的用于村内归并或跨村归并的规划农民相对集中居住点，土地性质为“宅基地”。“X”点应集约利用，且成规模成片，避免零散；应编制村庄规划设计，指导农民集中建房。

“Y”指农村保留居住点，为镇总规中远期保留的自然村和城市开发边界外历史归并的保留农民相对集中居住点。“Y”点可按照农民建房要求进行插建、翻建和改建。

按照生态保护类、文化保护类和邻避防护类，划定本单元空间管制分区，提出各类空间管制分区的主要管控要求，形成“空间管制分区一张图”，包含空间管制分区图和空间管制分区管理清单。

空间管制分区可按照生态保护类、文化保护类和邻避防护类进行分区。其中生态保护类包含基本农田保护区、自然保护区、饮用水水源保护区、重要湿地、野生动物重要栖息地、重要林地、近郊绿环、生态间隔带、生态走廊等结构性生态空间等；文化保护类包含历史文化遗产（包含历史文化风貌区、文物保护单位、登记不可移动文物、历史建筑、构筑物、老街、集镇、中国历史文化名镇名村、上海市传统村落、上海市保护村）、自然（文化）景观（古树名木、区级保护大树、历史公园、风景名胜区）等；邻避防护类包含“三高”沿线控制防护区（包含高压走廊架空电力线路保护区、高速公路建筑控制区、高速铁路线路安全保护区等）、邻避设施控制防护区（包含水厂、污水处理厂、变电站、加油（气）站、天然气门站、调压站、污水泵站、给水泵站防护区等）等。

6.2.2.3 产业为本，引导农村一、二、三产融合发展

加强与农业布局规划的衔接，科学合理安排粮食生产功能区、蔬菜生产保护区和特色农产品优势区，保护农业发展空间。

尊重乡村的自然生态环境，特色资源要素以及发展现实基础，充分发挥区位与资源优势，遵循盘活存量和高质量利用的原则，按照条块联动、城乡联动、政企联动的总思路，提出农业与旅游、文化、教育、康养等产业深度融合的发展思路和策略，引入区域核心功能，进行业态与项目策划，统筹空间布局和用地规模。

6.2.2.4 文化为魂，传承与提升乡村文化风貌

按照《上海市郊野乡村风貌规划设计和建设导则》，以“冈身松江文化圈、淞北平江文化圈、沿海新兴文化圈、沙岛文化圈”四个文化圈分类引导，凸显各个文化圈特

质，塑造各具风采的江南田园风貌；以维护自然村庄肌理和林网水系为原则，提炼总结历史文化保护、乡村风貌、色彩引导、建筑元素符号等特征，保护原有的村落聚集形态，处理好建筑与自然环境之间、新建建筑与原有建筑之间的关系；保护村庄街巷尺度、传统民居、古建筑以及道路与建筑的空间关系等；继承和发扬传统文化，合理确定各类绿地的规模和布局，突出不同村域的特色风貌，提出保护提升乡村风貌景观策略（图 6-6）。

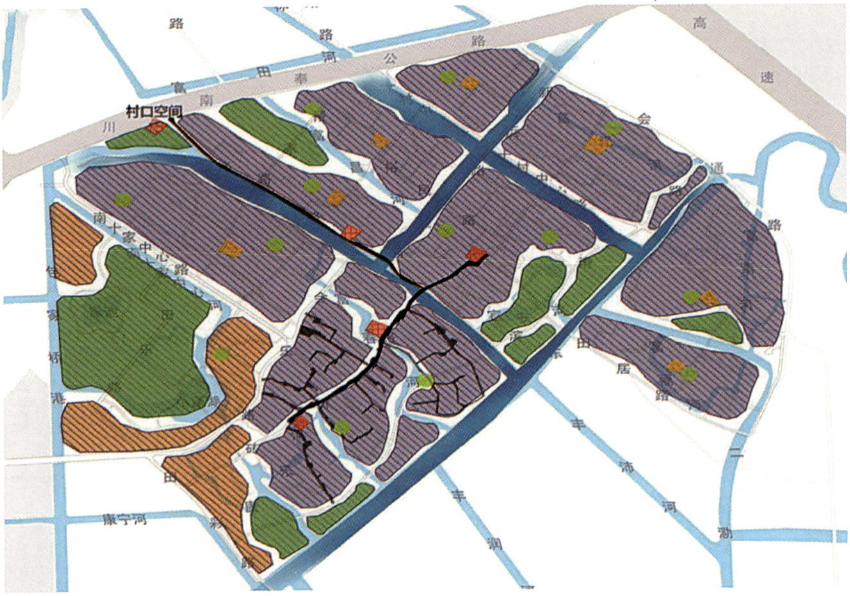

图 6-6　乡村风貌规划图
来源：《上海市奉贤区四团镇拾村村庄规划》，上海市城市规划设计研究院，2013 年

6.2.2.5　补齐短板，强化乡村基础设施和公服设施建设

按照城乡公共服务均等化的总体要求，结合人口和用地的布局，依据服务半径，合理安排道路交通、给水排水、电力电信、环境卫生等基础设施的规模、布局和建设标准，合理确定村委会、医疗、教育、文体、商业、公交等公共服务设施的规模与布局。

落实、优化、补充公共服务和基础设施，重点落实镇域和跨村公共服务和基础设施，说明计划时序，结合近期实施计划予以落地，明确其用地性质、规模和布局。公共服务设施按本市镇村相关标准的配置，鼓励公共服务设施综合设置和复合利用，提升利用效率和水平，节约集约利用土地。

6.2.2.6　强化落实，合理确定国土综合整治方案

划定土地综合整治重点区域，针对田、水、路、林、村、厂等要素统筹提出整治策略。进

一步落实农业生产布局规划、设施农用地、水系、林地等各类规划和“农林水一体化”设计方案(图 6-7)。

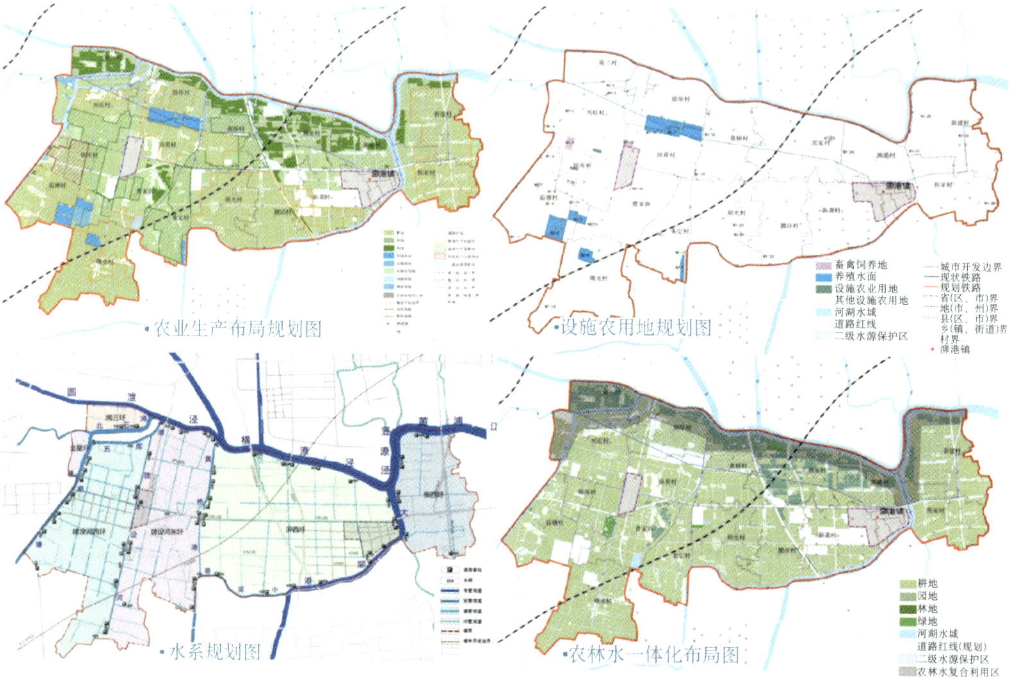

图 6-7　农业生产布局规划图等图纸

来源:《上海市松江区泖港镇郊野单元(村庄)规划》,上海市城市规划设计研究院,2019 年

6.2.2.7　图则管理,落实各项管控要求

按照行政村边界划分,形成郊野单元(村庄)规划图则。图则应明确各行政村的用地布局、设施配套、规划指标和管理要求。对于撤并村,应重点明确规划期内减量化范围,提出暂未撤并宅基地的管控要求;对于保留村,应重点明确规划建设用地四至边界、建设用地布局、高度和容积率等建设用地控制指标和设施配置要求,提出风貌特色引导要求,根据建设需要深化村庄设计(表 6-2)。

6.2.2.8　对接近期,落实近期行动计划

制定近期行动计划,明确规划实施的路径和策略。推进国土综合整治,锁定近期减量的工业用地、宅基地和其他建设用地具体地块,形成行动计划及项目库。根据乡村振兴建设发展目标,确定近期重点建设项目和区域,提出产业发展、农民集中居住、基础设施和公共服务设施的具体项目、资金筹措和实施时序。

表 6-2 图则指标表

<table>
<tr><td colspan="3">单元名称</td><td colspan="8">××郊野单元(村庄)规划××乡村单元</td></tr>
<tr><td colspan="3">单元总人口(万人)</td><td colspan="8"></td></tr>
<tr><td colspan="3">总用地面积(公顷)</td><td colspan="8"></td></tr>
<tr><td rowspan="9">建设用地</td><td colspan="2">建设用地总规模(公顷)</td><td colspan="8"></td></tr>
<tr><td rowspan="8">其中</td><td rowspan="7">规划建设用地</td><td>面积(公顷)</td><td>类型</td><td>地块编号</td><td>用地性质代码</td><td>用地面积(m²)</td><td>容积率</td><td>建筑高度(m)</td><td>备注E点/X点</td></tr>
<tr><td rowspan="6"></td><td rowspan="2">农民安置用地</td><td>01-01</td><td></td><td></td><td></td><td></td><td></td></tr>
<tr><td>……</td><td></td><td></td><td></td><td></td><td></td></tr>
<tr><td rowspan="2">经营性用地</td><td>02-01</td><td></td><td></td><td></td><td></td><td></td></tr>
<tr><td>……</td><td></td><td></td><td></td><td></td><td></td></tr>
<tr><td rowspan="2">公益性用地</td><td>03-01</td><td></td><td></td><td></td><td></td><td></td></tr>
<tr><td>……</td><td></td><td></td><td></td><td></td><td></td></tr>
<tr><td>未落地建设用地指标</td><td colspan="8"></td></tr>
<tr><td rowspan="3"></td><td colspan="2">保留建设用地规模</td><td colspan="8"></td></tr>
<tr><td>其中</td><td>Y点规模</td><td colspan="8"></td></tr>
<tr><td colspan="2">减量化指标</td><td colspan="8"></td></tr>
<tr><td rowspan="13">农用地</td><td colspan="2">A类基本农田规模</td><td colspan="8"></td></tr>
<tr><td colspan="2">B类基本农田规模</td><td colspan="8"></td></tr>
<tr><td colspan="2">新增耕地规模</td><td colspan="8"></td></tr>
<tr><td colspan="2">设施农用地规模</td><td colspan="8"></td></tr>
<tr><td rowspan="9">其中</td><td rowspan="7">生产设施用地规模</td><td rowspan="7"></td><td>类型</td><td>地块编号</td><td colspan="3">用地面积(m²)</td><td colspan="2">备注</td></tr>
<tr><td rowspan="3">畜禽养殖</td><td>N1-01</td><td colspan="3"></td><td colspan="2"></td></tr>
<tr><td>N1-02</td><td colspan="3"></td><td colspan="2"></td></tr>
<tr><td>……</td><td colspan="3"></td><td colspan="2"></td></tr>
<tr><td rowspan="3">水产养殖</td><td>N2-01</td><td colspan="3"></td><td colspan="2"></td></tr>
<tr><td>N2-02</td><td colspan="3"></td><td colspan="2"></td></tr>
<tr><td>……</td><td colspan="3"></td><td colspan="2"></td></tr>
<tr><td>附属设施用地规模</td><td colspan="8"></td></tr>
<tr><td>配套设施用地规模</td><td colspan="8"></td></tr>
<tr><td rowspan="3">生态用地</td><td colspan="2">林地面积</td><td colspan="8"></td></tr>
<tr><td colspan="2">水域面积</td><td colspan="8"></td></tr>
<tr><td colspan="2">水质要求</td><td colspan="8"></td></tr>
<tr><td rowspan="4">村庄分类管控要求</td><td colspan="2">E点</td><td colspan="8"></td></tr>
<tr><td colspan="2">X点</td><td colspan="8"></td></tr>
<tr><td colspan="2">Y点</td><td colspan="8"></td></tr>
<tr><td colspan="2">撤并村</td><td colspan="8"></td></tr>
<tr><td rowspan="2">建筑风貌要求</td><td colspan="2">民居建筑</td><td colspan="8"></td></tr>
<tr><td colspan="2">公共建筑</td><td colspan="8"></td></tr>
<tr><td rowspan="2">设施配置</td><td colspan="2">基本设施(必配)</td><td colspan="8"></td></tr>
<tr><td colspan="2">高能级设施(选配)</td><td colspan="8"></td></tr>
</table>

来源:《上海市乡村规划导则》,上海市规划和自然资源局,2018 年

6.2.3 郊野单元(村庄)规划成效

自从推进郊野单元规划以来,郊野单元规划在推进低效建设用地减量化,优化土地利用结构,推进农村的产业转型升级等方面,发挥了重要的作用。2019年年底,全市86个涉农街镇的郊野单元(村庄)规划编制完成,基本摸清了现状底数,锁定了全市的村庄布局,明确了保留村、撤并村、归并点的规模和用地边界,落实了农民相对集中居住的安置空间。

规划编制完成为各涉农区统筹推进农民相对集中居住、分类开展村庄建设,高效配置公服设施提供了依据,有效支撑了乡村振兴工作。

6.3 村庄规划

村庄是农村居民生活和生产的聚居点,村庄规划是国土空间规划体系中乡村地区面向实施的详细规划,对上承接各级国土空间总体规划中的约束性指标和各类空间管制分区要求,对下指导乡村建设项目和土地整治项目的工程设计与建设实施,是开展国土空间开发保护活动、实施国土空间用途管制、核发乡村建设项目规划许可、进行各类建设等的法定依据。

6.3.1 发展历程

6.3.1.1 村庄规划1.0版(2007—2012年):服务于社会主义新农村建设的村庄规划

主要任务:落实1966城镇体系,发展社会主义新农村,宅基置换试点。

典型案例:廊下镇中心村规划、青浦新农村规划、松江叶榭新叶村、嘉定外冈新农村规划。

实施效果:完善基础设施,改善部分村民的生活,对现状和城镇化趋势认识不足,过于理想化,较多采用城市规划方法,可实施性差,土地集约性不足。

当时规划的600个中心村,基本实现了中心村规划的全覆盖。村庄规划方法不是特别完整,大部分还是套用城市规划的方法,所以可实施性比较差,土地的集约性也不足,除了一些典型的案例规划实施了之外,大部分的规划是没有实施的,根据评估,实施率只有百分之十二。

6.3.1.2 村庄规划2.0版(2013—2018年):服务于住建部村庄规划试点和美丽乡村建设的村庄规划

主要任务:按住建部村庄规划试点要求,探索实用性村庄规划编制方法。

典型案例:奉贤四团拾村村村庄规划、青浦朱家角张马村村庄规划。

实施效果：注重调研和村民意愿、部门协作，内容全面。部分美丽乡村规划实施效果较好。但和上位规划的衔接，“规土”合一、区域统筹思想体现不足。

2013 年住建部开展村庄规划试点，2014 年进行了第二轮试点，上海按照住建部的要求，探索村庄规划的编制方法，通过试点和总结，于 2014 年发布了 2.0 版的村庄规划导则，当时典型的案例是奉贤四团镇拾村村村庄规划，取得了较好的效果。规划编制过程中，更注重部门协作，更注重村民意愿的调研，以及和各委办局的协商，把资金集中在一起推进实施。

6.3.1.3 村庄规划 3.0 版（2019 年至今）：资源紧约束背景下服务于乡村振兴战略和国土空间规划体系的村庄规划

主要任务：落实乡村振兴战略，对接国土空间规划体系新要求。

典型案例：金山水库村规划、松江黄桥村等乡村振兴示范村规划。

实施效果：助推示范村建设，注重调研和村民意愿、部门协作，注重规划体系的衔接、用途管制以及实施政策的对接。

3.0 版即郊野单元村庄规划，体现镇域统筹的思路以及强调在郊野单元全覆盖背景下的村庄规划，是自然资源部要求的法定村庄规划。上海 2020 年研究出台了郊野单元村庄规划编制技术要求和成果规范以及郊野单元村庄规划管理操作规程（试行），体现了超大城市郊区“规土”管理中郊野单元规划和村庄规划工作思路和要点的融合。

6.3.2 郊野单元村庄规划

郊野单元村庄规划是以镇级国土空间总体规划划定的一个或几个乡村单元为范围编制的村庄规划，是国土空间规划体系中乡村地区面向实施的详细规划，对上承接各级国土空间总体规划中的约束性指标和各类空间管制分区要求，对下指导乡村建设项目和土地整治项目的工程设计与建设实施，是开展国土空间开发保护活动、实施国土空间用途管制、开展国土空间生态修复、核发乡村建设项目规划许可、进行各类建设等的法定依据。是开发边界外乡村地区全地类、全要素的村级层面的国土空间规划，和带项目、带资金、有政策的面向实施的详细规划（图 6-8）。

6.3.2.1 编制范围

郊野单元村庄规划原则上以新市镇国土空间总体规划（下文简称“镇总规”）划定的完整乡村单元为基本编制单位。对于全域土地综合整治、郊野公园等特殊项目，可对项目涉及的多个乡村单元一起编制规划，并根据相关政策要求适度调整编制内容和深度。若需要对上位规划确定的建设用地、永久基本农田等刚性控制指标进行跨乡村单元平衡的，应当同步跨单元编制规划。

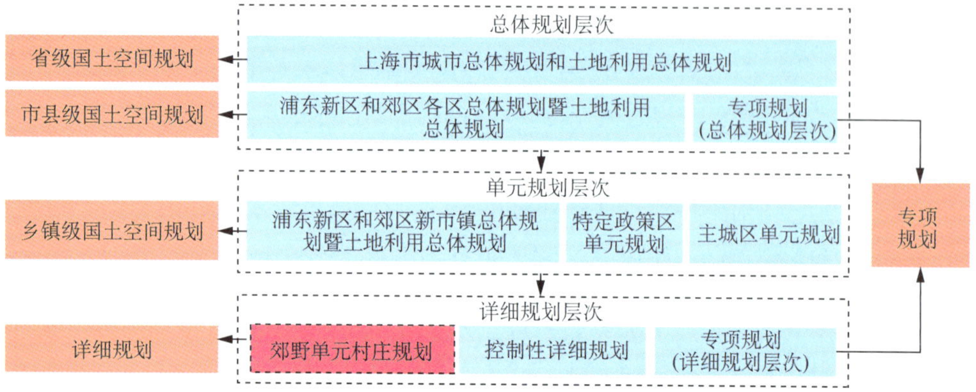

图 6-8 上海市国土空间规划层次表

来源:《上海市郊野单元村庄规划编制技术要求和成果规范汇报稿》,上海市城市规划设计研究院,2019 年

6.3.2.2 规划作用:传导、优化、衔接、指导

刚性传导上位规划:对四线管控、建设用地规模、农居点用地总量、公益性设施、减量化要求等刚性底线进行背书,落实上位规划分解至各乡村单元的规划指标。

优化深化空间布局:从项目实际需求出发,通过村庄设计方案深化细化建设用地形态和布局;优化调整永久基本农田布局(数量不减,质量不降、集中连片)。

全面衔接用途管制:衔接三调地类,对接农业、生态空间的用途管制,统筹安排林园地、沟渠水系、农村道路、设施农用地以及小型设施等非建设用地布局,从而实现全域、全要素、全地类一张图管理。

指导村庄近期建设:根据实际需求确定近期实施项目空间安排、建设时序和时间计划(减量化和指标周转),利用相关政策合理配置资金并明确资金来源,确保项目可实施可落地。

规划主要内容进行简化,主要包含“5 + X”,5 为必做项,每个规划必须有相关内容并且达到一定深度,包含村域空间布局、国土综合整治、村庄保护与设计、行动规划、村庄规划图则;X 为选做项,每个规划可根据自身需求选择内容和深度,包含村庄策划、生态、产业、社会各类专题、乡村治理村民手册以及其他相关技术文件。

6.3.2.3 规划内容

1)结合村庄策划,提出村庄的愿景目标和功能定位

遵循乡村振兴战略“产业兴旺、生态宜居、乡风文明、治理有效、生活富裕”二十字方针,结合当前形势和资源禀赋,提出村庄发展的长远目标和总体愿景,以及产业、生态、文化、风貌、配套等方面的分项目标。

立足区位条件、资源禀赋、特色产业、乡土文化等，结合村庄策划深化、优化上位规划对乡村单元的功能定位，提出规划范围内各乡村单元的主导功能、农业和旅游休闲等方面的产业发展引导、重点解决问题和发展设想。

2）立足实际需求，深化细化村庄用地和空间布局

落实上位规划“三区四线”和建设用地总量要求，结合空间布局，按照郊野单元村庄规划土地利用分类落实各地块功能用途，并衔接用途管制要求。

梳理村庄农居点和人口现状分布情况，基于农村地籍调查数据统计资格权，对照镇级村庄布局规划，结合实际情况和村民意愿深化或优化村庄布局方案（图 6-9）。提出撤并、保留、新增宅基地的位置、规模和涉及户数，明确撤并户集中居住方式，确保可操作性。涉及进城进镇集中居住的应注明城镇集中居住点（E 点）的具体地块、用地规模和建筑面积。

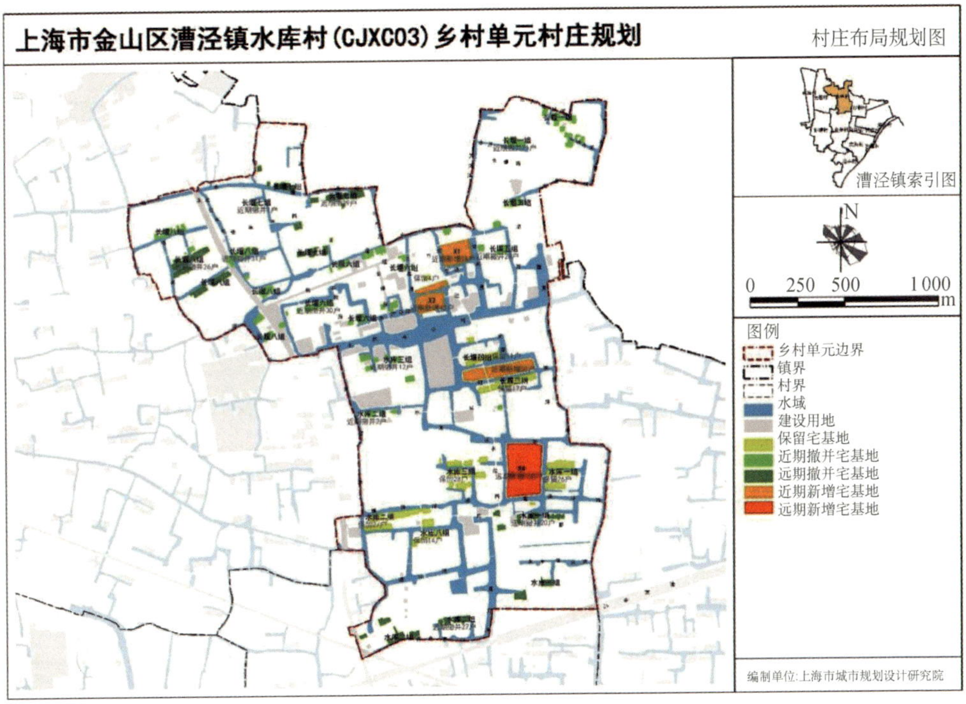

图 6-9　村庄布局规划图

来源：《全域整治试点村庄规划、村庄设计和实施方案（水库村、黄桥村）》，上海市城市规划设计研究院，2020 年

分析公共服务设施现状和使用情况，结合村庄发展定位和村民实际需求提出公共服务设施的布局规划和改造提升方案。合理确定各类村级公共服务设施规模和布局，明确现状和规划村级公共建筑用地规模和变化情况。鼓励利用存量建筑改造，或利用闲置用地插建小型设施。倡导各类公共服务设施集中设置，复合利用，空间共享（图 6-10）。

明确经营性用地的布局，测算各类经营性设施用地现状和规划的规模和变化。罗列

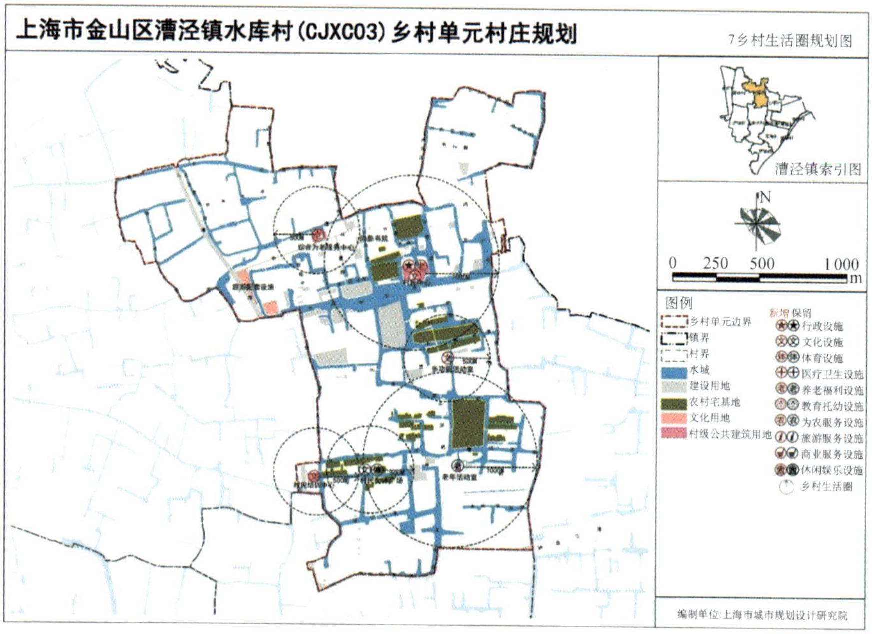

图 6-10　乡村生活圈规划图

来源:《全域整治试点村庄规划、村庄设计和实施方案(水库村、黄桥村)》,上海市城市规划设计研究院,2020 年

保留、新增和改造设施的位置和主要功能,对于改造和新增设施提出用地规模、容积率、高度、兼容性等管控要求,确定近期实施项目(图 6-11)。

3) 结合田水路林保护提升,提出村庄自然资源综合整治规划措施

落实上位规划确定的耕地保有量任务。按照占补平衡原则,明确耕地占用的规模和占用原因;确定规划复垦规模和布局,说明新增耕地的来源;计算现状和规划耕地的规模和增量,提出生态修复策略;结合全域土地综合整治项目,综合考虑储备地块、新增耕地和建设用地减量化项目,遵循基本农田数量增加、质量有提升、布局集中连片、农业布局更合理的原则,提出永久基本农田、储备地块布局优化方案。

分析农业产业现状,基于耕地保护专项规划和三区划定成果,协调耕地、园地、草地、设施农业用地、沟渠等,提出农村产业布局优化方案。

提出农业生产结构调整、农业面源污染控制、耕地休耕轮作、林地提升、水环境保护与治理,河道整治疏浚的控制措施与治理目标(图 6-12);提出农林水一体化措施和区域;确定规划期内生态空间建设的重点区域。

4) 保护乡村肌理和风貌特色,深入开展乡村设计

落实上位规划文化保护红线及相应管制和保护要求;梳理文化遗产和景观资源,提炼风貌要素,深入挖掘地域文化风貌特色,提出风貌保护和文化传承的策略;加强历史文化保护和风貌管控,结合村庄规划同步或单独开展村庄设计,并提炼管控要素纳入文本和图则。

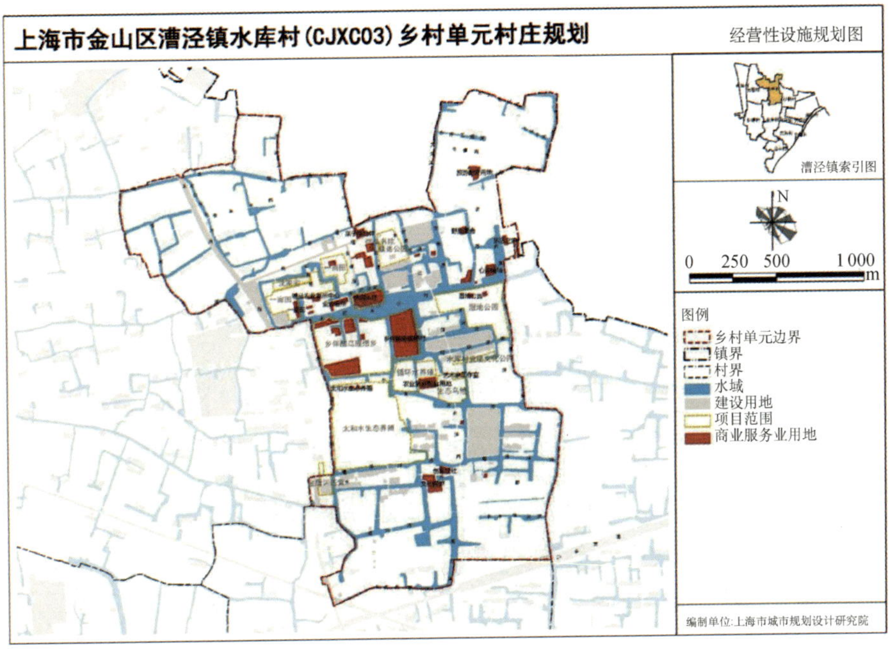

图 6-11　经营性设施规划图

来源:《全域整治试点村庄规划、村庄设计和实施方案(水库村、黄桥村)》,上海市城市规划设计研究院,2020 年

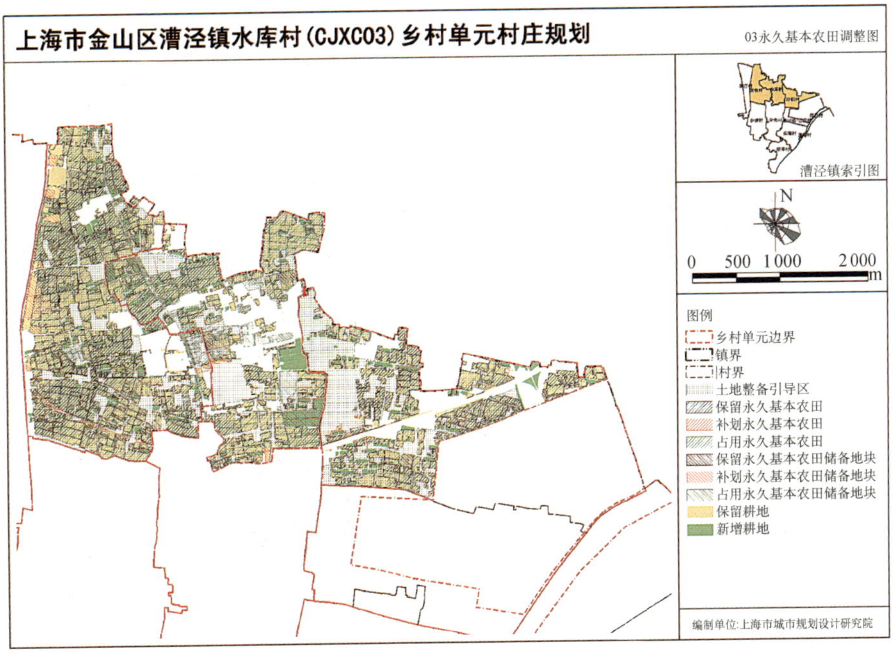

图 6-12　永久基本农田调整图

来源:《全域整治试点村庄规划、村庄设计和实施方案(水库村、黄桥村)》,上海市城市规划设计研究院,2020 年

对乡村建筑、公共空间、自然景观、道路水系等开展详细设计，聚焦乡村肌理、功能配置、风貌特色、环境整治等内容，并提出设计管控和引导要求。

主要包含农村居民点详细设计（X点、Y点）、田园景观设计和建筑设计指引（图6-13）。X点、Y点设计应对村落格局、居住组团模式、居住建筑、公共建筑、公共环境、文化传承提出设计方案；田园景观设计可按照田、水、路、林等要素分类明确整田、理水、通路、育林等设计策略和整治模式。

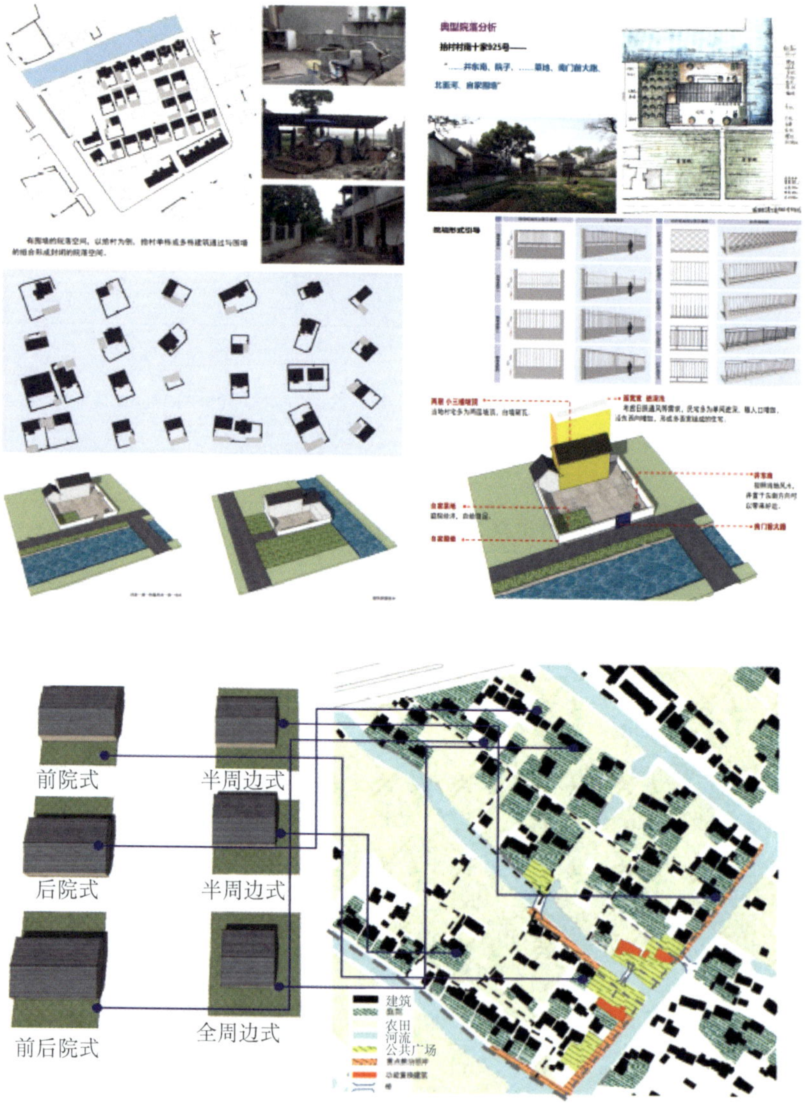

图6-13　节点设计图

来源：《上海市奉贤区四团镇拾村村村庄规划》，上海市城市规划设计研究院，2013年

6.3.2.4 聚焦近期行动计划，形成村庄实施项目库

通过空间安排和时间计划实现增减挂钩的空间指标周转，以郊野单元村庄规划为平台整合各专项资金，推动项目有序落地。分农业项目、建设项目、生态项目进行汇总入项目库，不同类型、不同条线的项目可以独立设置，也可以项目区的形式综合打包设置(表 6-3)。

表 6-3 近期建设类项目库

项目类型	项目方向	项目编号	项目名称	用地面积(公顷)	所在区域	建设时序	资金来源	建设主体	备注
农业项目	农田林网工程								
	农田水利工程								
	设施农用地建设								
	基本农田调优								
	……								
建设项目	新农村项目								
	乡村公益项目								
	集体经营性建设用地项目								
	村庄风貌整治								
	……								
生态项目	中小河道整治								
	水质提升								
	生态造林								
	……								

来源：《上海市郊野单元村庄规划编制技术要求和成果规范 汇报稿》，上海市城市规划设计研究院，2019 年

结合减量化方案，遵循增减挂钩原则，尊重镇村意愿，分年度或分阶段提出近期减量化实施计划。明确近期宅基地减量涉及需要安置的户数、安置方式、安置标准，测算需要的安置房规模，落实安置地块(表 6-4)。

表 6-4 近期减量化项目库

项目/地块编号	现状用地性质	规划主导用地性质	用地面积(公顷)	减量时序	资金来源	项目形式(独立/综合)	备注
	工矿仓储用地	耕地					
	工矿仓储用地	耕地					
	工矿仓储用地	林地					
工矿仓储减量小计							

续表

项目/地块编号	现状用地性质	规划主导用地性质	用地面积（公顷）	减量时序	资金来源	项目形式（独立/综合）	备注
	宅基地	耕地					
	宅基地	宅基地					
宅基减量小计							
	商服用地	…					
	公共建筑用地	…					
	公共建筑用地	…					
	道路交通用地	…					
	道路交通用地	…					
近期减量总计							

来源：《上海市郊野单元村庄规划编制技术要求和成果规范 汇报稿》，上海市城市规划设计研究院，2019 年

6.3.2.5 落实各项规划要求，形成村庄规划详细图则

衔接总规刚性内容：落实四线（生态保护红线、永久基本农田保护红线、城市开发边界和文化保护红线）和重大基础设施。落实各类用地管控：刚性管控内容包括各类建设用地、耕地、河湖水面，弹性引导内容包括村内道路、设施农用地、林地、园地等。统筹各类生态资源：体现农林水一体化布局，提出基本农田优化方案，提出各类生态要素的用途管制要求。引导各类设施布局：明确占建设用地的各类公共服务和基础设施布局，引导不占建设用地的小型设施布局。提出村庄整治方案：包括村庄环境整治和公共空间设计，各类建筑拆、改、留、增的建议。包含乡村单元规划图则和居民点规划图则。

1）乡村单元规划图则

乡村单元规划图则为总体控制图则，包括乡村单元总体控制指标，土地利用指标平衡表，农用地、建设用地、水域和未利用地的空间布局和管控要求，公共服务设施和市政设施的落图，减量化建设用地管控以及基本农田、生态、文化红线控制（图 6-14）。

2）居民点规划图则

居民点规划图则为农居点和建设用地集中片区的详细管控，包括建筑保留、拆除、存量利用（改造）、新增情况，建筑及院落形式和改造引导方式，道路、开放空间、桥梁空间、绿化、设施配置，村沟宅河引导、驳岸设计等（图 6-15）。

包括对建筑和路、桥、河、设施小品、广场绿地、宅院、自留地等公共环境的控制引导，提出设计要求指导工程设计方案。其中，新建住宅建筑、公共建筑、村主路、车行桥、蓝线河道为刚性控制内容。

另外，可根据村庄自身需求和规划编制目标，增加面向不同使用群体的文件报告或图

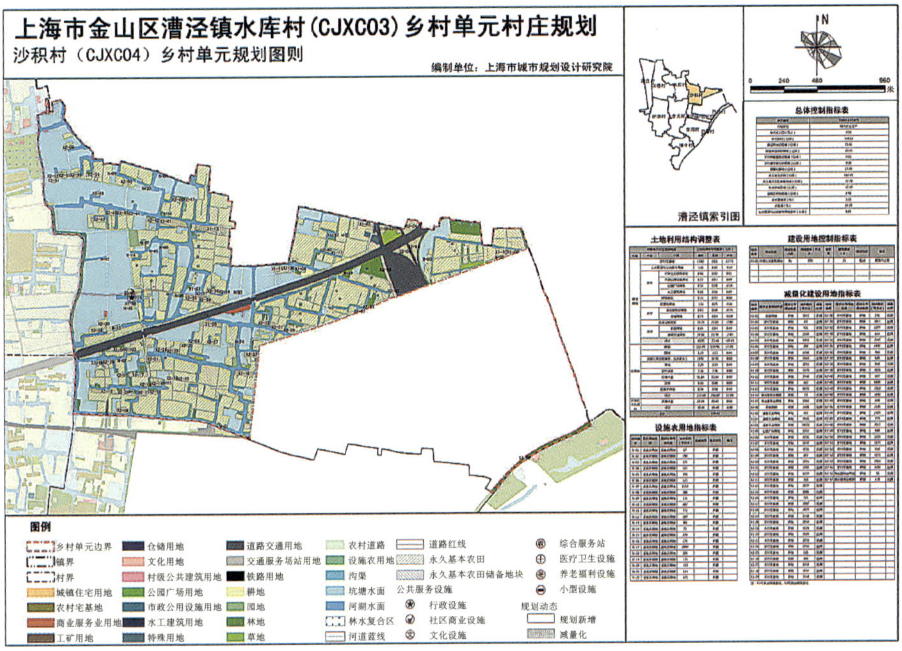

图 6-14　乡村单元图则

来源：《全域整治试点村庄规划、村庄设计和实施方案(水库村、黄桥村)》，上海市城市规划设计研究院，2020 年

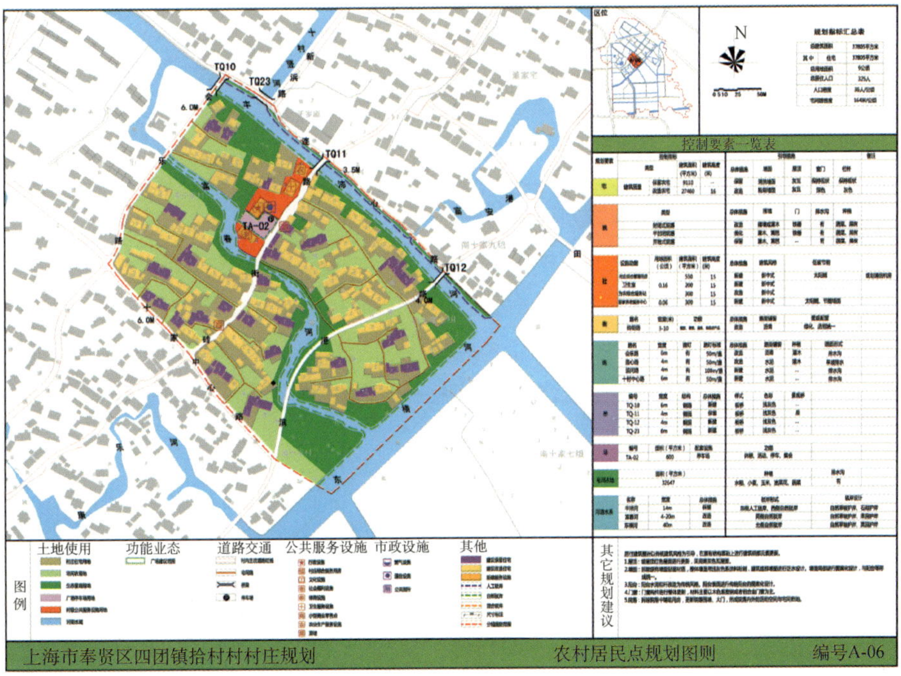

图 6-15　居民点规划图则

来源：《上海市奉贤区四团镇拾村村村庄规划》，上海市城市规划设计研究院，2013 年

件，如乡村治理公众版本：公众版本是面向社会公众或特定对象的特定版本，将郊野单元村庄规划的主要内容或部分内容转化为内容突出、简洁易懂、对象适用的文字和图像文件，用于规划的宣传普及和实施推广。包括《村民手册》《乡村设计师导则》《乡贤名录》《村规民约》《乡村宣传手册》《智慧乡村》等。

6.4 结语

上海的郊野单元规划和村庄规划都属于镇村层面的国土空间规划，目前在上海规划资源管理中已逐步进行融合结合，可以为全国各地编制镇村国土空间规划、优化城市开发边界外乡村地区的国土空间管制和实施管理手段等提供一定的借鉴。

构建全域覆盖、分层管理、分类指导的国土空间规划体系，不断完善和优化各层次规划的定位、编制要求和管理意见/规程，并将其与城乡行政管理体系、事权划分、空间治理规则设置密切关联，实现空间、政策和行动的融合，是上海在国土空间规划编制与实施管理中始终坚持的做法。

从 1.0 版到 3.0 版，郊野地区“试点规划 + 编制导则 + 配套政策”的“组合拳”模式没有变，始终坚持问题导向、需求导向和实施导向没有变。致力于通过五量调控、城乡联动、政策创新促进乡村地区转型发展；致力于“多规合一”的技术协调和资金统筹平台、空间信息管理平台的搭建，共谋乡村精细化高质量发展。

参考文献

[1] 上海市人民政府.上海市城市总体规划(2017—2035 年)，2017.12.
[2] 上海市规划和自然资源局.上海市乡村规划导则，2018.10.
[3] 上海市城市规划设计研究院.上海市郊野单元村庄规划编制技术要求和成果规范(试行)，2020.9.
[4] 上海市规划和自然资源局.关于推进本市农民集中居住政策研究的情况汇报，2018.9.
[5] 上海市城市规划设计研究院.上海市松江区泖港镇郊野单元(村庄)规划，2019.10.
[6] 上海市城市规划设计研究院.全域整治试点村庄规划、村庄设计和实施方案(水库村、黄桥村)，2020.12.
[7] 上海市城市规划设计研究院.上海市郊野单元规划编制导则，2014.9.
[8] 上海市城市规划设计研究院.上海市村庄规划编制与管理导则，2014.12.
[9] 周晓娟.城乡统筹背景下上海市村庄体系规划研究.上海城市规划，2016(1)：118-213.
[10] 周晓娟.资源紧约束背景下超大城市乡村振兴战略和规划策略的思考：以上海为例.上海城市规划，2018(6)：22-29.

城市社区

URBAN COMMUNITY

7 社区规划与社区治理[*]

黄 怡[**]

7.1 社区规划与社区治理的背景

在讨论社区规划与社区治理之前，有必要先理解以下几个背景，包括城市建设的基本背景、国家政策背景、城市背景以及治理的制度背景。

7.1.1 基本背景——城市更新进入集中期

我国的城市更新已进入集中期，这是目前城市建设的一个基本背景。城市更新与城市建设几乎是一个同步伴随的进程，只不过在城市发展的不同阶段，政策、资金、市场有时聚焦于建设用地的扩张，有时则集中于建成地区的再开发与提升。

当下，我国经济已由高速增长阶段转向高质量发展阶段，土地资源和环境承载力约束推动着我国城乡正逐步从"速度城镇化"向"深度城镇化"转型，城市建设用地从"增量扩张"向"存量挖潜"转变，城市更新已提上大多数城市发展与政策制定的议事日程，遑论少数城市已呈收缩态势（shrinkage），比如北方的阜新、鹤岗这样的资源枯竭型城市，正面临着一场艰难的转型。

因此无论是就新中国城市建设的 70 多年来说，还是就改革开放后快速城镇化的 40 多年而言，城市更新都已进入集中期。

7.1.2 政策背景——老旧小区改造与城市更新行动

我国的城市更新已进入集中期，这在政策背景中也已充分反映出来。以下是几个标志性的节点：

（1）2013 年 12 月，中央城镇化工作会议举行，标志着我国的城镇化进入了提升质量的

* 本章主要结合 2020 年同济大学国土空间规划人才研究与培训中心举办的公益培训讲座内容整理撰写，凝结了作者近年来在社区规划与社区治理领域的一些研究与实践成果。本章图片均由作者提供。

** 黄怡，同济大学建筑与城市规划学院教授，上海同济城市规划设计研究院有限公司总规划师，中国社会学会理事、城市社会学专委会副会长。邮箱：huangyi1101@googlemail.com。

发展时期，存量规划代替增量规划，成为城市规划和城市建设工作的重点。

（2）2018 年 9 月，住建部发布《住房城乡建设部关于进一步做好城市既有建筑保留利用和更新改造工作的通知》，要求加强对城市既有建筑保留利用、更新改造、拆除管理工作的监督检查。

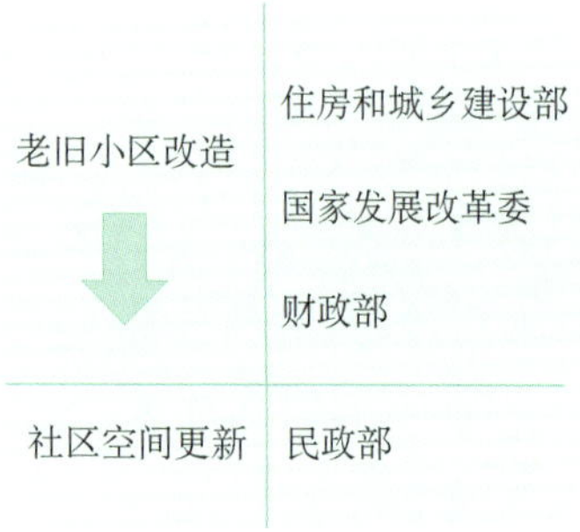

图 7-1　老旧小区改造与社区空间更新的对应主管部门

（3）2020 年 7 月，国务院办公厅发布《国务院办公厅关于全面推进城镇老旧小区改造工作的指导意见》，由住建部、发改委、财政部联合推进。不过需要指出的是，这份指导意见中强调的是“城镇老旧小区改造”，而不是社区空间更新。如果强调社区空间更新，则对应的主管部门中还要有民政部(图 7-1)。

（4）党的十九届五中全会通过的“十四五”规划建议明确提出实施城市更新行动，2021 年，“开展城市更新行动”首次写入《政府工作报告》中。

7.1.3　城市背景——人民城市人民建

2020 年，在上海杨浦滨江考察时，习近平总书记提出“人民城市人民建，人民城市为人民。在城市建设中，一定要贯彻以人民为中心的发展思想”。要落实“人民城市”理念，基层民众广泛参与、共建共治共享，是一个切实的途径。作为“人民城市”理念的首发地，上海提出融合推进社区治理与社区规划工作。“人民城市”理念也正成为其他许多城市在城市建设、社区建设工作方面的出发点与落脚点。

7.1.4　制度背景——治理主导政治话语

自 2013 年之后，“治理”这一概念逐渐成为我国执政层高度认可和关注的核心概念，2019 年召开的十九届四中全会更是确立了“将全面实现国家治理体系和治理能力现代化”的明确目标和时间节点，其中就包含了推动城市治理体系和治理能力现代化，以及国土空间治理体系和治理能力现代化。

目前各个地方的城市政府管理部门对空间治理与社会治理都广泛关注，以上海为例，近年来在全市层面开展了“五违四必”区域环境综合整治，在社区层面采取了“微更新、微治理”行动，由“精细化管理”逐步向“精细化治理”转变。全面提升城市治理体系、治理能力现代化以及国土空间治理体系和治理能力现代化，应包含社区治理，尤其是社区的空间治理。

7.2 社区规划与社区治理的概念与定义

社区规划和社区治理基于一个共同的对象——社区，因此首先引入社区的基本概念，在此基础上分别探讨社区规划和社区治理的概念。

7.2.1 社区的概念与定义

社区的理论渊源在西方，在英、德、美有这样一个发展的线索：社区的概念较早出现在英国历史学家 H.S.梅因于 1871 年出版的著作《东西方的村落社区》中；1881 年德国社会学家滕尼斯将德语 Gemeinschaft 一词引入社会学，1887 年他的著作 *Gemeinschaft und Gesellschaft*（《社区与社会》，在英语学界常被译成 *Community and Society*）问世；20 世纪 20 年代，芝加哥人类生态学派广泛开展了城市社区的田野调查和实证研究。在我国，20 世纪 30 年代初，社会学家吴文藻和他的学生费孝通等人最早将社区概念引入国内，为我国的社区研究奠定了基础，费孝通后来组织编写了《社会学概论》（表 7-1）。

表 7-1 社区概念发展的简要脉络

时间	贡献者	成就/贡献
1871 年	（英）H. S. 梅因	《东西方村落社区》
1881 年	（德）F. J. 滕尼斯	《社区与社会》
20 世纪 20 年代	（美）芝加哥人类生态学派	社区田野调查与实证研究
20 世纪 30 年代	吴文藻，费孝通	将“社区”概念引入国内
……	……	……

社区的定义很多，1955 年的英文文献中就确定了 94 种，此后社区的定义数量仍在增加。在对大量的社区中外概念定义进行比较时，可以发现其中一个重要的差别，即在国内的社区定义中，像“历史”“漫长”“日常”“传统”“持久”这样一些字眼被忽略了。这些字眼所表达的是什么呢？社区的时间内涵。像《中国大百科全书》中社区的定义是“通常指以一定地理区域为基础的社会群体”，国内绝大多数的社区概念仅仅突出了社区的空间范围和关系准则，对时间维度的这个疏漏不知道是有意为之还是无意忽略，但是这样一个疏漏给我们社会的思维方式、行动实践带来了巨大的后果，我们在城市建设实践中的很多价值认知与具体做法，都跟这个时间维度的缺失有深层的关系。

就社区来讲，它其实是一个四维的时空统一体，是时空连续区，没有空间的社区固然不存在，没有时间的社区同样不存在。我们常批评不好的规划是“见物不见人”，意思是说，只考虑到物质空间，但是没有考虑到人和社会的问题；后来把社会空间结合起来了，但是这还不够，必须再加上时间这个要素，也就形成了社会—时间—空间的观点，即社会时空观。

除了学术范畴中的社区概念，在我国的行政范畴里面，对社区也有具体的定义。我国民政部在 20 世纪 80 年代中期开始关注社区服务问题，主要是因为改革开放以后，原先的单位制逐渐解体，住房福利制度被商品化制度替代，社会主义市场经济体制逐步确立，包括街道办事处、居民委员会在内的城市基层社会结构面临改革和调整。经过 15 年的酝酿试点，民政部自 2000 年开始在全国范围内推广社区组织模式，推进城市社区建设。

直至目前，社区在各地的行政界定是不一的，外延存在差异。绝大多数的城市，按照"市—区—街/镇—村/社"的模式，社区对应的是城市居委会或乡村村委会层级，由街道办事处或乡镇下辖，居委会社区对应若干居住小区，或村委会社区对应若干自然村。其管理体制大多是"两级政府、三级管理、四级落实"的体制。例如北京、深圳、广州、天津、武汉、南京、太原等。极少数的城市（很可能是唯一的城市），比如上海，社区对应的是街/镇层级，采用"两级政府、三级管理、四级网络"的管理体制。

对于社区的不同行政界定，使得社区的差别很大。表 7-2 所列社区是近年来笔者在研究当中涉及的一些案例社区，可以帮助理解社区的差异。首先是人口和用地的规模差异，表 7-2 中最小的居委会社区只有 7 公顷多，7 000 人不到，最大的街道社区大于 8 平方千米，有 18 万多人。其次是层级关系差异，上海的社区隶属于城市行政区，安庆、太原的社区隶属于街道；武汉的百步亭社区比较特别，直接属于江岸区，与武汉其他的社区隶属于街道在性质上是不同的。理解社区的学术概念和行政与现实中的内涵差异，应当成为我们讨论具体的社区话题，或进一步讨论社区规划、社区治理的基本前提。

表 7-2　社区规模与层级的比较

社区名称	社区人口规模	社区用地规模	社区层级
上海南京西路街道社区	常住人口 3 万多 户籍人口 5 万多	1.62 平方千米	隶属静安区
上海金杨新村街道社区	18 万多	8.2 平方千米	隶属浦东新区
武汉百步亭社区	18 万多	5.5 平方千米	隶属江岸区
安庆天桥社区	4 000 多人	1.2 平方千米	隶属大观区石化街道
太原半坡西街社区	2 080 户	7.11 公顷	隶属杏花岭区鼓楼街道

7.2.2 社区规划与社区治理的概念与定义

这里先要引入一对概念——"集体空间"和"集体时间"，是存在于社区里的不同个体共享的空间、共度的时间，区别于某个个体或家庭的私人空间与私人时间。社区规划要面对和处理的是集体空间、集体时间，虽然这两个概念常常是学术研究的关注，但是对于社区规划和社区治理来说，突出这样的概念前提和原则是非常有意义、有必要的。

与“集体空间”和“集体时间”对应的，是“公共空间”和“公共时间”，公共空间在城市规划中讨论得较多。对城市或社区空间的规划，本质上是规划城市或社区的公共空间，通过公共空间来协调不同的社区群体以及社区作为整体与城市更大范围的公众之间的关系。而所有的规划空间都关联着相应的规划时间，规划时间也是公共的，例如道路交通中的限时通行、设施或场地的错时使用等。又如所谓动态规划和弹性规划，体现了规划时间的相对性。此外，城市的时间与社区的时间也是有区别的，城市常常因其局部的发展表现为急遽的发展态势，社区则相对恒常。我们常用“日新月异”来形容发展或进步迅速，对城市来说是可以的，但是对社区并不一定合适，如果我们的社区一直处于剧烈的变化之中，我们可能反而会觉得不安定了。意识到社区的时空本质，将为认识理解当下社区面临的诸多挑战和存在的许多问题提供理性的路径，当被置于时间的维度加以分析时，社区中的社会经济、人口统计、技术文化随着时间变化的实质就格外明晰起来。

具体到社区规划的定义。社区规划是对一定时期内社区发展目标、实现手段以及各类资源的总体部署。具体而言，社区规划是为了有效地利用社区资源，合理配置社区生产、生活与生态空间，提高社区的社会、经济与环境效益，保持良好的生态环境，促进社区开发与建设，而制定的比较全面的发展计划。

再看城市治理。它的基础是治理。现代的“治理”概念是国外在 20 世纪 80 年代提出的，后来延伸到城市治理以及社区治理。社区治理本质上是对社区的社会空间秩序、生活环境质量的控制，是应用各种正式的制度和规则以及非正式的制度安排，充分发挥多元主体能动性，在社区公共事务领域积极协调生存矛盾和利益冲突，促进社区有序高效运行，共同提高社区生活环境品质和社会福祉的过程、方式和机制。

我们的传统文化中也蕴藏着治理的智慧，老子在他的《道德经》第六十章里面讲过这样一句话“治大国，若烹小鲜”，其中的“国”是春秋战国时期的地方行政单位，“小鲜”则是美味的小菜。虽然讲的是治理能力、治理方式与烹饪手艺的关系，放在现今语境里，国家治理应该理解成“治大国”，基层的、小尺度的社区治理可以算是“烹小鲜”，也还是恰当的。全面实现国家治理体系和治理能力现代化，是大国之治与社区之治（小鲜之烹）的系统连接，当中还有的层级是城市治理，或者再增加区域治理的层级。

7.2.3 社区规划与社区治理的相关性

图 7-2 可以反映社区规划与社区治理的关系。两者共同以社区为对象，都包括社区的空间部分和社会部分、环境部分和生活部分。站在规划、住建系统的角度，我

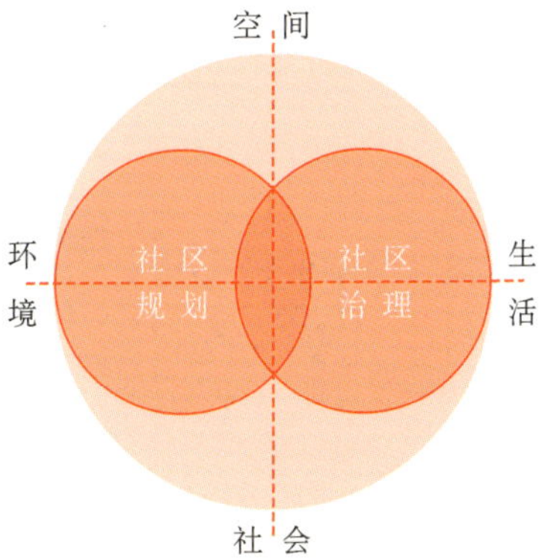

图 7-2 社区规划与社区治理

们更多的是从空间出发、从物质环境出发，因此在讲社区治理的时候很自然地倾向于从社区公共空间的治理着眼和入手。当然，社会治理也会涉及。空间有其社会属性，每一个空间问题后面其实都是跟社会问题紧密联系在一起的。反过来，除了少数纯粹的社会问题之外，很多的社会治理也都可以寻找到空间的突破点。

7.3 社区规划与社区治理的定位

为了更好地理解社区规划、社区治理的定位，采用“社会时空观”作为分析的框架，对社区规划与其他规划、社区规划与社区治理的关系做些解析。“社会时空观”是笔者最早在《中国城市社会学研究的若干问题》这篇文章里提出的，无论是在研究还是实践当中，社会时空观都可以有效地帮助分析问题，解决问题。

7.3.1 社区规划的定位

社区规划到底是什么样的规划呢？可以通过考察社区规划与其他规划的区别，进而获得清楚的认知。

从社会—时间的框架来分析，21 世纪初期对于社区规划的讨论侧重于将其与居住区规划相比较。住宅区规划类型（包括居住区规划、居住小区规划）主要面向增量规划和新的开发，提供的是规范性方案，即在居住者不确定的情况下，住宅区应该怎么做，反映的是理想状态（假定方案先天是合理的）。社区规划则是针对既有成熟住区，提供的是改良型方案，即在居住者确定的情况下可以怎么做，反映的是现实与改良可能。社区规划需要基于社区的社会、历史、空间条件，针对社区存在问题和居民实际需求，进行综合规划（表 7-3）。

表 7-3 住宅区规划与社区规划的比较

分项	住宅区规划	社区规划
规划对象	新的开发	既有社区（住区、街区、居民点等）
规划性质	增量规划	存量规划
规划方案性质	规范性方案	改良性方案
使用者主体	居住者不确定	使用者确定
目标状态	理想状态（假定方案先天是合理的）	现实改良的可能
现状基础条件	空间、经济、历史、社会	社会、经济、历史、空间、资源
工作方式	“自上而下”为主，适当结合“自下而上”	“自下而上”与“自上而下”相结合
参与者范围	开发商、规划主管部门	社区居民、社区内企业、组织机构、社会工作者、志愿者等
规划师角色	专业技术人员	专业技术人员、倡导者、利益团体的代表等

从社会—时间的框架来分析，社区规划在现今的空间规划体系中也有其相应的层级、范围及特征。社区规划突出体现了空间规划与社会规划的双重属性。作为空间规划，社区规划是在市县及以下（镇乡）编制的详细规划，其本质应是社区层面的空间规划和发展管理。作为社会规划，社区规划有着更为明确的定位，是在社区层面引导走向基层民主治理的规划。社区规划的编制、实施都可视作社区治理的过程，充分发挥社区居民、基层管理人员的力量，进而提升社区的凝聚力。

从社会—空间的框架来分析，各国社区规划也有很大区别。深入比较近 20 年里西方一些主要国家的社区规划可以发现，这些社区规划也处于演变之中。英国较早开始社区规划，逐步从社区规划向邻里规划（neighborhood plan）推进，其背景是强调“小政府、大社会”。2011 年，英国通过了关于地方政府改革的《地方主义法案》（*Localism Act*），进一步把权力和事务下沉到基层去。但是邻里规划主体的规划能力整体不足，各邻里的规划效果存在巨大的差异性和不确定性，有可能做好，也有可能做得很糟糕。美国在 20 世纪五六十年代开展的社区规划比较成熟，但是美国近几十年来由于持续的经济衰退，政府在提供社区福祉方面能力不断下降，加上典型的美国公民对政府规划的反对，种族社区以及亚文化社区基本是在没有政府项目或计划援助的情况下，依靠社区自身的力量来开展社区规划。德国没有明确提出社区规划，但是自 1999 年以来，由联邦资金支持在各州层面推动一项名为“社会城市”（Sozialestadt）的社区综合更新提升工程，对社区和各个城市都有深入影响。加拿大的社区规划制度相对成熟，城市议会认可社区制定社区规划，并经过社区广泛的公共规划过程后，批准采用其社区规划及实施方案。

由于全球社会空间地域的不同，社区规划也各有千秋。我们很难完全借鉴其他任一个国家的社区规划，而必须要结合我们自己社区的特征，也就是说强调社区规划在当前的时间点、在当前的背景下，亦即“此时此地”的特定意义。

7.3.2 社区治理的定位

社区治理（包括空间治理与社会治理）关系到城乡高质量发展的问题。城乡高质量发展可以归结为以人民为中心、让人民认同的发展。以人民为中心，这是强调主观上的出发点；让人民认同，则是检验治理工作成效的标准。城市及社区的精细化治理是实现此目标的一个策略，是城市及社区精细化管理的理念升级，凸显了从政府对社会、社区的“单向度管理”向政府与社会、社区相互影响和干预的一种积极转变。社区是城乡高质量发展的承载者、享有者，是城乡精细化治理的适用对象，也是解析城乡精细化治理内涵的恰当立场。

整体而言，当下我国的社区规划、社区治理与城市更新以及乡村振兴迫切需要在社区层面链接起来，以可持续的、有机的社区发展观点替代运动式、一刀切的机械观点。

7.4 社区规划的目标、内容与实践

社区规划首先得明确目标。社区规划要实现其目标，符合其定位，需通过规划内容来具体体现。结合社区规划的典型实践案例，扼要地分析探讨社区规划的主要内容。

7.4.1 社区规划的目标

社区规划要有明确的目标，其目标可以分为三个层次。

（1）基本目标——解决社区现状实际问题，带给社区可以看得见、感受得到的生活环境、空间风貌和公共服务品质提升，既有空间与设施的改善，也有体制、机制方面的理顺，兼顾城市更新与社区治理。

（2）重要目标——为社区提供合理的愿景和策略，整体引导社区在未来数年乃至数十年的积极变化和发展，为社区发展提供清晰而灵活的框架，包括把握和创造社区发展机遇，科学管理社区发展项目、建设任务和资源需求。

（3）根本目标——让社区成为城市高质量发展的具体载体，让居民有获得感、幸福感、安全感和公平感。

开展社区规划实践时，可能面临各种现实制约，但不能仅仅停留于满足第一个层次的基本目标。一项好的社区规划，必然同时兼顾其重要目标和根本目标。

7.4.2 社区职能演变与社区规划内容

社区规划内容与社区职能密切相关，社区职能受时间与政策影响也是动态变化的。21 世纪初，我国城市社区的职能曾被概括为“社区经济、社区公共设施、社区规划整治”，但是社区经济职能目前在许多城市已经退出。以上海为例，2015 年起，全面取消街道招商引资职能及相应的考核指标和奖励，街道经费支出由区政府全额保障；浦东新区则早在 2007 年各街道办事处就全面退出直接招商引资活动，街道的功能重点转变为优化公共服务，为自然人和法人提供良好的公共环境。当前我国城市社区的主要功能是服务于社区就业、社会稳定、社会养老及改善综合环境等社会事务，图 7-3 表示了当前我国城乡社区的主要功能构成。而社区规划的内容随着社区职能及其外部条件的变化也会相应作出调整。

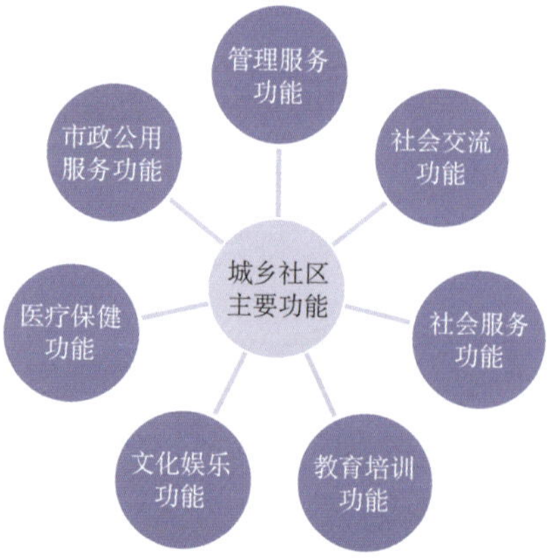

图 7-3 我国城乡社区主要功能构成

7.4.3 社区规划的主要内容

社区规划需要回答三个问题。第一，如何满足和提升社区内部的功能需求？这对应于社区规划的基本目标；第二，如何满足和提升社区对外部的功能需求？也就是社区对外部有什么诉求；第三，如何满足和提升外部对社区的要求？进一步地，站在城市的立场上，对这个社区有什么要求？社区规划对这三个问题的解答，既构成其常规共性的基本组成内容，也是其重点内容。

为了说明社区规划的这三部分内容。这里仅就金杨新村街道社区的案例阐述。金杨新村街道社区规模为 8.2 平方千米，常住人口 18 万多，以居住功能为主，社区中有少量的城中村，还有一些工厂、码头和军事用地。大量住宅建于 20 世纪八九十年代，与浦东开发基本同步，2000 年初期基本建成，住房类型包括了单位系统房、动迁房、商品房等。

7.4.3.1 社区内部功能需求的满足和提升

首先看如何满足和提升社区内部的功能需求，具体的内容如下。

(1) 住房状况的分析。住房状况是影响居民对社区满意度的重要因素。住房状况与住房建造时间、住房性质、住房层数、住房分布等密切相关，并在很大程度上间接反映了社区居民家庭的社会经济条件。住房分析是社区规划最基本的内容，金杨街道社区规划从上述方面对社区住房状况进行了系统考察分析，并图示表达(图 7-4、图 7-5)。

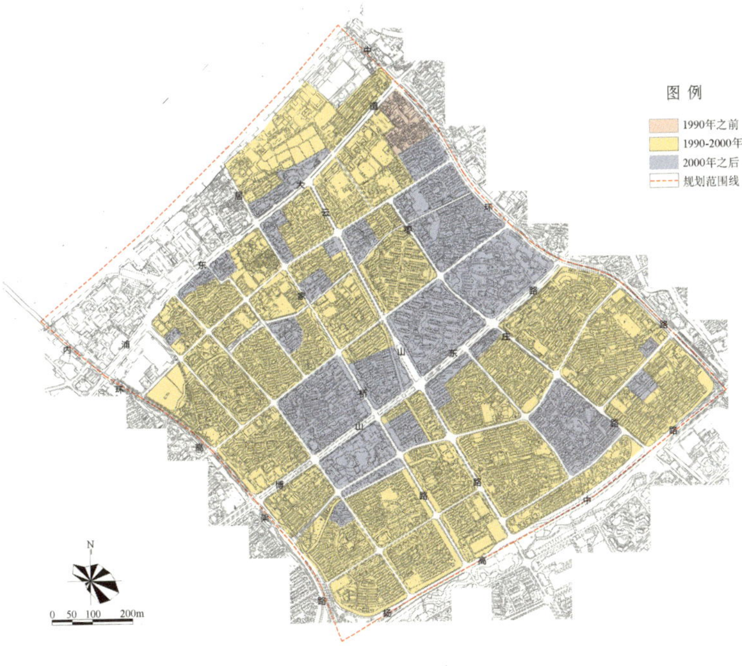

图 7-4　金杨新村街道社区住房建造时间分布图

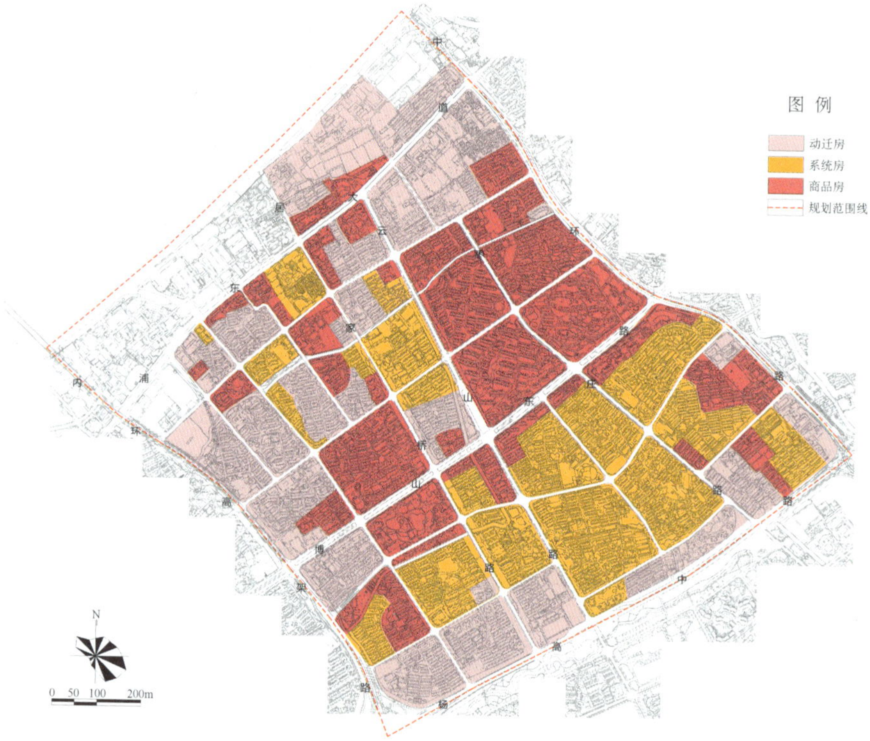

图 7-5 金杨新村街道社区住房性质构成和分布图

(2) 人口统计特征分析。社区人口总量、结构和分布的实时统计数据分析，是社区公共服务需求和配套服务设施供给水平判定的基础。基于居委会规模的社区人口金字塔绘制和社区人口空间分布具有较强的直观性，通过不同历史时点的人口数据比较，则可以获得社区人口动态变化的趋势。将社区人口统计特征数据与城市的平均统计数据比较，可以发现社区的主要问题或潜在问题，比如社区人口老龄化率的水平、速度等。

图 7-6 的 2010 年第六次全国人口普查的人口金字塔中，人口分布数量最多的年龄段是 25～30 岁，到了图 7-7 的 2018 年时，人口分布数量最多的年龄段已经变成 60～64 岁，说明老龄化的速度很快。图 7-8 反映了整个街道社区中的老龄化率分布，颜色最深的部分表示该地区老龄化率最高，远远超出了上海市的平均水平。图 7-9 中可以看到，这个居委会社区的人口年龄分布已经呈现出一个倒金字塔的形状，表现为完全的老龄社区特征。这些为后续社区公共服务的提供以及服务设施的配置提供了必不可少的基础依据。

(3) 住房与人口决定的公共服务需求分析。社区人口的空间分布决定了社区服务需求分布；由于住房类型与人口家庭类型具有高度相关性，根据商品房、系统房、动迁房等不同性质类型，大致可以判断住户家庭类型及其需求特征与偏好，因此住房分布也很大程度上决定了社区服务需求分布。

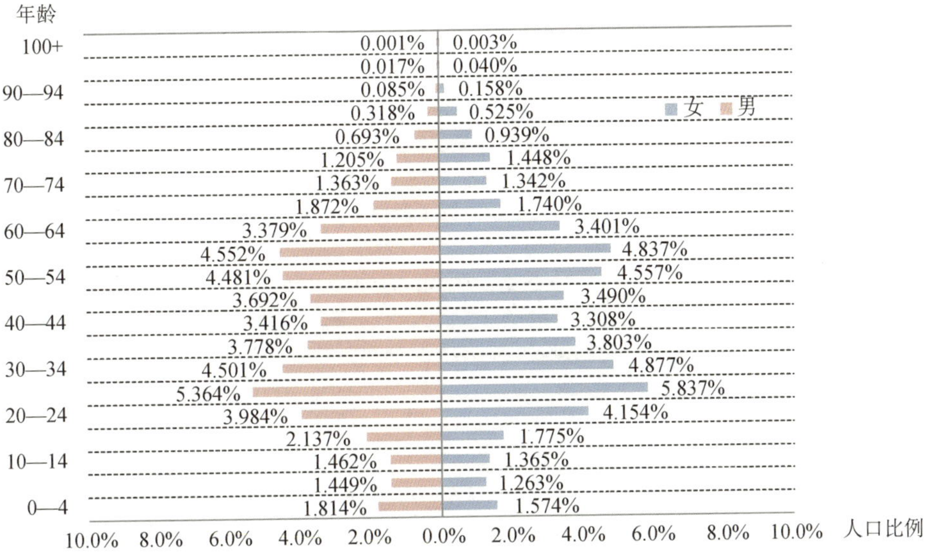

图 7-6　金杨新村街道社区“六普”人口金字塔(2010 年)

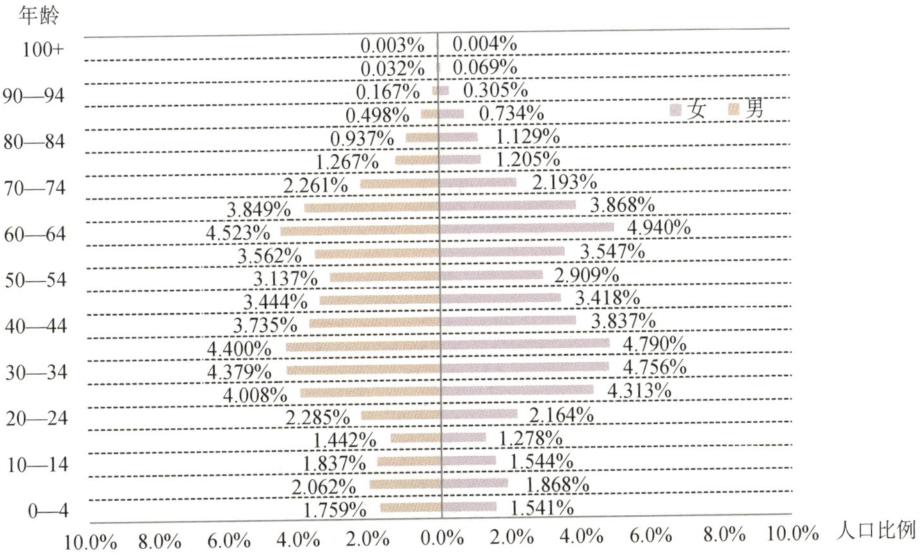

图 7-7　金杨新村街道社区现状实有人口金字塔(截至 2018 年 4 月)

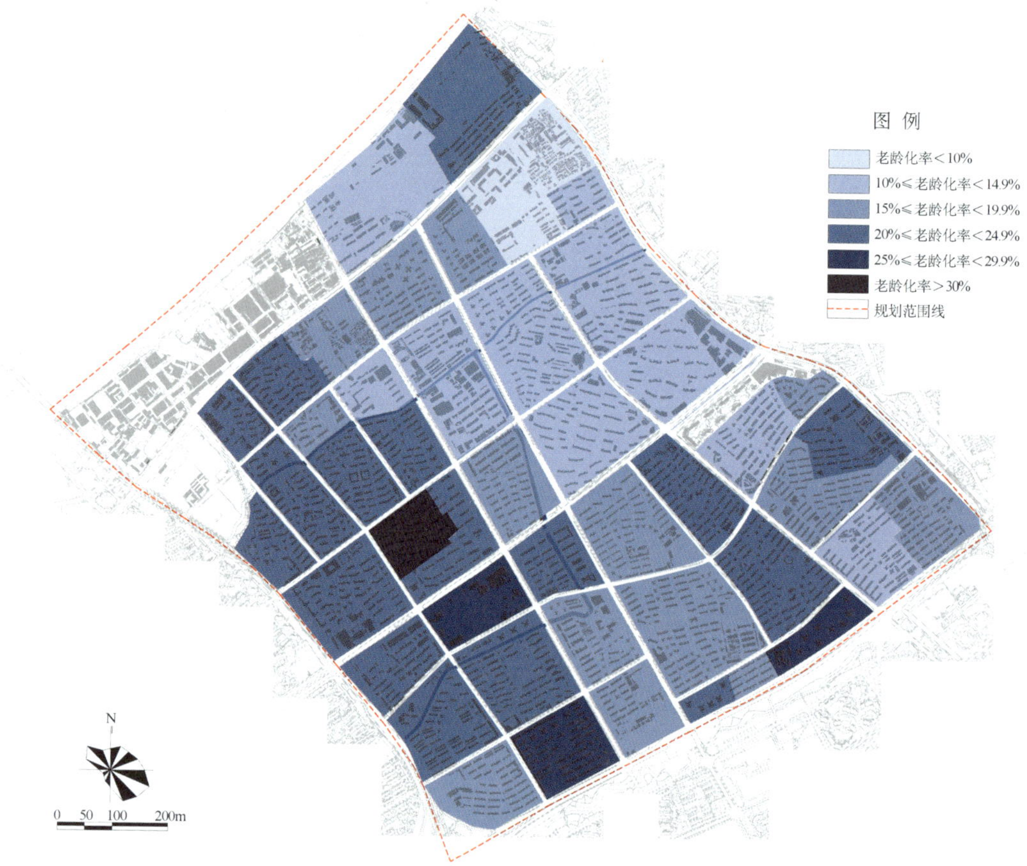

图 7-8　金杨新村街道社区老龄化率分布(截至 2018 年 4 月)

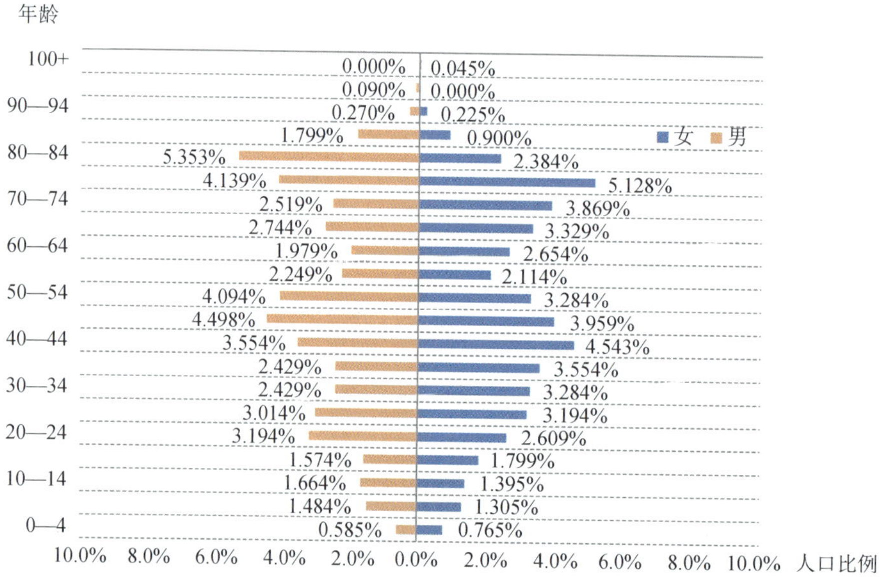

图 7-9　罗山八村现状实有人口金字塔(截至 2018 年 4 月)

需要指出的是，像金杨新村街道这样的一个社区，它既有的住区大都经过规划建设，配套公共服务设施是按照上位规划、按照居住区规范配置的，整体划定服务半径。随着时间的推移，社区在实际社会构成与空间势能上已很不均衡。因此，社区规划应从满足于配套公共服务设施表面上的设置平均齐全，转向满足社区人群精细化的生活服务需求，侧重关注老年人、儿童、外来人口等弱势群体的需求。

对社区公共服务需求的分析，除了现场踏勘、实地观察之外，还可以通过问卷调查。我们在金杨新村街道社区发放了将近 4 000 份问卷，进行了大样本、全覆盖的调查，对现状缺少或可以增加的社区公共空间类型、社区公共设施类型分别进行了深入细致的调查，以全面了解社区群体的各类日常诉求。

（4）土地使用状况与物质空间环境分析。社区是市民生存的场所和环境，社区物质空间环境的分析是社区规划的基本组成。社区规划中的物质空间环境分析涉及物质空间更新的多项内容，例如社区养老机构的布置，多层住宅的增设电梯，社区多功能活动场所、活动场地的布置，电动车充电桩的设置，适应电子商务模式的社区快递储存柜设置，社区垃圾分类收集处理，社区生态改造和立体绿化方式，社区智慧管理设施等。

而社区的土地使用性质、产权大都是确定的，社区规划中能够进行优化调整的可能性微乎其微。但是从社区长远发展出发，仍旧需要对现状不合理的、低效率的土地使用配置提出优化设想。例如金杨新村街道社区的主要矛盾之一是现状养老设施用地不足总用地的 1%，而社区养老问题突出。金杨新村街道社区规划在设施功能复合、不强调独立用地、加强无障碍设施改造等方面提出了缓解对策。

7.4.3.2 社区与外部的功能连接和强化

除了满足社区内部的需求以外，还要回答社区对外部以及外部对社区的要求的问题，这两个问题结合起来就是社区与外部的功能连接和强化。

（1）响应城市空间战略调整

首先是响应城市的空间战略调整。社区规划当然不能圈地为界，不能对外部条件的变化视而不见，只关注社区边界内的空间与社会问题，而是要兼顾社区内外，在城市发展中不断定义社区，合理确立社区提升目标，提升社区的公共性，优化公共服务，提供良好的公共环境。所谓提升社区的公共性，实际上就是提升社区在城市当中的重要性，社区空间、社区服务的公共开放程度与社区在城市中的重要程度呈正向相关。

社区规划必须能够及时响应与社区相关的城市重大战略决策、重大项目建设或行政区划调整等社区外部环境变化，最要避免就事论事的“将就”做法，缺乏系统观、整体观，这样不但错失社区提升的机会，也对城市无所贡献。在现实场合中，也经常接触到一些看似“务实”的社区负责人，他们会说，我们就不做社区规划了，直接做点“微更新”就可以。特别是对于规模较大的社区来说，这多少有点短视和狭隘，只盯住眼前的、自己边界内的一些事务，而缺乏一种更完整的视野格局和对地区与城市责任的担当。只有把社区纳入城市更整体、更动态的发展背景之中，才能正确认知、合理应对社区自身的问题、定位与责任。

在城市动态发展背景下，要善于发现、积极寻求社区与周边环境的新结合点，包括功能的结合、空间的结合，从而形成增长的节点空间、边缘界面，以及功能轴线的贯穿延伸，引导社区的长远发展。

在金杨新村街道社区规划过程中，社区外部条件发生了变化。原来的上海金桥出口加工中心地区，也是后来上海自贸区的一部分，上升为上海的副中心之一，该地区紧邻金杨新村街道社区，这对金杨新村街道社区来说是一个重大的利好条件，可以为社区未来发展提供某些契机。因此社区规划对此外部变化作出积极的响应，对社区内部的资源进行深度挖掘，梳理出重要的功能空间轴线，包括生态的轴线、公共活动的轴线、文化教育功能的轴线（图 7-10），目的是通过这些轴线更好地延伸到、融入城市地区的功能网络当中去，来增强社区自身在地区和城市中的重要性。换言之，既让自己社区的居民能够享受到外部变化带来的利益，也能让城市分享自己社区品质提升溢出的好处。

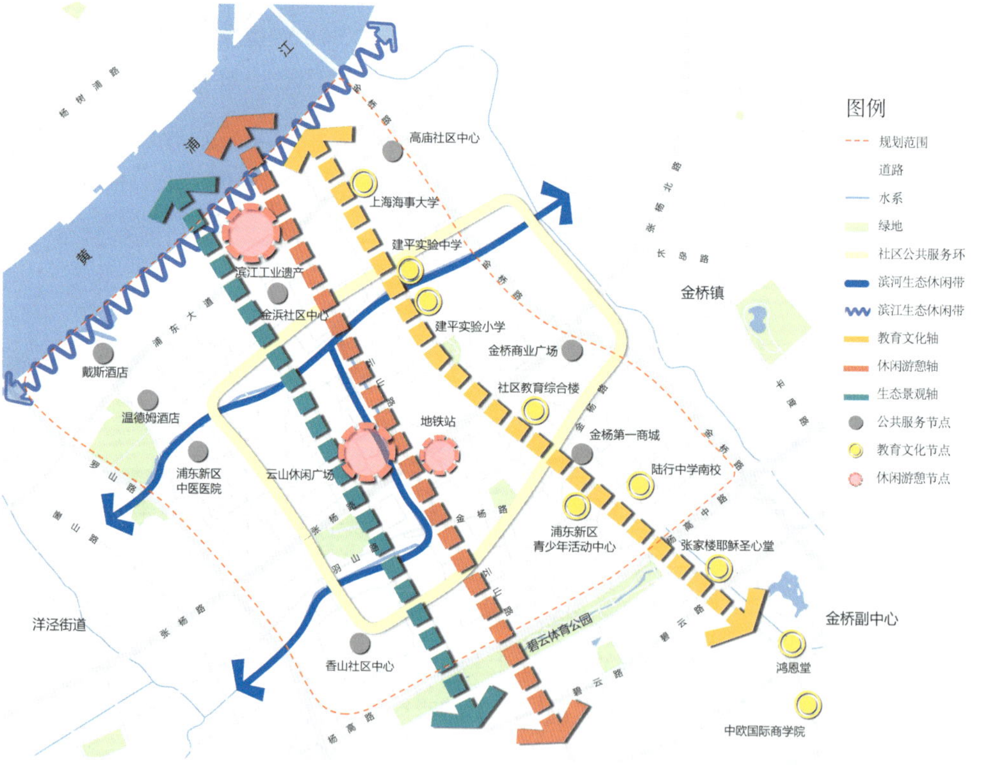

图 7-10 金杨新村街道社区规划结构示意图

（2）修补城市结构与肌理

社区与外部的功能连接和强化，还需要以修补城市结构与肌理为手段。社区层面的城市修补，指的是通过社区范围内局部的功能完善与空间提升，促成城市整体功能结构与空间肌理更加有机完整，达到以点成线、以点成面的效果。在社区规划中，这既包括严格对照落实上位规划的要求，也包括从社区自身的发展实际出发，对上位规划（片区规划、城市总体规划等）提出明确而深入的要求，促进上位规划后续编制调整的精准与扎实。

整体而言，大量普通社区构成一座城市的底子和里子。我们常常讲起城市的面子工程，一个城市不能光有面子工程，还要有数量更多、分布更广、底蕴更扎实的里子工程，对于城市的底子是否厚实，里子是否精致，社区规划负有重要而直接的责任。在社区层面进行城市不同空间尺度之间的有效整合与修补是不可或缺的。城市结构修补包括社会、经济、生态功能结构等方面，城市肌理修补包括街区连续性、风貌整体性、文脉延续性等方面。

首先对上位规划及其实施进行评价，分析上位规划对社区的功能布局要求、现状实施程度及未实施部分的原因；其次分析如何在社区规划中继续落实上位规划，特别是对于那些规划合理而实施不到位的，在后续的规划和实施当中，要通过社区设施与空间的更新改造来修补，通过引导功能置换、填补设施欠账、增加公共空间、改善出行条件、改造老旧小区等予以修补。社区规划中特别强调，通过社区的物质空间修复，间接推动社区的社会关系修复。

此外，社区规划阶段的修补不但是对社区自身的修补，还要对上位规划进行“修复”，发挥规划体系自下而上反馈的重要作用。通过社区规划阶段的分析，发现城市结构与肌理当中的一些缺失或者疏漏，一方面要严格对照落实上位规划的要求，另一方面还要从社区自身的发展实际出发，对上位规划提出明确而深入的要求，促进上位规划在后续调整中趋于更加精准、扎实。因为很多时候，比如城市总体规划、分区规划阶段，难以全面细致调研，对于一些局部然而重要的现状问题，不一定都能面面俱到深入了解。社区规划中就要发现和提出问题，并积极向上反馈。

比如在做金杨社区规划的时候，社区北部滨江是长期被占用的军事用地，这个地块切断了社区跟滨江的联系，形成了功能与空间上的梗阻。上海的黄浦江两岸滨江岸线公共空间贯通工程尚未通到这里，我们在社区规划中提出要增加这个地区支路网的密度，要打通到滨江的轴线，让社区居民能够享受到滨江的公共空间资源。这是从社区层面、社区立场对上位规划提出明确的诉求和反馈，要求上位规划在后续修编的时候作出调整，这也是倒逼上位规划的完善与提升，促使上位规划的引导更加精准。

在社区规划当中，空间性质的系统分析与传统的详细规划方法相似，本节仅就社区规划内容的核心问题提纲挈领地做了论述。

7.4.4 社区规划的实施及保障

社区规划方案做好了，接下来怎么实施呢？需要如何提供保障？本节从社区规划的参与性与工作阶段、社区规划的操作性与实施保障两方面展开。

7.4.4.1 社区规划的参与性与工作阶段

规划中的公众参与问题国内外都讨论已久。大多数情况下，参与过程耗费巨大，耗时耗力，但是效果并不明显；多数的参与的组织者不免心存疑惑，这样“劳民伤时”“劳民伤财”究竟是否值得。在城市总体规划之类的规划中，这样的问题是现实真切的，但是社区规划中的参与效果则要乐观得多。可以说，社区规划是最需要、也是最适宜公众参与的规划类型。这里的“公众”更多是指社区层面的行动者，包括社区居民、基层管理人员、志愿者、社区组织及专业技术人员等。

金杨新村街道社区规划采用了“深度参与式三阶段规划”过程，各阶段内容侧重不同，以社区居民为主体的社区成员深度参与则贯穿了规划的全过程。也就是社区成员全程参与，紧密融贯在社区规划的过程当中(图 7-11)。

第一阶段，调研定位。在规划前期广泛进行社区动员，集中了解社区发展的意见和诉求，涉及社区物质环境、社会发展、社区组织和社区管理等方面。该阶段侧重梳理现状，确立社区发展目标定位，与上位规划相协调，为社区发展制定初步战略。只有准确把握社区特征、充分了解社区需求，才能形成合理方案。

第二阶段，系统规划。该阶段形成社区规划方案，着眼于对社区物质建设(硬件)和社会支撑(软件)的总体部署。社区规划中涉及的问题可能很具体，例如某个局部的、点上的问题，但更强调在住房、服务设施、公共空间、基础设施以及保护与开发的整体系统中，考察显性问题、梳理潜在问题，在系统层面提出解决对策。该阶段还通过社区意见征询会、专家研讨会等方式对社区规划方案进行评价反馈。

第三阶段，实施控制。该阶段着眼于确定规划实施对策、分解落实系统规划以及行动组织等方面，建立社区行动项目库，确定行动路线，为社区后续行动提供依据、参考和指

图 7-11 金杨新村街道社区规划过程中的方案意见征询会现场

导。实施行动涉及社区物质环境、社区服务和社区活动等方面，并和街道、居委协商确认，哪些项目或行动社区可以独立解决，哪些需要资金支持或外部协同解决。

7.4.4.2 社区规划的操作性与实施保障

社区规划是最贴近日常生活的规划层次，社区规划的性质决定了其实践操作性要求。作为社区保护及开发建设、社区日常工作的指导和行动依据，社区规划要能用、管用、好用。社区规划的控制与实施需要在一定的原则下、通过必要的成果形式予以保障。

(1) 社区规划保障实施的原则

图 7-12 列出了社区规划实施控制的四个基本原则：一是符合社区的迫切需求；二是规划层面具有相对重要的影响；三是具备相对成熟的实施条件，包括主观和客观的条件；四是产生更广泛、更积极的社会影响。在具体社区场景中，这四个原则的顺序有时候可以变动。比如一些大型国企单位制社区，在进行"三供一业分离移交"改造时，启动的阻力往往比较大，这个时候就要考虑具体的社会影响，在规划实施时优先选择少数典型作样板示范，这样有利于带动后续的社区工作开展。

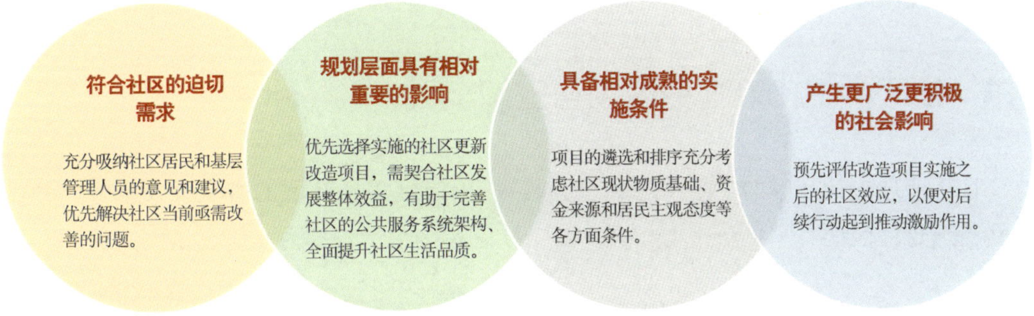

图 7-12 社区规划实施控制的原则

(2) 社区规划保障实施的成果形式

具体的成果形式可以归纳为"一库、一图、一表、一单"。经验表明，这种成果形式在社区实践中尤其受社区欢迎。

"一库"——规划实施行动项目库。包括近期和远期更新建设项目库。近期时限为3年，远期时限可以为5～10年。以上海的街/镇社区为例，社区一般每年会向区政府申请资金用于具体的项目，但是有时候也会存在一定的盲目性，资金花费得不少，精力也投入不少，但社区服务和建设就是没什么起色。社区规划项目库则可以帮助社区确定要做哪些事情，近期可以做什么，中期、远期可以做什么，有了一个整体的、通盘的考虑，就可以结合社区的实际条件来逐步推进、有序推进。项目分类型设置，比如公共设施的改造、室外功能设施的提升，具体包括绿化改造，道路和停车设施改造，以及整体风貌提升等。在这些大类下面有更细致的工作内容，有的工作比较持久，需一期、二期、三期持续推进。

"一图"——规划实施行动项目空间分布图。金杨街道社区由于规模较大，被分成几个片区，每个片区包括若干数量的居委。实施行动项目分布落实到各个片区，在空间上具体落位，还可以对项目的性质类型、实施时间进行区分，就像社区的作战图一样，哪些点位需要做什么工作，预期什么时间完成，社区领导、居委会干部以及其他社区成员都可以了然于心。

"一表"——规划实施行动项目分类(分时)表。大致确定规划实施行动的类型和预期实施时序。确定项目的优先次序，将改造项目分为近期解决、稍缓解决和远期解决三类。一个表对应于一个片区，有哪些项目，要做哪些事情，在表中一一列出；每个片区要做的事情不一样，有的事情多一点，大大小小可能涉及几十项。这个规划实施行动项目分类表，还可以加入实施行动的时间，进一步做成分时表。

"一单"——操作指导单。有些类似于规划导则，针对实施行动类型提出具体操作建议，视社区情况而定。在金杨新村街道社区规划中，对系统性、普适性改造项目的操作指导为，优先在某些住区进行试点改造，根据居民和居委反馈，对改造项目实时评估，进一步完善项目改造步骤与手段。例如老旧住宅加装电梯、住宅入口处无障碍坡道和社区内户外无障碍设施改造等项目。

7.5 社区精细化治理的内涵与空间实践

社区治理包括社区的空间治理和社会治理，内容覆盖了社区的所有公共事务。社区空间治理与社区的空间更新密切相关。对于社区精细化治理的内涵应有正确的理解。

7.5.1 社区精细化治理的内涵

对于社区精细化治理的内涵，主要可以从以下三方面来理解。

(1) 精确的责任分工

社区精细化治理的前提是对社区事务有精确的责任分工。在社区层面，除了有社区管理者、社区工作者的专职岗位，还要建立一支社区的应急管理与服务队伍，社会工作者、志愿者可以加入社区应急管理与服务队伍。在 2020 年抗击新冠肺炎疫情的过程当中已明显反映出这种需求的必要性和迫切性，在平时建立起一支队伍，形成一个机制，在突发紧急场景下就可以作出快速响应。

此外还可以调动不同职业的居民、志愿者服务社区的潜力，充分发挥社区资源的特色优势。目前开展得比较好的社区花园营建，其实是发挥了一些专业人员的作用，比如像同济大学景观学系的老师和志愿者团队，为很多社区提供了专业的支持和帮助；还有很多社区的居民贡献了他们的力量。他们的协作在一种小尺度上改变了社区的景观面貌，丰富了社区的活动内容，乃至于社区的精神风貌。

（2）精微的行动逻辑

社区精细化治理的核心是洞悉社区运行的精微机理，依靠常识和知识逻辑做事。我们常说“上面千条线，下面一根针”，这是社区工作的写照，无论是自上而下“千条线”单独、撮合或缠结，还是社区层面的“穿针引线”，政策制定者与执行者都须体悟其中的内在逻辑。如果罔顾现实环境条件，按套路、循教条地刻板操作、一管到底，能给予“治理”规矩，却不能使治理精细。比如疫情中社区封闭管理与日常生活保障、防控效果与成本失衡；又如一些社区空间更新中的沿街封店、统一招牌、路面“白改黑”等运动式整治，无疑受认知偏差的影响，没有理解背后的行动逻辑。

社区治理是具体实践，精细化治理必然体现规范性、科学性与人性化的潜在关系。抓住社区的主要矛盾、倾向性问题和敏感要素，是精细化治理的重心所在，也是规划设计的重点所在。

（3）精准的技术支持

以前执行得比较好的社区网格化管理更多的还是依靠人力的管理，社区精细化治理更注重工具性的创新、精准的支撑技术。智慧技术在社区的应用因 2020 年的新冠肺炎疫情而兴起，例如大规模在家办公、在线教育、云医院、公共服务线上化等数字生活开放平台，北京的一些“社区大脑”就成功试点线上社区疫情防控管理系统，助力防疫与复工复产工作。上海的一些社区，例如在笔者担任社区规划师的杨浦区控江路街道社区，近几年来已经建成和运行社区指挥管理中心，并通过此中心改善社区的日常治安、提高日常管理效率。其他城市，例如太原，也有运行良好、覆盖全市的社区公共服务综合信息平台。未来的社区数字化基础设施建设也要纳入社区规划当中，需兼顾日常治理与应急治理的不同应用场景，让城市和社区的精细化治理升级为快速、精准、有效的算法治理。

规划本身就是一种具有技术理性的治理方式，社区规划可视作社区治理过程的一部分。涉及社区的规划可以提供一些实施说明书，例如高层住宅区应规定提供给每户家庭一份消防、地震的紧急逃生指引手册（住房是最大宗的家用商品，买家用电器都附带安全使用说明书，高层住宅为什么不能提供这样一种安全逃生指引手册呢?）。涉及社区的广场、公园、公共设施的规划设计，宜附带环境噪声标准、活动容量、人口聚集密度等参考指标，这样社区内关于广场舞音乐噪声扰民的争执就有直接的参考依据，预防各类疫情的日常社交距离保证就具有基本可能。在社区规划和社区治理中，这些方面的专业性、技术性的优化，可以有效减少相当数量类型的灾害事件的发生概率，切实助推城市和社区精细化治理。

7.5.2 社区的空间治理

从规划专业出发，社区空间治理着重于社区的日常空间需求、未来潜在空间需求以及难点空间问题的治理三个方面。

（1）解决社区日常空间需求

社区空间治理与社区规划密切相关。社区治理涉及社区的很多分工活动，社区规划则要确保社区内的分工活动在空间上是可得的、可及的。举个例子，现在很多社区活动搞得非常好，但是这些活动需要相应的空间。比如说居民们一起交流烹饪、烘焙技艺，有些类似百家宴但可能没有那么大规模，这个活动过程本身可能就是社区治理的一部分，通过这样一种常规化的活动，把社区的各类个体组织起来，可以增强社区群体的凝聚力。这时候社区规划就要设法提供一间社区公共厨房，没有这样的空间这项社区活动就没办法开展。还有一些深受社区家长欢迎的集体亲子阅读活动，有利于营造社区积极向上、良好浓厚的文化学习氛围和儿童青少年成长环境，但是往往缺少合适的免费的集体阅读空间。解决了这些社区需求的空间问题，也就潜在地解决了一些社区的社会问题，也就是以社区的空间治理带动社会治理。

（2）预设社区应急空间需求

社区空间治理还要充分结合社区的风险与防灾要求。例如针对传染病疫情防控，良好的社区规划、组织与实施，有可能在意外失灵的疾控预警系统之外开启社区弹性自救机制。包括确保社区医院、社区公共卫生服务中心有合理规模的用地，方便社区医疗设施开设发热门诊，并适应分级诊疗制度；社区内设有可改作临时隔离观察点的多功能场所；社区局部乃至整体隔离的预案，等等。这样就可以在社区层面及早发现和应对风险，并将风险控制在一个有限的范围里面。这些都是在今后的社区规划当中要注意去满足的，而这些也是社区空间治理的工作内容。

（3）攻克社区难点空间问题

就目前状况来看，社区空间更新的难点也是社区空间治理的难点与重心所在，主要集中于一些老旧小区、售后公房社区等。这些社区中物业管理收费较低，维修基金不足，更新改造非常依赖市区县政府的补贴和居民的参与。而社区中现时居民构成比较复杂，利益诉求比较多样，经济条件比较薄弱，又导致了在更新改造的具体举措上难以达成共识。所以说，在这些老旧小区所在社区的空间治理中，无论从现实的障碍出发，还是从时间维度出发，社区规划与社区治理的趋势必然是从“剧烈的、迅猛的变化”转向“持续的、渐次的、复杂的和温和的变化”，亦即以小规模的、温和的、精细的方式取代以往大规模的、激进的、暴力的社区更新改造方式。

7.6 社区规划与社区治理的延伸讨论

关于社区规划与社区治理的延伸讨论，涉及社区尺度区分、社区规划的制度化、标准化等三个方面。

7.6.1 社区尺度区分

前文已经提及,“社区”外延存在差异,社区的行政界定不一,在大多数城市(北京、深圳、广州、天津、武汉、南京、太原等)的行政区划中,社区对应居委会层级;少数城市(例如上海)将社区与街道、镇层级对应。

基于社区规划、社区治理的实践经验,形成下列判断:就社区居民自治而言,居委社区是合适的规模尺度;而对社区规划来说,街道、乡镇社区则是合适的规模范围,因为在街、镇层级,其管辖范围内基本公共服务设施的统筹配置、实施管理才是可能的(接近 15 分钟生活圈);街道、乡镇社区也是社区治理向城市治理的合理过渡。

表 7-2 举到一个例子,就是太原的一个较小的社区只有 7 公顷,那么它很难在自身社区范围内进行必要的基本公共服务功能完善和资源统筹配置。这也是 2019 年全国住房和城乡建设工作会议提出“完整社区”概念的基本背景。2020 年 8 月,《完整居住社区建设标准(试行)》由住房和城乡建设部、教育部、工业和信息化部、公安部、商务部、文化和旅游部、国家卫生健康委员会、国家税务总局、国家市场监督管理总局、国家体育总局、国家能源局、国家邮政局、中国残疾人联合会 13 家部委联合发布,却唯独不涉及民政部,这一做法颇耐人寻味。这部建设标准某种程度上是对全国范围内将社区定位在居委会层面所带来的物质建设制约上的一种纠正。而上海从一开始就经过深入的实践思考,选择了合适的社区层面,因此整体上不存在补短板建设“完整社区”的问题。但如果换种思路,由民政部对全国范围内社区目前的相应行政管辖范围界定进行调整,即由居委会层级调至街道层级,那么或许就无须新增完整居住社区的建设标准,毕竟该建设标准在实施时仍将存在诸多行政协调的难题。

因此,当以后讨论社区、社区规划或者社区治理的时候,首先要弄清楚我们讨论的社区是否是一回事,是否规模、量级相当。毕竟从几个公顷的居委社区的社区规划与社区治理,到几个平方公里的街道社区的社区规划与社区治理,虽然都称为社区规划与社区治理,其实际内涵、工作内容都相去甚远。社区中的一块小花园的设计,不是社区规划,而是社区规划中的项目库里一个微更新项目设计。总之,对于城市社区尺度及其社区规划与治理效能的差异值得继续探讨。

7.6.2 社区规划的制度化

社区规划目前尚不是法定规划。浦东新区金杨新村街道社区规划是由街道社区组织编制的,街道办事处是政府派出机关,街道与乡和镇等同属乡级行政区。因此,金杨新村街道社区规划的性质既不是完全的自上而下,即不是由市、区政府组织制定的,也不是完全的自下而上，即不是从基层居委会发起的，金杨新村街道社区的自主自觉之举，也与浦东新区对基层社会治理创新的激励有关。与之形成对照，21 世纪初上海静安区南京西路街道社区规划由当时的静安区城市规划管理局组织编制——南京西路街道是上海核心区中的核心地区，很早就进入城市更新阶段——某种程度上带有自上而下试点探索的色彩。目前上海市规划和自然资源局正在试点，类似性质的社区规划试点在其他城市中也在进行。

近年来常有关于社区规划法定化的讨论和呼吁。社区规划的必要性和重要性显而易见，而只有让社区规划法定化才能保障其有效实施。社区规划可以渐进地走向法定化，首先具有立法意义，然后成为法定规划。那么，具有立法意义和成为法定规划这两种情形的区别是什么呢？前者是由社区自下而上发起社区规划，并获得立法许可和实施保障，社区对是否进行社区规划拥有自主权；后者是直接自上而下，强制要求社区规划覆盖所有社区。当然也不排除社区规划可能直接被纳入我国的法定规划体系。

7.6.3 社区规划的标准化

由于社区的差异性很大，社区规划又要具有适应性和针对性，因此迄今为止，社区规划尚未形成统一的编制办法和技术规程。就社区规划的现实需求来看，完善社区规划这一规划类型已日益迫切。建立社区规划技术标准，关键是确定哪些可以统一，哪些不求统一。

社区规划要求能够准确把握社区空间、社会现象背后的问题，破解问题症结，社区规划要提供一个综合的解决方案，既包括空间的方面，也包括社会的方面，空间方案既直接解决空间问题，也间接解决社会问题。能付诸实践，能切实解决社区的现状问题，又能引导社区的未来发展，是对社区规划的最好检验。从尊重社区差异出发，社区规划在编制内容与编制深度上的确不宜强制规定，但是社区规划标准可以列出社区规划设计、编制和实施的普适性要点。

社区规划的编制程序、成果形式则可以相对统一，例如金杨街道社区规划中探索采用的“深度参与式三阶段规划”过程程序、“一库、一图、一表、一单”的成果形式，就是对社区规划标准化的推进尝试。

7.7 结语

鉴于城市更新的持续性、城市治理的常态化，社区规划必将为我国社区空间更新和社会治理发挥日益重要的统筹协调和指导作用，社区规划的编制、实施都可视作社区治理的过程，在各地实践不断积累的基础上，对社区规划的制度化与标准化等议题的探讨与解决也必将伴随着社区治理的实践检验日臻成熟。

参考文献

[1] 黄怡.城市更新背景下规划与设计课程体系的适应性再构[C]//新时代新规划新教育——2019中国高等学校城乡规划教育年会论文集.北京:中国建筑工业出版社,2019:3-9.

[2] 黄怡,吴长福.基于城市更新与治理的我国社区规划探析——以上海浦东新区金杨新村街道社区规划为例[J].城市发展研究,2020(4):110-118.

[3] 黄怡.超大城市空间治理的价值、挑战与策略[J].学术交流,2019(10):26-37.

[4] 黄怡.社区与社区规划的时间维度[J].上海城市规划,2015(4):20-25.

[5] 黄怡.中国城市社会学研究的若干问题[J].城市规划学刊,2016(2):45-49.

[6] 黄怡,李光雨,鲍家旺,吴长福.既有城市住区更新的功能提升与设施改造需求探析[J].时代建筑,2020(1):46-49.

[7] 黄怡.城市精细化治理的内涵与社区立场[J].城市规划学刊,2020(2):9-10.

[8] 黄怡.社区规划[M].北京:中国建筑工业出版社,2021.

8　以社区为单元实现城市精细化治理*

李继军**

8.1　社区概念辨析——从空间到社会

8.1.1　邻里单位

邻里单位最初由美国社会学家克拉伦斯·佩里(Clarence Perry)提出，是为适应现代城市因机动交通发展而带来的规划结构的变化，改变了过去住宅区结构从属于道路被划分为方格状的做法，提出了一种新的居住区规划理论。一个邻里单位的规模是一个居住

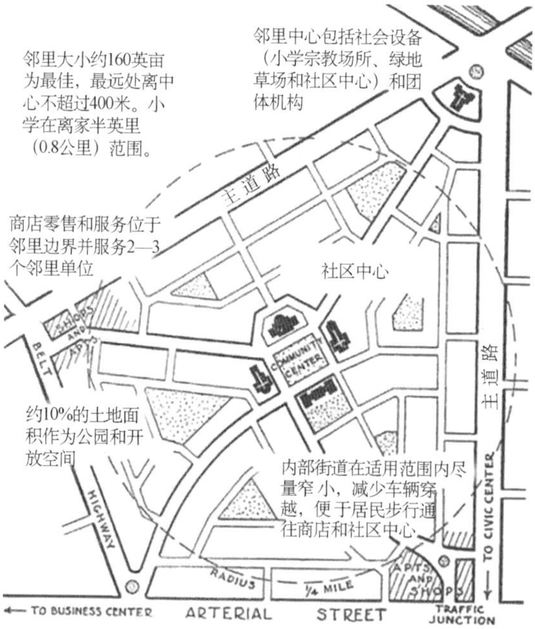

图 8-1　邻里单位示意图

来源：《外国城市建设史》，沈玉麟，1989 年

---

* 本章主要结合 2020 年同济大学国土空间规划人才研究与培训中心举办的公益培训讲座内容整理撰写而成。

** 李继军，上海同济城市规划设计研究院有限公司五所所长、教授级高级工程师，中国城市规划学会住房与社区规划学术委员会委员。邮箱：lijijun68@163.com。

单位根据一所小学需要的生源数量来反推家庭数量，半径约 400 米。邻里单位边界应当以城市的主要交通干道为边界，小汽车为导向。开放空间应当提供小公园和娱乐空间。学校和其他机构的服务范围应当对应于邻里单位的界限，应该适当地围绕着一个中心或公地进行成组布置。与服务人口相适应的一个或更多的商业区应当布置在邻里单位的周边。

8.1.2 社区

社会学中的社区是一个十分宽泛的概念，每一个社会学者在研究社区时，都会对自己的研究对象进行一定的限定。从学术界对社区的多种定义中，基本可以找出一些具有共识的地方，即地域、共同联系和社会互动。并且，社区可以认为由地域、人口、区位、结构和社会心理这 5 个基本要素构成。《中国大百科全书》中对“社区（community）”的定义为：通常指以一定地理区域为基础的社会群体。至少包括以下特征：有一定的地理区域，有一定数量的人口，居民之间有共同的意识和利益，并有着较密切的社会交往。社区与一般的社会群体不同，一般的社会群体通常都不以一定的地域为特征。社区可以被理解为在一定地域空间范围内，作为社会的子系统存在，与社会具有紧密联系，同时，居民之间通过情感、共识和共同利益共同生活，具有紧密联系的城市地域空间单元。

8.2 中国社区概念变迁的政策脉络

8.2.1 工人新村——经济恢复时期（1949—1952 年）

新中国成立初期，城市普通市民和贫民阶层的居住建筑大都低矮破旧，缺乏公共设施，卫生条件差，很多地方是环境恶劣的棚户贫民窟。解决城市劳动者住房问题迫在眉睫，但新中国初创，可以投入建设的财力和物力有限。为此，政府在各中大城市以较少的投资建设了大量的工人新村，较有代表性的有上海的曹杨新村、北京复外邻里、天津中山门工人新村等，包含了对“田园城市”“邻里单位”等思想和理念的大量探索和实践。

8.2.2 单位制大院——第一个五年计划时期（1953—1957 年）

在成功度过经济恢复期后，中国开始了大规模的、有计划的社会主义建设。国家通过单位实现社会资源的提取和分配，单位依附于国家，并体现为一种资源的再分配模式。社区建设在学习苏联模式的基础上，引进了新的概念，如“居住小区”和“街坊”等，形成了“周边邻里式街区”的雏形。这一时期有代表性的实例包括北京百万庄住宅区、长春市一汽老住区等。在1957年的北京市城市总体规划中，正式提出以30～60公顷的小区来组织城市居民生活的基本单位，城市中出现了带有配套公共服务设施的完整建设的居住小区。

8.2.3 “一条街”、人民公社——“大跃进”和大调整时期(1958—1965年)

这一时期，各类建筑的建设量相对减少，但政府、学术团体及部分设计单位特别注重城乡住宅的调研和设计方法的探讨。在大城市的卫星城镇，小区(新村)规划依稀形成了卫星城镇所特有的规划形式，也就是所谓的“一条街”或“成街成坊”的居住区规划方法。主要特点是利用底层商业的住宅建筑类型，从而使城市风貌随着居住区的建成而快速成型，使新城镇快速形成对居民的吸引力。同时对市区的大量旧房、棚户、危房等进行了更新改造和拆除重建，典型的例子包括上海蕃瓜弄改造等。农村则实行人民公社制度，国家通过土地等生产资料集体化等手段，使农民对“集体”产生极强的经济依附。

8.2.4 建设“停滞”——“文化大革命”时期(1966—1976年)

这一时期，城市建设进入了基本停滞的阶段。70年代初，在“文革”继续进行的情况下，中央开始对国民经济发展进行调整，在此背景下，城市住宅建设在标准、类型和工业化方面都有所发展，由于城市用地紧张，住宅区的建设密度比之前提高了很多。

8.2.5 商品房——拨乱反正和改革开放初期(1977—1991年)

此阶段，中国社会主义建设转向以“四个现代化”为中心的经济建设，加强了国际合作与交流，随着国外多种先锋建筑思想进入我国，社区建设逐渐步入了创作期，形成了多元并存的新局面，展开了规划设计手法和形式多样化的探索，包括组团式布局小区、低层高密度小区、改良行列式组团设计、街坊院落式、台阶花园式、凹口天井式住宅的探索，大大丰富了住宅设计和居住环境。

同时，随着我国实施住房体制改革，商品住宅成为城市住房建设的主流。由于市场经济的发展和国家政策上的支持与推动，社区自身也具备了创造和筹集资源的能力，其经济、社会功用日益增大。社区逐渐向“单位的功能替代物”的转变。以社区服务为主，以民政服务为重点，居委行政化、福利化。1987年，民政部在武汉市召开“全国城市社区服务工作座谈会”，“社区”概念第一次正式进入政府的官方文件。倡导在城市开展以民政对象为服务主体的社区服务，提出城市社区服务应从老人服务、残疾人服务、优抚对象服务、困难户服务、儿童服务、家庭服务以及其他便民服务做起。1989年，民政部在杭州召开“全国城市社区服务工作会议经验交流会”，要求在全国普遍开展社区服务工作。

8.2.6 社区组织——社区建设试验探索时期（1991—1999 年）

这一时期，社区建设的范畴（内容、对象）不断扩大，具有了更丰富的内涵与内容，突破了社区服务的局限。1991 年 5 月，时任民政部部长崔乃夫明确指出，城市基层组织建设应该着重抓好“社区建设”，指出“社区建设是健全、完善和发挥城市基层政权组织职能的具体举措，是建立‘小政府、大社会’的基础工程。”1996 年 3 月，江泽民同志在参加八届人大四次会议上海团的讨论时指出，要大力加强城市社区建设，充分发挥街道办事处和居委会的作用。1998 年，民政部“基层政权建设司”变更为“基层政权和社区建设司”，社区建设被纳入国家行政职能范围。1999 年，民政部制定《全国社区建设试验区工作实施方案》，明确了社区建设的总体要求、基本原则、工作步骤以及工作内容。

8.2.7 社区服务——社区建设全面深化时期（2000—2009 年）

中国城市社区建设步入了整体推进、全面拓展的发展阶段，建设的核心工作为创新社区管理体制、构建新的社区组织体系，明确社区和社区建设的概念。以行政区划为单元的法定社区，成为国家治理单元，成为基层国家政权建设的一个重要组成部分。2000 年，中央办公厅、国务院办公厅转发《民政部关于在全国推进城市社区建设的意见》（23 号文件）。明确“社区建设是指在党和政府的领导下依靠社区力量，利用社区资源，强化社区功能，解决社区问题，促进社区政治、经济、文化、环境协调和健康发展，不断提高社区成员生活水平和生活质量的过程”，推动各地区将社区建设纳入国民经济与社会发展计划。2001 年，社区建设被列入国家“十五”计划发展纲要。2006 年，党的十六届六中全会第一次提出了“农村社区”概念，开始在全国范围内推进农村社区建设。2006 年《国务院关于加强和改进社区服务工作的意见》提出了“社区服务体系”概念，自此社区服务步入体系建设阶段。2009 年，《民政部关于进一步推进和谐社区建设工作的意见》确定“建设管理有序、服务完善、文明祥和的社会生活共同体的目标，统筹推进城乡社区建设”。同年，民政部授予 500 个社区“全国和谐社区建设示范社区”称号。

8.2.8 社区共治——社区治理时期（2010 年至今）

“治理”的关键在于改变过去政府作为唯一权力中心管理公共事务的格局，实现从“管理型政府”向“服务型政府”的转变。社区建设的重点在于构建城乡社区治理体系，提升城乡社区治理能力，打造共建共治共享的治理格局。2007 年《物权法》的颁布和实施，从基本法律层面对业主的建筑物区分所有权进行了确认和保护，住房由此成为个人可以拥有的“合法化财产”。以住房为单元的商品房社区中，社区概念与“物权”概念紧密相连，而不再是表达“区位”“行政控制”“单位制”。因此传统的单向管治已不适合社会发展的趋势。今天的“社区”更主要指涉的是一种私有财产领地及其衍生而来的基层自治政体。

2012年11月党的十八大报告指出:“要健全基层党组织领导的充满活力的基层群众自治机制。”2015年7月，中共中央办公厅、国务院办公厅印发《关于加强城乡社区协商的意见》，明确要“开展形式多样的基层协商，推进城乡社区协商制度化、规范化和程序化”。2017年6月，《中共中央国务院关于加强和完善城乡社区治理的意见》指出，“完善城乡社区治理体制，努力把城乡社区建设成为和谐有序、绿色文明、创新包容、共建共享的幸福家园”。2017年10月，党的十九大报告提出，“加强社区治理体系建设，推动社会治理重心向基层下移，发挥社会组织作用，实现政府治理和社会调节、居民自治良性互动”，在政策层面开启了社区共治共管、共建共享的新篇章。

8.2.9 社区发展趋势

一是从物质空间到社区精神塑造。城市规划设计的对象不仅是居住区或小区，而是“社区”，包括根据国家建设规范配置住宅和公共设施。由于城市规划设计和管理面对的是具体的人群的需要，规划更要突出“以人为本”的人文关怀思想，而不是从形式主义或僵化的“规范”和“指标”出发。

二是从“工具理性”向“交往理性”跃迁。空间资源的最优配置及其他各项资源的最优空间配置，客观上需要城市规划的“专业工具”作用。“交往理性”的实现基于广泛的社会参与和互动，进而使社会各方获得必要的认知和达成“合意”。

多元协作的治理转型，实现了从单向决策到深度协作，改变了自上而下的单向管理，向自上而下和自下而上相结合转变，融合了政府、社会组织、市民和专家多元利益的诉求(图8-2)。

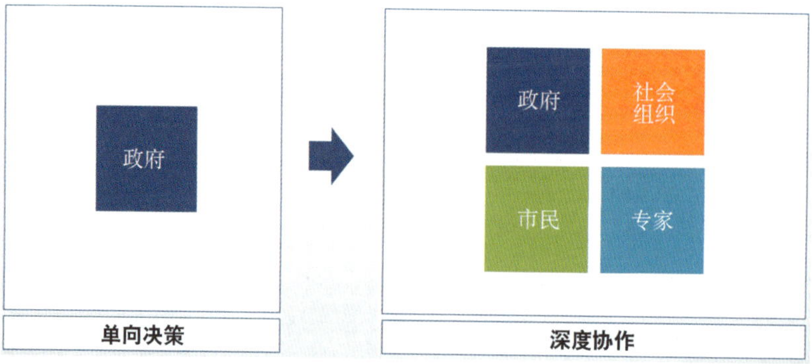

图8-2 社区多元决策转型示意图

三是推进完整社区建设。强调美好环境与幸福生活共同缔造活动，强调物质环境与精神生活具备同等重要性，提出“完整社区”作为城市治理的最小单元——城市细胞。所谓完整社区就是将城市治理最小的一个完整单元，居民出行5～10分钟范围内所需要的设施配齐，作为城市细胞，在此基础上拼成更大的社区单元。

围绕改善城乡人居环境，以城镇老旧小区改造、生活垃圾分类、农村危房改造等工作为载体，继续深入开展“共同缔造”活动。试点打造一批“完整社区”，完善社区基础设施和公共服务，创造宜居社区空间环境，营造体现地方特色的社区文化，推动构建共建共治共享的社区治理体系。

8.2.10 案例研究——西雅图社区规划

西雅图社区规划是一次全面探讨社区规划主要内容和实施框架的有效尝试。此次社区规划由市政府及协调部门负责制定规划框架；在政策设置方面主要包括辅助性政策与管理性政策两类。其中辅助性政策包括“公众参与工具”（Outreach Tool Set）、“社区规划元素合集”（Neighborhood Planning Program Elements Binder）。公众则在此制度框架下进行自主规划行动，有5个强制性的规划主题，分别是土地利用、交通、住房、社区财政和公共设施。各社区针对其自身特殊性，提出其他规划内容。所有社区的规划都基于社区当时的发展基础而编制，大多数内容反映的是对社区现状的改善与补充，特别注重对公共服务设施的评价和完善、社区内部社会功能提高、居民生活空间组织、社区文化与性格塑造等方面。

在社区规划实施框架中，对政府和公众两个主体在规划编制实施中的责、权、利进行了明确界定：政府负责规划指导和资金扶持，社区自治组织引导社区居民展开社区自治。在编制阶段，政府主要是站在统筹的角度进行制度设计，通过调整行政架构、制定相关政策，建立社区规划纲领；公众则在此基础上充分发挥主动性，以社区自主开展规划编制、选择规划内容、制定规划方案等方式开展规划。在实施阶段，政府为了协调各部门行动安排而设立新的主管部门，创新性地提出了规划资金筹集和使用的方式，并将规划纳入法律保障；公众则在一定程度上通过申请基金的形式参与到规划实施中。社区规划要纳入法定规划以保障规划实施，除了强制性内容，社区规划章节将每个社区提出的特殊目标和政策都纳入综合规划中，由此为社区规划的实施提供了法律保障。

8.3 中国市场经济下的社区空间问题

8.3.1 尺度规模问题——人口密集

人口集中，密度过高。大型居住区的产生和发展必然促进着人口的高密度发展。“人口密度”是指在某一区域内人口的多少。它一般是指单位土地上人口的数目，有时它也被用来描述空间内的情况，比如单位楼面面积上所容纳的人数。在 20 世纪 20 年代，有一些社会学学者，利用统计学的“相关分析法”，将居住密度与社会病态的数据资料联系在一起，证明了这两个现象存在关系。当然，其他方面的因素，如经济情况、文化背景、社会状况、教育程度等，也都有一定的影响作用，但人口密度无疑是最重要的一方面。

8.3.2 文化传承问题——文脉缺失

城市文脉的破坏。在时代发展全球化的大背景之下，我国大型居住区缺少文化特质，居住环境雷同，加之建设规模巨大、居住人口众多，对原有城市文脉构成了较大威胁。现有大型居住区在考虑土地结构、郊区扩散发展、城市的生长界限、合理的规模、与城市中心的关系、城市的交通、社会生活组织、城市文脉等方面严重不足。对于社区的邻里交往空间也没有采取相应措施，使之得到改善，无法营造与城市一脉相承的邻里化社区。这些大型住区往往只重视高容量的开发，使得环境尺度巨大，能源和资源浪费，与原有城市的历史文化以及传统社区特征相排斥，建筑类型混乱，社区形态与传统社区格格不入。

8.3.3 交通出行问题——拥堵严重

城市交通拥堵加重。现有的大型居住区，都出现了不少的“大盘通病”，这其中突出的一点就是交通方面的问题，主要是由于大型住区规划建设对其与城市系统的有效衔接有所忽略。当然有些客观原因的存在，例如有些大型住区在规划建设时该地区还没有进行总体规划，也没有形成的城市公共交通系统，这样自然不可能设计出满足城市各项功能需求的交通系统。

8.3.4 城市形态问题——功能割裂

用地结构规划缺少连续性，导致城市各片区功能割裂。首先同一个大型居住区内的各个居住组团之间缺乏用地结构的连续性，虽然一个大型住区的规划往往是一个整体，但由于方案的调整变更以及后期实施阶段的变化，使得大型住区的内部各个部分很难在一个整体的规划框架内相连续；其次是大型住区与周边其他住区之间缺乏用地结构的连续性，这体现在用地结构相对松散，由于其不是作为整体规划，土地资源的浪费更为严重；再次是大型居住区在纵向时序层面缺乏延续性，大型居住区由于规模巨大往往分为很多个分期建设的子项目，而不同开发时序阶段的住区部分往往缺乏连续和传承。总之，这种用地结构缺乏延续性的规划造成了城市空间形态的发展混乱。

8.3.5 供给静态问题——千人指标

居住区公共服务设施的控制标准，以"千人指标"为主，是以每千个居民为单位，根据公共建筑的不同性质，而采用不同的计算建筑面积和用地面积，包括幼托、中小学、饭店、食堂等，计算每千人多少座位等。同时对照公共服务设施面积应占住宅建筑面积的比重，对于新建居住区商业服务设施的规划控制标准，采用"千户指标"，即每千户居民拥有各项公共服务设施的建筑面积和用地面积。一些与居住生活密切相关的基层公共服务设施受其本身的最小规模和合理的服务半径的制约，有时需反过来从公共服务设施自身的最小容量、规模及合理的服务半径来确定服务的人数或户数。

第一，缺乏对人群需求的关注。所有社区按照统一的标准配置设施，未能反映出多元居民的真实需求。在市场化进程中，我国城市居民开始出现阶层消费，城市中不同地区的不同楼盘价格差异悬殊，居民的经济消费水平和社会地位差异明显。把"居民需求"作为一个整体概念来讨论整个城市的居住区公共设施，已经显得过于宽泛。居民选择住房商品时，需要根据个人偏好以及支付能力对住宅面积、户型、区位、环境、相关设施以及价格等因素进行综合平衡，以追求居住效用最大化。由于居住环境具有不可分割的特征，使特定的居住区总是吸引特定的人群聚集，因此，以不同区位、不同价位的居住区相比较，居民需求总是存在这样或那样的差异，无法在"千人指标"得到反映。

第二，仅以人口数量作为公共设施配置的标准，弹性较小，且以此计算的总面积受每户平均人口增减的影响较大。公共服务设施的面积根据它占住宅建筑面积的比重来计算缺乏人性化，不能适合居民的需求。虽为增设公共服务设施项目或增加一些公共服务设施的面积创造了条件，但此计算方法无法针对具体项目及指标进行有效的控制，不便于规划、配套和单体设计，特别是目前由于各地的建设条件不同，各地采用的每户建筑面积标准不一，即使"比重"相同，每户居民所拥有的服务建筑面积绝对值也不一样。

第三，住宅户型变化较大，一个小区内从 60 平方米到 300 平方米的户型都存在，甚至还存在一户家庭同时拥有 2 套或以上住宅的情况，根据这种情况来确定公共设施的所需要的面积，就很难符合实际情况。

8.3.6 人口结构问题——老龄少子

20 世纪 90 年代以来，中国的老龄化进程加快，目前中国已经进入老龄化社会。预计到 2040 年，65 岁及以上老年人口占总人口的比例将超过 20%。同时，老年人口高龄化趋势日益明显：80 岁及以上高龄老人正以每年 5%的速度增加，到 2040 年将增加到 7 400 多万人。

迅速发展的人口老龄化趋势，与人口生育率和出生率下降，以及死亡率下降、预期寿命提高密切相关。随着 20 世纪中期出生高峰的人口陆续进入老年，可以预见，21 世纪前期将是中国人口老龄化发展最快的时期。

尤其是在大城市的一些老旧小区，老年人较为集聚。老年人对设施的需求同年轻人有较大差别，尤其是对无障碍设施有较强的依赖性。而目前的千人指标无法满足老年人的特殊需求，无论是设施类型还是设施数量，使得千人指标作为公共设施的配置标准具有较强的局限性。应客观分析老年人对社区公共服务设施的需求，体现社区的一般性情况。

8.4 社区精细化治理策略

8.4.1 社区分类治理——因地制宜，对社区分级、分类，形成差异化管理要求

空间维度上，社区种类差异化明显，如城镇、半城镇、产业社区、农村社区等，东部沿海、边境城市社区均应差异化对待。时间维度上，社区处于的发展阶段不同，主要矛盾也不尽相同。地方应根据当地实际，明确社区分类，对不同类型社区从底线规范、引导政策、监督体系方面提出差异化管理方式。

遵循先民生、后提升的配置原则。因地制宜制定基础类设施清单，完善类、提升类项目库，明确政策机制。保障基础类服务配置全覆盖，应做尽做，包括水暖气路等市政配套基础设施改造提升，还有小区建筑物公共部位维修等。引导完善型服务依条件配置，依条件实施，包括小区的环境及配套设施改造提升，如加装电梯等。协调差异化菜单式服务配置，包括社区公共服务产品的供给，比如养老、托育、卫生防疫、助餐等。

8.4.2 推进社区共治——健全共谋共建共管共评共享的空间治理机制

我国城市社区治理的主要参与主体有六个。一是政府机构。政府机构在社区治理过程中扮演相对重要的行政主体地位，是社区治理中权力的核心，是社区管理的主导者。目前，政府机构是社区治理和发展的主要推动者，制定社区治理发展规划、管理制度和建设资金，并且通过各部门协调的方式分配社会保障、社会福利和社会服务等。二是社区党组织。社区党组织是基于我国城市基层社会的居民自治，并且在中国共产党领导下的组织，社区党组织一方面可以贯彻和落实党的群众路线，另一方面，通过党组织对社区治理进行动员和引导作用，并且通过党组织的方式进行社会整合，使我国社区治理具有较强的作用，并且具有较强的政治导向功能。三是社区居民委员会。社区居委会是我国特色的基层社会群体自治组织，对社区治理起着主导作用，同时也是居民参与社区治理的重要载体。社区内部实施行政管理，对政府具有较强的依附性。四是物业管理机构。物业管理机构主要是用于服务社区内部，接受业主委托，进行有偿服务组织，主要负责社区绿化管理、卫生保洁、垃圾处理和社

区安全等事务。五是业主委员会。业主委员会是通过业主选举,对业主的财产和利益进行保护和协调的民间性组织,并且对物业管理机构具有较强的制约性。六是社区居民。社区居民是社区的主要使用者,通过社区居委会和业主委员会等方式实现对社区治理的参与,并且是社区治理里的重要组成单元。目前来看,中国社区治理参与主体逐渐从单一化向多元化转变,同时,更多的非营利组织(NPO)开始发展起来,逐渐参与社区治理。

探索居民、市场、政府多方共同筹措资金机制。按照"谁受益、谁出资"原则,采取居民、原产权单位出资、政府补助的方式实施老旧小区改造。充分发挥群众智慧,广纳民意、集中民智、凝聚民心,由群众提需求,群众评价设计好坏。根据地方特点,探索社区规划师制度,使专业力量全流程参与社区建设(表 8-1)。

表 8-1 美英社区规划师工作内容

国家	社区规划师工作内容
美国:社区经纪人	美国社区规划师从聘请职能可以分为规划师(Planner)、理事(Commissioner)和专务(Officer)。实际上,各类专务(如信息专务、医疗专务、财政专务)都可以成为社区规划师。他们的工作内容十分广泛,包括各类需要解决的社区需求,相当于"社区经纪人"的身份
英国:沟通"桥梁"	政府负责推进,而真正参与规划的有整个社区、社区理事会(Community Council)、志愿者、专业机构、企业和商会等。通常,因社区规划中内容太多,为让参与变得更加有效,每个地区会推荐一个"社区参与官员"(Community Engagement Officer)。这个人与政府工作人员一起办公,为地方民众提供参与渠道,类似于沟通"桥梁"

8.4.3 推进分区指导——完善针对多样化社区的治理措施

为适应当前城乡社区多样化发展特点,加快建立城乡社区治理分类指导机制,以治理精度提升创新深度和社区温度,推动探索建立并逐步完善城乡社区分类治理政策体系和长效机制。

一是提升分类治理精准度。根据城乡差异,划分城市社区和农村社区两类地区,依据居民居住特点、人群特征、经济结构、发展特质等因素划分 8 种社区类型。将城市社区分为普通商品房社区、老街巷社区、动迁安置社区、村改居社区 4 个类型,农村社区分为传统乡村、城郊融合村、特色乡村、拆迁撤并村 4 个类型在分类的基础上构建不同类型社区治理与服务的精细化模式。

二是建立分类施策清单,治理需求目录,梳理各类社区在治理服务中存在的问题及需求,以共性问题寻找突破口,全面理清城乡社区治理的短板缺项及深层次问题。治理资源清单,全面梳理社区内外人力、物力、文化、智力等基础资源,积极挖潜驻区单位、共建单位、社区社会组织等共建资源,有效激活社区党员、草根领袖、社区能人等专业资源。治理项目目录,坚持问题导向和需求原则,全面聚焦基层自治、社区服务、环境改善、专项整治等议题,以实施社区治理重点项目为抓手,推动解决一批基层群众"急难愁盼"的民生痛点堵点问题。

三是促进分类治理水平整体提升。聘请专家全程指导试点社区方案制定、项目推进及经验提炼，召开工作推进会、经验交流会，在梳理试点社区特色案例的基础上，分析、探索总结具有地方特色的社区分类治理创新路径。

四是健全分类治理长效机制。将分类治理与党委政府中心工作有机融合、互促共推，探索形成特定类型社区的治理制度体系，从居民自治项目化、协商民主制度化、治理主体多元化、治理手段智能化等层面，系统梳理需求发现、社区动员、多元协商、项目开发、资源发掘、过程监督、结果运用等工作机制，建立分类治理制度架构体系。

8.4.4 践行社区创新——从原型到模式到制度的全面创新

治理原型创新：将社区空间视为城市大生命体中的有机生命单元，构建从环境和民意的感知，到理性决策、实施优化的“正向循环”。通过“大智移云链”技术，实现社区全生命周期的智能化，包括“感知—数据库—学习—判断—实施—评估—优化”7 个环节，成为社区治理原型的顶层架构。

治理模式创新：未来的社区精细化治理将不再是社区这一单一主体的工作，而将是社区与企业、研究院所的有机结合。社区内存在着大量的社会需求，研究院所与企业在社区周边入驻，能够第一时间了解市场的需求，率先开发新产品，并借助社区这一试验场地，快速完成产品迭代，获得先发优势。在这个过程中，社区居民的智慧将给予企业和研究院所创新力量，从传统的链条式开发转向为直接面向终端用户的创新，而企业和研究院所的创新产品也将为社区治理作出贡献，并提供资金支持，形成双向促进。

治理制度创新：通过建设完善的奖励制度，充分调动每个社区治理参与者的积极性，让更多的人投入到社区治理工作中来。例如以积分的形式记录居民和企业人员在参与社区治理过程中的贡献，并凭借积分优先获得更多城市公共服务，从而鼓励居民自治，产生正向循环。未来还可以通过社区大数据库所记录的个人标签，更便捷地找到社区治理所需要的人才，提升治理效率。

实现社区的精细化治理，需要让规划师和社区管理者回归到社区居民的身份，深度理解社区的痛点与居民的需求，让社区从泥砖走向人文，使社区真正成为承载生活与创新活动的精神家园。只有在社区尺度空间上先实现精细化，才能逐渐延伸到整个城市的精细化治理。

8.4.5 案例——上海静安区“美丽家园”老旧小区微更新

8.4.5.1 形成共同参与的社区更新组织流程

静安区“美丽家园”微更新是一个多方参与协作的更新过程，通过以业主委员会提出申请,政府筛选的形式进行。静安区“美丽家园”老旧小区更新形成社区更新多方参与,社区规划师协调的组织流程。包括项目策划阶段、项目调研阶段、方案编制阶段、公众决策阶段、项目施工阶段、管理维护阶段,每一个阶段都组织公众参与(图 8-3)。

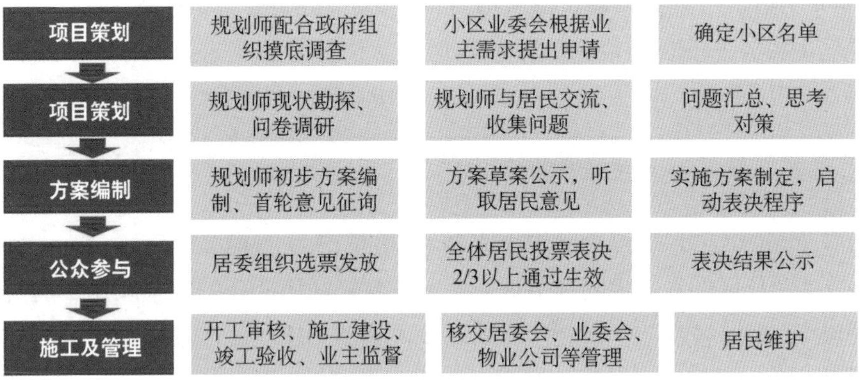

图 8-3　美丽家园建设组织流程示意图
来源:作者根据静安区美丽家园微更新流程自绘

8.4.5.2　探索社区更新 P+P+P(Planning+Participating+Put-into-effect)模式

“社区更新 P+P+P 模式”指规划(Planning)、公众参与(Participating)、实施(Put-into-effect),即动态规划和自治共治相结合的社区更新理念。强调社区更新应以社区居民为核心,依托静安区基层治理中既有的“三会一代理平台”和“1+5+X”自治模式,建立社区更新工作机制,为居民、政府、规划师、建设方搭建一个高效的协同平台,协调各参与主体角色扮演和职责分工,从而积极有效地推动社区更新(图 8-4)。

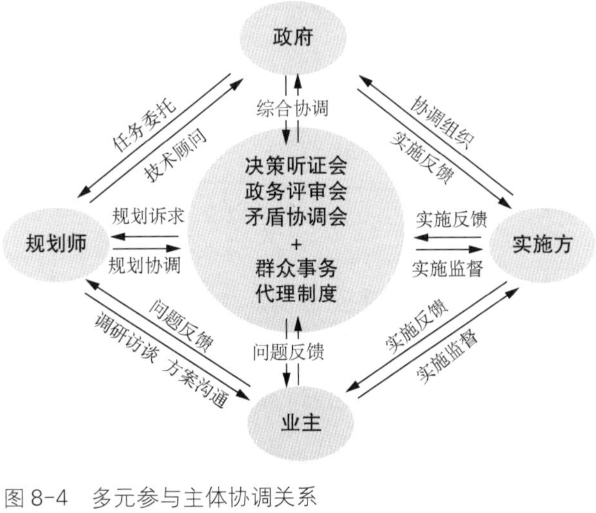

图 8-4　多元参与主体协调关系
来源:作者根据静安区美丽家园微更新模式自绘

8.4.5.3 探索社区更新 P + P(Planning + Participating)模式

一是各级政府,组织统筹和资金落实,市级规划管理部门制定政策和标准;区政府及区规划管理部门搭建工作队伍,落实重大项目资金;街道办事处组织力量,落实小微项目的资金。二是居民和企业,出谋划策和参与决策,居委会、产业园区平台组织居民和企业。三是社区规划师,协调与技术落实,自上而下和自下而上相结合。四是汇聚全球智慧的广泛参与。

8.4.5.4 搭建互联网共建共治平台

基于新城市科学方法,综合利用大数据、物联网、人工智能技术,结合城市大脑和智慧社区建设,推动社区的科学规划和治理。为责任规划师团队开发社区规划工具箱,提供街道乡镇的大数据体检报告,尝试利用移动环境传感器构建社区环境感知网络、利用社会感知方法监测社区运行,建立街道大脑对实时数据进行分析、及时发现和推送城市管理问题,建立社区运行智能日报、周报、月报机制对社区开展周期性不同深度的自动化体检,以及通过各种城市模型实现对社区生活圈设施选址布局模拟、社区微空间设计的多智能体模拟等,力图通过新城市科学和技术手段实现社区的精细化治理。

8.5 完整社区

8.5.1 完整社区概念

社区是国家治理的基础单元,是党和政府联系、服务居民群众的“最后一公里”。完整社区是在居民适宜步行范围内,有完善的配套设施、适宜的活动场地、健全的服务体系以及共同的社区文化,居民归属感、认同感较强的居住社区,是社区中保障居民生活的基本单元、城市结构的基本单元和社会治理的基本单元。

8.5.2 完整社区构成

合理确定完整社区规模。以社区居民特别是老年人和儿童的适宜步行时间和距离作为确定完整社区空间范围的基本要求,原则上完整社区由城市支路围合而成,用地规模为8～20 公顷,人口规模为 0.5 万～1.0 万人,步行时间为 5～10 分钟。一般 9～12 个完整社区组成一个城市功能单元,人口规模约 5 万～10 万人,提供更加完善的城市公共服务。

建设完好的市政基础设施。完整社区应配套建设完善的供水、排水、道路、供电、供气、供热(集中供热地区)、通信、停车及充电、环境卫生等设施,达到设施完好、使用安全、供给稳定等要求,建设人车分离慢行系统。新建社区要按照有关标准和规范,同步规划建设市政基础设施。已建社区和老旧小区以消除安全隐患、保障社区正常运行为基础，改造提升并补齐市政基础设施短板。

配建完善的公共服务设施。完整社区围绕居民基本公共服务需求，配建社区综合服务站、幼儿园、婴幼儿照护设施、老年人日间照料中心、卫生服务站等公共服务设施，达到规模适度、配置合理、功能多元、经济适用等要求。亦可统筹建设教育、文化、体育、休闲等服务设施，形成社区综合服务中心，提供高品质服务。新建社区要按照有关标准和规范，在社区相对中心位置，同步规划、集中布局、统筹建设公共服务设施，并与住宅同步验收、同步交付使用。已建社区和老旧小区要通过补建、改建或就近新建、购置、置换等方式，完善公共服务设施配置。（图 8-5）

配套便利的商业服务设施。完整社区应聚焦居民日常基本生活及购物需求，配套综合性超市、餐饮店、理发店、洗衣店、药店、维修点、快递接收和配送点等便民商业服务设施。新建社区应严格落实商业和综合服务设施面积占社区总建筑面积比例不低于 10％的要求，综合配置便民商业网点，与住宅同步规划建设、同步验收、同步交付使用。已建社区或老旧小区应通过恢复挪作他用的原配套商业服务设施功能、改造闲置公共配套设施，购买、租赁有关设施等措施，增加社区商业服务网点，发展社区便民利民服务。

设置适宜的公共活动场地。完整社区应配置适宜的公共活动场地和公共绿地，配建老少同乐的健身活动器具和休息座椅，达到环境整洁、全龄友好、安全健康等要求，营造良好的社区公共空间环境，满足社区居民绿色健康生活需求。新建社区应按照有关标准和规范，同步规划建设社区公共空间。已建社区和老旧小区应利用街头巷尾、闲置地块等增加公共活动空间，整改私搭乱建、乱堆乱放等侵占公共空间行为，改善社区环境。通过推动多个完整社区统筹配置较大规模的社区公园等措施，改善社区生活环境品质。

塑造社区共同精神。完整社区应建立完善群众公益性设施，通过传承传统文化、培育现代文化、举办文体活动等，培育社区文化，通过共同商议、达成共识，拟定社区环境卫生、停车管理、物业管理等社区公约，引导和影响居民行为习惯，营造和睦的邻里关系和融洽的社会氛围，增强居民的社区认同感、归属感，凝聚社区共识、塑造共同精神。

目标	建设内容
一、基本公共服务设施完善	一个社区综合服务站、一个幼儿园、一个托儿所、一个老年服务站、一个社区卫生服务站
二、便民商业服务设施健全	一个综合超市、多个邮件和快件寄递服务实施、其他便民商业网点
三、市政配套基础设施完备	水、电、路、气、热、信等设施、停车及充电设施、慢行系统、无障碍设施、环境卫生设施
四、公共活动空间充足	公共活动场地、公共绿地
五、物业管理全覆盖	物业服务、物业管理服务平台
六、社区管理机制健全	管理机制、综合管理服务、社区文化

图 8-5　0.5 万～1.2 万人口规模的完整居住社区公共服务设施建设标准

来源：住房和城乡建设部等部门《完整居住社区建设标准（试行）》（2020 年）[3]

参考文献

[1] 沈玉麟.外国城市建设史[M].北京:中国建筑工业出版社,1989.
[2] 波特兰规划与可持续发展局.波特兰规划[R].2010.
[3] 住房和城乡建设部等.完整居住社区建设标准(试行)[S].2020.

9 社区共治视角下的公共空间更新*

卓 健 孙源铎**

伴随我国城市居民生活水平的不断提高，传统社区的公共空间无论在数量上还是功能上都难以满足居民多样化的诉求。社区公共空间是社区生活品质和活力的核心要素，如何顺应趋势，更新求变，是当下社区建设发展的重要任务。近年来，越来越多的社区以公共空间为抓手推动城市更新，或由政府主导，或由居民自发进行，或借助市场力量改造。但是由于思维、制度与方法等方面的偏差，反而在一定程度上破坏了社区公共空间的“原生秩序”，导致社区公共空间品质的加速退化。有学者发现，由于市场力量与社区发展需求错位，某些针对社区公共空间的渐进式微更新实际上是一种蚕食，长远来看将对社区发展造成不利影响；[1]在商品经济的诱导下，内城传统街道社区公共空间中的社会交往场所开始被商业空间取代，面临公共空间庸俗化的困境。[2]

党的十九大提出加强和创新社会治理，打造共建共治共享的社会格局。作为构建高质量公共服务体系的重要一环，社区公共空间优化更新需要创新思路。尤其在当今社会治理朝向多元化主体发展的趋势下，如何将共治理念引入社区公共空间更新体系中，补足目前主体单一这个短板，将有助于推动社区公共空间更新朝活力、宜居、可持续的方向行进。

本章从我国社区公共空间更新在内外力推动下普遍面临的困境切入，从权力结构、更新模式和公共精神三个方面剖析造成这些困境的原因，结合上海近年来社区更新项目中多方共治的实践探索，总结并提出共治视角下社区公共空间更新的若干创新路径。

9.1 我国社区公共空间更新的现实困境

9.1.1 社区公共空间的界定不明

在我国，“社区”概念经过了较长时间的演进，近些年才逐步形成。计划经济时期，大部分城市居民的日常生活局限在高墙围起的单位大院内，院内的公共空间分布随意，且经常被

---

* 本章发表于《规划师》2019 年第 3 期，原名“社区共治视角下公共空间更新的现实困境与路径”。

** 卓健，同济大学建筑与城市规划学院城市规划系系主任、教授，全国高等教育城市规划硕士专业学位教育指导委员会秘书长。邮箱：jian.zhuo@tongji.edu.cn。孙源铎，上海同济城市规划设计研究院有限公司城市更新规划研究中心助理研究员。

各种建筑侵占,[3]与真正意义的公共空间有一定差距。而伴随工人新村的建设,出现了“公共活动场地”的概念,但这一时期的公共空间受经济条件制约,大多被设计成绿地或功能单一的场所。市场经济时期,居住小区注重内部公共空间的品质,但其设计逻辑带有明显的商业化倾向,往往“见绿不见人”,重视觉效果轻社会功能。与之相对比的是,里弄、坊等传统居住型街区没有统一规划所谓的“公共空间”,但长期以来,居民依据自身需求对街巷空间进行自发改造,居民与空间的频繁互动赋予其多样性的社会功能,使之成为具有活力和吸引力的“公共空间”。

社区公共空间的界定不明,影响了对其公共性的把握,对什么是好的社区公共空间也缺乏共识。在城市更新的大背景下,社区公共空间也在内外力推动下发生变化,暴露出一些普遍存在的更新困境。

9.1.2 居民自发更新合理性的争议

按照法国哲学家亨利·列斐伏尔的“空间生产”概念,空间是社会的产物,是一个社会生产的过程,它不仅是一个静态的产品,也是一个社会关系的重组与社会秩序实践性的建构过程。一方面,社区公共空间是社区活动的容器,与居民日常生活息息相关;另一方面,社区居民的活动反过来又重新定义了社区公共空间,后者处于一种不断被再定义的过程,社区居民是空间的生产者。

近年来,一些城市的小区居民自发将公共绿地改造为菜地屡见报道。[4]对此“毁绿种菜”现象,管理者通常将原因归结为公共监管不到位,“一家管不住,家家管不住”,并将其作为“不文明行为”甚至“违法行为”进行清理,但管理者的“除菜还绿”行动却未得到居民的支持,“违法行为”屡禁不止。在管理者与居民之间的拉锯战中,居民自发改造的意愿及诉求并没有得到理解和关注。

在现行的城市规划管理制度下,我国城市的建设用地均有明确的使用功能,[5]社区公共空间对应的用地也一样。为了确保公共空间的合理使用和活动秩序,社区形成公约并委托物业管理单位实施运营管理。根据《中华人民共和国物权法》和《中华人民共和国民法通则》,居住小区内若改变公共用地的形态和用途,应由业主们共同决定,个体业主无权擅自分配使用。但是,这一社区自治的制度设计并没有得到社区产权人的积极回应,个体业主普遍对参与社区管理缺乏兴趣。在一些社区,代表业主集体权益的业委会虽然成立了,但与个体业主之间的关系松散,基本形同虚设,并未形成有效的“委托—代理”关系;[6]有些社区,则由于业主参与度低,业委会久悬未立,甚至出现物业管理机构阻扰业委会成立的现象。总的来讲,居民在管理上更加信任政府,在服务上则更依赖物业。在居民自治组织缺失的情况下,居民和政府间缺乏沟通协商的中间层,政府往往因不理解居民自发的多元化诉求而采取简单的管制行为。[7]

同样是居民自发改造社区公共用地用途的“种菜”行为,上海一些社区的居民在专家、社团的帮助和引导下,组织起来共同参与社区公共空间和绿地整治,引入了包含“可食地景”理念的“都市农园”，这一行动不仅得到管理者的支持，还得到了社区居民的普遍欢迎，都市农园也被誉为“开心农场”。由此可见，自下而上的内生式更新并不意味着居民个体可以为所欲为，居民自发更新的合理性尤为重要。

9.1.3 市场推动更新的得与失

除少数项目由政府投入外，推动城市更新最主要的外部力量是市场。如何平衡城市公共空间的公共性与城市现代化发展的经济性，[8]是市场推动城市更新的一道难题。处理不好的话，由外部力量推动的城市更新将以经济价值最大化为目标，表现为以低洼地段改造为目标的“空间置换”运动和以房地产为驱动力的“空间谋利”行为，使城市更新的直接利益相关者——城市居民处于弱势地位，最终导致一系列社会问题。

上海永康路的城市更新就是一个备受争议的例子。永康路前身为马路菜场，2011 年由运营商主导进行城市更新，把沿街菜场改造为酒吧餐饮场所，整条街逐渐发展为中外年轻人的深夜聚集地，夜间经营对当地居民正常作息产生了极大的干扰。[9]虽然，在这一更新过程中有专门成立的“路委会”协调各方矛盾，但其作用十分有限。在本地居民的强烈反对下，政府最终拆除了酒吧街。但不少人认为，永康路的特色和吸引力很不容易形成，简单清理非常可惜，上海就此少了一个城市特色要素。

在我国快速的城市发展过程中，追赶式的现代化将许多历时性的社会任务变成了共时性的压力。[10]面对社区公共空间纷繁复杂的问题，介入更新的外部力量寻求的解决方案通常是“毕其功于一役”，短时间内以公共空间的彻底变化一次性解决所有问题。表面上看，这样的处理方法是高效的，但这一突变带来的副作用是打乱多年构建起来的社会公共秩序，社区公共空间更新的逻辑不再包容所有的使用者。[11]

社区公共空间的更新模式应包容更多自发的、渐次的更新，而不是以“上帝视角”进行整顿式改造，抹杀一切看似无序的自发性改造行为。社区公共空间更新需要吸收包容性发展的观念，使经济增长、居民生活的改善与社会意识的培育同时进行。[12]因为在这种群体性、在地性的演进过程中，社区居民较易基于共同利益而联合起来，对推动更新的外部力量产生制约，两股力量的平衡与互补才能使社区公共空间的发展不会偏离正轨。

9.2 社区公共空间更新困境的成因分析

9.2.1 社区治理体系中自上而下的垂直结构依旧强势

社区公共空间更新的路径和成效与社区的治理结构密切相关，良好的治理结构应当有利于治理方的行为动机与使用方的实际需求形成呼应关系。然而，在我国社区治理体系的演变过程中，自上而下的垂直结构长期处于主导地位。在我国古代城市中，受集权主义、礼仪法度的影响，城市管理呈现为立法、司法、行政为一家的高度集权化的结构，体现在城市居住区管理中，“官—民”的上下关系非常明显。进入现代社会，我国居住区管理体制经历了从“单位制”到“街居制”再到“社区制”的演变，管理方法也从“管制”走向“治理”，但政府在社区多主体治理体系中的主导地位依旧明显，作为社区自治组织的居委会，其实际角色更接近于政府的基层部门。从我国城市住区管理体制的演变及特征不难看出，无论是传统的住区管制，还是现代的社区管理，自上而下政府主导的垂直结构在社区治理中一直保持着绝对的主导地位（表 9-1）。[13]一方面，严格的层级制度和事无巨细的全面管理使得政府机构不堪重负，积重难返；另一方面，社区居民也养成了对政府过度依赖、被动接受的习惯，缺少参与共同治理的热情，社区公共空间更新等待听命于官方的项目介入。这种状况阻碍了社区共治的发展，也延缓了社区空间更新的进程。

表 9-1　我国城市居住区管理体制演变及特征

时期	管理体制	特征
先秦时期	闾里制	以“里”为单位划分居住单元，建立从上至下贯通的地方行政体系，实现国家对基层社会的控制
秦汉及隋唐	里坊制	对居民实行严格宵禁制度，将其生活限制在特定区域（坊）内，实行时间和空间上的双重制约
宋元	厢坊制	形成坊、厢、府州县多级行政体制，以街道地段为单位的城市管理取代小区式封闭型强制管理
明代	里甲制	由州县官任命的里长和甲首作为里甲的长官管理人口，限制人民自由，使其生活在封闭的受监视的空间内
清代	保甲制	以保甲为目，以牌头、甲长、保长乃至各级地方官吏为纲，组织居民互相监督，实际运行困难，百姓不堪其扰[15]
民国时期	保甲制	作为法律上的地方自治团体，保甲组织完全成为国家基层行政机关，地方自治名存实亡[16]
中华人民共和国成立至改革开放	单位制	国家采用社会控制、资源分配和社会整合的组织化形式，承担着政治控制、专业分工和生活保障等多种功能[17]
改革开放至 20 世纪末期	街居制	设置上是以街道办事处和居民委员会为权力机构的群众自治的管理制度，但实际运行上二者仍为政府的职能部门[18]
20 世纪末期至今	社区制	权力主体多元化，包含业主居民、业主委员会、居委会和物业服务公司等，但依旧存在政府干预过强、居民参与共治机制尚未形成、第三方组织数量和种类欠缺等问题

9.2.2　空间谋利的短期行为与社区长远的发展需求错位

在城市更新背景下，城市发展从增量导向的城市新地块建设转向存量导向的建成空间再生产。在政府约束缺位的情况下，市场固有的“空间谋利”行为往往使得城市空间的再生产演变成为资本剥夺空间剩余价值的工具。[19]市场行为的“空间谋利”本身无可厚非，因为经济增长也是城市发展的重要任务。重点在于这一行为不能脱离社会监督和约束，经济增长不能以损害社会、环境等居民权利为代价。

政府监管城市更新项目面临的一个重要挑战是市场的短期行为。我们常常看到一些“成功”的城市更新项目经过三五年的喧嚣和热闹之后，随着市场操作方的获利离场而再度陷入困境。出于对公共政策长期性和稳定性的担忧，我国的市场“空间谋利”行为更加注重短期利益，往往采用急功近利的方式推动城市更新，以求在短时间内获得投资回报，对更新项目品质的持久性和更新项目的长期绩效缺少考虑，短期行为的突变式更新往往扼杀了城市街区自发演替的多种可能性。

社区公共空间的更新与本地居民的长期利益诉求息息相关。政府引入市场机制的时候，应当选择那些社会声誉良好的企业，把市场行为的赢利点和社区更新的长期性结合起来，同时尽可能地保持相关公共政策的长期稳定，为企业的长期投入提供政策保证。此外，推动社区治理结构的转变，形成对市场行为的公共监督，政府、企业和居民共同推动，形成长远发展的持续更新机制。

9.2.3 社区公共精神衰退导致社区公共空间归属感的迷失

管理体制的单一与市场行为的短视并非社区公共空间更新困境的全部原因。在市场化改革和现代化进程中，社区本身呈现碎片化的发展走向，而社区公共精神也面临着日益消解与式微的困境。[20]城市中心区逐渐被大型购物中心、高级房地产项目所占据，成为炫耀性消费的空间，普通市民的城市生活空间被日益边缘化。[19]原本以社区内部公共空间为载体的社区活动或被转移到社区外的消费场所，或依靠网络社交媒体完成，社区居民相互之间的交往无论是在频度还是强度上都较以往大为降低。同时，受经济利益的驱动，公共交往的活动中居民的行动动机更多地指向利己而非利他，导致社区失去了原有的高度一致性和规范性，[21]而作为居民日常交往空间载体的社区公共空间在此转变中失去了居民情感纽带的作用，居民对社区公共空间的归属感日渐迷失。社区公共精神衰退导致了内生更新动力的严重不足，是造成社区公共空间更新困境的根本原因之一。

9.3 上海社区公共空间更新的共治探索

上海分别于2015年、2016年启动了城市更新试点工作和城市更新四大行动计划。同期编制并于2017年底得到批复的《上海市城市总体规划(2017—2035年)》明确将针对存量空间的城市更新作为上海未来发展的主导模式。

上海的更新试点和实验非常注重体制机制的创新，大范围地普及社区规划师制度，注重社区共治和公共参与。早在2007年，上海市政府出台的《关于完善社区服务促进社区建设的实施意见》就强调"要探索建立社区委员会等社区共治平台，形成社区成员共同治理的利益协调机制"。2017年召开的中共上海市第十一次代表大会明确提出"充分发挥社区委员会共治功能；政府支持、社区协同、各方参与、居民携手，解决群众关心的居住条件、社区环境、公共活动、物业管理、公用设施和便民服务等问题，增进市民对所在社区的认同感和满意度。"上海多个街道和社区的公共空间更新探索，在权力组织、更新模式与实施手段等方面取得了较好的创新性成果。

9.3.1 福山路跑道花园改造更新

上海福山路跑道花园项目位于浦东新区陆家嘴地区。该地区机动车交通本位的道路规划建设使得步行空间品质长期被忽视，人行空间被机动车道挤占、公共活动场所缺乏。2016年末，为提升现有社区街道空间质量、促进居民社会交往，依托浦东新区城市更新的"缤纷社区计划"，浦东新区的社会组织陆家嘴社区公益基金会发起了福山路跑道花园项目。在政府部门和本地商家等多方支持下，在多次与专业规划师和社区居民沟通、听取意见的基础上完成了方案设计，并最终在福山路与商城路交叉口的街角修建起一座小型跑道花园，为各年龄段的居民提供运动、游戏和休憩的空间，走出了街道作为社区公共空间品质低下、缺乏活力的困境。

作为由社区组织主导的公共空间改造行动，福山路跑道花园改造更新的创新之处在于，多个参与主体在项目的全过程中通过反复讨论和磋商，权力得到较好的平衡，形成了较为扁平化的合作机制。作为政府代表的陆家嘴街道，一方面落实上海《15分钟社区生活圈规划导则》，为项目提供公共监管和规划指引；另一方面也为项目提供政策制度保障和一定的资金支持。作为社区组织方的陆家嘴社区公益基金会，负责汇集居民、商家和专业人士的意见，并与政府沟通，制定改造方案，跟进项目实施。此外，社会媒体、当地商户等的参与，都以不同方式对项目的成功落地起到了推进作用。福山路跑道花园改造更新通过强调多元的分散主体达成扁平化的合作网络，自上而下落实人本理念、自下而上集结社会力量，多元主体发挥所长并有所作为，在良性互动中实现了社区公共空间质量的改善。[7]

9.3.2 静安区"美丽家园"社区空间更新

始于2015年的上海静安区老旧社区"美丽家园"更新行动，是在上海城市转型、有机更新价值倡导下，针对社区层面的一项代表性的空间共治实践创新。该行动在“安全维护、交通组织、环境提升、建筑修缮”四个更新目标的引领下，强调更新工作的分层推进、分步推广，基于居民需求紧迫度、施工难度、街道近期工作安排和资金预算，将目标分解成渐进式的行动计划。2018—2020 年静安区“美丽家园”三年计划包括完善共享停车机制、推行住宅小区公共区域清洁维护标准等针对公共空间的更新行动。该行动通过“化整为零”地将大目标转化为小项目，既能充分聚集资金和精力，尽早解决当下社区空间较为紧迫的问题，又能保证各个更新项目都符合社区发展的长远目标。

此外，静安区“美丽家园”社区空间更新以增强社区成员共同意识和社区归属感为动机，注重方案制定过程中居民的深度参与。在方案制定的初步阶段，通过居民访谈、座谈会和入户调研等方式，了解居民对社区公共空间的实际需求，并由规划师组织居委会、业委会、物业之间相互沟通协调，达成草案的共识；在方案编制阶段，面向居民举办汇报会，并由专业规划师负责讲解规划方案，使居民能够始终跟进并监督项目进展；在方案公示阶段，通过建立民主投票表决机制，更新项目的草案需 2/3 以上居民表决通过后，才可以正式上报政府立项。在更新行动的每个环节，赋予居民充分的知情权和决策权，在一定程度上培养了居民参与决策社区事务的能力，长远来看，为未来社区形成居民自组织力量及推动社区更新打下了一定基础。[22]

9.3.3 “创智农园”社区花园微更新

上海杨浦区五角场街道创智天地片区的“创智农园”，是上海社区花园空间微更新的成功案例之一。社区花园是社区民众共建共享、进行园艺活动的场地，其特点是在不改变现有绿地空间属性的前提下，通过提升社区公众的参与感，促进社区营造。[23]“创智农园”所在地块原本是社区一处闲置地块，2016 年，经过五角场街道、当地开发商瑞安集团及社会组织“四叶草堂”合力更新后，转变为集农作物耕种、儿童农业教育、社区二手市场等多种活动和功能于一体的社区公共空间，目前已经成为当地社区最具活力的社会场所。

该更新的创新之处在于，在社区花园的营造过程中联合了社会组织、周边高校师生及社区居民，从社区企业设计师创作墙面涂鸦到高校师生及社区居民参与建造，再到各类单位或个人打造迷你花园，以及后期运营过程中居民参与维护、开展公益志愿项目、举办社区二手市场与农夫市集等活动，极大提高了社区公共空间更新中居民的参与度和感受度，突破了在精英决策商业运作大环境下，民众大多数情况只能被动接受和使用公共空间的情况，[24]居民在深入参与施工过程及后期运营中强化了社区的归属感，建立了与社区公共空间的情感纽带，并潜移默化地培育了自身的公众精神。

9.4 共治理念下的社区公共空间更新路径

9.4.1 权力共享:治理结构的扁平化与动态化

在社区制的发展背景下,社区多元权力主体的协同与嵌入,避免了单一主体推动的更新项目造成的功能脱离实际需求、空间资源浪费的问题,多主体的权力共享机制能够在一定程度上保证更新过程的公平性和成果的包容性。社区空间更新和社区治理结构调整是相辅相成的,加强社区多主体治理结构的研究也是社区更新实践的紧迫需求。从既有的项目实践看,以下两种治理结构的变化对社区的有序和有机更新是积极的。

(1) 治理结构的扁平化

随着城市基层管理体制的改革,近年来社区空间治理结构"垂直化"的特征开始弱化,居民的社区意识开始被唤醒。但是,由于在城市规划中缺乏独立的法律法规条例对公众参与行和实施的过程及结果进行有效的保障,[25]政府"包办"、社区居民"象征性"参与的社区公共空间更新仍旧是主流,而第三方组织参与的协作性更新模式仍处在实验阶段,尚未建立起有效的机制保障更新过程的合理合法性。扁平化治理结构的推进需要政府继续通过"简政放权"进行扶持培育,通过政策引导和资金支持的方式,促进社区的自组织发展和自主性建设;[26]借助网络技术与社交媒体,更广泛地集中各权力主体的意见和力量;[27]针对不同类型社区的特征和需求,建立与之相应的扁平化更新模式,如在市中心人口结构复杂的成熟社区建立基于多元主体监督的合作更新模式,在以外来务工人口为主的社区采用"社区—企业"共建的更新模式,在以本地农村人口为主的远郊农村社区推广乡贤能人主导的更新模式。[28]

(2) 治理结构的动态化

随着社区治理的深化,社区权力主体结构变得日益复杂,社区权力秩序逐渐表现出弥散意义上的流变性。[13]而社区本身也是一个不断"生长"的系统,处于不同生长阶段的社区对公共生活空间的需求差异很大,从基础功能设施的补足到空间使用满意度的提升,再到品质特色的打造,[29]需要基于不同阶段的更新目标对各个主体的权力秩序进行调整。例如,处于物质功能阶段的社区需要依靠政府力量补足基础功能设施;使用满意度阶段则依靠居民主体提出公共空间优化建议,依靠居委会筹措资金、发起改造,提升公共空间使用的满意度;品质优化阶段更需要居民、社区内部社团或外部组织形成议事组织,商议社区公共空间特色营造策略,进一步优化公共活动空间系统及其功能,构建完整的公共活动空间体系,提升社区活力。

9.4.2 发展共谋:民政企合作的渐进式更新

当下我国社区更新项目大多着重空间环境的改善,但应认识到更新的根本目的是增强居民能够凭自身能力实现理想生活状态的"可行能力",即当未来社区环境条件不适应居民新的需求时,居民有能力自主联系各类社会资源共同发起改造。而社区公共空间更新之所以能够汇集居民力量,是因为在解决与居民日常生活直接相关的公共事务领域,居民对切身利益的关心程度和集体智慧往往大于政府官员及管理精英。[26]当下我国的社区公共空间或者受"政绩工程"影响,或者受市场制约,大多趋向周期短、收效快的突变式、片段化的更新项目,居民和社会组织在快节奏的变化中力量得不到集结,"可行能力"的培养难以实现。共治导向下的社区公共空间更新倡导渐进式发展,将社区发展的长期目标转化为分步骤的、适合多方参与的小型任务,注重依靠更新项目孕育居民、社会组织参与谋划社区发展的能力,最终形成社区议事团体、社区公约来保障这一更新机制能够常态化发挥作用,实现社区的自我修补,自我完善。正如简·雅各布斯所说,社区要通过"多方面的、逐渐的、经常的、有条不紊的变化",来保证自身"拥有适应变化、更新自己、保持自己的吸引力和提供便利之处的能力"。

在这一方面,国外城市的更新实践提供了值得借鉴学习的丰富经验。例如,东京谷中区的社区营造就是一个分成六阶段的居民、政府、企业紧密合作的渐进过程(表 9-2)。从最初当地居民创办地方杂志、发掘当地文化特色,到其后居民联合周边高校建立谷中学校,培育居民自发推动社区空间创新的意识和能力,再到最后当地社区建设公约的出台,提出了保护和促进当地文化的五个基本原则,并成立永久的社区营造委员会,解决未来社区发展的问题,形成居民、政府、企业三方良性沟通机制,最终形成促进居民信任并更积极参与的良性循环。[30]

表 9-2 谷中区社区营造过程[31]

阶段		事件	内容	魅力再生产的体现
阶段一	评价	创办地方杂志、打造地方节日	创办地方杂志《谷中·根津·千駄木》(谷根千工房),发掘当地自然、历史和人文资源,颂扬当地有价值的文化资产、历史遗迹	形成初步文化共识
阶段二	行动	建立谷中学校	对地方历史文化资源的再发现,进行环境调查、举办艺术手工展	重塑街区邻里关系
阶段三	定位及建设	老旧建筑、空置房屋的活化与再利用	对地区内老旧空置房屋进行再利用,综合整治沿街店铺使新店铺得以加入,促进老字号商业的再生,社区活动与展览进一步丰富	物质空间与精神文化协同复兴

续表

阶段		事件	内容	魅力再生产的体现
阶段四	参与主体多元化	活用共享空间	基于历史性建筑物的保全活动，以 NPO 为核心带动政府、企业、当地居民、高校师生共同参与，促进地域文化生活，高效合理发挥空间价值，彰显街区魅力	构建魅力再生产，多元主体参与
阶段五	地方远景共享	形成社会公约与共识	形成地域共生型公约提案，对地区的形象及礼仪文明、社区相处进行规定，市民活动的组织化	保留了地方生活方式的有序性与原真性
阶段六	可持续与传承	建立教育工坊	针对社区儿童及青少年，对地方文化及社区氛围的传承与教育	形成传承机制，实现魅力再生产的可持续性

9.4.3 营造共参：建立居民与社区公共空间的情感纽带

扬·盖尔说过，人对于城市的感知首先是生活，然后是空间，再次是建筑。一个高品质的社区公共空间并非一定要通过大拆大建才能实现。应当认识到，社区公共空间的价值在于其提供的由人共同存在而产生及可能产生的公共交往行为，这是维系不同层次社会关系的重要纽带。[31]社区公共空间归属感的遗失，在很大程度上是因为居民固有的社会活动外向转移到商业综合体、大型娱乐场所等公共设施，居民与社区公共空间的互动关系和情感联系被切断，而社区公共空间更新则是重建这种情感纽带的良好机会。社区通过实施一些小型的、有趣的空间更新项目，尝试邀请居民及其他社会团体与专业人士共同参与营造和后期运营，提升人与空间的互动强度。事实证明，由政府或市场主导的大型工程由于公众参与度低，居民感受度不高；往往是居民在建设过程中有参与的小型项目，居民在参与过程中彼此培养感情，并将这种情感注入他们的劳动成果中，使得公共空间具有更强的精神联系。[24]

在社区空间更新的施工过程和后期运营、维护中，允许居民、社会团体与专业人士在一定框架内直接参与，不仅能够节省更新成本、提升空间使用效率，更重要的是，多种主体在共同营造过程中彼此建立情感联系，提高了居民对公共空间的归属感，社区精神得到培育。而这一路径正契合了联合国对社区发展的定义：通过人民自己的努力与政府当局合作，以改善社区的经济、社会和文化环境，把社区纳入国家生活中，从而为推动国家进步做出贡献。

9.5 结语

随着城市发展从量化步入品质化提升、城市管理模式从政府管制走向多方治理，未来的城市发展机制将更加注重多主体、多领域的融合。应对这一发展动向的转变，政府或市场主导的大型更新项目可能还受到众多因素的制约，难以在短时间内找到符合时代需求的解决路径，而社区公共空间更新则可以作为这一新型更新和治理模式的较为理想的“实验区”，社区更新实践的路径探索具有深刻的启发意义。

同时应当注意到，在权力结构、更新模式和公共精神三个方面的转变过程中，对规划师的专业知识和技能也有了新的要求，需要更为深入地从社会学、管理学等视角考虑空间更新；而规划师自身的角色也从以往解决技术问题的“技术专家”转变为充当多方协调的“组织者”，在承担城市物质空间的筹划、设计及管理任务的同时，还应当自觉地介入社会领域，充当社会角色。[31] 规划师在社区公共空间共治更新的路径探索中，也面临着自身职业角色的新挑战。

参考文献

[1] 王承慧.走向善治的社区微更新机制[J].规划师，2018(2)：5-10.

[2] 李昊.公共性的旁落与唤醒——基于空间正义的内城街道社区更新治理价值范式[J].规划师，2018(2)：25-30.

[3] 李豉，陈飞虎.单位大院的居住区公共空间浅析[J].艺术与设计(理论)，2007(5)：82-84.

[4] 卢义桦，陈绍军.情感、空间与社区治理：基于“毁绿种菜”治理的实践与思考[J].安徽师范大学学报(人文社会科学版)，2018(6)：141-149.

[5] 孙施文.城市中心与城市公共空间——上海浦东陆家嘴地区建设的规划评论[J].城市规划，2006(8)：66-74.

[6] 刘安.业委会发展的困境及其突破[J].城市问题，2012(3)：98-102.

[7] 王宁.社区公共空间营造：街道更新中的多元参与及互动——以上海市福山路跑道花园项目为例[J].华南理工大学学报(社会科学版)，2018(4)：87-94.

[8] 陈水生，石龙.失落与再造：城市公共空间的构建[J].中国行政管理，2014(2)：70-73.

[9] 黄艺杰.上海传统住区的空间更新研究[J].艺苑，2016(1)：45-47.

[10] 孙崇明.社区空间异化的生成机制与转化路径研究——基于包容性发展理念的思考[J].法制与社会，2016(31)：159-160.

[11] 曹根榕，卓健.彰显规划关怀的包容性街道规划建设策略[J].规划师，2017(9)：16-21.

[12] 郭雪飞.传统到近代：中国城市管理理念的演变[J].西南民族大学学报(人文社科版)，2015(5)：218-221.

[13] 郑晓茹，刘中起.近年来我国城市社区权力秩序的研究述评(2011—2016)[J].上海行政学院学报，2018(5)：101-111.

[14] 葛华阳.明代里甲制度作用评析[J].黑龙江史志，2015(5)：82-84.

[15] 张德美.清代保甲制度的困境[J].政法论坛，2010(6)：75-84.

[16] 武乾.南京国民政府的保甲制度与地方自治[J].法商研究：中南政法学院学报，2001(6)：118-125.

[17] 李路路."单位制"的变迁与研究[J].吉林大学社会科学学报,2013(1):11-14.
[18] 何海兵.我国城市基层社会管理体制的变迁:从单位制、街居制到社区制[J].管理世界,2003(6):52-62.
[19] 何淼,张鸿雁.城市社会空间分化如何可能——西方城市社会学空间理论的中国意义[J].探索与争鸣,2011(8):47-51.
[20] 徐选国.从专业性、本土性迈向社区公共性:理解社会工作本质的新线索[J].社会科学战线,2016(8):184-193.
[21] 谷玉良.转型社区公共性变迁及其治理研究[J].宁夏社会科学,2018(4):163-170.
[22] 陆勇峰.基于空间正义价值导向的上海老旧住区有机更新规划实践[C]//共享与品质——2018 城市发展与规划年会论文集,2018.
[23] 刘悦来.社区园艺——城市空间微更新的有效途径[J].公共艺术,2016(4):10-15.
[24] 刘悦来,尹科娈,葛佳佳.公众参与、协同共享、日臻完善——上海社区花园系列空间微更新实验[J].西部人居环境学刊,2018(4):8-12.
[25] 唐瑜慧.我国老旧社区更新改造中公众参与困境与出路——基于日本社区培育运动的实践经验及启示[C]//持续发展理性规划——2017 中国城市规划年会论文集,2017.
[26] 王颖.扁平化社会治理:社区自治组织与社会协同服务[J].河北学刊,2014(5):100-105.
[27] 陈荣卓,肖丹丹.从网格化管理到网络化治理——城市社区网格化管理的实践、发展与走向[J].社会主义研究,2015(4):83-89.
[28] 袁媛,刘懿莹,蒋珊红.第三方组织参与社区规划的协作机制研究[J].规划师,2018(2):11-17.
[29] 倪彬,刘声,李王鸣.社区公共活动空间的"生长式"规划策略研究[J].建筑与文化,2015(12):165-167.
[30] 樊星,吕斌,小泉秀树.日本社区营造中的魅力再生产——以东京谷中地区为例[J].国际城市规划,2017(3):122-129.
[31] NADAL L. Discourses of Urban Public Space, USA 1960-1995: A Historical Critique [D]. New York: Columbia University, 2000.
[31] 赵民."社区营造"与城市规划的"社区指向"研究[J].规划师,2013(9):5-10.

10　曹杨新村社区更新*

——15 分钟社区生活圈行动

周　俭**

10.1　社区概况

曹杨社区位于上海市内环高架西侧，苏州河北岸，东至中山北路内环高架路，西临桃浦河，北沿武宁路，南至金沙江路（图 10-1）。总面积约 2.14 平方千米，常住人口约 10.7 万人。

图 10-1　曹杨社区在普陀区区位示意图
来源：规划团队自绘

---

*　本章内容主要结合《曹杨新村街道"15 分钟社区生活圈"规划》《普陀区曹杨新村街道更新规划》、"2021 上海城市空间艺术季曹杨社区策展方案"等项目整理。
本章部分内容发表于《时代建筑》2022 年第 2 期，原名"上海曹阳新村'15 分钟社区生活圈'规划实践"。

**　周俭，同济大学建筑与城市规划学院教授，全国工程勘察设计大师。邮箱：zhouj@tongji.edu.cn。

10.1.1 曹杨风华

10.1.1.1 新中国第一个工人新村

曹杨新村是新中国兴建的第一个工人新村。新中国成立后，上海市政府遵照党中央、毛主席要关心工人居住条件的有关指示，陈毅市长提出，市政建设要“为生产服务，为劳动人民服务，首先是为工人阶级服务”，要“有重点的修理和建设工人住宅”（图 10-2）。上海市政府调拨资金，首先在沪西工业区、普陀区域内征地，开始修建工人住宅。随着曹杨一村于 1951 年开始建设，1952 年落成，先后 1 002 户全国劳动模范、市劳动模范和先进工作者等敲锣打鼓乔迁新居。曹杨新村具有独特的社会意义与文化价值。

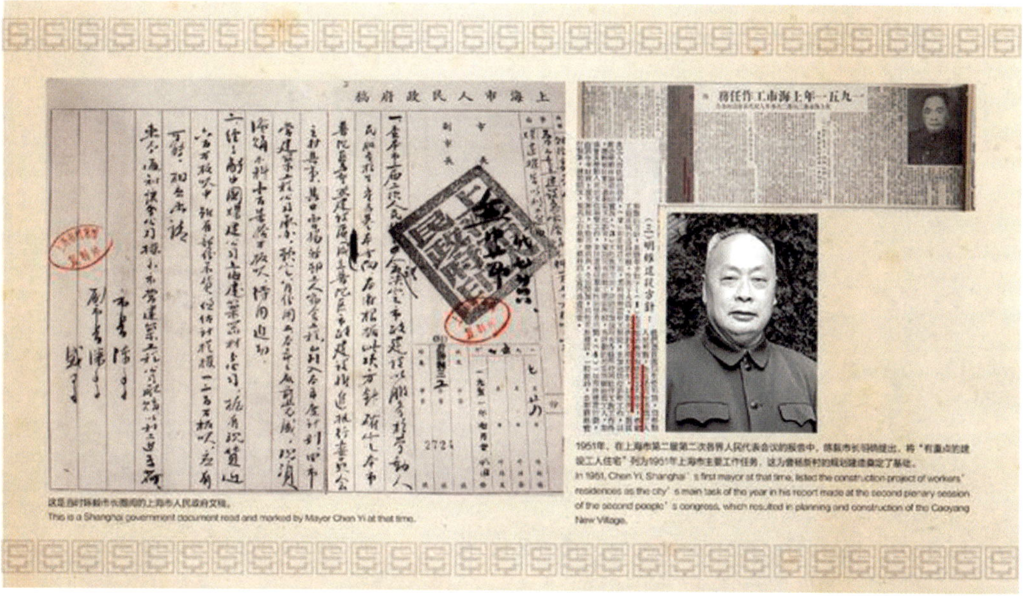

图 10-2 陈毅市长提出“有重点的建设工人住宅”
来源：曹杨新村街道

10.1.1.2 “统一规划、统一建造”的住区建设模式

作为计划经济下建设起来的住区，曹杨新村是上海社会主义公房体系的开端之作。其建设过程充分体现了公房体系的“四统一”原则，即由政府出资，按照“统一投资、统一建造、统一分配、统一管理”的模式，为工人群体建造公共住宅。

10.1.1.3 职住相辅的功能布局

曹杨新村的选址是“全面而谨慎”的。“先生产后生活”这一原则和“培育新生活”的目

标，新村的位置远离市区却靠近沪西工业区，疏解市区人口的同时，又可以方便工人上下班。工人新村作为配合工业区发展的生产服务配套设施，靠近生产地点，满足工人的住房需求（图 10-3）。

图 10-3 曹杨社区鸟瞰
来源：上海市普陀区绿化和市容管理局

10.1.1.4 “15 分钟社区生活圈”的雏形

作为我国第一个以现代“邻里单位”规划理论完整建造起来的大型住区，曹杨新村的规划设计理念在当时具有先进性和超前意识。以社区中心 600 米服务半径规划社区总体规模，分三级配置公共服务设施（图 10-4）。当年就为居民同步规划建设了学校、影院、商场等公共服务配套，居民无论游憩、就医或是购物，步行时间都在 10 分钟以内，加上“弯、窄、密”的路网体系，充分体现了“邻里单位”规划理论的要义，对新中国后续居住区建设产生了深远影响，也可以说是“15 分钟社区生活圈”建设的雏形。曹杨新村规划生态环境和景观功能并重，环状河浜像一条蓝色珠链，草木葱茏，整个新村环境舒适雅致（图 10-5）。

图 10-4 “邻里单位”理论模式图

来源：根据佩里（Clarence Perry）提出的“邻里单元”理念改绘

图 10-5 曹杨新村规划总平面图

来源：根据曹杨新村总设计师汪定曾的规划方案改绘

10.1.1.5 对外展示的窗口

曹杨新村也是全市第一个对外开放的人民住区，是新中国成立以来人民美好生活的一个鲜活例证。70 年来，已先后接待来自世界 150 余个国家和地区、40 余万人次外宾，具有相当的国际知名度（图 10-6）。

10.1.2 践行“人民城市”理念

2019 年，习近平总书记考察上海时提出“人民城市人民建，人民城市为人民”的重要理念。曹杨社区秉持“勤劳智慧、团结奉献、传承创新、奋进超越”的曹杨精神，全面推进社区生活圈提升建设行动。从 70 年前开始建设工人新村，到如今“15 分钟社区生活圈”行动，时光流转，以人民为中心的发展理念一以贯之。

“曹杨 15 分钟社区生活圈行动”以人民群众的需求为导向、以人民群众的智慧为依靠、以人民群众的幸福为目标，多元主体参与，打造共建共治共享的社区治理新格局。

10.1.3 工作推进情况

2020 年 10 月普陀区政府专题会上，开展曹杨社区“美好生活设计建造众创推广”工作研究。会上明确了“公众推广”“在地展示”“存量、增量创新”“规划设计师单位负责制”

等一系列工作安排，在 2000 年以来曹杨社区一系列改造建设基础上，进一步深化整合，以一张蓝图统筹，有序实施。

2020 年 12 月，曹杨街道响应“上海 15 分钟社区生活圈行动”，编制“曹杨 15 分钟社区生活圈”行动方案，进一步优化强化对曹杨社区实施项目的推进统筹。

10.2 曹杨特色

围绕“城市功能更加强大、人民群众生活更有品质、城市精神品格更加彰显、生态环境更为优良、超大城市治理更加高效”的目标，全面统筹“生产、生活、生态”三个方面，通过优化功能和结构，提升空间品质，兼顾城市“亮度”和“温度”，实现“补短板、锻长板”的要求，谋划曹杨宜居、宜业、宜游、宜学、宜养的美好生活品质社区。

10.2.1 “红色议事厅”落实“人民城市”理念

“曹杨 15 分钟社区生活圈行动”充分发扬曹杨精神和传统文化特色，依托“红色议事厅”平台发挥党建引领作用。通过“红色议事厅”将居委会、商户和居民等各方代表串联起来，有效破解了各方之间各自为营，缺乏协调性、协同性的难题，推动社区居民参与社区更新，使“人民城市”理念落到实处（图 10-7）。

图 10-6　外宾来访曹杨新村
来源：曹杨新村街道

图 10-7　北梅园红色议事厅
来源：曹杨新村街道

10.2.2 传承历史文化风貌

“曹杨 15 分钟社区生活圈行动”伊始即明确了弘扬曹杨新村历史文化价值和传统精

神的总体原则。从这一总体原则出发，规划为彰显曹杨新村“邻里单位”的经典空间格局，重点保护曹杨一村优秀历史建筑、曹杨新村的风貌保护道路和曹杨环浜的蓝绿空间，逐步修复原有的开放住区结构，保护传承历史文化风貌，凸显空间特色，重现场所精神，打造美丽曹杨（图 10-8）。

10.2.3 “总规划师”把关品质

“曹杨 15 分钟社区生活圈行动”以“一张蓝图”为基准，采用“总规划师单位负责制”“多专业团队参与制”，以总规划师单位为支撑，形成综合联动的技术支撑保障体系。项目由“总规划师”总体把关，把控各类项目在空间上的整体品质要求和实施时间节点衔接。从规划到设计到实施，强调多专业、深融合，以达到整体效应的最大化，从技术层面保障社区生活圈的建设品质（图 10-9）。

图 10-8　曹杨环浜鸟瞰图
来源：项目设计团队

图 10-9　总规划师踏勘项目现场
来源：项目设计团队

10.2.4 搭建智慧管理服务平台

以“一网统管”推动社区运行，完善“智联普陀”3.0 版建设，“一屏观天下、一网管全城”，形成高效能社区智慧治理平台（图 10-10）。围绕日常生活的各个方面，采集居民对宜居、宜业、宜游、宜养、宜学方面的需求，融入“曹杨 15 分钟社区生活圈”建设和社区可持续治理。

图 10-10　“智联普陀”街镇平台
来源：曹杨新村街道

10.3 曹杨行动

按照“五宜”目标，曹杨社区遵循“六共”原则开展行动，打造“曹杨 15 分钟社区生活圈”，具体工作如下。

10.3.1 市区合力，共创治理机制

10.3.1.1 三线联动，强化统筹

“曹杨 15 分钟社区生活圈行动”因地制宜探索形成服务社区、市区合力、多部门协同的工作推进机制，通过加强区级部门、街道、居民和社会力量，以及设计单位之间的“三线联动”，强化实施统筹，明确工作任务和时间节点，形成计划表和路线图，确定责任单位和责任人，共同保障生活圈行动的顺利推进(图 10-11)。

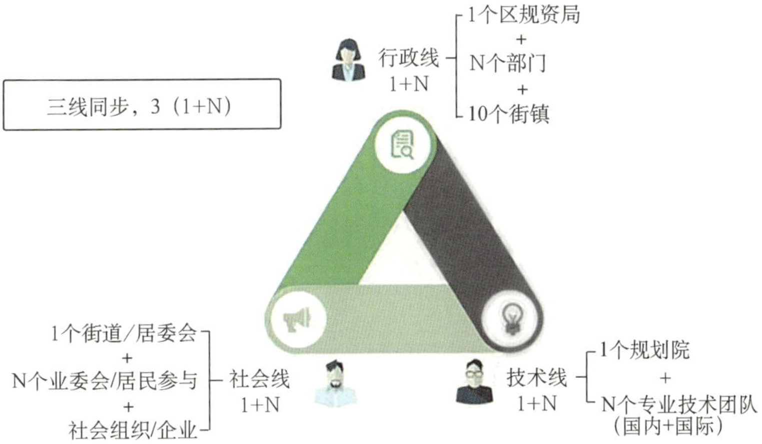

图 10-11 “曹杨 15 分钟社区生活圈行动”“三线联动”模式图
来源：上海市上规院城市规划设计有限公司

（1）行政线

区政府社区生活圈建设领导工作小组。由分管副区长牵头，市规划资源局、区规划资源局、区民政局、区房管局、区建管委、区绿容局等市区两级部门共同参与，建立社区生活圈建设领导工作小组，协调需求、明确计划、统筹实施。

（2）社会线

街道基层工作平台。街道和居委会形成基层工作平台，作为社区治理的推进主体，衔接社区需求，联合业委会、居民及相关企事业单位，聘请社会组织并与在地企业沟通，对接实施主体。以“百姓会客厅”为载体，在项目前期方案阶段、实施过程中和实施后评估等各

个阶段，向居民展示阶段性成果，让人民群众看得懂、感受到、多参与。

（3）技术线

总规划师单位统筹专业技术团队。“曹杨 15 分钟社区生活圈行动”由上海同济城市规划设计研究院有限公司、华东建筑设计研究院、上海园林规划设计院、中国建设科技集团、同济大学建筑设计研究院（集团）有限公司、浦东城市规划设计研究院、上海市上规院城市规划设计有限公司，以及同济大学建筑与城市规划学院等多家单位共同组成“美好生活设计联盟”，在项目前期，多专业团队同时介入工作，由规划技术团队作为统筹单位，协调“曹杨 15 分钟社区生活圈行动”计划和方案，并与街道、各委办局展开交流，最大程度地保障规划落地，最大限度地保证设计和施工品质。

10.3.1.2 两级会议，协商推进

“三线”之间，构建两级协商机制（图 10-12）。

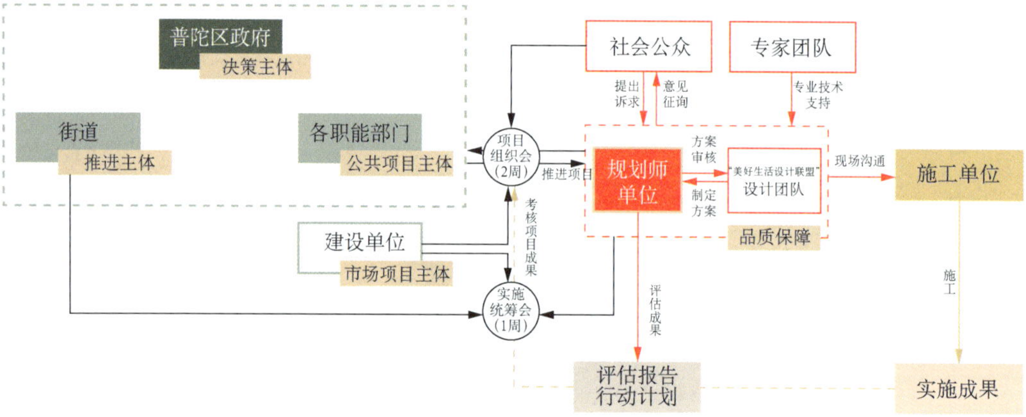

图 10-12 “曹杨 15 分钟社区生活圈行动”工作机制示意图

来源：规划团队自绘

（1）项目组织会（区级例会）

普陀区正在全区范围全面推行社区生活圈建设。由区政府作为决策主体，形成区层面的项目组织（双周）例会。市区两级相关部门、街道及专业技术团队共同参与，梳理各条线工作和诉求建议，对接街道发展难点痛点，上下联动协调对接，共同协商推进社区发展蓝图规划，推进重大项目落地。

（2）实施统筹会（街道例会）

“曹杨 15 分钟社区生活圈行动”的实施工作对接由街道牵头召开实施统筹会。协同社区居民、社会组织、企业、专业技术人员和各项目实施主体，就项目具体实施方案和建设中的具体问题进行协商。

10.3.2 党建引领，共商人民需求

10.3.2.1 多方建言献策

（1）“红色议事厅”搭平台

依托“红色议事厅”三级联动机制发挥党建引领作用，收集汇总居民关心关注的社区议题，撬动党建引领的自治共治力量。楼组“红色议事厅”由居民区各支部书记牵头，动员党员发挥带头引领作用；居民区“红色议事厅”由居民区党总支牵头，居委会、业委会、物业等“三驾马车”和各职能科室、项目公司及党员代表、社区居民等共同参与，对居民诉求和工作难点进行讨论研究；片区“红色议事厅”由街道牵头，通过整合辖区内资源，合力破解重难点问题(图 10-13)。

通过基层党组织负责“牵”、各方代表共同“议”、力量资源统筹“用”，形成“有事要商量、遇事多商量、成事共商量”的解决方式，有效点燃居民参与小区自治的热情，为打造高品质家园共同努力共同奋斗。让社区治理的难点痛点问题在多方商议中，实现小区事务共同参与、小区矛盾共同解决、小区环境共同创建、小区文明成果共同分享的良性循环(图 10-14)。

图 10-13 武宁片区“红色议事厅”
来源：曹杨新村街道

图 10-14 居民区“红色议事厅”会议
来源：曹杨新村街道

（2）基层立法点汇民意

曹杨新村街道作为普陀区唯一一家上海市人大常委会基层立法联系点，践行民主理念，紧扣基层属性和联通属性，以接地气、察民情、聚民智为目标发挥桥梁纽带作用，以党建为引领，积极畅通社情民意反映渠道，不断拓宽人民群众有序参与的途径，把人民民主的制度优势转化为城市治理效能。

基层立法点结合“红色议事厅”平台，鼓励更多的居民参与其中，对于立法征询中同步收集到的人民群众反映的意见建议，尤其是急难愁盼问题，加以分解落实、积极推进解决，

让居民真切感受到当家做主(图 10-15)。

(3) 线上线下收集诉求

街道发布“曹杨 15 分钟社区生活圈征集令”,向新村居民征集各类改造提升意见和建议。征集内容围绕建设居民安居乐业、和谐和睦的高品质社区,涉及服务设施、社区环境、居住品质、交通出行、街道景观、建筑风貌、文化建设等社区生活的方方面面(表 10-1)。

居民可向居委会提交纸质问卷,参与“15 分钟社区生活圈”行动,也可通过小区公告栏和业主群、公众号等途径公布的二维码扫码参与行动,在微信社区平台随时随地记录需求和想法(图 10-16)。对于社区相对集中或迫切的问题,可以在专题访谈会上与街道领导面对面深入交流(图 10-17)。

图 10-15　上海市人大常委会基层立法联系点
来源:曹杨新村街道

图 10-16　问卷调查
来源:杨辰拍摄

表 10-1　曹杨社区居民主要意见梳理

主要问题	问题陈述
居住环境不好	住宅建筑面积过小,居住拥挤 不独立成户,没有独立的煤卫设备,卫生条件较差 房屋租借多,外来人口数量上升,难以管理 社区缺少绿化、照明、围墙,地面不平整
公共设施陈旧	缺少社区福利和休闲健身设施 核心区设施可达性较好,但过于陈旧,更新维护情况不好
公共空间老旧 开放性不足	环浜是最常使用的健身场所,但由于围墙、建筑等原因,可达性和通达性不足 缺少休憩停留空间,设施老旧 外围组团活动空间,尤其室外空间不足

续表

主要问题	问题陈述
停车困难 出行条件不佳	车位太少，停车难、乱停车情况普遍 公共交通便利程度分布不均，换乘不便 违规停车影响出行环境 二村、三村、七村等(外围组团)改善步行环境需求强烈

10.3.2.2 技术团队调研社区问题

曹杨社区依托多专业技术团队，发现社区主要矛盾和缺口。由规划师编制单位统合归纳，为社区“问诊把脉”，聚焦空间品质提升，明确社区“补短板，锻长板”的工作重点。

宜居方面，居住水平不高。曹杨新村从低密度工人新村住区，历经改革开放、土地管理制度改革、商品房兴起，新村形成多元住宅类型体系的同时，老旧住宅的人均居住面积普遍较小，同时建筑陈旧，不成套数量较大，无法满足现代生活的需要。由于建成年代早，老旧住宅小区普遍基础设施落后，道路缺乏维修管理，线缆杂乱、停车位不足等问题突出。同时居民占用住区公共空间，导致社区绿化场地和休闲场所环境杂乱，整体卫生环境较差(图 10-18)。

图 10-17　居民代表座谈
来源：杨辰拍摄

图 10-18　曹杨二村老旧住宅小区
来源：规划设计团队

宜业方面，产居融合较弱。随着上海市中心城区“退二进三”，新村内原有工厂被拆除，建设了高强度的商品房住宅小区。如今的曹杨社区，以曹杨路为界，形成了西侧以纯生活居住功能为主的传统意义的曹杨新村，以及东侧以大院、大所为主的科技办公和商务功能的武宁创新轴核心段。

宜游方面，游憩空间待提升。曹杨社区沿环浜有曹杨公园、兰溪青年公园、枣阳公园三处社区级公园绿地，空间景观结构延续原有蓝绿空间的格局。但同时，公共绿地的品质不高，社区运动场地缺口较大(图 10-19)。慢行网络不畅，北部、东部等局部街坊过大，围墙阻断原有内部慢行公共通道(图 10-20)。

图 10-19 公共绿地品质不高(2020 年 12 月)
来源：规划设计团队

图 10-20 围墙门禁阻断内部慢行公共通道(2020 年 12 月)
来源：规划设计团队

宜学方面，校社联动需强化。曹杨社区学习氛围浓厚，集聚了以曹杨二中、实验幼儿园为代表的高水平基础教育资源，并坐落有普陀区业余大学、区文化馆、区少年城等区级文化资源。基础条件较好，在社区与校区联动方面仍有提升空间(图 10-21、图 10-22)。

图 10-21 上海市实验幼儿园(图片来源：规划设计团队)

图 10-22 普陀区文化馆
来源：规划设计团队

宜养方面，服务品质不高。曹杨新村医疗公共服务设施资源较好。但社区老龄化程度高，养老设施服务覆盖存在局部的缺口。针对老年人日常出行半径更小的特征，日间照料中心、公共卫生间等服务设施覆盖不足；无障碍设施等各类设施针对老年人生活需求方面精细化设计有待提升。

10.3.2.3　提炼社区意见

基于多种途径收集汇总的居民关心关注议题，以及规划技术团队调研发现的问题，形成一张按“五宜”分类汇总的社区需求清单，作为指导下一步规划，解决社区痛点、难点、主要矛盾和问题的依据(表 10-2)。

表 10-2　曹杨社区需求清单

宜居	宜业	宜游	宜学	宜养
*** 住宅人均居住面积普遍较小，无法满足现代化生活需求。 ** 住宅建筑陈旧，内有部分违章建筑，破坏居住环境。 ** 住宅建筑不成套数量较大，没有独立的煤卫设备，卫生条件较差。 ** 社区内老年人口较多，亟需对社区进行适老化改造。 ** 由于住房无法成套交易，原住民纷纷搬出，房屋租借，外来人口数量上升，难以管理。 * 商业业态不丰富，难以满足居民需求，长期以来只有一家曹杨商城。 ** 社区商街整体形象不佳，对风貌有一定影响。 * 社区内停车空间不足，停车困难。 * 居委等社区服务空间多位于小区内住宅建筑一层空间，难以满足非本小区居民的日常使用。 * 老旧小区内普遍反映希望地面绿化、照明、户外晾晒空间等与居民日常生活有关的环境有所改善。	*** 西侧以纯生活居住功能为主的传统意义的曹杨新村内部的商办楼宇普遍较为老旧，且与居住空间穿插，空间利用效率较低。 *** 东侧以大院大所为主的武宁科技园区功能复合性不足，与社区融合不够。 *** 社区整体缺乏嵌入式共享办公空间。	*** 公共绿地与广场总量不足，街头绿地品质有待提升。 *** 附属绿地开放度需进一步提升，作为总量不足的补充，方便居民使用。 ** 现状环浜绿地通达性不足，部分路段被围墙、建筑、设施隔断，环浜公共空间未串联成网。 ** 社区东侧公共开放空间不足，结合现状铁路市场更新为公共开放空间百禧公园，补充游憩与服务设施的不足。 * 社区缺乏运动场地与户外活动场地，老旧小区内户外健身设施有部分受损。 * 社区整体缺少休憩停留空间。 * 部分道路步行环境不佳，路面不平整且通行宽度不足。	*** 幼儿园西侧服务覆盖度不足。 *** 校区与社区联动不足 ** 社区内有一定的比例的亲子家庭，养育托管点需进一步补足。 ** 曹杨影城、村史馆、社区文化中心、新华书店等设施相对陈旧，需进一步更新。	*** 社区老年人口比例较大，老年服务设施存在服务盲区，覆盖不全。 *** 社区卫生服务站存在服务盲区，覆盖不全。 * 文化活动站多设在小区内部，部分设置在二楼，且开放时间不够，老年人使用不便。 * 部分小区内活动空间缺乏无障碍坡道。

注：“ * ”为居民普遍提出的需求
“ ** ”为街道及居委提出的诉求
“ *** ”为规划技术团队调研发现的问题

10.3.3 规划先行，共绘社区蓝图

10.3.3.1 摸清空间资源家底

（1）多途径走访

多专业技术团队、社会组织分头进行街道走访，构建调研评估体系，发掘可优化空间。以空间使用为对象，开展空间潜力资源的调查。街道主动排摸自身的空间资源家底，依托两级会议积极协调区政府各部门、国有企业腾挪可利用的空间资源，最终列出闲置用地、闲置建筑以及使用功能不恰当、使用效率不高的各类设施的清单（图 10-23—图 10-26）。

图 10-23 闲置建筑
来源：规划设计团队

图 10-24 可开发地块
来源：规划设计团队

图 10-25 低效使用的空间
来源：规划设计团队

图 10-26 具有公共开放潜力的内部空间
来源：规划设计团队

（2）汇总社区潜力空间地图

规划技术团队将各途径收集到的空间资源按照可开发地块、意向更新地块、低效使用

或闲置空间、单位附属场地进行分类汇总，形成一张社区潜力空间地图(图 10-27)。

图 10-27　曹杨社区潜力空间地图
来源：规划团队自绘

10.3.3.2　社区蓝图共征集

由街道主要推动，广泛宣传，积极促进，开展一系列参与式交流推广活动，使社区居民及社会公众全程充分参与曹杨新生活谋划中，共同勾画社区美好未来。

(1) 社区工作坊

组织社区工作坊，与社区居民代表们分别召开座谈会。座谈会围绕街道整体印象、环境场地、服务设施、停车交通等多个角度展开。居民代表分别发言，详尽表达了对街道现状问题的看法，以及对未来社区提升的希望与建议。居民们针对具体问题和想法用示意简图的方式与专业技术人员进行交流(图 10-28)。

图 10-28　社区工作坊活动
来源：规划设计团队

(2) 高校参与

曹杨新村街道与同济大学建筑与城市规划学院战略签约，开展高校规划设计在地教学。同济大学建筑与城市规划学院以曹杨新村为题开展规划设计教学活动。

10.3.3.3 绘就美好社区愿景蓝图

（1）形成一张“规划蓝图”

规划技术团队针对曹杨社区特点和主要问题，统筹各方的蓝图建议，以“人文、绿色、开放”为理念，编制“曹杨 15 分钟社区生活圈行动”规划方案，汇总形成一张全要素全周期全覆盖的愿景蓝图。提炼涉及规划调整的内容，以图则形式落实在单元控制性详细规划中，由市、区两级规划管理部门共同推进规划调整工作，为项目合法合规实施提供保障。

通过梳理现有空间要素，修复与传承新村开放共享的经典空间格局，再现曹杨新村现代住区规划经典。聚焦展现文化精神和特色风貌，以环浜为脉，以村史馆、文化馆、红桥、曹杨二中、曹杨公园、曹杨一村等一系列文化空间为点，构建曹杨社区文化标识体系，弘扬曹杨新村独特的社会意义和文化价值（图 10-29、图 10-30）。倡导绿色生活方式，提升面向全龄的公共活动空间品质，构建服务人民的“五宜”友好美好生活社区（图 10-31）。

图 10-29 曹杨社区文化标识体系规划图

来源：规划团队自绘

图 10-30 曹杨社区文化展示体系规划图
来源:规划团队自绘

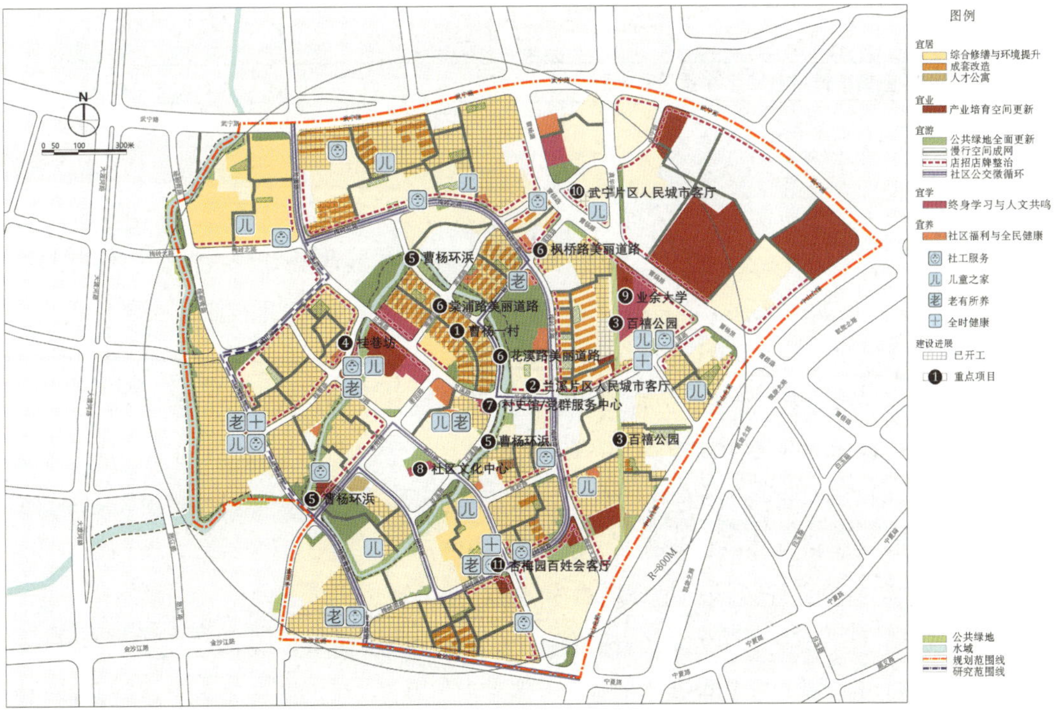

图 10-31 曹杨社区愿景蓝图
来源:规划团队自绘

宜居方面，加强高品质居住环境供给。按照“内外兼修、美丽宜居”的要求，围绕“安居、宜居、乐居”的总体目标，结合旧住房修缮和成套改造行动，推进存量提质与增量优化，以绣花般工夫，开展以老旧小区再提升为重点的“宜居行动”（图 10-32）。

图 10-32 曹杨社区“宜居”系统规划图

来源：规划团队自绘

宜业方面，嵌入社区产业空间。充分利用现有社区和园区既有建筑，通过功能调整、空间优化以及联系路径打通，布局新楼宇、新产业，打造青年众创空间，加强社区与产业园区的联系，为社区提供更多就近便利的就业岗位（图 10-33）。

宜游方面，完善提升公共开放空间体系。强化曹杨社区的结构性空间要素体系，修复具有社区特色标识的公共活动空间，提升环浜及社区绿地的开放性和环境品质，推进环浜步道贯通，同时开放贯穿社区的铁道空间，建设百禧公园，使公共开放空间成环成网。延续弯、窄、密的三级路网体系的形态格局和风貌特色，营造绿色、安全、活力、智慧、特色的美丽街道，全面提升曹杨社区街道环境品质（图 10-34）。

宜学方面，建设学习型社区。依托特色教育资源，延续学习传统，推进校区与社区充分融合。通过设施提升和功能复合，将学习体系向终身学习延伸，提升教育空间品质，建设学习型社区（图 10-35）。

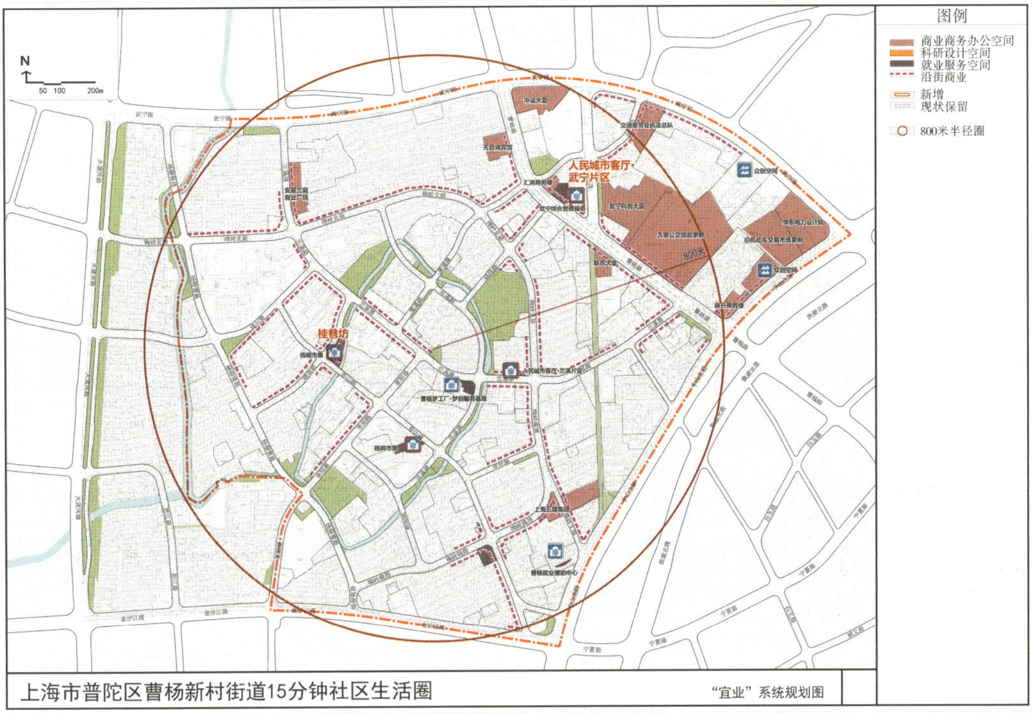

图 10-33 曹杨社区“宜业”系统规划图

来源：规划团队自绘

图 10-34 曹杨社区“宜游”系统规划图

来源：规划团队自绘

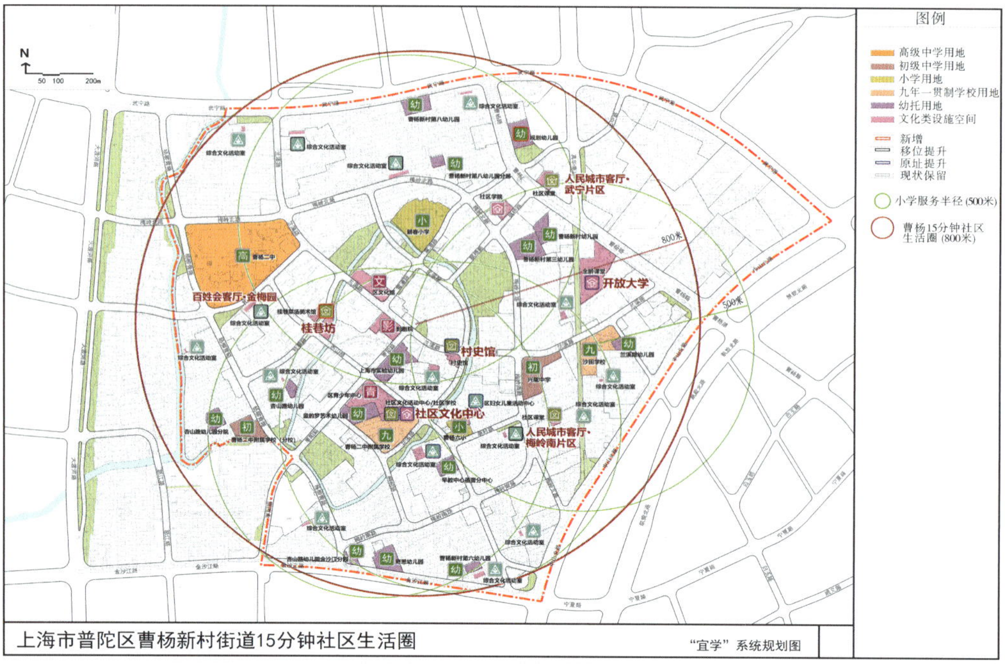

图 10-35　曹杨社区"宜学"系统规划图

来源：规划团队自绘

宜养方面，优化健康服务设施布局。基于老年人日常活动半径和活动频率，合理分配社区卫生健康服务资源，健全养老服务体系的均衡布局，形成全覆盖的健康生活服务圈（图 10-36）。

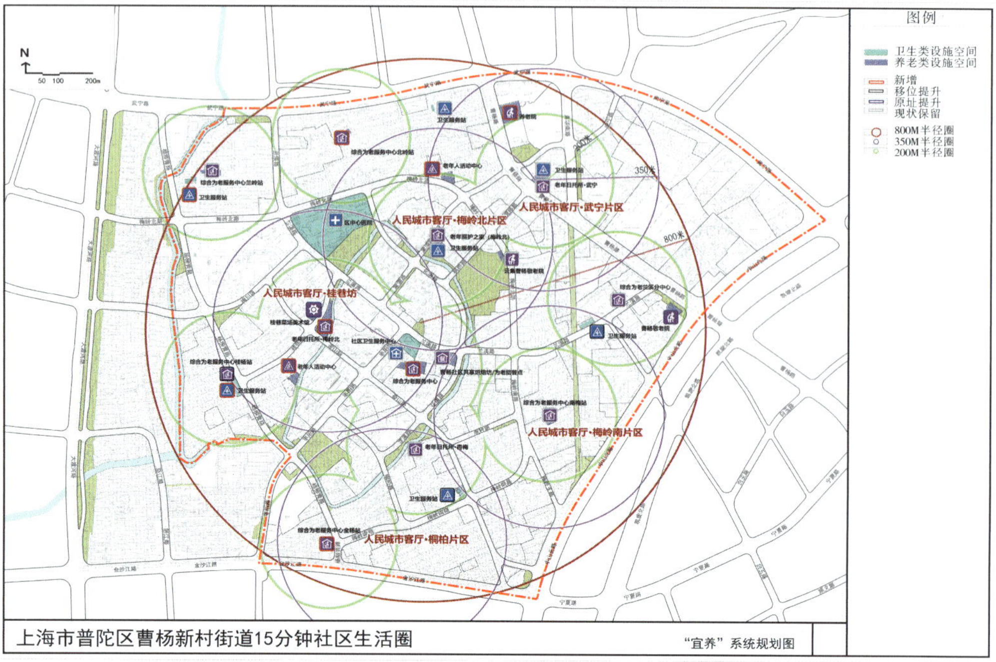

图 10-36　曹杨社区"宜养"系统规划图

来源：规划团队自绘

(2) 形成一套对接实施的行动方案

以规划蓝图为基准，通过绘制“一图一表”，结合社区“十四五”发展目标和各部门计划，汇总一张任务清单，形成一个在 5 年周期内需要完成的项目库。按照居民需求的急迫程度和实施难度综合评估，明确 1 年的工作、3 年的节点、5 年的目标和建设进度，近、中、远期分阶段实施。一年一评估、一年一更新，按照“成熟一批，推进一批，储备一批”的原则，动态优化项目，高质量绘制实施项目的设计方案。

按项目所在地块统筹形成重点项目包(图 10-37)。街道会同区级各部门、相关企业、居民代表，综合考虑项目实施的难易程度和居民需要的急迫程度，确定百禧公园、曹杨环浜曹杨一村段和桂巷坊段作为近期重点区域。由区政府统一调配，实施项目整体设计，各部门协同推进专项工作计划编制和项目的实施，形成 1—3 年行动计划。

图 10-37　曹杨社区近期重点项目包分布示意图
来源：规划团队自绘

10.3.4　统筹行动，共建社区家园

10.3.4.1　重点工程统筹实施

区政府牵头统筹实施重点工程。曹杨社区融入普陀区“蓝网绿脉”，形成人性化、高品质、富有活力的“101”蓝绿公共空间结构体系，打造曹杨 15 分钟社区生活圈的标志性区域(图 10-38)。其中，“1”沿桃浦河增加公共绿地，推进桃浦河风貌带建设；“0”贯通曹杨环浜空

间，贯通滨河步道，增加公共绿地开放性，充实公共服务，形成连续开放的滨水公共空间；“1”利用原铁路市场空间改造提升，建设百禧公园，成为曹杨社区的社区生活轴线（图 10-39）。

图 10-38 曹杨社区“101”蓝绿公共空间结构体系
来源：规划团队自绘

（1）百禧公园方案优化落地

为补足曹杨社区东部公共开放空间缺口，将已经拆除的原铁路市场空间改造提升成为一个复合型的公园广场。在普陀区庆祝建党 100 周年及曹杨新村建村 70 周年之际，将其命名为“百禧公园”（图 10-39）。

美好生活设计联盟牵头的多家设计团队共同参与，各设计团队深度走访现场，形成 3 个初步方案。主管副区长统筹，相关部门参与，进行方案比选，优化确定实施方案（图 10-40—图 10-42）。

图 10-39 多方案比选
来源：规划设计团队

图 10-40 百禧公园跨兰溪路方案 1
来源：华东建筑设计研究院

图 10-41　百禧公园跨兰溪路方案 2
来源：上海同济城市规划设计研究院有限公司

图 10-42　百禧公园跨兰溪路方案 3
来源：上海园林规划设计院与刘宇扬事务所

为响应居民需求，形成连贯通畅的慢行空间，同时延续新村铁路和市场的历史记忆，最终确定在方案三的基础上深化设计实施。方案以“记忆、缝合、新生”为策略，立体利用空间资源，复合生态绿轴、生活社交、环境景观功能，建成一处 24 小时全时、全龄服务的社区公共空间（图 10-43、图 10-44）。

(a)

(b)

(c)

图 10-43　百禧公园效果图
来源：刘宇扬事务所

图 10-44　百禧公园建成后
来源：规划设计团队

（2）曹杨环浜整体设计

曹杨环浜设计以贯通曹杨环浜滨水公共步道，提升沿线公共绿地品质，突出曹杨社区空间结构特征为目标，服务社区居民的日常生活。

图 10-45 曹杨环浜设计总平面图
来源：上海园林规划设计院

以曹杨环浜沿线空间整体贯通、开放为目标，针对居民普遍反映的曹杨环浜可达性与通达性问题，因地制宜，分析沿线公共和私有化空间的分布情况，分类施策。挖掘现状公共空间可提升的潜力点，鼓励沿环浜建筑设施共享、功能整合，对外设施共享。对小区内河段，近期结合数字曹杨平台采用数字识别门禁管控，实现沿线贯通（图 10-45）。

根据环浜周边景观特征、资源禀赋，统筹文化主题，将环浜分为曹杨一村（历史记忆）、桂巷坊（市井烟火）、枣阳坊（睦邻生活）和花溪路（健康休闲）四段，分段开展设计深化。近期按可实施性难易程度，首先深化曹杨一村与桂巷坊段实施项目的设计方案（图 10-46）。

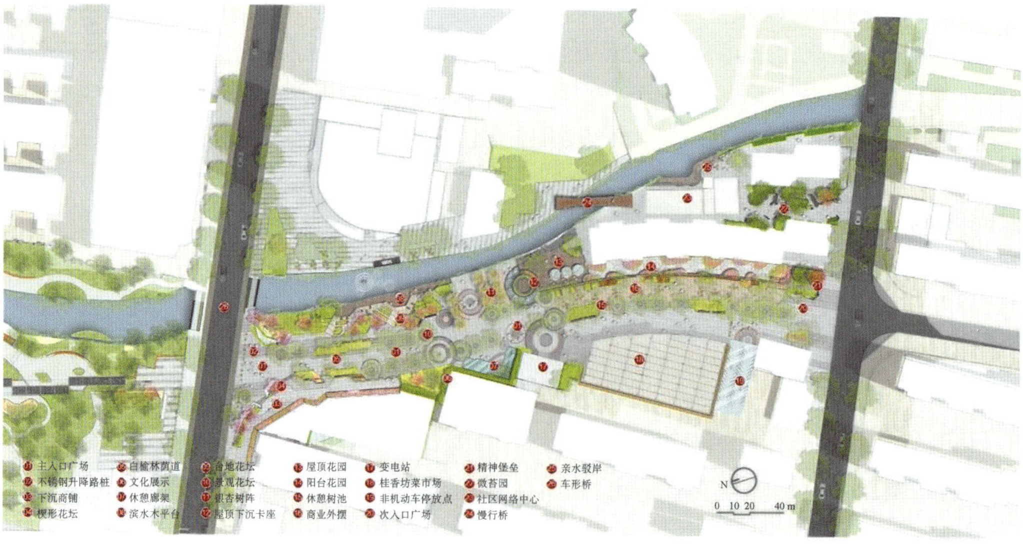

图 10-46 桂巷坊段设计总平面图
来源：上海园林规划设计院

(3) 桂巷坊统筹实施

在规划的统筹下，各设计单位和各方主体统一行动。西部集团、商业集团等业主单位负责社区菜场和商铺改造和业态提升，绿容局牵头场地环境提升，建委同步推进架空线入地工程，街道利用闲置建筑升级片区服务中心(图 10-47)。在多方协同合作的机制下，项目实施后的桂巷坊会有滨水会客厅、街边公共艺术、林荫步行街、特色业态、高品质休闲环境等特色空间，从而实现整体提高公共服务水平和公共空间品质的目标(图 10-48、图 10-49)。

图 10-47　桂巷坊轴测图
来源：上海园林规划设计院

图 10-48　桂巷坊更新前后对比图
来源：上海园林规划设计院

图 10-49　桂巷坊更新后
来源：规划设计团队

10.3.4.2 多元参与社区共建

由街道引入不同专业背景社会组织、企业，建立多元伙伴关系，以组织者、参与者、培训者、宣传者、监督者等角色参与到社区营造和运营治理中，成为伙伴关系创新、治理结构完善过程中不可或缺的一环。

图 10-50 参与式营造工作坊
来源：规划设计团队

(1) 社会力量参与，开展社区营造

曹杨社区聘请同济大学社会学系和蚂蚁社区营造发展中心组织开展社区营造、活动策划与文化传播活动，依托空间改造项目，组织开展参与式设计，共建美好社区(图 10-50)。

从培育和赋能的视角组织开展曹杨社区系统性的社区营造工作，强调党建引领与自下而上的居民参与结合，从而培育社区居民自治意识、提高理论认知、提升行动能力，为构建在地化、可持续的治理机制，共绘曹杨社区治理创新图景打下基础。

结合曹杨一村源园居委会改造提升的契机，将居委会三楼空间以“社区故事馆”为空间营造主题，引导在地社区居民、辖区共建单位、社区公益组织以及专家和专业人员等共同参与，在空间主题设定、内容素材征集、室内陈展布置、现场活动体验等各环节，让社区居民全周期地参与营造，打造一个“家门口，重参与，显文化，有温度”的社区故事馆。

(2) 整合在地资源，助力老旧住区宜居化改造

为助推住区宜居性改造工作顺利推进，曹杨新村街道发动社区在地商户，与社区内房屋中介单位签订曹杨一村成套改造战略合作共建协议。由街道委托易轩地产为涉改居民提供租赁房源信息等优质服务，并对困难群体减免手续费用，实现找房无忧。社区组建“红色搬家先锋队”，由区域单位青年党团员等为有需要的居民义务搬家，实现搬家无忧。设置“临时仓库”，整合社区各企事业单位资源，免费提供临时存储大件家具场地，实现过渡无忧。

(3) 部门与社区共建，增加开放休闲空间

枣阳公园所在地历史上是园林管理部门的苗圃，1988 年改为绿化市容局的单位附属绿地(图 10-51)。以民生需求为导向，作为环浜开放贯通与水环境提升行动的一部分，通过公园化改造后对居民开放。

改造后的公园连通了园内水池与曹杨环浜水系，水质水景得到提升；设置了优良的游憩设施和健身场地，打造了亲水空间驳岸，优化了水绿环境；增设了跨越曹杨环浜的步行桥梁，方便市民的休憩游园(图 10-52)。

图 10-51 枣阳公园改造前
来源：上海市普陀区绿化和市容管理局

图 10-52 枣阳公园实景照片
来源：规划设计团队

（4）“总规划师单位”技术把关

“总规划师单位”从专业技术角度全程参与实施工作，在规划设计层面参与设计方案讨论、负责设计方案审核，项目实施层面参与现场指导、参与解决实施中的问题、对实施效果进行评估，确保实施项目高品质落地（图 10-53、图 10-54）。

图 10-53 设计方案讨论
来源：规划设计团队

图 10-54 施工现场指导
来源：规划设计团队

10.3.4.3 建设行动初见成效

（1）宜居曹杨：居住品质全面提升

住区综合品质整体优化。针对老旧住区设施陈旧、住房不成套、建筑老化和环境杂乱等民生问题，开展旧住房成套改造与综合修缮，优化老旧住区公共环境（图 10-56、图 10-57）。目前已完成曹杨一村、曹杨二村、曹杨五村、曹杨六村、金梅园小区等 9 个小区

77 幢楼 3 297 户，总计 11.2 万平方米成套改造项目，以及曹杨三村金梅园、北枫桥园、中桥大楼等 32 个小区 97.68 万平方米综合修缮项目(图 10-58)。

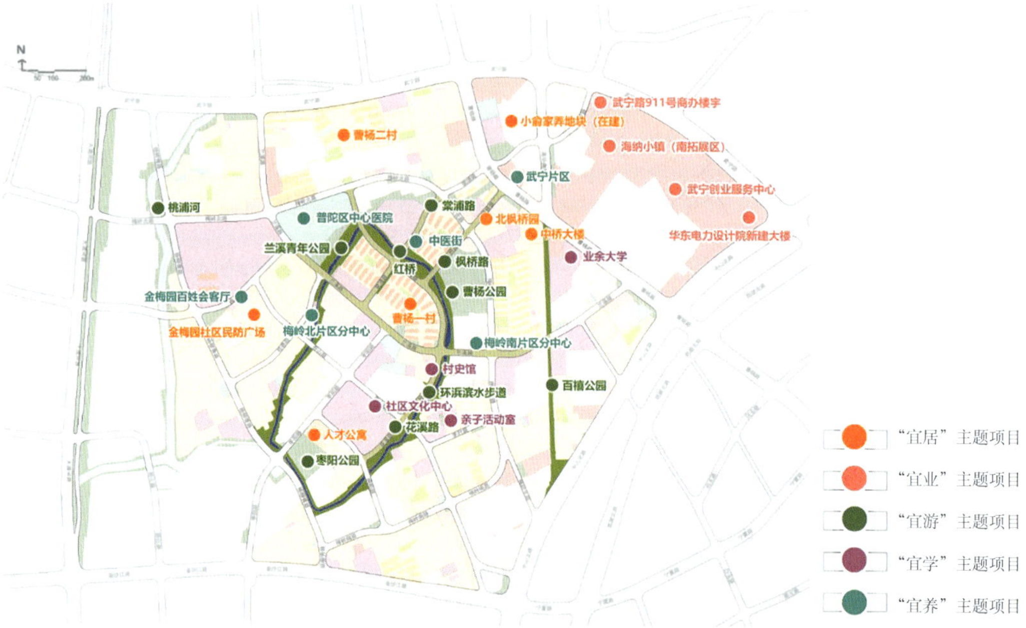

图 10-55　曹杨新村完工项目示意图
来源：规划设计团队自绘

图 10-56　绢纺新村成套改造
来源：规划设计团队

图 10-57　沙溪园综合修缮
来源：规划设计团队

图 10-58　北枫桥园入口改造前后对比照片
来源：曹杨新村街道

探索曹杨一村“优秀历史建筑”保护的惠民之道。曹杨一村是上海市第四批优秀历史建筑，2016 年入选“首批中国 20 世纪建筑遗产”名录，体现了党和政府对工人阶级的亲切关怀。本次宜居曹杨建设行动中，曹杨一村被列为旧住房成套改造重点项目。按照市委市政府关于“留改拆并举，以保护保留为主”的工作要求，曹杨一村采取原址保护、留房留人的方式，完整保护保留了一村的原规划布局，原建筑风貌，以及原住民的烟火气息。力求在保护好优秀历史建筑、传承人文底蕴的同时，改善居民生活条件、提升老旧小区环境品质，解决好老旧住区的可持续发展问题，提升居民们的满意度和获得感(图 10-59)。

图 10-59　曹杨一村改造前后对比照片
来源：规划设计团队

探索空间利用复合转型。充分挖掘社区空间潜力，对闲置空间转型再利用。金梅园利用退出序列的 70 年代老旧民防工程，改造建设住区公共小广场。通过打开部分顶板，建造下沉式广场，结合社区服务和居民休闲，形成一个融社区综合服务和民防宣教于一体的社区公共活动空间(图 10-60)。

（2）宜业曹杨：产业空间格局优化启动

协同区域产业发展格局，优化科创产业布局。加快推动武宁路 911 号建设 TOD 导向下的商办复合楼宇，华东电力设计院新办公大楼已经启动建设（图 10-61—图 10-63）。

图 10-60　金梅园人防广场
来源：规划设计团队

图 10-61　“海纳小镇”概念规划武宁创新轴核心段效果图
来源：上海同济城市规划设计研究院有限公司

图 10-62　武宁路 911 号商办楼宇效果图
来源：项目设计团队

图 10-63　华东电力设计院新建大楼效果图
来源：项目设计团队

整合社区产业资源，引导社区就业创业。沿曹杨路推进科技园和创业孵化基地建设（图 10-64、图 10-65）。打造“曹 young 梦工厂”创业就业服务品牌，吸引正在创业或是有意向创业、就业的社区居民参与，通过举办创业政策宣讲、创业咨询和专业技能培训活动，讲解创业政策、培育创业技能（图 10-66）。

（3）宜游曹杨：绿色社区格局基本形成

建设社区蓝绿公共空间体系。逐步推进桃浦河景观整治和滨水岸线开放，贯通并分段提升曹杨环浜滨水公共空间，目前已经完成环浜东环段的贯通提升工程，百禧公园业已完工对外开放（图 10-67—图 10-70）。

图 10-64　曹杨新村风暴赛道创业服务中心
来源：上海城市公共空间设计促进中心

图 10-65　创业“星工厂”
来源：上海城市公共空间设计促进中心

图 10-66　“曹 young 梦工厂”就业创业指导活动
来源：曹杨新村街道

图 10-67　环浜滨水步道
来源：上海市园林设计研究总院有限公司

图 10-68　兰溪青年公园
来源：上海市普陀区绿化和市容管理局

图 10-69　曹杨环浜
来源：规划设计团队

图 10-70　红桥
来源：规划设计团队

图 10-71　棠浦路美丽道路
来源：规划设计团队

再现风貌街道美丽景观。启动美丽道路建设，突出道路设施、城市家具、建筑立面、沿街绿化、街景小品等内容全要素建设，营造高品质宜人街景。以花溪路、枫桥路、棠浦路为试点，已完成架空线入地和杆箱整治，人行道铺装和沿线绿化景观工程（图 10-71、图 10-72）。

营造绿色出行环境。借助曹杨社区“弯、窄、密”的宜人道路空间体系，增设社区公交，服务社区绿色出行（图 10-73）。

图 10-72　花溪路美丽道路
来源：规划设计团队

图 10-73　社区巴士
来源：上海城市公共空间设计促进中心

（4）宜学曹杨：文化学习体系逐步完善

提升文化场馆，开展村史学习。曹杨新村村史馆整修一新，作为“曹杨人民城市客厅”亮相，村史馆内“忆往昔 · 峥嵘岁月稠”和“新世纪 · 更上一层楼”两个主题板块，刻画了红色基因和劳模文化在新中国第一个工人新村深耕培育而带来的 70 年社区变迁和动人故事（图 10-74—图 10-76）。同时，社区文化中心大修工程业已完成对外开放（图 10-77）。

图 10-74 曹杨新村村史馆
来源:规划设计团队

图 10-75 村史馆“忆往昔 · 峥嵘岁月稠”
来源:曹杨新村街道

图 10-76 村史馆“新世纪 · 更上一层楼”
来源:曹杨新村街道

图 10-77 社区文化中心改造前后对比
来源:曹杨新村街道

属地单位共建,丰富终生学习功能。普陀区业余大学与社区互动,建立了尚学中心开展系列社区课堂(图 10-78)。结合街道、片区人民城市客厅和百姓会客厅、百姓客堂间的四级城市客厅综合服务体系,健全儿童之家与儿童服务中心。盘活单位资源,普陀区妇联与普陀区体育局共同打造曹杨社区“共享”亲子活动室、亲子运动乐园(图 10-79)。

(5) 宜养曹杨:健康社区建设成果显著

整合资源打造家门口的高品质服务。曹杨社区以建设幸福家园为目标,以社区居民需求为导向,创建了城市客厅综合服务体系。目前已完成街道级客厅(村史馆及党群服务中心)建设,武宁片区,梅岭北片区,兰溪片区服务中心以及一批百姓会客厅建设(图 10-80、图 10-81)。通过整合政府、社区、企业的多种服务资源,设置党群服务、老年日托、社区食堂、卫生站点、便民药房、网格化管理等功能,提供有温度的社区服务(图 10-82、图 10-83)。

图 10-78 普陀区业余大学尚学中心
来源：曹杨新村街道

图 10-79 亲子运动乐园
来源：曹杨新村街道

图 10-80 花溪园百姓会客厅
来源：规划设计团队

图 10-81 人民城市客厅 · 兰溪片区
来源：规划设计团队

图 10-82 人民城市客厅 · 武宁片区
来源：规划设计团队

图 10-83 人民城市客厅 · 武宁片区社区食堂
来源：曹杨新村街道

发挥优势构建智慧医疗服务体系。曹杨社区卫生服务中心承办“棠浦路中医文化街区”建设项目已初具规模，作为市级中医药特色街区试点，将中医文化元素有机融入街区，与学校、养老机构联动，围绕居民关注的医疗、用餐、托养等需求，提供具有中医药特色的“一站式”服务。普陀区中心医院、普陀区精神卫生中心、普陀区红十字会联合复旦大学社会发展和公共政策学院、复旦大学护理学院、上海健康医学院康复学院6家单位共同组成曹杨健康党建共同体。依托智慧曹杨数字平台，推行“互联网＋诊疗服务”，为社区居民提供高效、便捷、高质量的医疗健康服务（图10-84、图10-85）。

图10-84 老年人日间照料中心
来源：规划设计团队

图10-85 普陀区中心医院
来源：上海城市公共空间设计促进中心

10.3.4.4 重大项目有序推进

“十四五”时期曹杨街道将以“一张蓝图”干到底的决心，落实“人民城市人民建，人民城市为人民”的理念，深耕“15分钟社区生活圈”行动建设，实现美好曹杨、幸福家园的愿景。

（1）持续推动产业用地转型，提升创新活力

对接二手车交易市场、久事公交（原公交汽车三场曹杨路停车场）等企业用地，探讨建筑更新利用和土地功能调整的路径，布局新楼宇、新产业，为社区提供更多就业岗位。

（2）持续完善公共开放空间体系，培育公共生活

与国资委、西部绿化等部门对接，腾挪沿环浜单位空间，贯通沿河公共步道，布局环浜驿站，进一步提升曹杨环浜滨水空间的开放性和公共服务职能。通过多方协商，推动住区公共通道开放，疏通慢行网络。布点组团邻里公共活动场地，开放单位附属场地，补足社区公共活动场地短板。

（3）持续跟进社区重大项目，振兴“曹杨服务品牌”

协助配合招商工作，推进“曹杨商店”“曹杨饭店”焕发新生，在新时代以崭新面貌陪伴曹杨社区居民的日常生活。以上海国际电影节及城市空间艺术季为契机，研究“曹杨影剧院”改造方案，展现曹杨新村文化新面貌。

（4）持续推进社区数字化转型，共享智能服务

以智慧共享为理念，对接当代数字技术和数字城市的发展，创新构建曹杨社区数字社区管理服务平台。将依托“海纳小镇”建设，搭建适用于数字化转型、面向多元服务、高频高可用的技术环境，基于中枢系统实现系统和数据的互通。从数清数据到发现需求，打通在街道工作或生活人员的个体化需求与各类数字化场景的连接，为生活服务场景与实际服务需求提供快速连接能力，为创新社区精细化治理和智能化服务构建信息基础设施。

10.3.5 智慧赋能，共评治理成效

10.3.5.1 智能收集数据，优化完善服务

对街道内各项服务设施使用数据自动收集，包括使用频次、使用状况、是否存在故障等，数据滚动更新、实时上报。这些收集上来的数据，将被街道用作优化完善辖区便民设施的参考根据。以社区食堂为例，数据平台对社区食堂每日菜品销售情况数据进行收集，分析居民饮食偏好，以助于食堂未来菜品准备和菜谱优化（图 10-86）。

10.3.5.2 组织主题活动，居民社会共同评价

开拓网络票选活动以及线下居民现场投票等多种评估通道，使社区不同居民都能充分表达意见。

“2021 城市空间艺术季”期间，曹杨一村故事馆将结合“15 分钟社区生活圈”主题，举行“我最喜爱的地方”为主题的互动活动（图 10-87）。活动设置在于源园居委会三楼共享空间，曹杨居民与前来参观的游客均可根据自己的曹杨记忆、生活轨迹或是游览体验，为自己最喜爱的社区服务设施或公共空间投票。也可通过填写简介卡，分享具有独特意义的社区空间和自己的“社区认知地图”，多角度评价生活圈的建设成效。

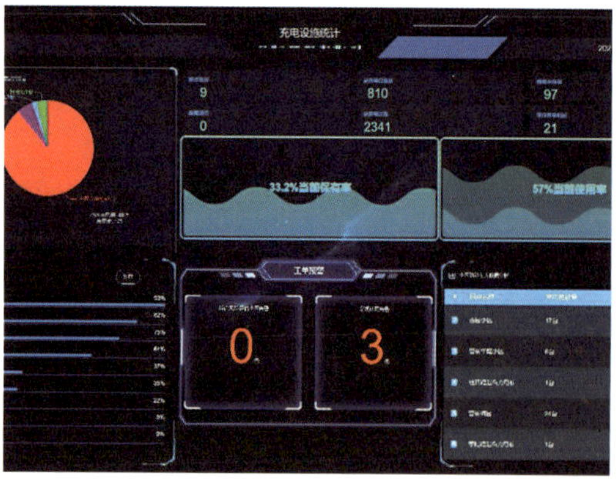

图 10-86　设施使用数据统计平台
来源：曹杨新村街道

图 10-87　“我最喜爱的地方”评选活动
来源：规划设计团队

10.3.6 参与互动，共享营建成果

10.3.6.1 链接居民，社区共治共享

由居民参与设计营建的“曹杨一村—社区故事馆”建设完成后，将作为社区居民和居委会的综合活动用房兼共享空间，由社区志愿者与居委会共同运营维护。同时，举办社区“嘉年华”活动，通过展示、趣味游戏，让社区居民共享建设成果，鼓励居民参与社区建设与治理。

“2021 年上海空间艺术季”期间，社区故事馆由社会组织牵头，以曹杨新村历史为主题，发挥其场所精神符号作用，鼓励社区居民分享自己的人生经历和故事。以“共建故事馆，曹杨老物件征集”“口述曹杨，叙说烟火”等系列活动，向曹杨居民征集有时代特征、有纪念意义、有故事传递的生活老物品，如老奖状、老照片等，提高社区居民认同感和归属感。社区故事馆将举办“故事馆思享会”系列活动，以主题分享、圆桌讨论、现场互动形式，探讨社区营造、社区治理、街区共创以及社区美好生活创想（图 10-88）。通过活动吸引更多社区达人加入社区管理与运营，进一步增强其专业素养和组织能力，以期在后续社区建设中有越来越多的共建共享共治的项目落地。

图 10-88 “曹杨一村—社区故事馆”系列项目
来源：规划设计团队

10.3.6.2 宣传交流，推广“15 分钟社区生活圈”建设经验

举办“双美曹杨设计讲堂”，邀请相关领域著名专家、知名设计师、青年学者等，联袂打造具有一定专业深度、又富含生活气息的系列公共讲座（图 10-89）。2021 年元旦后的开年第一讲，规划团队介绍了“曹杨 15 分钟社区生活圈”建设背景和规划方案（图 10-90）。同时规划团队借助各种学术交流平台，介绍“曹杨 15 分钟社区生活圈”的具体做法。通过线下和线上传播的形式，使社区居民和社会了解了“曹杨 15 分钟生活圈”建设的目标、思路和创新模式，在学界和社会引起了广泛的关注。

图 10-89 “双美曹杨设计讲堂”系列活动海报
来源：规划设计团队

图 10-90 “双美曹杨设计讲堂”第一期活动现场
来源：规划设计团队

“2021 年上海空间艺术季”期间，将通过策展、新媒体宣传等形式，依托市、区、街道等官方媒体，以及高校、设计期刊等学术媒介，推广“曹杨 15 分钟社区生活圈”建设经验（图 10-91）。

图 10-91 “曹杨 15 分钟社区生活圈”规划展
来源：规划设计团队

着手推进“曹杨绘本”编制工作，编辑生动活泼、图文并茂的《绘“生”绘“社”，曹杨“一刻”》绘本，面向公众，解读“曹杨 15 分钟生活圈”建设与市民日常生活息息相关的联系（图 10-92）。

图 10-92 《绘"生"绘"社"，曹杨"一刻"》曹杨的四季

来源：规划设计团队

11　成都市超大城市治理的“社区”路径*

杨辰　辛蕾　兰蓓　肖刚　赵蔚**

进入新时代以来，党中央秉持“人民对美好生活的向往，就是我们奋斗的目标”的宗旨，强调“从解决人民群众最关心、最直接、最现实的利益问题入手”“完善具有中国特色的社会主义社会治理体系”。2015 年中央城市工作会议指出政府要创新城市治理方式，促进城市治理体系和治理能力现代化；2017 年《中共中央、国务院关于加强和完善城乡社区治理的意见》明确要求做好城乡社区发展规划编制工作；同年，党的十九大又明确提出“打造共建共治共享的社会治理格局”，要求“推动社会治理重心向基层下移”，关键是改进社会治理的方式，“加强社区治理体系建设”。

为积极落实国家战略、回应人民对美好生活的向往、探索城乡社区发展在社会治理中的基础性作用，成都市政府自 2012 年始出台了一系列的社区政策①，特别是 2017 年 9 月召开了成都市城乡社区发展治理大会，讨论并通过了《中共成都市委、成都市人民政府关于深入推进城乡社区发展治理建设高品质和谐宜居生活社区的意见》。在这份纲领性的文件中，成都市首次明确了“五大社区”②的发展目标及 30 条行动指导，对规划、民政、建委、农委等各部门未来 3～5 年的社区工作进行了部署。为确保各部门协调行动，成都还

* 国家自然科学基金面上项目“基于社会网络分析（SNA）的城乡社区更新方法与技术应用研究”（项目批准号：51778434）。
本章发表于《城市规划学刊》2020 年第 1 期，原名“超大城市治理的‘社区’路径——《成都市城乡社区发展规划（2018 — 2035 年）》的编制与思考”。

** 杨辰，同济大学建筑与城市规划学院副教授，上海市城市更新及其优化空间技术实验室・住房与人居环境治理分实验中心负责人。邮箱：yangchen@tongji.edu.cn。辛蕾，同济大学建筑与城市规划学院博士研究生。兰蓓，成都市经济发展研究院社会发展研究所副所长。肖刚，中共成都市委城乡社区发展治理委员会社区发展处处长。赵蔚，同济大学建筑与城市规划学院副教授。

① 包括 2012 年《成都市城市社区公共服务和社会管理专项资金管理办法》《加强社区居民院落自治的指导意见》；2014 年《成都市社区公益创投活动管理办法》；2015 年《关于减轻城乡社区负担的十条措施》；2016 年颁布了《关于开展城乡社区可持续总体营造行动的通知》《关于加快推进街道办事处职能转变全面深化街道综合管理体制改革的实施意见》，等等；成都是中国最早提出并践行“社区规划师”与“社区营造”制度的城市之一，在社区发展与治理方面十分活跃。

② “五大社区”是建设高品质和谐宜居生活社区的具体内涵，即“品质社区、活力社区、美丽社区、人文社区、和谐社区”。每个社区内涵下设若干行动导则，如“健全社区服务配套设施、促进社区居民充分就业、稳步推进街区的有机更新、培育向上向善向美的社区精神、加强社区法治建设”，等等。“五大社区”既是未来成都社区发展的目标，也是社区建设与治理的行动纲领和考核指标。各区（县）和街道（镇）都依据“五大社区”及其下设的行动导则安排了未来 3～5 年的工作计划。五大社区的战略目标对成都市社区发展影响深远，也成为我们研究社区分类的重要依据。

在市和区县两级党委序列设立了“社区发展治理委员会”(简称社治委)——这一全国首创的制度设计,标志着成都进入了“全面统筹城乡社区发展治理”的新阶段。2017 年 11 月,成都市委社治委委托同济大学编制《成都市城乡社区发展规划(2018—2035 年)》(后文简称《社区发展规划》),以“社区”方法探索超大城市的治理之道。

11.1 理论认识

选择“社区”路径来治理超大城市,需要明确三方面的理论认识。

1) 社区作为城乡发展与治理的基本方法。超大城市治理离不开宏观战略和顶层设计,但社区是具体且微观的。微观路径能否通向宏观战略,一直是学者们关心的重要问题。[1, 2]从国际经验看,社区可以成为解决大城市经济发展、社会公平、环境保护问题的重要治理工具;[3-5]经过了三十多年的快速发展,中国的超大城市也逐步进入精细化管治理阶段,这种精细化是对社会领域特别是民生领域过去粗放式管理的否定性和超越性实践探索。社区,作为城乡居民生活的基本单元和社会治理的最后一公里——是精细化管理的主要抓手,[6, 7]是国家治理的基层逻辑,[8]也是居民产生获得感的主要途径。[9, 10]

2) 从宏观战略到微观治理的多级传导机制。近年来,各大城市都围绕着社区开展了“微更新”“微治理”“社区营造”等行动,取得了不少基层经验。[11, 12]但“宏观战略如何传导至社会治理的最后一公里”仍缺少理论和实践探索。[13]这一机制既涉及“市—区—街道—居委”多级管理单元之间的治理传导,[14]也与地(环境品质)、人(社会凝聚)、文(精神文明)、财(资金配套)、政(多元共建)等治理要素的协同有紧密的关系。[15]在该规划中,成都市委社治委明确表示,市级社区发展规划的任务是“贯彻落实十九大精神,努力探索特大城市社区发展治理的新路子,为成都城乡社区未来中长期的发展提供科学谋划和行动指导”。规划目标不是解决某类(个)社区自身的、具体的问题,而是如何将成都市整体发展战略通过“社区发展”的方式落实到各区(县)、街道(镇)和社区(村)的建设中。换句话说,是用“社区”的方法对城市进行一次总体性规划。因此,能否“建立从宏观战略到微观治理的多级传导机制”是社区发展规划顺利实施的关键。

3) 厘清“社区发展规划”与“上下左右”规划的关系。《社区发展规划》不是法定规划,但作为政府主导的、涉及全域的综合性发展规划,必然与“上下左右”的各类规划相互渗透。如何嵌入现有的规划体系,明确与相邻规划的指导关系也是该规划需要厘清的基本问题。实际上,在启动《社区发展规划》之前,除了市、区县、乡镇三级总体规划和控制性详细规划以外,成都市已陆续编制了《成都市国民经济和社会发展第十三个五年规划(2016—2020 年)》《成都市乡村振兴战略规划(2018—2022 年)》《成都市中优、北改、西控、南进、东拓战略规划》(2017 年)、《成都市产业发展规划》(2017 年)、《成都市中心城区社区综合体规划》(2013 年)、《成都市中心城区 15 分钟公共服务圈规划》(2014 年)、《成都市中心城区养老设施专项规划》(2015 年)《成都市城乡社区发展治理“五大行动”①》(2017 年)等,这些规划中有诸多涉及社区发展的内容,有些甚至已经实施(如中心城区社区综合体,五大行动等)。如何提取、整合这些不同层级和维度的内容,将其纳入全市社区发展的宏观战略和微观治理,是这一规划的合理性基础。

11.2 问题研判

截至 2019 年底,成都市的社区②数量高达 4357 个。这些社区类型多样,问题复杂。加之社区工作涉及规划、住建、民政、商务委、公安、农委等 30 多个职能部门,贯穿于市、区县、街道镇、社区四级管理体系;社区发展还需要动员在地企事业单位、社会组织和居民的参与。因此,对社区发展的问题研判只能建立在“大范围深入的实地调查”基础之上。课题组于 2017 年 12 月—2018 年 4 月间对成都市城乡社区开展了三方面的调查:一是对参与社区发展的 31 个市级部门(包括公安、民政、建委、规划、商委等)展开系列座谈,重点听取各职能部门在社区发展与治理工作中的任务分工、推进情况及难点问题;二是通过社治委向全市 4 357 个城乡社区发放了包含“基本情况、机构人员、多元治理、场地设施、社区发展五个方面 52 项指标”的调查问卷,初步建立了成都市城乡社区发展的“动态管理数据库”;三是分 5 个调研组、前后 6 批对全市 22 个区县下辖的 126 个街道镇和 409 个重点社区进行了实地调研③(图 11-1)。

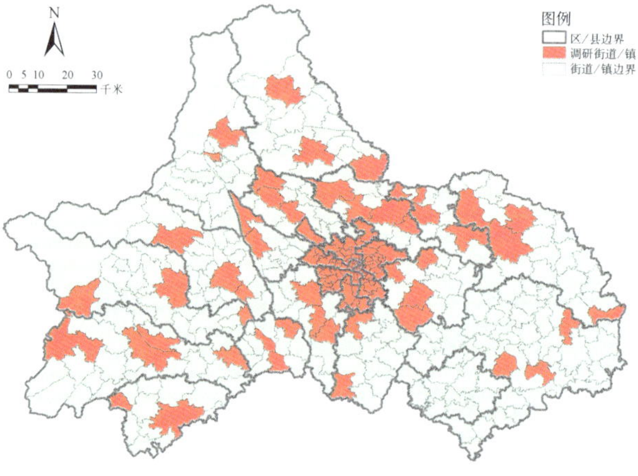

图 11-1 成都市区县与街道镇边界以及调研社区分布

来源:《成都市城乡社区发展规划(2018—2035 年)》课题组,2018 年

---

① “五大行动”指成都市从 2017 年开始,以区(县)为单位、以“提升城乡社区生活品质”为目标,对五类社区环境进行改造的计划,包括:老旧院落改造、背街小巷整治、特色街区创建、社区服务提升、平安社区创建。“五大行动”聚焦物质空间的改造,属于“五大社区”中“美丽社区”部分。

② 这里“社区”指居委会或村委会管辖范围。

③ 调研社区数量约占全市社区总数的 10%,街道镇数量约占全市街道镇数量的 34%,覆盖人口约占全市人口的 55%。

通过部门走访和重点社区实地调研，我们梳理出成都市城乡社区发展在“品质”（公共服务与配套政策）、“活力”（资金筹措与就业情况）、“美丽”（空间环境与更新机制）、“人文”（文化传承与特色营造）、“和谐”（社区自治与治安建设）五大方面的28类主要问题（表11-1）。

表11-1 重点调研社区存在的28类问题

	品质（公共服务与配套政策）	活力（资金筹措与就业情况）	美丽（空间环境与更新机制）	人文（文化传承与特色营造）	和谐（社区自治与治安建设）
城乡社区发展的主要问题	1. 公共服务设施不足 2. 综合性社区发展规划缺位 3. 农村土地交易的信息平台尚未建立 4. 部门平台多，数据壁垒 5. 基层缺少专业社工 6. 基层待遇差，后备人员不足 7. 基层行政事务过多、考核频繁；社区减负呼声大	8. 社区建设资金缺口大 9. 社区（村）“自我造血”功能不足 10. 社区新增人口与资金不匹配 11. 多头管理造成资金使用效率低 12. 特殊群体失业与再就业 13. 村社区发展政策不清晰	14. 城乡社区更新的政策缺乏差异性 15. 面向空间品质提升的制度设计 16. 跨区域空间治理需要协同多级管理 17. 农村建房实际需求与管控规定有矛盾	18. 社区文化活力不足 19. 文化供给与需求不对称 20. 社区文化建设和传承需加强 21. 社区文化阵地建设较弱 22. 基层干部对文化建设认识不足	23. 居民参与度不高，社区自治主动性差 24. 缺乏社区治理能人 25. 党员先锋带头作用有待加强 26. 社会组织的培育和评估待完善 27. 居民公益慈善意识需激发 28. 社区诚信体系建设待完善

来源：《成都市城乡社区发展规划（2018—2035年）》课题组，2018年

调查问卷（4 357个社区）显示，上述28类问题在全市不同区域存在一定的差异：中心五城区（武侯、青羊、锦江、成华、金牛）和近郊市镇在公共服务、发展资金、环境品质、文化活力等方面表现较好；乡村社区凭借丰富的自然和人文资源，以及稳定的地缘和血缘关系，也有一定的品质与特色；而位于城乡接合部的大量涉农社区，由于快速城市化造成原有乡村空间和社会关系的剧烈变动，基层管理人员遇到的困难最多，居民的意见也最为集中。①

11.3 社区分类与特征识别

成都市域面积14 335平方千米，下辖22个区（县），374个街道（镇），4 357个社区（村），各区（县）和街道（镇）在经济发展和城市化水平方面差异明显②。在这些社区中，既

① 在日常治理工作中，成都市一般将社区分为城市社区、涉农社区和纯农社区（行政村）三类。4 357个社区中有城市社区796个（占18.28%），涉农社区1 233个（占28.29%），行政村2 328个（占53.43%）。其中，中心城区的社区类型构成较为均衡，三类社区分别占31.17%、35.28%和33.56%；郊区则以行政村为主体，三类社区分别占比8.75%、23.18%和68.07%。

② 这种差异既有自然条件和历史原因，也有人为因素，特别是近年来行政区划调整。2001年以来，新都、温江、双流、郫县纷纷撤县设区；2016年原由资阳市代管的县级市简阳划给成都市代管。行政边界的扩大为成都市快速发展提供了广阔空间，但也造成了辖区内区域发展不平衡的现状。

有位于中心城区的历史街区（与商业楼盘参差交错）、也有苏联援建中国的大型工厂社区（不少是亟待改造的老旧院落），还有城乡接合部的城中村和农民安置社区（大量流动人口和失地农民聚居），以及外围地区的纯农业散居村（如川西林盘和山地村庄）等。不同社区在资源禀赋、城市化水平、产业结构、空间特色、文化认同、生活方式等方面呈现出极大的丰富性。社区发展规划在做整体规划的同时，必须体现成都的这种多样性，根据不同类型社区的问题与诉求，因地制宜地制定发展策略和行动规划。

问卷和实地调查帮助我们从整体和细节两方面认识成都社区发展的现状，但仍不足以得出社区分类的结果。科学分类是本次规划的关键——这个分类不仅基于现状，还要将各类"发展要素"纳入考量，最终也要便于各级政府对下辖社区进行发展引导和工作考评。

11.3.1 数据来源

为了对城乡社区进行科学分类，我们从全样本的调查问卷（N = 4 357）中选取了17 个代表性指标来测量社区在五大社区方面的"现状水平"；从相关规划中提取出 8 个指标（15 分钟生活圈规划的公服设施、总体规划中"双城 + 郊区新城 + 特色镇"的空间格局①，66 个产业园区和绿色生态空间等发展要素）来测量社区在五大社区方面的"发展潜力"，并将两组 25 个指标在 GIS 中逐一计入相应社区（表 11-2）。

表 11-2 社区分类的两类数据来源

五大社区	现状表现（17 项指标）	发展要素（8 项指标及相关规划）	
A. 品质社区	a1. 公共服务设施密度 a2. 物管小区数量 a3. 社区服务提升	A1. 社区公共服务设施	15 分钟生活圈规划（2014 年）
B. 活力社区	b1. 人口密度	B1. 双城 + 郊区新城	成都市总体规划（2018—2035 年）
	b2. 房屋租金	B2.100 个特色镇	乡村振兴战略规划（2018—2022 年）
	b3. 城市社区比例		
	b4. 涉农社区比例	B3.66 个产业功能区	产业发展规划（2017 年）
	b5. 农村社区比例		
C. 美丽社区	c1. 老旧院落改造 c2. 背街小巷整治 c3. 特色街区创建	C1. 绿色生态空间（五级绿化体系）	成都市总体规划（2018—2035 年）
	c4. 林盘数量		公园城市专题

① 《成都市总体规划（2018—2035 年）》确定了城市未来发展的空间结构为双城（中心城区 + 东部新城）加八个郊区新城（都江堰、彭州、大邑、崇州、新津、邛崃、蒲江、金堂）和 100 个左右的特色镇。

续表

五大社区	现状表现(17 项指标)	发展要素(8 项指标及相关规划)	
D. 人文社区	d1. 历史文化遗产点数量	D1. 天府七大文化区	成都市总体规划(2018—2035 年)
	d2. 年开展活动次数	D2. 文创产业集群	
	d3. 社区文化活动中心数量		
E. 和谐社区	e1. 社区自治组织数量	E1.和谐社区示范单位	成都市民政局“开展城乡社区可持续总体营造行动计划”(2017 年)
	e2. 平安社区创建		

来源:《成都市城乡社区发展规划(2018—2035 年)》课题组,2018 年

11.3.2 分类方法

采用主成分分析(Principal Component Analysis)和聚类分析(Cluster Analysis)相结合的方法,分两步对成都城乡社区进行分类①。

首先,将反映“五大社区”现状水平的 17 组指标数据录入 GIS(图 11-2),并在 SPSS 中对 17 组指标变量和 374 个街道镇空间单元构成 17×374 数据矩阵进行分析。利用主

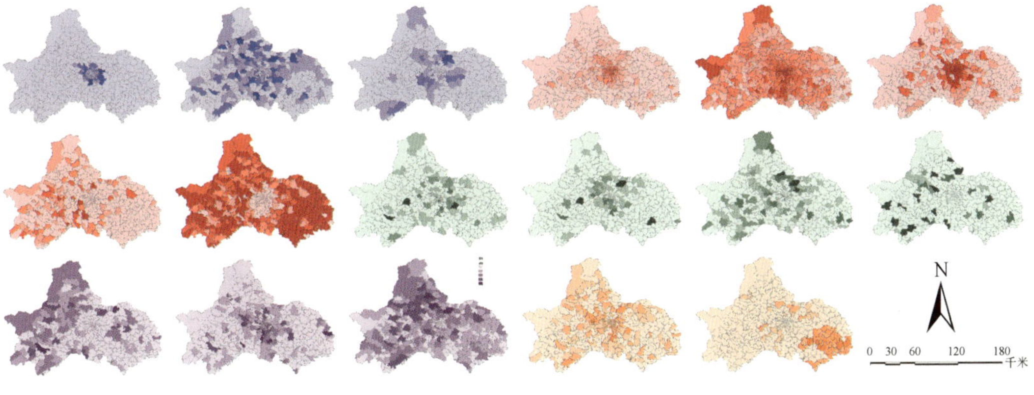

图 11-2 反映“五大社区”现状水平的 17 组指标
来源:《成都市城乡社区发展规划(2018—2035 年)》课题组,2018 年

① “主因子分析和聚类分析”最早出现在 20 世纪 50 年代美国人文地理学者对“城市社会区”的研究中。主因子分析是将体现社区属性的多个相关因子转化为少数几项主成分因子,以实现降维与消除多重共线之目的;聚类分析则是通过特征值比较,将性质相近的社区归为一类的分析技术。经过半个多世纪的发展,成为研究社会空间结构较为成熟的方法。2000 年以后,中国学者开始运用这一方法,对上海、广州等城市的社会空间结构进行实证研究。考虑到本课题的“社区分类”本质上是根据“社区社会属性(品质、活力、美丽、人文、和谐)的相似度”来识别同类社区,属于该方法的适用范围。参见:付磊,唐子来.上海市外来人口社会空间结构演化的特征与趋势[J].城市规划学刊,2008(1):69-76.周春山,刘洋,朱红.转型时期广州市社会区分析[J].地理学报,2006(10):1046-1056.

成分分析方法得到五类主因子，依次是“活力”（城市社区比例、纯农社区比例、房屋租金、人口密度）、“美丽”（老旧院落、特色街区、背街小巷）、“品质”（社区服务提升、物管小区数量）、“人文”（遗产点数量）、“和谐”（平安社区创建）。

其次，从相关规划中提取出反映“五大社区”特征的 8 个主要“发展要素”，在 GIS 中对“要素”所在的社区进行赋值，得到 25×374 的新矩阵。用同样的方法对初步分类进行调整，调整后的五个主因子次序为“美丽＋品质”（背街小巷、特色街区、社区文化中心数量）、“活力＋品质”（人口密度、公共服务设施密度、纯农社区比例）、“美丽＋活力”（林盘数量、特色镇）、“和谐＋人文”（平安社区创建、七大文化区）、“活力＋人文”（双城＋郊区新城、文创业集群），主因子累计解释方差为 63.7%，因子结构较为清晰，结果较为理想。根据五个主因子得分，进行聚类分析和绘制树状聚类图（略），将成都城乡社区分为八类“社区发展群”（图 11-3）。[①] 最终根据“主因子特征判别表”中各群特征对其进行命名。

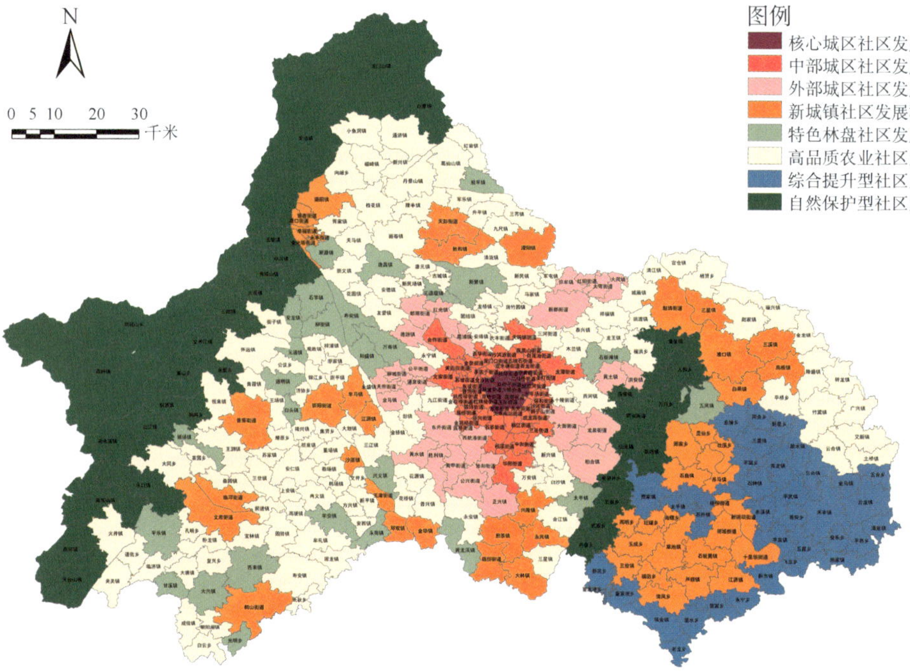

图 11-3 成都市城乡社区发展群划分图

来源：《成都市城乡社区发展规划（2018—2035 年）》课题组，2018 年

11.3.3 社区发展群的特征识别

从空间分布来看，“主因子＋聚类分析”大体识别出三类中部社区发展群（核心城区、

① 社区发展群指在资源禀赋、现状条件和发展要素方面具有相似属性的一组社区。

中部城区、边缘城区)和五类外围社区发展群(新城镇、特色林盘、高品质农业、综合提升型、自然保护型)。显然,传统的城乡二元分类无法反映成都社区的复杂状态(城区边缘存在大量的乡村社区,外围的乡村地区亦有不少成熟市镇),而基于 25 项指标的八类社区发展群更能准确刻画出成都社区的发展特征。

从两次主因子提取过程中我们发现,在 17 项现状指标中,对社区分类影响最大的因素是“活力”(累计解释方差高达 34%)。这说明反映城市化水平的“城市社区比例、纯农社区比例、房屋租金、人口密度”等指标是造成社区现状差异的主要因素;而叠加了“发展要素”后,影响社区分类的主要因子开始分散:“美丽”(包括背街小巷、特色街区、老旧院落改造、绿色生态)、“人文”(文化活动中心、遗产点的数量、天府文化区)、“和谐”(社区自治组织数、平安社区建设)方面的发展潜力变得更为重要。这说明成都市各类规划对社区发展的要求更为综合,也说明叠加了“发展要素”的分类更加符合成都未来“五大社区”的发展目标。

通过解读“主因子特征判别表”和实地调查问题汇总,我们对八大社区发展群的主要特征进行描述并生成特征识别雷达图(表 11-3)。数据库中的每个社区都有一张属于自己的“成绩单”(即通过 25 项指标来评估其在“五大社区”方面的现状表现与发展潜力),属于同一个群的社区说明在未来社区发展过程中具有某种“共性”。这些“共性”决定了社区类型以及社区发展群的边界,也帮助我们识别出各类发展群的基本特征。定性与定量结合的分析手段为社区分类提供了科学依据,定期更新的数据平台(每半年对全市社区进行一次问卷摸底)也为各级政府提供了动态管理社区的可能。

表 11-3 成都市八大社区发展群特征描述

类别	名称	特征描述	特征雷达图
1	核心城区社区发展群	高密度城市化地区,就业岗位和服务设施密集,五大行动的重点地区,社区生活便捷有活力。社区发展资金充足、人才储备较好。公共空间缺乏、社区文化有待挖掘、社会组织和居民参与有待提升	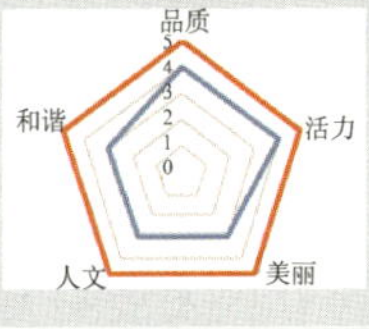
2	中部城区社区发展群	快速城市化地区,就业岗位密集,大型公共设施集中,社区生活有活力。导入人口流动性大,社区服务设施不足,社区文化特色不明显,社区交往与居民参与度不高	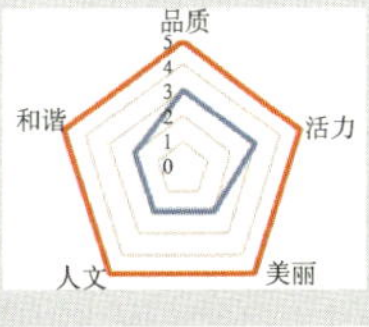
3	边缘城区社区发展群	城乡接合部地区,工业园区与农民集中安置区较多。社区服务设施齐全但质量不高;人口集中但活力不足。社区文化单一、邻里纠纷多;社区发展资金与人才缺乏,治理难度大	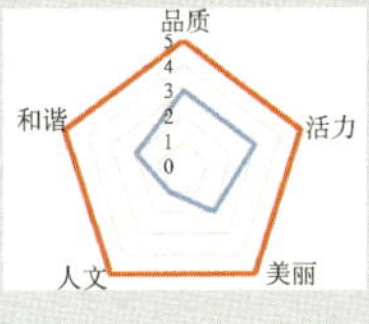

续表

类别	名称	特征描述	特征雷达图
4	新城镇社区发展群	都市与乡村间的纽带区域；人口相对聚集、职住相对平衡，居民联系紧密度较高；生产生活服务较为便利，公共设施品质不高，人口流动性大，社会组织作用不显著，文化生活单一	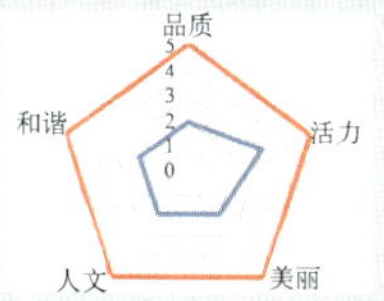
5	特色林盘社区发展群	具有“林、田、水、院”的川西乡村生产生活景观、生态理念与农耕文明承载区；传统村落比重大，文化底蕴深厚但有待发掘；农商文体旅融合发展区，生产生活配套设施不足；空心化、衰落化治理难度较大	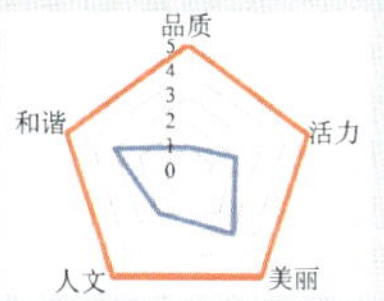
6	高品质农业社区发展群	现代农业和文旅农业集中区域；经济、文化、交往等现代功能业态复合发展空间较大；公共设施品质不高，社会组织发育不够成熟，社区活动内容不丰富	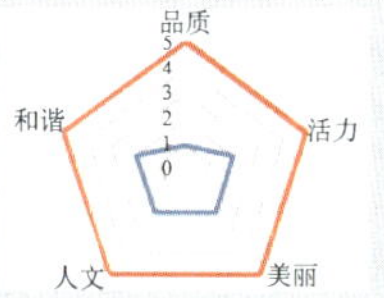
7	综合提升型社区发展群	东部新城待发展区域；产业和公共服务设施基础比较薄弱；人口流出地，社区发展资金和人才匮乏，社区环境与文化活动缺少吸引力；未来发展潜力巨大	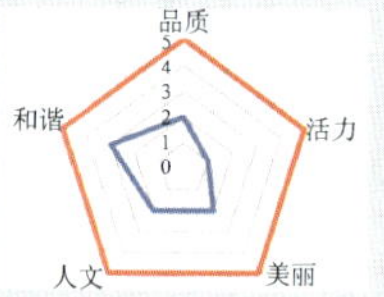
8	自然保护型社区发展群	生态屏障区，自然与人文景观丰富；郊野游憩等功能复合发展区域；具有山地乡村聚落居住形态；交通便捷度较低，生产生活配套设施不足；生态资源活化利用率低	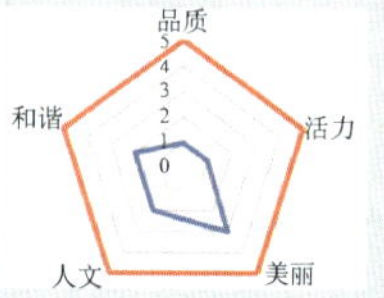

来源：《成都市城乡社区发展规划（2018—2035 年）》课题组，2018 年

11.4　分类指导与分期实施

社区发展需要科学分析，更需要行动引导。成都城乡社区发展在实施层面要同时满足“承上”和“启下”的双重要求。“承上”是为市政府提供一个全面统筹城乡社区发展的数据平台，这个平台除了定期收集社区发展的动态数据，还要对“上下左右”规划中有关社区的内容进行整合，为顶层治理提供决策依据；“启下”是为区（县）与街道（镇）两级基层政府提供一套社区发展的行动导则，根据导则要求对社区未来的治理工作进行监测与考评。由于市级层面的社区发展规划在国内尚属首例，成果形式也需要探索与创新。

针对成都实际问题和五大社区发展目标，我们为未来城乡社区发展制定了“十大行动、四十五个专项”的社区工作路径（图 11-4）。

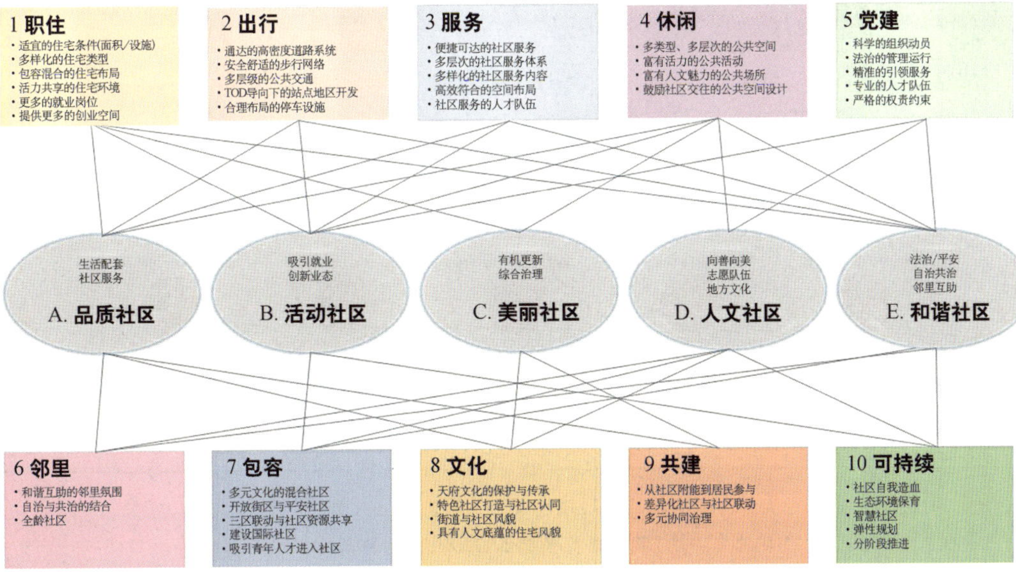

图 11-4　成都市社区发展十大行动与四十五个专项①
来源:《成都市城乡社区发展规划(2018—2035 年)》课题组,2018 年

当然,这些工作在不同的社区发展群,侧重点也有所不同。作为社区发展规划的实施主体——区(县)和街道(镇)两级政府,首先要了解本辖区内社区发展群的类型和数量;之后再根据发展群的特征和目标,制定本地区的社区发展行动计划(图 11-5)。行动的“方向”取决于各发展群在五大社区指标“现状”与“目标”之间的差距(特征雷达图中蓝色与红色之间的距离):差距越大说明该方面就是未来工作的重点,即“补短板”。也就是说,市级层面的社区发展规划是对“社区发展群”提出行动引导,而不是代替区县或街道镇直接编制社区规划,区县和街道镇可以根据辖区内包含社区发展群的情况,在下一层级的社区发展规划中继续细化和落实上位规划的引导②。这种“菜单式”的发展引导为下一层级的社区规划留出操作空间,是本次规划在成果形式方面的重要创新。

社区发展的目标不可能一蹴而就,为了对接成都市“三步走”的战略部署,我们也对成都城乡社区发展提出了近远期结合的分期目标:近期(2018—2020 年),社区发展以补短板、创示范为主线,以提升城乡社区空间品质、完善服务功能、推进协同治理为重点,不断缩小城乡差距,形成一批示范社区,进一步开创具有成都特色的城乡社区发展新格局;远

① 成都市 2017 年“城乡社区发展治理大会”明确的“五大社区”的发展目标及三十条行动指导,是全市城乡社区都应当共同遵守的原则目标,但依然是框架性的。本次规划我们结合实地调研和国内外经验,将这些指导原则分解为“十大行动、四十五专项”。这是一个“菜单式”的引导指南,各社区发展群可以根据自身的特征与目标,侧重于其中的某些“行动”与“专项”。需要注意的是,顶层设计“五大社区”与“十大行动、四十五专项”之间并不是一一对应的关系,而是相互交叉的“多对多”关系。例如“品质社区”需要“职住、出行、服务、休闲、邻里、文化、共建”等行动的支持,而“邻里”行动将同时促进“品质、人文、和谐”社区目标的实现。

② 成都市的温江、青白江两区已经根据市级规划的引导,于 2019 年启动了区级社区发展规划的编制。

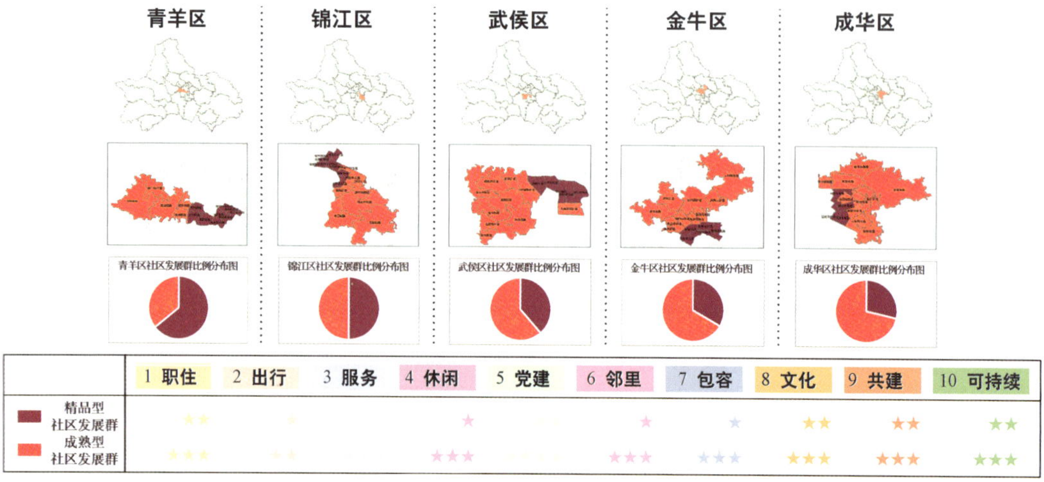

图 11-5 各区县可根据包含社区发展群的情况编制下一层级的社区规划(以中部六城区为例)

注:五角星数量反映十大行动的重要度,数量越多代表区(市)县越需要落实该项行动

来源:《成都市城乡社区发展规划(2018—2035 年)》课题组,2018 年

期(2021—2035 年),以提质量、显特色为主线,以提升人文魅力、深化精准服务、推进智慧治理为重点,全面建设具有创新创业环境、彰显天府文化集聚吸引力的高品质和谐宜居生活社区,让城乡居民得到更多获得感与幸福感。

11.5 结语

市级层面的“城乡社区发展规划”是关于社区在经济、社会、文化、制度、空间等多方面综合发展的顶层设计,也是以“社区”的方式来推动成都市城乡空间科学、有序、协调发展的治理手段。社区是微观的、丰富多彩的,但又具备“类型”的特征——同类社区在发展过程中往往会具备许多共性特征。社区是多义的,课题将社区定义为某种具有明确边界的行政单元①,但随着社区调查的深入,我们逐渐发现,社区也是居民的生活世界——不同生活形态的社区(历史街区、老旧院落、安置社区、林盘聚落、山村聚落等)面临的问题与居民使用社区的方式都很不相同。社区还是一个多元治理的平台——各级政府和各职能部门都在社区推行各自的治理理念,而在地企业、社会组织和社区居民也在通过不同形式的“参与”积极介入社区事务。② 国家治理的现代化和居民获得感的提升在“社区”得到了充分的碰撞和融合。

① 对行政单元的理解在不同城市有一定的差别。比如成都市将居委会管辖范围定义为“社区”,而在上海,“社区”既可以指居委会管理单元,也可以指街道办事处的管辖范围。

② 本次规划是成都城乡社区发展的顶层设计。通过对街道(镇)、地方企业和居民代表的大范围调研,充分吸取民意,提出在“职住”“邻里”“共建”“可持续发展”等行动和专项中建立了多元治理的实施框架,为企业、社会组织和社区居民参与下一层次的社区发展规划提供了行动渠道。

加强社区治理不仅是现代国家建构的重要内容，也是社会发育的必然要求。本次规划体现了以成都为代表的中国准特大城市，对新时代城市精细化治理的科学方法与实施路径的积极探索。“社区发展”事关人民群众获得感、幸福感的提升，事关城乡基层和谐稳定；“五大社区”战略的推进与落实，有利于城乡居民获得平等发展的权利、共享改革发展的成果，有利于人民群众安居乐业、社会安定有序、国家长治久安——这对于建设中国特色社会主义事业具有特殊的重要意义。

本章从理论挑战、问题研判、社区分类与特征识别、分类指导与分期实施四个方面对《成都市城乡社区发展规划(2018—2035 年)》编制进行了详细的梳理，回应了本章开头提出的三方面理论挑战：首先，《社区发展规划》延续了 2017 年成都市“城乡社区发展治理大会”确立的“五大社区”战略目标，通过 8 种“发展要素”的提取，将上位规划与平行规划的要求纳入社区分类和发展规划中，明确了本规划与现存规划体系的关系；其次，通过“社区发展群”的聚类划分、特征识别和十大行动引导，市级社区发展规划将顶层设计(五大社区)层层传导至区县和街道镇的社区治理行动中，而区县和街道镇层级的社区发展规划也必须依据“本地社区发展群的类型和引导要求”来编制——这一机制是“宏观战略传导至社会治理最后一公里”的有力保证；最后，成都社区的多样性是通过“八大社区发展群”及其分类指导来体现的。这些发展群的特征是基于 4 357 个社区的 25 组数据(17 个现状指标和 8 种发展要素)的分析结果，是成都市委社治委对全市城乡社区发展进行引导的理论依据和治理单元。当然，在下一层级的社区规划中，区县和街道镇依然可以对内部的社区发展群进行细分，从而保证社区多样性的特征。从这个意义上说，《成都市城乡社区发展规划(2018—2035 年)》为我们提供了一个从宏观视角研究和引导基层社区发展的可能。

(感谢课题组赵民、陈晨老师、贾姗姗、谢琛同学的参与，以及西南交通大学调研团队的大力支持)

参考文献

[1] 渠敬东，周飞舟，应星.从总体支配到技术治理——基于中国 30 年改革经验的社会学分析[J].中国社会科学，2009(6)：104-127.

[2] 石发勇.准公民社区：国家关系网络与城市基层治理[M].北京：社会科学文献出版社，2013.

[3] APOSTOLIDES K. Neighborhood planning in London: fulfilling the coalition's stated objectives? An exploration of the representativeness and inclusiveness of neighborhood forums [J]. Town Planning Review, 2018, 89 (3): 229-257.

[4] ROSE D. Social Mix' and Neighborhood Revitalization in a Transatlantic Perspective: Comparing Local Policy Discourses and Expectations in Paris (France), Bristol (UK) and Montreal (Canada)[J]. International Journal of Urban and Regional Research, 2013, 37 (2): 430-450.

[5] 边防，吕斌.基于比较视角的美国、英国及日本城市社区治理模式研究[J].国际城市规划，2018(4)：93-102.

[6] 王阳.从“精细化管理”到“精准化治理”——以上海市社会治理改革方案为例[J].新视野 2016(1):54-60.
[7] 王巍.社区治理精细化转型的现实条件及政策建议[J].学术研究,2017(5):51-55.
[8] 宋道雷,国家治理的基层逻辑:社区治理的理论、阶段与模式[J].行政论坛,2017(5):82-87.
[9] 刘建军.社区需要温度更需要风度[J].中国民政,2018(21):55.
[10] 陈荣卓,刘亚楠.把握新时代加强社区治理的意义、策略和要求[N].中国社会报,2018-4-23(2).
[11] 沈娉,张尚武.从单一主体到多元参与:公共空间微更新模式探析——以上海市四平路街道为例[J].城市规划学刊,2019(3):103-110.
[12] 李郇,彭惠雯,黄耀福.参与式规划:美好环境与和谐社会共同缔造[J].城市规划学刊,2018(1):24-30.
[13] 赵孟营.社会治理精细化:从微观视野转向宏观视野[J].中国特色社会主义研究,2016(1):78-83.
[14] 张冬冬.中国城市政府管理体制的结构性突破——以上海市“两级政府、三级管理”体制作为研究对象[J].杭州师范大学学报(社会科学版),2015(1):110-115.
[15] 杨辰.在社区中认识成都——《成都市城乡社区发展规划(2018—2035)》编制与思考[J].城市中国,2018(3):154-161.
[16] 同济大学,成都市经济发展研究院.成都市城乡社区发展规划(2018—2035 年)[R].2018.

建成环境

BUILT ENVIRONMENT

12　共享城市，共享建筑*

李振宇　卢汀莹**

12.1　建筑学的内外巨变

"共享城市、共享建筑"，其内涵涉及九个关键词：全民共享、让渡共享、群共享、分隔共享、分层共享、分时共享、分化共享、共享主体和共享客体。①

信息化带来了设计理念的变革。在 2002 年世界建筑师大会（UIA）上，著名建筑师、理论家、教育家彼得·艾森曼（Peter Eisenman）教授（图 12-1）在大会报告后的问答环节上，有听众提问："进入了信息社会，建筑会发生什么样的深刻变化？"他不假思索地回答说："进入信息社会，建筑发生的改变就是建筑不必再像原来那样像某一种建筑。"当时我在现场，印象特别深。他还举例解释道，进入信息社会，邮电局就不必长得像一个邮电局，因为我们可以用其他的信息方式来知道它是邮电局。

图 12-1　2018 年彼得·艾森曼在李振宇教授工作室合影
来源：同济大学建筑设计研究院共享建筑工作室

20 年过去了，艾森曼当年既说对了，也说错了。他说对了，是邮电局确实不必长得像邮电局了；他说错了，是因为现在邮电局几乎没有作用了，取而代之的，是手机、电脑等各种各样的信息工具。

---

*　本章主要结合 2020 年同济大学国土空间规划人才研究与培训中心举办的公益培训讲座及作者的《迈向共享建筑学》《教育体育结合，空间多重共享：常州皇粮浜实验学校设计》等论文整理。
本章图片除特殊标注外，均由作者提供。

**　李振宇，同济大学建筑与城市规划学院教授，同济大学建筑设计研究院共享建筑工作室（ASA）主持人，中国建筑学会建筑策划与后评估专业委员会理事会副主任委员。邮箱：zhenyuli@tongji.edu.cn。卢汀莹，同济大学建筑与城市规划学院博士研究生。

①　李振宇，朱怡晨.迈向共享建筑学[J].建筑学报，2017(12)：60-65.

什么叫共享？共享是信息化带来的巨大飞跃，是一种现象。在建筑学里，并没有Sharing Architecture 这个词，但是在计算机科学中，Sharing Architecture 是一个动名词，意指建构一种共享的对接方式。借用这个词，可以用来说明信息化带来的设计理念的变革，说明共享建筑、共享城市出现了。

2018 年第 3 期《世界建筑》发表了一系列联合办公空间(co-working space)设计项目，这类办公是新涌现的类型，《建筑设计资料集》上找不到这样的类型。因为现代主义的理念是“形式追随功能”，即形式要准确地反映出功能，而且这个功能是可计算，可推测的。《建筑设计资料集》规定了什么样的功能应该使用多少面积，规定了交通面积是多少，辅助面积是多少，主要空间是多少。房屋销售中有一个词叫“得房率”，人们往往认为得房率 80％的设计比得房率 75％的要好。可是如果去看看流水别墅，它真正可使用的空间到底是多少？难道得房率真的越高越好吗？功能越准确越好吗？

其实，共享并不是突然出现的。这里列举五个案例。

1956 年，在沃斯堡规划方案中，规划者设计了共享过街天桥(图 12-2)，尽管过街天桥没有具体功能，没人来“买单”，但是城市愿意来“买单”。沃斯堡气候寒冷，天桥把所有原来不同权属的商场、办公楼连接起来，创造出一个完整的共享天桥网络，使市民能够找到一种新的空间。

1972 年，著名的建筑师约翰·波特曼(John Portman)设计了旧金山凯悦酒店，通过共享空间在室内再造了一个大空间(图 12-3)。

图 12-2　沃斯堡规划设计图

来源：Gruen Associates 官方网站 http://gruenassociates.com/project/fort-worth-master-plan/

图 12-3　旧金山凯悦酒店

1990 年，上海商城波特曼大酒店的建造把 10 万平方米的建筑抬起来，底层形成 1 万平方米面向城市的架空面积（图 12-4）。这样的场景，让人叹为观止。

图 12-4　上海商城底层
来源：刘雨秋拍摄

2009 年，深圳市建筑科学研究院叶青老师团队设计了深圳建科院的大楼，里面有很多共享空间①。一楼对儿童开放，是一个儿童可以受教育的学习空间；底层对城市开放，可以举办绿色建筑的展览；三楼有个幼儿园；八楼有一个共享的实验场所，可以申请免费在那里搭一个实验舱（图 12-5）。

最后一例，是 2016 年康奈尔大学的建筑学院新馆，由雷姆·库哈斯（Rem Koolhaas）主持，设计了一个巨型的教室，整个学院的教室是一个大空间（图 12-6）。

图 12-5　深圳建科院大楼共享中庭
来源：王达仁拍摄

图 12-6　康奈尔大学建筑学院

12.2　共享建筑的三种类型

这些设计理念会给建筑带来变化，但共享并不是今天才出现的，而是从古到今一直存在的。

12.2.1　传统的全民共享（Public Sharing）

什么叫城市？中文“城市”主要讲了两件事情：城，即城墙，有防御功能；市，即集市，是

① iBR 深圳市建筑科学研究院有限公司．共享·一座建筑和她的故事．第一部．Series No.1，共享设计，Sharing Design[M]．北京：中国建筑工业出版社，2010．

交换的市场。城市从诞生之初，就是共享的产物，体现了全民共享的形式。

王安石在《临津》中写道："却忆金明池上路，红裙争看绿衣郎"，侧面描述了宋朝百姓游览皇家园林金明池的盛状，这就是全民共享的传统形式。

再比如圣彼得大教堂，原本是天主教的圣地，是梵蒂冈教宗的所在。但现在，它不仅仅对天主教徒开放，而是绝大多数民众都可以去参观。所以，它也具有全民共享的性质。

20 世纪 90 年代也有一个鲜明的全民共享案例，就是法国著名建筑师多米尼克·佩罗（Dominique Perrault）设计的法国国家图书馆。他把图书馆变成了两个世界，一个是四栋像书一样的高楼，另一个是基座。它把基座还给了城市，基座的屋顶成了新的共享平台，无论是谁，都可以沿着图书馆的外墙一直走上去。

再来看纽约的高线公园。它原来是一段高架铁路，后来随着城市和社会生活的变化被废弃了，过去惯常的办法是一拆了之，能拆出很多空间来。但是，高线公园经过了 30 年的经营，逐渐变成了一个共享的公园，可以聚会，散步。公园也带动了周边的建筑和房地产的活力。然而也有人批判，由于有了高线公园，周边房租大幅上涨，使人难以负担以致搬迁，或是批判高线公园打破了这里的宁静。但绝大多数人对这个设计还是非常赞赏的。

上海杨浦滨江公共空间，由同济大学建筑与城市规划学院的章明教授主持设计，它是一种新的全民共享形式。早年间，黄浦江承担着航运、交通的中转，因此滨水岸线一直被交通、工业等各单位割裂开来。20 年前，上海市决定要把黄浦江两岸打开，还给市民。章明老师抓住了这个时机，通过将杨树浦电厂、灰仓艺术空间、明华糖厂、绿之丘等工业建筑遗产改造为各具特色的共享空间，使杨浦滨江沿岸变得极具活力（图 12-7）。

(a) 圣彼得大教堂　(b) 法国国家图书馆　(c) 纽约高线公园　(d) 上海杨浦滨江

图 12-7 "全民共享"代表性案例

来源：(c)朱怡晨拍摄；(d)卢汀滢拍摄

12.2.2 不断发展的让渡共享（Transfer Sharing）

除了全民共享，还有让渡共享。从字面上来讲，让渡就是把本来属于自身的权利转让一部分出来（图 12-8）。

(a) 口袋公园　(b) 斯图加特美术馆　(c) “8”字住宅　(d) Celosia 庭院住宅

图 12-8　“让渡共享”代表性案例

来源：(a)刘雨秋拍摄

1972 年，约翰·波特曼就用这样的理念，把原来属于酒店的空间让出一部分给城市，反而提升了酒店的活力。

著名的日本建筑师、普里兹克奖获得者槙文彦设计的代官山集合住宅，也秉持着这样的让渡共享理念。原本住宅空间的归属是很清楚的，但有没有可能把一部分空间让给城市、让给路人，让其他人在这里活动，由此产生更多复杂、多样和生动的城市空间？代官山集合住宅从 1968 年起逐步建造，几十年间逐渐变成了一个非常活跃的、尺度宜人的住宅区。有室外空间、室内空间、半室外空间，空间形式类似上海的新天地，具有自我循环的空间力量。

半个多世纪以前，纽约引入了一种“私有公共空间”。通过政策鼓励的方式调动私人经营的资本，将原本私有的小院改为一个口袋公园，化为城市公园的一部分。经大约 60 年的改造，纽约增加了 325 000 平方米的公共空间，就是由一个一个的口袋公园串联起来的。这就是一种让渡关系。

詹姆斯·斯特林(James Sterling)设计的斯图加特美术馆，与法国国家图书馆有异曲同工之妙。中央环形坡道是这个美术馆非常重要的元素，通过坡道，路人可以从山下穿越美术馆的屋顶走到山上。在这个路径中，人们可以免费欣赏到美术馆中庭里放置的公共艺术品，由此拉近了美术馆和城市的距离，这也是一种让渡。

还有著名的丹麦建筑事务所 BIG 设计的“8”字住宅，总平面像阿拉伯数字“8”。设计师把这些复式住宅用“8”字形环绕的街道组织起来，使人们不断地盘旋而上。这条街道不仅对住户开放，非住户也可以在每天早上 9 点到下午 4 点参观。而在下午 4 点以后，将入口拦上一根铁链条，这个小区就回归安静了，这也是一种让渡共享。

最后是荷兰建筑设计事务所 MVRDV 和西班牙建筑师布兰卡·里欧(Blanca Lleó)联合设计的 Celosia 庭院住宅。这座住宅与经济适用房相似，使用了一部分的公共资源，因此它的底层必须向公众开放，也是一种共享。

12.2.3 新兴的群共享(Group Sharing)

随着信息社会的到来,共享出现了一种新的形式——群共享。

通过手机 App 加入 QQ 群、微信群等,就可以使用群里提供的信息。比如在柏林街头,下载一个 App 就可以租用电动汽车,用完归还之后,下一个人就可以继续用了,如图 12-9(a)所示。

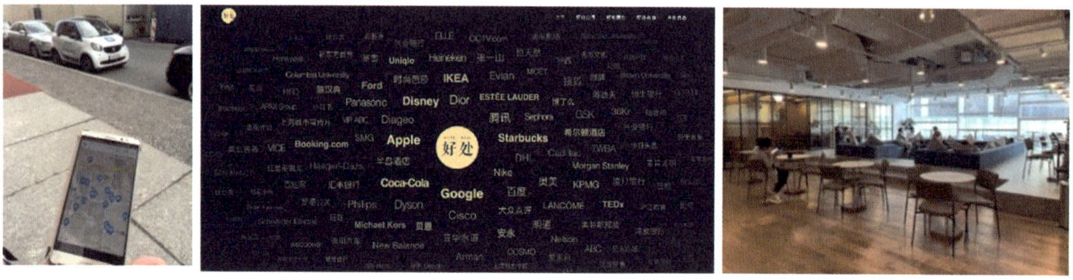

(a) 柏林共享汽车　　(b) 好处 (MeetBest)　　(c) WeWork 共享办公

图 12-9 "群共享"代表性案例

来源:(b)"好处"官方网站 http://www.meetbest.com/;(c)卢汀滢拍摄

同济大学校友何勇成立了一家叫"好处"(MeetBest)的公司,"好处"专门搜罗各种各样有趣的空间,然后出租。比如某位老师有一个特别有趣的小花园,但他并不会一年365天都使用它。而"好处"就可以和他签约,把这座小花园的信息放在网页上。在这位老师不使用花园的时候就可以租用。"好处"已经在上海拥有了几百个有趣的空间,很多大企业都成了它的客户。

同济大学还有位校友叫范凌,成立了一家公司叫"特赞",用共享的方式来进行设计、广告、传播的工作。

近年来共享办公企业 WeWork 活跃于全国各地,它的模式同样也是共享空间的群共享,是信息革命下应运而生的模式。

不光是这些联合办公的公司在发展共享,就连做灯具的某国际公司在上海的办公室,也采取了共享办公的方式。很多员工没有固定办公位,但是每个人都有一个柜子。员工可以提前去占座,就像去图书馆一样。

信息化改变了人的生活方式,建筑的"打开"方式也发生了彻底的变化,共享开始改变建筑的形式。

比如奥雷·舍人(Ole Scheeren)设计的新加坡高层住宅群翠城新景(Interlace),是将六层的住宅作为一个体块,在屋顶上形成共享的园林。

在柏林,还出现了一种联建住宅(co-housing)。比如有 40 户人家,大家联合买下一块地，然后按照各自的意图做出不同的东西来。

青年建筑师王硕设计的吉林松花湖新青年公社，是为一片游憩营地服务的青年宿舍。最有趣的是，它把本来的居住面积缩小，多出来的面积摆到居室外面，使公社内有更多的共享空间，包括玩游戏的地方、打乒乓的地方、发呆的地方、读书的地方等。他把人的活动引到了公共的区域，那么每个人的室内面积肯定就比以往要少。这跟追求“得房率”的目标正好相反，是把得房率降低，而增加了人们的交往空间。

从古到今的全民共享、让渡共享和群共享这三种形式（表 12-1）既有无条件开放，也有条件开放，还有群组内开放（表 12-2）。对于群共享来说，最鲜明的特征就是必须加入了群才能共享资源，使用者要遵守它的规则。

表 12-1　三种形式的共享与空间主体

	国家、政府	非盈利机构、社区	企业、个人
全民共享	 纽约高线公园	 香港中环天桥	 深圳建科大厦
让渡共享	 双子城连廊系统	 BIG 8 字住宅	 纽约惠特尼美术馆
群共享	 西班牙 Mirador 住宅	 新加坡 interlace 公寓	 四合院共享桌子

来源：李振宇，朱怡晨.迈向共享建筑学[J].建筑学报，2017(12)：60-65.

表 12-2 共享的开放性与空间主体

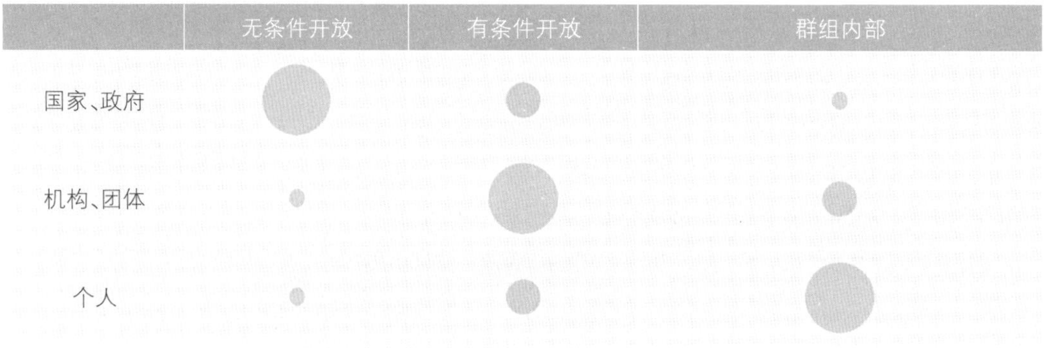

来源：朱怡晨绘

12.3 建筑共享的四种时空形式

共享不仅仅是空间的使用方式，更是一种空间交换价值的再生。共享建筑学探讨的，既是不同人群如何组织、联合和使用空间，同时也包括空间如何呼应当代城市的复合需求。一方面是城市建筑共享空间，如何面对城市多元生态差异化与异质性的包容及其对应的空间组织方式；另一方面是互联网时代多元、杂糅、不稳定且不断进化的共享行为，将如何影响空间的生产、交换与使用①。

“共享建筑学”分为四种空间上的表达形式，即分隔、分层、分时、分化（图 12-10）。

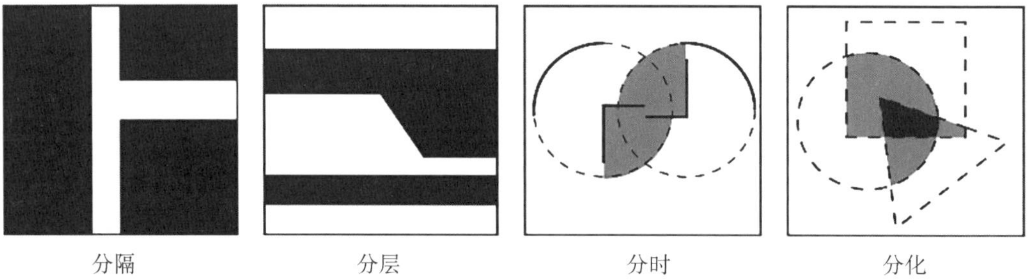

图 12-10 建筑共享的四种时空形式

来源：李振宇，朱怡晨.迈向共享建筑学[J].建筑学报，2017(12)：60-65.

12.3.1 分隔

过去评价一个设计，往往认为交通面积越小越好。而现在，模糊空间越来越体现出魅力。

苏黎世有一种“More than Housing”可持续合作建房，主要是给老人住的。它最特别

① 李振宇，朱怡晨.迈向共享建筑学[J].建筑学报，2017(12)：60-65.

的一点,就是扩大了共享空间。除了独立的居住空间,更是提供了大量的流动空间,让人们有交往,有共享,有对答。因为老人出去活动的机会少,如果不提供这样的共享空间,老人只能窝在卧室里,缺乏运动。这就是通过调节分隔的方法来实现共享。

还有一个关于分隔的小案例,由建筑师王辉设计的四合院共享桌子(图 12-11)。在这个四合院里,有五家人共同住在杂院里面。设计师做了一张水泥桌子,这张桌子有分又有合,五家人可以共同使用。分隔以后,各家既有独立又有合作,非常有趣。这个设计是从形式到内容、从具体到抽象的一种思想寓意。

福州的万创公社泊寓共享空间也是分隔共享的代表。底层的泊寓大堂,不同于以前的大堂拥有明确的功能,例如大堂吧、前台、等候区。这座大堂有图书馆、游戏室、研讨室等,功能非常多样。

图 12-11　四合院共享桌子
来源:陈尧拍摄

12.3.2　分层

桢文彦设计的深圳海上世界文化中心,坡道、屋顶都是用于共享的。

从另一个角度来看 MVRDV 设计的市场住宅。上部是带有院落的住宅,是正常的廊式住宅,住宅覆盖的下方是一个市场。共享的地方在下面,独享的地方在上面。笔者去参观过一家住户,从他家门厅可以看到楼下的市场。

斯蒂文·霍尔做的北京当代 MOMA,通过连廊来实现共享。

BIG 事务所设计的 W57,是把一栋高楼和一个街坊平面相结合,交互出来一个空间,设置了很多共享的功能,一般来说客人是不能到上面去的。这一层的空间虽然叫 library,但并不是图书馆,是一个比较“文气”的地方,可以谈话、交流,可能还有免费咖啡,以及其他的一些功能,比如游泳池、棋牌室等,见图 12-12(d)。

(a) 海上世界文化中心　(b) 鹿特丹市场住宅　(c) 北京当代MOMA　(d) W57

图 12-12　“分层共享”代表性案例
来源:(a)卢汀滢拍摄

12.3.3 分时

分时是第三种共享形式。

香港这座城市的空间很有趣。一般来说，香港的管理很严格，如果走错路、乱扔垃圾，或者在不能抽烟的地方抽烟，都会受到重罚。

图 12-13 香港中环周末公共空间共享场景

香港中环的连廊从周一到周五是很严肃的交通空间。如果你要摆一个小摊或者在这坐下来，警察就会干预你。但是在周末，绝大多数连廊空间都是开放的，这里可以成为家政服务人员聚会的地方。人们把硬卡纸往地上一放，这里就成为一家人聚餐的场所、同事朋友聚会的地方(图 12-13)。

12.3.4 分化

最后一种形式是分化共享(图 12-14)。

(a) 都市服装总部　(b) 侨福芳草地　(c) 康奈尔大学建筑学院

图 12-14 “分化共享”代表性案例

来源：(c)Brett Beyer 拍摄

费城海军码头，曾经是制造潜艇、航母、大型兵舰的地方，是非常重要的军工场所。随着时间流逝，军工功能转移出去了。如今，改造而成的都市服装(Urban Outfitter)企业总部就是一个大的集合店，有很多功能——时装、演艺、经济、餐饮、健身房、办公室、艺术家工作室、展厅等。分化成了很多不同的内容，但是这些内容共享一个整体的空间，又能够互相刺激。

电影《天下无贼》里有句台词："21 世纪什么最重要？是人才！"笔者认为，人才当然重要，但发展到今天信息化时代，人流、流量同样重要。能够给别人带来流量的，也能给自己增加流量。

因此，现在的设计思路跟以前不同。以前要求尽量缩短交通流线，现在却会有意识地适当扩大交通流线。一方面，流量能够互相支持；另一方面，也能让当下快节奏的工作和生活方式有所舒缓。所以在费城海军码头，我们可以看到很生动的场景，有的人在吃饭，有的人在走路，有的人在排队，有的人在工作。

由 SOM 设计的纽约新设计学院（New School）虽然只有一栋楼，但各种功能却是叠合的。在其内部，教室不只是教室，宿舍不只是宿舍，图书馆不只是图书馆，也不仅仅是把这些功能复合在一栋楼里，更重要的是通过交通、流线、人和空间的相互叠合，实现共享的状态。

在北京的侨福芳草地，有一条步行街从芳草地内部的建筑群穿过。这一建筑群上面有屋顶，下面有下沉广场。这是一种新的表达形式，可以被称为是分化共享。

康奈尔大学建筑学院是另一种分化共享的形式。康奈尔大学是最早对中国留学生开放的美国大学，除了秀美的风景，还有贝聿铭设计的东亚艺术馆。建筑学院的教室不分年级和班级，整个建筑学院的课堂就在一个共享的空间里，学生之间可以互相分享设计过程，共享教室下面是一组报告厅。这里原为巴黎铁路系统的一座车辆工厂，现在被改造成一个共享的办公空间，在共享办公的另外一面，有一个特别生动的共享庭院，用各种各样的旧椅子、旧桌子组成一个咖啡吧。

12.4 共享的实践

接下来简单讲一讲我们团队的实践。我们和王骏老师等合作设计了嘉兴角里街冶金厂更新的城市设计（图 12-15），设计目标就是共享。通过共享，实现老房子和新的青年公寓、老房子和新酒店之间的新老对话，提出了"4321"的设计意向。

"4"：保留四种元素。即保留原来的道路结构，保留原有的绿化，保留有价值的建筑，保留有价值的工业遗迹。

"3"：实现三种功能。这三种功能叫"442"，即 40%的办公功能、40%的居住功能、20%为城市和社区提供服务的基础设施。如果我们需要音乐厅、体育馆或羽毛球馆，可以对大型工业建筑进行改

图 12-15　嘉兴角里街冶金厂更新城市设计方案
来源：同济大学建筑设计研究院共享建筑工作室

造，没必要拆旧建新。

“2”：通过新建和插建两种方法来进行建筑的呈现。

“1”：建立一个多元共享的城市社区。

武汉大学工学部第一教学楼原来是一栋高楼，由于影响了东湖的风景而被拆除。在重建工学部的设计竞赛中，规定新建教学楼高度不得超过 27 米。于是，我们团队把整个高 27 米，宽约 80 m 的体量横向切成三部分，纵向切成五部分，通过左右推拉，使所有间隔出来的地方形成共享的小空间，这样就形成了一个特别有意思的建筑（图 12-16）。这个方案初评第一名，可惜最后没有采用。

图 12-16 武汉大学工学部第一教学楼设计方案

来源：同济大学建筑设计研究院共享建筑工作室

常州皇粮浜学校和全民健身中心，是一个小学、中学和少年宫三位一体的项目（图 12-17）。小学、中学、少年宫共用一个田径场，全民健身中心和学校共用同一个操场、同一个地下室。因为来全民健身中心健身的人和接送孩子的家长是错峰的，这样的共享可以使同一个空间发挥更高的使用率。

同时，项目不仅实现了空间的共享，还实现了人的共享。每个中小学都要聘不同项目的体育老师，且配置人数是有标准的。但是，体育老师在学校的工作量不多，收入也不算高，学校留不住优秀的人才。为此学校想了一个办法，让体育老师 40% 的工资由学校发，60% 的工资由全民健身中心发。这样一来，体育老师白天在学校教体育课，傍晚去全民健身中心做职业教练。通过这种共享方式，把资源组合起来，实现共享校园。

图 12-17 常州皇粮浜学校和全民健身中心

来源：吴清山拍摄

这个项目还做了一个有趣的设计。由于建筑入口在西面，所以在南楼设计了一个台阶形的圆弧面，北楼则设计为一个倒台阶型的圆弧面，这样就能让冬天广场上有最多的日照。①

奉贤“美优谷”是我们团队中标的一个城市设计方案，设计思路就是以共享为连接体。

① 李振宇，宋健健，张祎言.教育体育结合，空间多重共享：常州皇粮浜实验学校设计[J].时代建筑，2021(5)：134-139.

一般来说，城市设计是考虑外部界面，但这次的设计，却把进深 200 米的地块切开一道，另一边进深 100 米的地块也切开一道，围绕着切面里的峡谷状共享空间来做城市设计，让共享空间成为每一个办公楼、每一个入驻企业的秀场、后花园、展示面，成为和客户沟通的最好场所（图 12-18）。

春夏秋冬，共享空间里有不同的景观，也组织了四种不同的绿地，有专属的绿地、租用的绿地、共用的生态绿地，还有能够定制、轮番使用的共享绿地等。最终呈现出来的，是在中间的峡谷状景观通道里所看到的共享空间。

2019 年，同济大学联合团队做了一个大型一体化设计——海南国际教育试验区。建设“国际教育创新岛”是海南发展的重要功能定位之一，同济大学联合团队一体化设计中标，投标中提出“共享改变形式”的理念。

学院带、共享带、生活带共同构成校园的整体结构，这种校园的形式是独一无二的。整个校园是开放的，沿岸是学院带，每个学院都有个开放的 1 000 平方米的庭院；中间是学校的共享带，后面是生活带，有配套的居住、会展、办公等空间（图 12-19）。

图 12-18　奉贤“美优谷”城市设计方案
来源：同济大学建筑设计研究院共享建筑工作室

图 12-19　海南国际教育试验区规划设计方案
来源：同济大学建筑设计研究院共享建筑工作室

12.5　共享建筑学：21 世纪的建筑学

共享建筑学有可能就是 21 世纪的建筑学。在第三届联合国住房和城市可持续发展大会上提出的《基多宣言》，宣告了“人人共享城市”的共同愿景，提出要建设包容、公正、安全、健康、便利、有韧性的和可持续的城市及人类社区。①

21 世纪的建筑学有可能面临着以下四大转变。

① 2016 年 10 月 17 日至 20 日在厄瓜多尔首都基多召开的联合国住房和城市可持续发展大会（简称“人居三”）。

(1) 从体验到算法。建筑学以前依靠经验公式，有资料集可以翻阅。但是到了今天，“阿尔法围棋”可以通过精确计算来下棋，一切的体验都可能转化成算法、转化成数据。

(2) 从单纯谈论建筑美学到关注建筑的社会公平，关注建筑与经济、生活关系的转变。

(3) 从现代到当代。如果说“现代”是牛仔裤，那“当代”就是破洞牛仔裤。当代艺术追求的不是古典的甜美、完整、气势宏大，它追求的是桀骜不驯和“酷”，是那种能够给人带来思辨的，甚至于有时候微微苦涩的“酷”。

(4) 从专属到共享。比如原来老师有一间办公室，但可能 10 年以后的老师就没有办公室了。图书馆里任何一个地方都可以是办公室，老师不再需要专属的空间了。

这次疫情激发了很多虚拟课堂的出现。很难想象同济大学在 100 多天里，没有使用教室，但教学还在正常进行。这是不是会使建筑产生根本性、革命性的变化？

我带着本科生做了一门设计课“共享建筑：同济书院”，设计任务是在同济大学校园里造一栋楼，作为一个共享的同济书院。它相当于同济大学的展示厅，有 10 个学生轮流住在里面。书院里可以有展厅、图书馆、手工教室，可以用来欢迎外单位来交流的学生，也可以给学生家长提供咨询，为报考同济大学的青年学子预留校园印象。

我和同学们一起去调研了具有共享性的上海老船厂，对共享需求做出分析。从个人休息空间、公共空间、运动、餐饮、阅览、研讨、展览、实验、集会、信息和停车、底层、快闪店、跳蚤市场、游戏、快件集散等需求出发，探究能不能从 1 个人出发，从而影响 100 个人，传播至 1 000 个人，甚至对 1 万个人提供咨询服务。最后，学生们做出了各种各样的设计，这些设计和已有的建筑形式是不一样的(图 12-20)。

(a) 学生作业模型　　(b) 设计课答辩海报

图 12-20　设计课“共享建筑：同济书院”部分成果
来源：同济大学建筑设计研究院共享建筑工作室

无独有偶，同济大学建筑与城市规划学院请章明老师设计了一个共享教室。这个共享教室不是给特定年级使用的，而是谁都可以来用。实施完成以后，常有同学在那开小组讨论、放幻灯片(图 12-21)。

图 12-21　同济大学建筑与城市规划学院共享教室
来源:王炎初拍摄

我给 2018 年“清润杯”大学生论文竞赛拟的出题词是这样的:

从建筑和城市诞生之时起,共享的属性就一直存在。区别在于共享主体、方式、时间和其他限制条件的不同,工业革命以后,社会组织方式和生产效率大幅度提高,“形式追随功能”的理念影响了几代人,建筑和城市空间越来越被分门别类,以专属为目的、效率为优先的建筑类型成为普遍现象。共享似乎只是“公共建筑”“公共空间”专有的职责。

今天,随着信息化、全球化的发展,共享时代已经在敲门。以网络、大数据和个人移动终端为依托,共享经济渗透到生活的每个角落。在共享的需求下,我们面前、我们心中的建筑和城市空间会改变吗?我们对建筑和城市的认知方式和使用方式会改变吗?

在此,请大家关注以下几类问题,以及其他相关的问题:(1)共享的历史发展;(2)共享经济、共享生活与城市和建筑的关系;(3)共享的主体与客体;(4)共享建筑的时间、空间模式;(5)对城市和建筑类型的预期;(6)建筑师职责可能的改变。

为了实现共享,我也参与尝试。买了一张 WeWork 共享办公会员卡,带了一组设计师在 WeWork 工作了一年多,受到很多启发。我们愿意把共享作为一种推动社会发展的新动力,给我们的未来、我们的建筑、我们的城市、我们的设计带来新的影响。

共享已在,未来已来。

13 绿色建筑*

宋德萱**

近几年来，随着绿色建筑在各地蓬勃发展，绿色建筑节能技术逐渐成为一个持续热门的话题。然而，鉴于各地区经济发展参差不齐，各地绿色建筑指标规范的差异性，造成了绿色建筑在各地区发展不均匀的现状。由此，本章将详细阐述什么是绿色建筑以及绿色建筑应该怎么做。

13.1 绿色建筑的定义

关于绿色建筑评价体系的定义，分别在 2006 年、2014 年以及 2019 年前后进行了三次修订。2014 年，对绿色建筑的定义以"四节一环保"为主，其定义为节能、节地、节水和节材，以及环境保护。节能，作为绿色建筑的首要目标，是通过节约能源及资源的手段达到环境保护的目的。

对于绿色建筑的其他定义，关键词是"建筑的全生命周期"这一概念，它指的是：一个建筑物，从建材的制作开始，经历运输、施工，建筑物的日常使用，最后到维护拆除的整个过程当中，均要落实绿色建筑的概念。但是由于各地经济发展的不均衡，只有少数发达国家做到了全程落实绿色概念，而在中国，更多的是强调使用过程，即绿色建筑使用过程。从过去 10 年内绿色建筑标准的评估数据中可以发现，单纯的设计标识容易实现，设计者只需将绿色建筑思想或者手段通过图纸展示。而在绿色建筑评价的环节中，运行标识的评定比较难，因为其技术的特殊性，往往需要更为尖端及复杂的手段。这也侧面解释了绿色标识的演变过程，是以最早的设计标识为主体到现在的运行标识为主体。

绿色建筑在中国的发展，经历了从起步到成熟，最终和世界接轨的过程。在结合了国情和因地制宜的背景下，绿色建筑在中国的发展过程扎实又迅速。然而，在经过近 10 年发展后，绿色建筑在如何节约资源方面，遇到了瓶颈期。所以如何平稳度过瓶颈期以及解

---

* 本章主要结合 2020 年同济大学国土空间规划人才研究与培训中心举办的公益培训讲座及作者的《城市居住行为与住区生态修复的重构》《上海高密度住区内绿化体系对热环境影响的实测及评估》等论文整理。本章图片除特殊标注外，均由作者提供。

** 宋德萱，同济大学建筑与城市规划学院教授，中国建筑学会零能耗建筑学术委员会副主任委员，中国教育部建筑学专指委建筑技术教学工作委员会副主任委员。邮箱：dxsong@tongji.edu.cn。

决眼前的难题，是我们环境可持续发展的一条必经之路。

13.1.1 气候适宜性和性能目标

绿色建筑是以气候适宜性和性能目标为导向。气候适宜性体现在针对不同的气候环境应提供相应的绿色技术，考虑到当地特殊的地理环境和气温条件应采取对应的技术手段，如通风、遮阳等。

性能目标指的是绿色建筑的最终目的是落实绿色建筑的性能以及满足各项指标体系。因此，在绿色建筑评估当中，会针对各项标准达标度进行打分评判，最终形成了评估的一个导向。

13.1.2 主被动式与被动式绿色建筑的区别

绿色建筑技术主要分成两大类：主动式技术与被动式技术。在绿色建筑中提倡以主动式与被动式技术相结合的方式达到最终节能目的。主动式技术指的是以使用设备为主要方式，通过如空调等大型设备的购置及安装使用，并经过工程师的配置，最终达到节能的目的，这种主动式技术通常会产生大量的资金开销；而被动式技术强调的是设计手段。在建筑设计、室内设计或者是在景观设计当中，采取一种适用或者创新的设计方法进行节能的工作。这些技术方法大多是一些传统的“低”技术方式，其共性是：低造价、低耗能，甚至零耗能的特点，这些技术被规划在被动式技术范畴内。

现存的绿色建筑更关注对被动式技术的应用，因为从主动式技术的角度出发，有设备就有耗能，就会造成大量资金的开销和人力的投入；而被动式技术恰恰可以通过创新的设计方法很好地解决这些问题。然而，完全的被动式技术还需要一段很长的发展之路。特别是针对极端的气候地区，例如高热和高寒地区，在其极端的气候下，完全使用被动式技术仍然会面临很大的问题。因为单纯的被动式技术无法满足使用者对舒适性的需求。尽管被动式技术在绿色建筑设计中是首选的节能手段，但是也应该关注如何通过主被动式技术良好的结合来解决实际问题。

关于主被动式技术应用的争论，到今天尚未停止。2020 年，我国召开了多次会议来认定主动式与被动式的定义。中国建筑学会成立了两个委员会，分别是被动式建筑学术委员会(又名零能耗建筑专业委员会)和主动式建筑学术委员会，这两个委员会均是对接世界的相关机构，目的在于开展绿色建筑的研究与交流。综上所述，明确认知被动式技术与主动式技术的重要性，均有助于提升绿色建筑的目标体系的明确性。

2014 年以来，绿色建筑的发展也曾经历过一段弯路。很多绿色建筑配套了大量的设备，预判了其良好的性能与节能结果，然而经过时间的考验，结果证明这些建筑并没有达到理想中的绿色节能效果。其中最大的问题在于没有对主动式与被动式技术进行良好的结合运用。有研究表明,在过去的若干年中,国内很多绿色建筑评价往往都是以主动式为主,在设计过程中,由于设计者专业背景大比例为设备工程师,设计理念停留在使用设备来解决性能不达标等问题,这种过度依赖设备的方式最终造成了高能耗的结果。基于这些问题,在 2019 版的绿色建筑标准体系中,更加强化设计创新的重要性,尤其强调在健康、安全的背景下开展的创新设计。

13.2 绿色建筑的法则

绿色建筑的法则主要有四点。

第一,善待环境。在进行绿色建筑设计之前,首先要对当地环境要素进行研究,除了特有的气候条件与地形地貌之外,还需要对所选用的材料进行筛选。绿色建筑提倡就地取材,充分利用当地材料的性能并加以完善和创新,发挥材料更高的性能。

第二,以人为本。绿色建筑本着为人服务的原则,以舒适、健康、可持续发展为宗旨进行建筑设计。绿色建筑包括很多节能的措施,但不能以牺牲使用者舒适度来达到所谓的"节能"。在以人为本的宗旨下,提高建筑舒适度的同时,达到绿色节能的效果,这一点是绿色建筑法则中的重中之重。

第三,被动式节能技术。被动式节能技术的使用是具有地方性、传统性、低价格性、低技术性的技术。中国传统民居中就包含了大量值得借鉴的节能技术,可以很好地回应相应的气候问题,这些传统的节能技术,在北方南方都有各自典型的案例,例如南方骑楼中加入了对自然通风的考虑。这种在传统民居中地方性技术的使用,如今都被归纳在被动式技术一类里,所以这解释了技术的传承性在当代绿色建筑中的重要性。我国在绿色建筑方面有很多大师,例如刘家平院士,他专注于窑洞的研究。窑洞设计中体现了与当地传统思想及文化所结合的绿色建筑思想,这些思想与技术都值得如今设计者研究与挖掘。现如今,城镇化进程加快,新农村建设日新月异,设计者们更专注于农村面貌和住宅造型上的改变,却忽略了对传统民居中被动式技术的传承和运用,而这些都会在未来造成额外的能耗与资金的损失。

第四,综合利用。绿色建筑设计中要对被动式技术进行综合考虑和利用,整个设计周期从设计、建造、取材都要贯彻绿色建筑的思想。绿色建筑思想在每个专业里都有不同的思考及其表达方式:景观专业会考虑到绿化水体,建筑专业会强调被动式技术的开发或综合利用,例如考虑建筑遮阳、自然通风等。而太阳能应用介于主动式与被动式之间,属于综合考虑下的技术应用。

除此之外,绿色建筑还有很多问题值得探讨,最重要的是绿色建筑技术要点,在绿色建筑的众多要素之中,技术是绿色建筑最大的一个支撑,只有充分运用设计范围以内的创新技术要素，才能让绿色建筑设计顺利进行(图 13-1)。

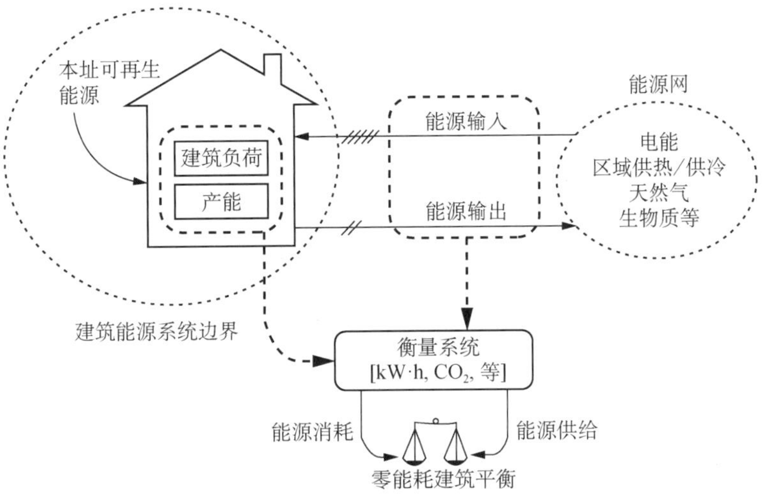

图 13-1 绿色建筑技术要点

13.2.1 绿色建筑的技术要点

关于绿色建筑的技术要素有以下两点：①高性能的建筑围护体系，即建筑的保温隔热结构，设计中要处理好建筑的墙、屋顶、门窗这些保温体系的保温与隔热；②可再生能源利用，例如太阳能、生物质能、地下冷热源等。再生能源的利用与自然采光、自然通风息息相关，主要体现为被动式自然通风与建筑遮阳的使用。绿色建筑节能技术不是狭隘的技术，它包含了很多与环境控制技术，例如光学和热学，相关的多因素技术。日常生活中，很多建筑的照明很好，设计很华丽，但它依赖电这种常用的能源来支撑运转，这种照明对于绿色建筑是没意义的。设计人员要做的是设法减少照明，增加自然采光，让自然采光代替人工照明，这才是正确的绿色建筑思想。因此，节能技术是解决绿色建筑问题的第一个要点。另外，绿色建筑需要综合多学科的技术与要素，其中不得不提到的是第二个要点——人文要素，人文要素将展现出绿色建筑中的人通过什么方式与绿色技术协同(图 13-2)。

13.2.2 绿色建筑的技术与人的关系

人与物的关系中，两者存在辩证关系，如何通过绿色建筑技术来满足人的需求，这是复杂的过程。

人本身就是复杂的个体，不同的人来自不同的地域、处在不同的年龄，对热环境、绿色建筑等都有不同程度的需求。如果不去研究人本身的特质，而单纯地研究某一种技术应

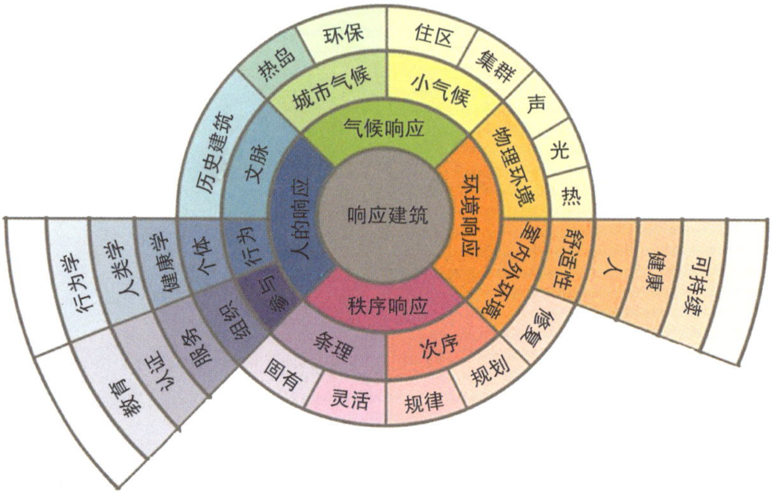

图 13-2　绿色建筑人文要素

用体系，是不现实的。所以，对人的研究要放在第一位。一群人的行为特征与个体的行为特征皆有各自的特点。小孩与老人对于同一热环境的理解感受不一样。如果在绿色建筑设计中，对不同年龄人群的行为特点缺乏思考的话，最终的结果是会造成高耗能，感到不舒适或不健康。绿色建筑要为人提供舒适健康的环境，以及反映出对人类学的思考及回应。例如气候响应、文脉与修复等，这些都是和人的行为习惯紧密相关的。国内有一个关于高密度住区环境的生态修复项目，数据表明，其室内设计非常好，而住区环境生态受损的程度非常大，室外空间几乎没有生态性的交流空间。近年来，政府对住区生态环境越来越重视，各地也都在尝试通过更新住区进行生态修复，这种把生态环境指标进行重新恢复的方式，就是以人为本的设计思考方式，因为人的活动，需要通过室外环境来满足很多活动需求，所以人文要素也是绿色建筑问题的要点。

13.3　绿色建筑被动技术的设计方法与策略

不同的环境会出现不一样的绿色建筑，考虑到生态环境、生态要素及其要素的优先性，对被动式技术的设计方法与策略有不同解释。

13.3.1　太阳能的应用

太阳能的应用是绿色建筑里面用途最广泛、最重要的一项技术。数据表明，在推广零能耗建筑技术的应用时，南方比北方要难得多，因为在南方不仅面临冬季的御寒问题，更要应对夏季的高温气候给建筑带来的影响，所以想要达到零能耗非常难。那么零能耗和绿色建筑是什么关系呢？零能耗实际上是绿色建筑的一个终结状态，比如绿色建筑三星标准，三星标准指的是建筑最后达到的能耗为零，这表明了绿色建筑中性能的重要性。有的学者提出，绿色建筑不应该仅是零能耗，建筑也要产能。然而距离这个目标还有很长一段路，因为零能耗实际上已经是比较遥远的目标，而产能是接下来一个要前进的方向。在此，要解释的是绿色建筑的零能耗并不是无耗能，所有的建筑都要耗能，只是这种建筑的耗能可以通过其他方式或者绿色能源进行补偿。目前，绿色能源95%以上都来自太阳能，这体现出使用太阳能是一种重要的技术方法。

太阳能在绿色建筑当中有三种使用方式：第一，光热转换；第二，光电利用；第三，被动式太阳能利用。

首先是光热转换，将太阳光能转化为热能，来升高水温，常见的太阳能热水器就是这个原理（图13-3）。然而太阳能的应用有一个难点，即太阳能与建筑的一体化问题，至今仍没有得到很好解决。

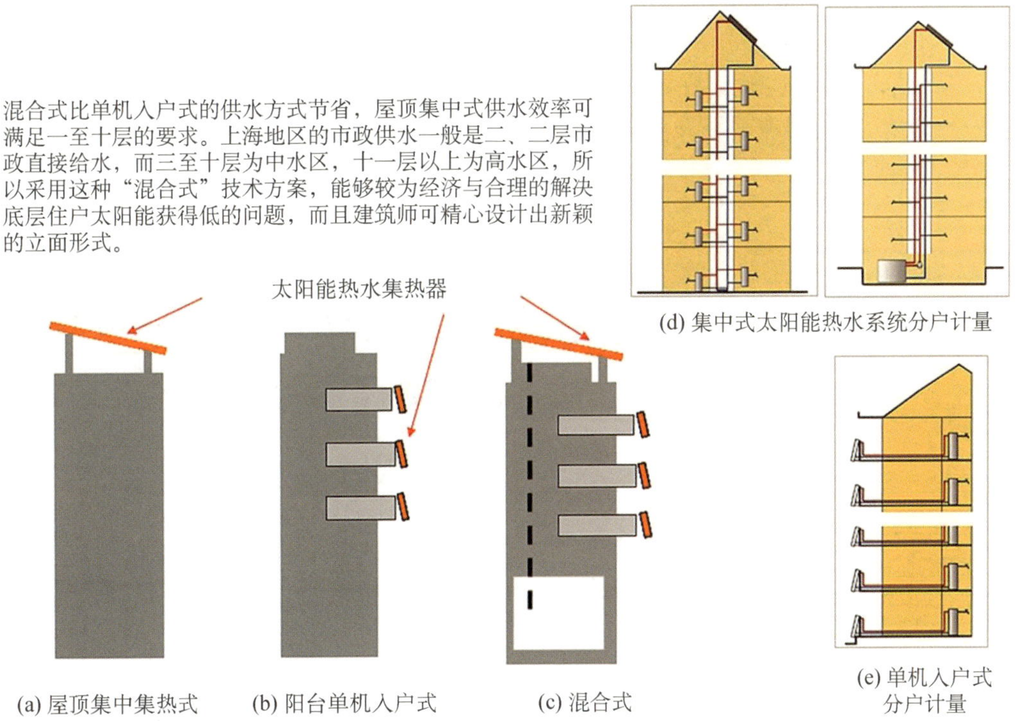

图13-3 太阳能热水系统一体化

上海市曾经有个高层住宅的太阳能一体化应用的项目，研究24米以上的小高层建筑对太阳能的依赖性。而如何做到太阳能与建筑一体化，分为三个方面：一是形式上的一体化，指的是太阳能的一些构件与建筑立面构件良好地结合；二是深层次的一体化，指的是譬如太阳能应用中一些需要进行清洗的构件，清洗方法的一体化；三是空间设计方面的一体化。比如住宅传统的平面布局与如今太阳能应用的方式相是矛盾的，一般体现在做住宅设计的平面布局时，厨房、卫生间都放置在北面，要把好的朝向——南面留给卧室与客厅。然而这种固有的传统设计思想和太阳能应用要求，产生了很尖锐的矛盾。因为过去厨房和卫生间的能源来源全部是煤气，对南北朝向没有要求，而现如今在采用了太阳能应用之后，技术的第一个应用对象就是针对厨房与洗手间。太阳能的构件一般需要设置在南立面，因为南立面是收集太阳能最好的位置，由此会出现设备管道过长的问题，从而人为地造成了节能效率低下。有些设计人员为了提升太阳能应用率，提议将厨房放在南向，在减少管道长度的同时，又符合使用者的行为习惯，然而这种现实与传统的争议又引发了新话题。如果为了达到太阳能一体化，就更改设计的话，对于住宅开发商而言，这种改变会影响设计的经济收益。所以如何协调一体化与设计矛盾的问题仍旧是一个待解决的难点。当设计者提到一体化，指的是在太阳能应用方面，要把太阳能利用和住宅建筑紧密融合，为了达到这个目的，需要有建筑构件预制厂技术的跟进，设计人员、建筑师设计概念的更新，开发商的推动，还有市场的理解和支持。由此可见，太阳能一体化技术的应用是一个很大的命题。

其次是光电利用，例如太阳能的光伏转换技术，研究如何将太阳能高效地转化成光电。现在中国越来越多的公共建筑用光电就是用太阳能发电（图 13-4、图 13-5）。

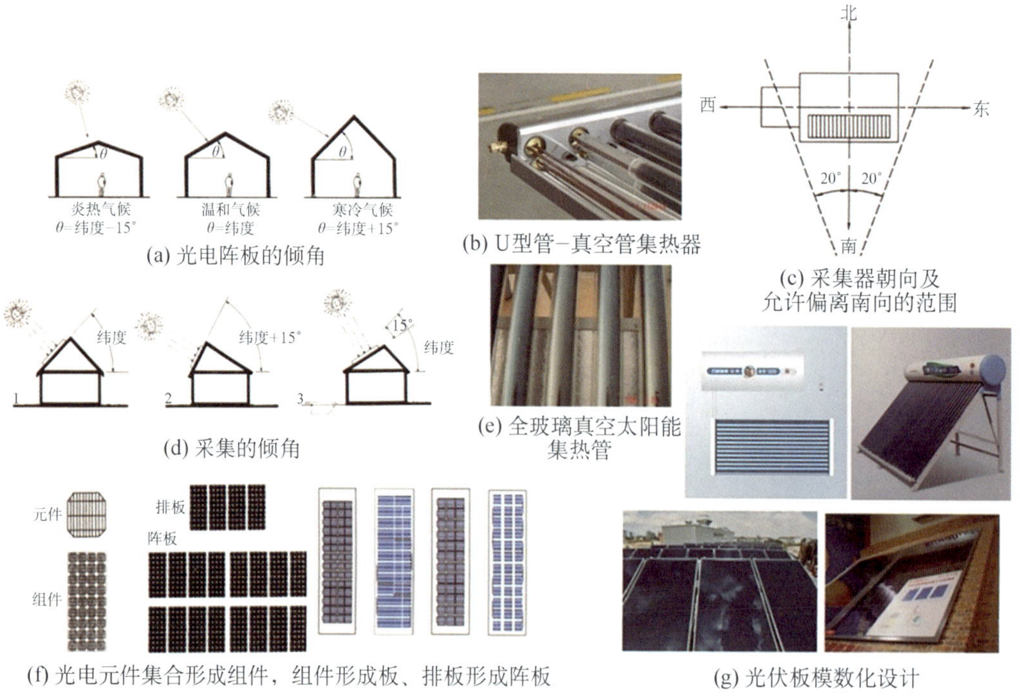

图 13-4　太阳能光电利用

图 13-5　阳台太阳能一体化住宅

最后是被动式太阳能利用，用太阳能的热源来调节室内空气的温度（图 11-6—图 11-8）。20 世纪 70 年代美国很多节能建筑是采用了被动式太阳能技术来实现的，现在的概念就是以当时的雏形为基础得以延伸与拓展。下面是一个太阳能高层公寓住宅的项目，很多高层、小高层都在尝试利用太阳能来节约能源。中国宁波曾经推广过一个节能规划项目，在多个住宅小区屋顶设置架空的飘板并搭配太阳能光电热水的使用构件。整个项目节能效果良好，节约了很多的费用与资源。

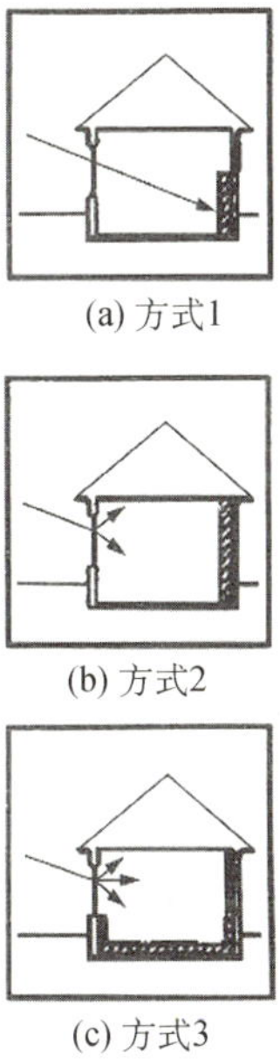

图 13-6　直接受益式被动式太阳能建筑

来源：宋德萱，赵秀玲. 节能建筑设计与技术［M］. 北京：中国建筑工业出版社，2015.

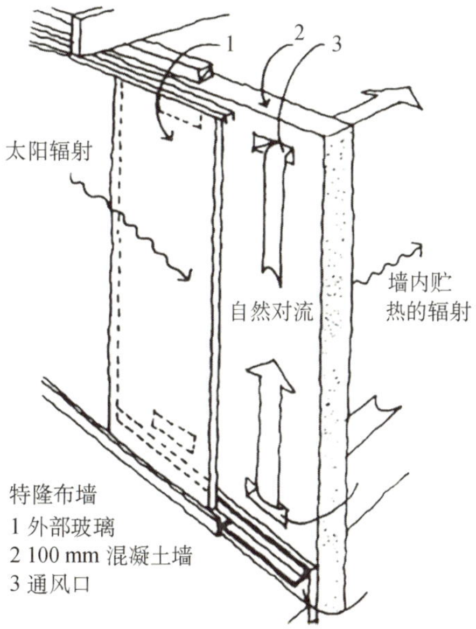

图 13-7　蓄热墙式系统

来源：宋德萱，赵秀玲. 节能建筑设计与技术［M］. 北京：中国建筑工业出版社，2015.

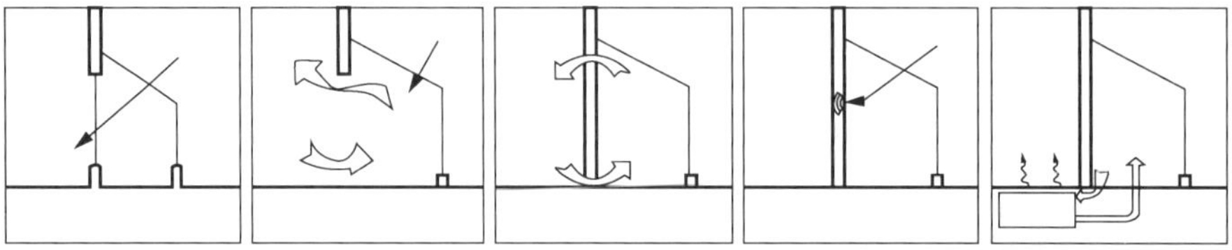

图 13-8 附加日光间

来源：宋德萱，赵秀玲.节能建筑设计与技术[M].北京：中国建筑工业出版社，2015.

中国有很多太阳能一体化的做法及太阳能应用的研究，特别是在山东，因为山东的地域气候为其应用太阳能提供了有利条件。山东建筑大学拥有两个国家重点实验室，一个研究地热利用方面技术，另一个研究太阳能一体化利用，这两个重点实验室均设置在建筑学院，足以说明国家对山东省研究太阳能资源应用能力的高度认可。高层住宅利用太阳能一体化技术，目前已经能达到可以不影响建筑外立面造型的程度，针对太阳能收集板清洗问题，可通过设置空调板对其进行维修、排水、清洗等。

13.3.2 自然通风

13.3.2.1 自然通风的作用

自然通风的优劣性直接影响对空调设备的依赖与建筑的最终能耗，良好的自然通风可以减少空调运转的时间并降低能耗。在建筑设计的初始，建筑师就应该考虑自然通风在建筑中的重要作用。同时，有关“自然”的两个概念——自然通风和自然采光，是建筑师在设计过程中必须要建立的不可或缺的基本设计思想，而这就是早期的绿色建筑思想。

13.3.2.2 室外风环境

要挖掘良好的室内风环境，首先要对室外风环境进行研究，达到室外风环境的可持续、绿色和节能目标，否则良好的室内风环境需要通过耗费大量的能源来进行主动式的调节。在做设计之初研究如何布置门、窗洞口等通风策略时，必须要了解地形特征这一情况，因为各地有不同的地形地貌，即使同一地形也会产生完全不一样的风环境特征——地形风。不论地域的主导风方向是什么，主导风在地形风的强劲干扰下都会改变主导风。相比山区，城市的地形似乎更为平缓，地形风不会对城市建筑的室外风环境造成过多影响。然而事实是，城市中高低错落的建筑物，造成了与山、丘陵类似的高低错落的风环境，很多高层建筑会对建筑风环境产生干扰，这种干扰也是一种地形风，所以地形风是研究自然通风的重点问题。

13.3.2.3 室内风环境

室内风环境有两个形成原因：第一个是风压通风，也就是由风压产生的气流，建筑物中两个立面之间会产生一个空气的压力差，这个压力差会产生对流，形成风压通风；第二个是热压通风，这种风环境过去一直被人忽视，现在又被建筑师广泛利用。什么叫热压通风？通过一个例子来解释：过去用蜂窝煤的炉子，点燃炉子很麻烦，最后冒出的烟雾很大，大家就会在炉子上面放置小烟囱，通过这个小烟囱，炉子自然会产生拔风效应，烟雾很快消散，这就是一个热压通风的典型范例。烟囱下部的风口大，上部的风口小，而且有一定的高差，这个高差在蜂窝煤燃烧的过程中产生热压，形成烟囱效应。

建筑设计中有烟囱效应吗？有，很多建筑场合都有烟囱效应的特性（图 13-9）。很多绿色建筑大师都是利用热压通风的原理，研究如何来做一个竖向空间，这个竖向空间可以很好地体现拔风效应，拔风越好就意味着里面空气对流越好。通过不同的竖向空间设计，来控制外部进入的风流大小与方向。同时，这个外来风来自哪里？水池或许是一个凉爽的空间，这些区域的空气温度会比较低，会把低温的空气通过热压通风效应，引导进入室内空间，以减少空调的使用。在春秋季可以利用热压通风来改善室内热环境，所以热压通风是很重要的室内风环境来源之一，这也是被动技术中经常采用的一种方法。

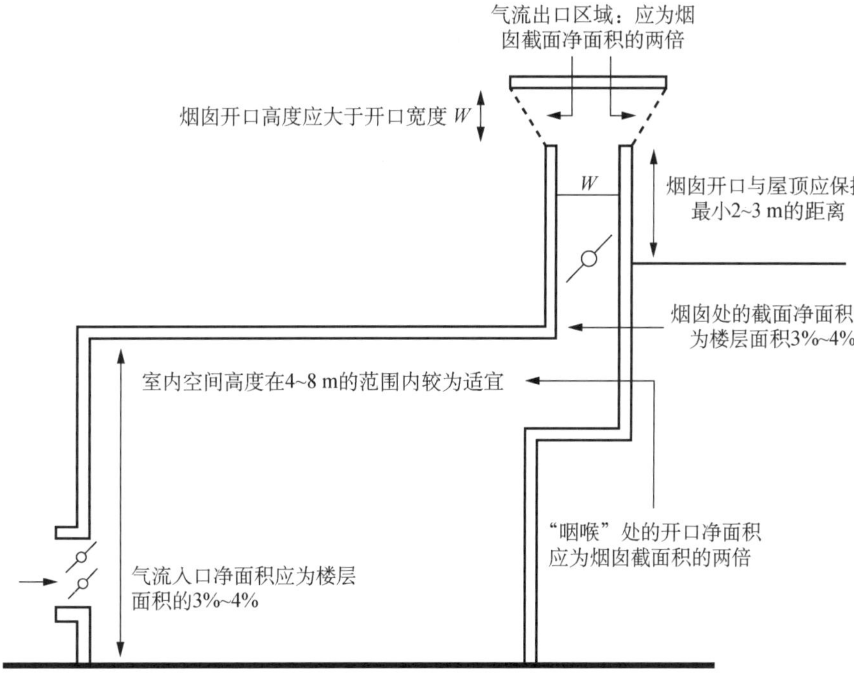

图 13-9 建筑烟囱效应

来源：宋德萱，赵秀玲.节能建筑设计与技术[M].北京：中国建筑工业出版社，2015.

13.3.3 建筑遮阳

建筑遮阳是绿色建筑被动设计中重要的技术方法，在南方的炎热环境下效果尤为明显。建筑遮阳中，不同立面有不同形式的遮阳方式，且不能通用。例如，某个建筑东立面遮阳体系使用者觉得很好、很漂亮，但是把它用在南立面却行不通。因为遮阳最大的功能是遮挡进入室内的太阳光，东立面的太阳入射角度，入射的方位角与高度角与其他立面上的不一样，很难适用在其他朝向的立面位置上。所以一定要针对不同的朝向环境去做适合不同立面的遮阳体系，这也解释了为什么不同的立面需要设置不同的遮阳方式。

建筑遮阳分为：水平遮阳、垂直遮阳和综合遮阳(既有水平的也有垂直的)(图 13-10)。如今，建筑遮阳发生了根本的变化，从传统的遮阳方式，发展到现代的遮阳方式，遮阳不再和洞口相关。传统的遮阳方式是有窗就有遮阳，而现代的是有需要就设置遮阳。例如某个立面是南方某建筑的西立面，即使在这个立面上面没有设置开窗，因为考虑到强烈的西晒问题，会考虑在这个立面外做一个遮阳体系，而这种处理方式可以很好地改善建筑热环境。现代遮阳方式可以有效减少太阳对于建筑物的辐射，提升节能效果。所以，现代建筑遮阳变成了一个有需求就去设置的遮阳体系，而不是有窗洞才做遮阳。

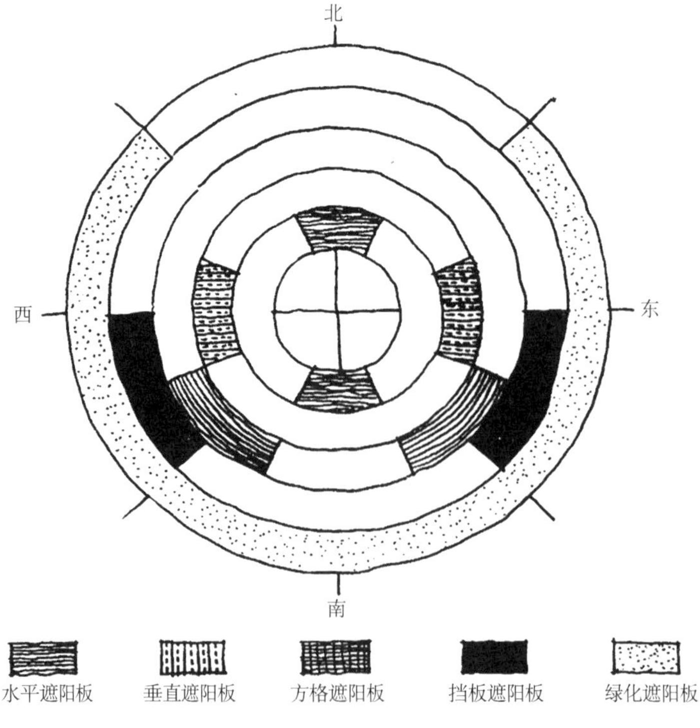

图 13-10 建筑遮阳形式和效果

来源：宋德萱，赵秀玲.节能建筑设计与技术[M].北京：中国建筑工业出版社，2015.

从传统遮阳，慢慢发展到现代遮阳。遮阳形式也在变化，现代遮阳的形式丰富多样，有表皮遮阳、绿化遮阳、绿植遮阳（立体绿化遮阳）和自遮阳。例如，2010 年上海世博会的中国馆实际上是一个较好的自遮阳建筑，通过建筑出挑形成空间遮阳（图 13-11）。每一层的窗紧挨上一层的房间，通过逐层出挑，形成建筑自遮阳。其实，中国传统民居中的冷巷就是一种自遮阳的雏形。冷巷利用了自遮阳的概念，可以保证夏天的石板路不被太阳直射，从而形成凉爽的室外步行空间。通过这种方式，冷巷可以吸引更多游客在石板路上行走，感受凉爽的步行环境。遮阳的设计也面临很多挑战，因为遮阳在建筑设计中是一个重要的立面造型因素，要同时协调好其功能性和装饰性也具有一定的难度。在一些建筑案例中，遮阳都是有很好的装饰性，但其功能性往往容易被忽视。

图 13-11　中国馆自遮阳

13.3.4　被动式绿色建筑实例

13.3.4.1　津巴布韦东门商业和零售建筑

津巴布韦东门（Eastgate）商业和零售建筑位于津巴布韦首都哈拉雷。从远处看建筑顶部设置很多烟囱，造型很像厂房。其实这些并不是用来冒烟的烟囱，而是用来排放热气的“烟囱”。该案例很好地把自然风引入建筑的室内，将地下空间的凉爽气流通过烟囱效应输送到上部的建筑空间中。在非洲国家，只有空间环境不经历太阳的直射，其环境才是舒适的。案例表明，两栋建筑之间形成自遮阳，无阳光直射，下部空间的凉爽空气可以通过这些竖向烟囱被吸引到上部的室内空间，气流可以在建筑空间内不断流动。在这种环境下，即使关掉空调照样很舒服，该案例很好地解释了热压通风对于绿色建筑的作用。

13.3.4.2 英国蒙特福特大学女王楼

英国蒙特福特大学女王楼是一个学校建筑案例。学校建筑一般都采取自然通风方式,尤其在欧洲国家更是如此。该建筑的剖面图是自然通风在建筑中如何运用的一个典型示范,此绿色建筑通风设计构思巧妙,每个房间都设置了一个烟囱,这些房间在热压通风的作用下,产生室内自然通风,改善了室内舒适性。由于欧洲的夏季气温平缓,在热压通风的作用下,室内气温变化更为明显,而这也给热压通风技术提供了巨大的使用平台。

13.3.4.3 上海零碳旋转屋

上海零碳旋转屋位于上海市川沙镇,迎宾大道东南侧(图 13-12)。这是一座零碳、零能耗建筑,其设计思想是贯穿绿色建筑体系,以实现全生命周期综合碳排放量小于零的目标。建筑的建设单位是当地的一个检测公司,其在设计整座办公建筑时,通过在建筑顶部建造一个可以 360°旋转的可追踪阳光的绿色建筑,近百分之百地利用太阳辐射,最终满足建筑的能耗需要。这个建筑物已经运行一段时间,设计团队通过监测各项数据来检测其最终的能源运行,效果显著。

图 13-12 上海零碳旋转屋

13.3.4.4 上海生态建筑示范楼

上海生态建筑示范楼位于上海市莘庄的建科院内(图 13-13)。设计负责人为江亿院士，该建筑包含很多绿色建筑的概念，是上海的第一栋绿色建筑。上海生态建筑示范楼通过多种生态技术的应用，最终使建筑的综合能耗降至普通建筑的 1/4；再生能源利用率占建筑使用能耗的 20%；室内综合环境达到健康、舒适指标；再生资源利用率达到 60%。这栋建筑也是上海世博会上海生态家的雏形，是一个成功的夏热冬冷地区典型的绿色建筑案例。

图 13-13 上海生态建筑示范楼

13.3.4.5 德国林茨会议展览中心

托马斯·赫尔佐格是德国著名绿色建筑大师，他的很多绿色建筑作品如德国林茨会议展览中心都采用了自然通风的技术手法。这是一个大型的展览空间，怎么做到自然通风？建筑师在顶部设置了一个飘板，从而形成了一个风速加速器，由于风速越快压力越小，这里就形成了一个负压区。负压区的形成体现了伯努利方程公式中风速、风压与高度的数量关系，也是对热压通风基本原理的利用。

13.3.4.6 瑞士再保险公司大楼

瑞士再保险公司大楼位于伦敦市中心，是伦敦第一座高层生态建筑，大厦的设计表达了激进的高层绿色建筑设计思想。借助计算机对空气动力学的研究，大厦对自然采光和自然通风进行了最大化的利用，以实现降低建筑能耗的目的。但因为建筑采取全玻璃的表皮设计，没有设置相应的遮阳装置，导致夏天的炎热阳光对建筑的室内热环境影响很大。

13.3.4.7 中国香港长洲岛明爱明晖营地绿色更新项目

明爱明晖营地位于中国香港长洲岛，原为青少年营地，拟改造成暑期活动营地。设计利用原建筑中庭的夏季下风侧位置（建筑的东北角）设置一处具备“烟囱效应”的竖向拔风空间，同时兼做自然采光口，利用热压通风来改变建筑室内整体的通风条件。为加强热压对通风的促进作用，在竖向空间顶端设蓄热墙吸收热能，夜间通过室内平面温度分布不均匀性来强化内部的自然通风，兼作冬季采暖系统（图 13-14）。

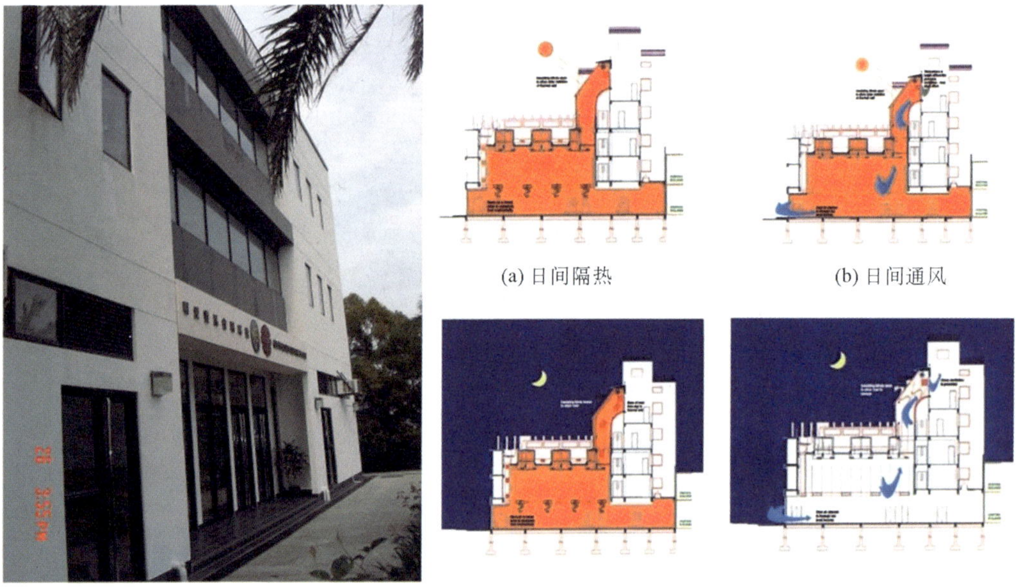

(a) 日间隔热　(b) 日间通风

(c) 建筑外观　(d) 夜间保温　(e) 夜间通风

图 13-14　中国香港长洲岛明爱明晖营地绿色更新项目

13.3.4.8 上海同济大学旭日楼的生态改建项目

同济大学的历史保护建筑旭日楼的绿色建筑改造项目（图 13-15），其目的是完成建筑的绿色与节能设计要求。旭日楼的绿色设计思路是利用自然通风、自然采光等绿色建筑被动式技术，计划利用太阳能板配合节能。这个项目起初由于造价原因被取消，后来通过邀请香港大学的暖通工程师进行通风与采光模拟，大量的实验数据为旭日楼的绿色建筑设计提供了充分的科学依据，最终使其成为同济大学校园内一个绿色建筑优秀实践案例。

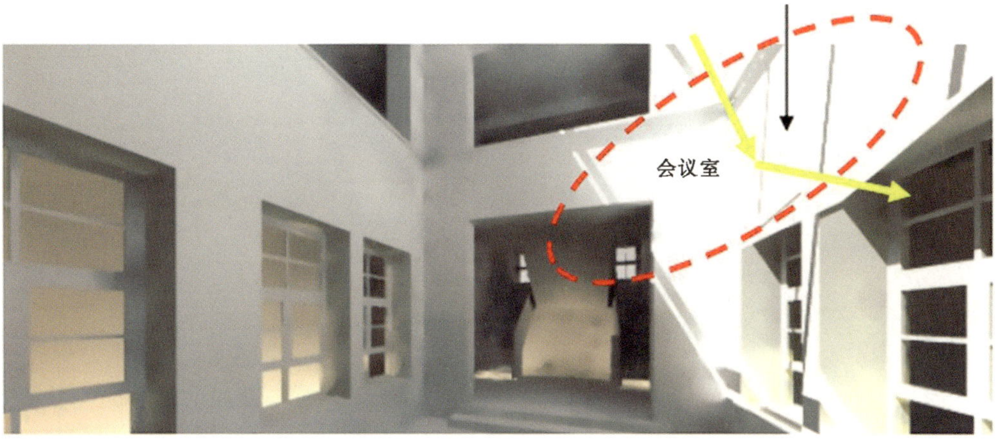

图 13-15 同济大学历史保护建筑旭日楼的绿色改建项目

参考文献

[1] 宋德萱,赵秀玲.节能建筑设计与技术[M].北京:中国建筑工业出版社,2015.

法规依据和技术支持

LEGAL BASIS AND TECHNICAL SUPPORT

14 国土空间规划管理技术规定的编制案例

耿慧志 于姗姗 邵浏瑜 槐国际*

14.1 国土空间规划的法规政策体系和技术标准体系

14.1.1 国土空间规划的法规政策体系

国土空间规划的法规政策体系可以分为国家体系和地方体系。对国家体系而言，包括五个层次的法规文件：全国人民代表大会及其常务委员会制定的法律、中共中央和国务院颁布的国家政策、国务院制定的行政法规、国务院各部(委、局)制定的部门规章、国务院及国务院各部(委、局)制定的行政规范性文件。对地方体系而言，包括四个层次的法规文件：地方性法规、地方政策、地方政府规章、地方政府及其组成部门制定的行政规范性文件。其中，只有省(自治区、直辖市)和设区的市的人民代表大会及其常务委员会可以制定地方性法规，也只有省(自治区、直辖市)和设区的市的人民政府可以制定地方政府规章。

地方法规政策体系是对国家政策法规体系的细化和补充，国家体系规定的是全局性、整体性和根本性的问题，需要地方结合地方的实际情况细化和充实，通过具体规定和补充规定增强其可操作性。同时，地方性法规政策体系也是在国家体系基础上的探索和创新，国家体系作为我国全局性、根本性的法规政策规范，不可能事无巨细，对我国经济社会生活中的每一项内容都作出规定，这就需要地方性法规政策根据地方实际情形，作出一些创新性的探索。

《中华人民共和国行政诉讼法》第 52 条规定，"人民法院审理行政案件，以法律和行政法规、地方性法规为依据。地方性法规适用于本行政区域内发生的行政案件。"第 53 条规定"人民法院审理行政案件，参照国务院部、委根据法律和国务院的行政法规、决定、命令制定、发布的规章以及省、自治区、直辖市和省、自治区的人民政府所在地的市和经国务院批准的较大的市的人民政府根据法律和国务院的行政法规制定、发布的规章。"由此可以

---

* 耿慧志，同济大学建筑与城市规划学院副院长、教授，中国城市规划学会城乡治理与政策研究学术委员会副主任委员、小城镇规划学术委员会委员，上海规划委员会社会经济文化专业委员会委员。邮箱：genggeng@tongji.edu.cn。于姗姗，上海同济城市规划设计研究院有限公司西北分院总工。邵浏瑜，上海同济城市规划设计研究院有限公司西北分公司主任规划师。槐国际，上海同济城市规划设计研究院有限公司西北分公司主任规划师。

清晰地看出各个层次国土空间规划法规的法律效力：法律、行政法规、地方性法规是法院进行司法审查的依据；规章是司法审查的参照，人民法院进行司法审查时，既不是无条件地适用规章，也不是一律拒绝适用规章，人民法院没有必须适用规章的责任，并对规章有一定限度的审查和评价权；其他行政规范性文件没有列入司法审查的依据或参照。

14.1.2 国土空间规划的技术标准体系

《中华人民共和国标准化法》(2017 年修订)规定，我国各类标准分为国家标准、行业标准、地方标准、团体标准和企业标准 5 类，国家标准分为强制性标准、推荐性标准，行业标准、地方标准是推荐性标准。强制性标准必须执行。第 2 条规定，国家鼓励采用推荐性标准。由此明确了国家强制性标准的法律效力，即强制性标准是必须执行的。

第 13 条规定，地方标准由省、自治区、直辖市人民政府标准化行政主管部门制定；设区的市级人民政府标准化行政主管部门根据本行政区域的特殊需要，经所在地省、自治区、直辖市人民政府标准化行政主管部门批准，可以制定本行政区域的地方标准。《甘肃省标准化条例》规定，地方标准包括省地方标准和市(州)地方标准(图 14-1)。

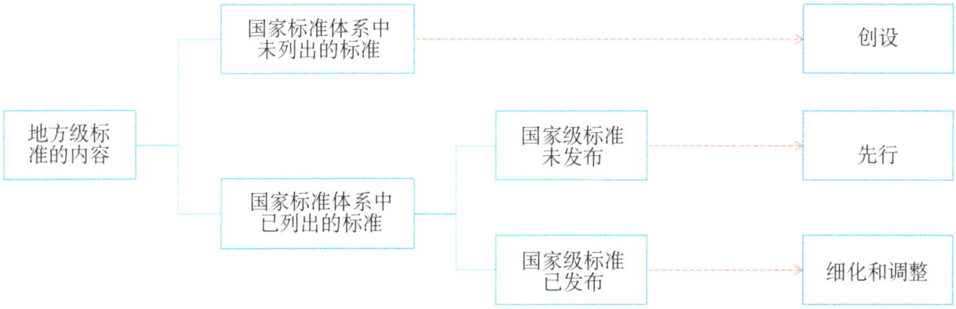

图 14-1 地方层面标准与国家层面标准的关系
来源：作者绘制

可以看出，技术标准体系中的国家强制性标准被《标准化法》赋予了强制执行的规范效力，而推荐性标准则缺少了法律规定的条文保障，其规范效力更多是建议性和引导性的。

14.2 《规划管理技术规定》是技术标准的集大成者

14.2.1 《规划管理技术规定》的地位和作用

《中共中央国务院关于建立国土空间规划体系并监督实施的若干意见》(以下简称《若

干意见》)提出,建立国土空间规划体系并监督实施是党中央、国务院作出的重大决策部署,是国家治理体系和治理能力现代化的重要保障。明确了建立国土空间规划体系并监督实施的时间表:①到2020年,基本建立国土空间规划体系,逐步建立起"多规合一"的规划编制审批体系、实施监管体系、法规政策体系和技术标准体系;基本完成市县以上各级国土空间总体规划的编制,初步形成全国国土空间开发保护的"一张图"。到2025年,健全国土空间规划的法规政策和技术标准体系。目前,国家层面的国土空间规划技术标准体系仍在构建当中,《市级国土空间总体规划编制指南(试行)》(自然资源部2020年)、《国土空间调查、规划、用途管制用地用海分类指南(试行)》(自然资源部2020年)(以下简称《用地用海分类》)《国土空间规划城市设计技术指南》(TD/T 1065—2021)等多个国家标准、行业标准陆续发布。② 国土空间规划覆盖山、水、林、田、湖、草、沙全域全要素,要素之间涉及技术标准、认定方法和内涵不完全一致,加之国土空间规划体系的重构涉及两个部委的技术标准整合,目前标准化工作滞后于国土空间规划实践,在与国家标准动态衔接的同时,地方技术标准应结合地方发展阶段和特点进行补充和完善。

《规划管理技术规定》是对城市规划的编制与管理的技术要素进行通则式规定的各种技术规范的梳理与整合。[1]是各地在国家法律及相关行业标准框架下,针对城市所在区域、地方发展差异与特色、管理工作的重点和难点,提出的适用地方管理需求的综合性技术要素管控。同时,也为国家标准和其他地方规范的制定起到了很好的探索和示范作用。

14.2.2 各地《国土空间规划管理技术规定》解读

14.2.2.1 《中山市国土空间规划技术标准与准则》和《十堰市国土空间规划技术规定》

《中山市国土空间规划技术标准与准则》对国土空间规划分区、"三线"划定、国土空间规划用途分类、建设用地规划标准内容进行了规定,与《用地用海分类》等国家标准、政策要求进行衔接。同时,对村庄规划中生态空间、生产空间、生活空间等内容也根据国土空间规划体系下的村庄规划新要求提出了相应规定。

《十堰市国土空间规划技术规定》则以推进"多规合一""多审合一""多测合一"为出发点,在原《十堰市城市规划管理技术规定》的基础上,增加了国土空间布局和信息平台建设内容,管控重点仍主要为容积率、建筑密度、公建配套规划、天际线、建筑高度、山地风貌等传统城市规划管控内容,并对卫生防疫体系规划制定了专门规定。

---

① 新闻办就《中共中央国务院关于建立国土空间规划体系并监督实施的若干意见》有关情况举行发布会。

② 《市级国土空间总体规划制图规范(试行)》《都市圈国土空间规划编制规程(报批稿)》(TD/T)《城区范围确定规程(报批稿)》(TD/T)《国土空间规划城市体检评估规程》(TD/T)《社区生活圈规划技术指南》(TD/T 1062—2021)《历史文化名村保护与修复技术指南》(GB/T 39049—2020)

（1）内容要素

中山、十堰两市规划管理技术规定均包括国土空间规划用地分类与管理、开发强度、用地规划布局、公共设施、市政公用设施、交通设施、城市设计、建筑管理、城市地下空间、城市防灾及文化遗产保护等方面内容。除此之外，中山市增加了村庄规划内容要素，十堰市对国土空间规划实施监督、信息平台建设进行了规定。

（2）管控深度与编写体例

在市政公用设施、道路交通设施、公共设施、用地分类与管理方面，两市规划管理技术规定管控深度类似，均在详细规划层面提出了具体要求。同时，根据地方发展和工作需求的差异性，中山市在开发强度方面对容积率、建筑密度、绿地率等指标提出了更具体的要求，并确定了开发强度分区。

两市规划技术管理规定均采用技术标准形式。规范要素、内容和深度较为完善，采用多层级条款形式，并采用图文并茂的方式来解释说明技术规范的专业化要求，便于规划管理人员使用。

14.2.2.2 《深圳市城市规划标准与准则》

自1990年颁布试行以来，《深圳市城市规划标准与准则》[4]（以下简称《深标》）于1997年、2004年和2013年先后三次修订。① 深圳市作为较早编制规划管理技术规定的城市，《深标》随着城市社会经济发展背景的变化和规划建设思路的调整，以7～8年一次的频率进行优化与修订，已经形成了具有鲜明深圳特色的地方综合性城市规划技术标准。[5]同时，深圳市作为全国经济特区，根据其独特的政策背景与发展目标，《深标》在用地分类、地下空间功能分类方面进行了创新探索，在国标基础上有所突破，按照规划管理需求进行了细分。

（1）内容要素

《深标》包括用地分类与使用、用地规划与布局、密度分区与容积率、公共设施、交通设施、市政设施、城市设计与建筑控制、城市地下空间利用，自然保育、文保和防灾10方面内容。

（2）管控深度与编写体例

除传统详细规划管控要求外，《深标》更能体现精细化管理要求。在开发强度方面，《深标》制定了全市层面的密度分区，并分用地性质制定了地块容积率计算规划，为城市规划编制和管理容积率奠定了较为完善的技术基础。《深标》采用多层级条款的技术标准形式，规范要素、内容和深度较为完善。

14.2.2.3 小结

从上述3个《规划管理技术规定案例》可以看出，其基本管控内容要素均包含开发强

---

① 分别于2014年、2018年、2019年、2021年进行局部修订。

度、用地分类与管理、建筑管理、市政公用设施、公共设施、道路交通设施等。

用地分类方面，在各个城市技术管理规定的编制中，用地分类、土地混合使用和用地开发控制规则方面存在较大的差异。如《深标》，根据城市发展需求，在国标基础上规定了多种类型的复合用地类型。同时，《深标》详细规定了覆盖全市的开发强度管控要求及单独地块容积率计算规则等精细化管理内容；

内容要素方面，《中山市国土空间规划技术标准》结合国土空间规划新的管控要求，增加了村庄规划管控内容要素。《十堰市国土空间规划技术规定》则对国土空间规划实施监督、信息平台建设制定了相关规定。

管控深度方面，基本以控制性详细规划、修建性详细规划、专项规划和城市设计深度为标准，编制体例均采用多层级条款的技术标准形式。

表 14-1 三地规划技术管理规定比较

<table>
<tr><th rowspan="2">名称</th><th rowspan="2">编制特点</th><th colspan="2">管控内容要素</th><th rowspan="2">管控深度</th><th rowspan="2">编制体例</th></tr>
<tr><th>共同管控要素</th><th>特殊管控要素</th></tr>
<tr><td>《中山市国土空间规划技术标准与准则》</td><td rowspan="2">对接用地分类等国土空间规划体系标准要求增加村庄规划、信息平台建设等管控要素</td><td rowspan="3">开发强度、用地分类与管理、建筑管理、市政用设施、公共设施、道路交通设施</td><td>新时代村庄规划</td><td rowspan="3">以控制性详细规划、修建性详细规划、专项规划和城市设计深度为标准</td><td rowspan="3">多层级条款的技术标准形式</td></tr>
<tr><td>《十堰市国土空间规划技术规定》</td><td>国土空间规划实施监督信息平台建设</td></tr>
<tr><td>《深圳市城市规划标准与准则》</td><td>经历多次修订，体系完善对用地分类、地下空间有所创新探索</td><td>生态保育</td></tr>
</table>

14.3 《榆中生态创新城国土空间规划管理技术规定》的编制探索

14.3.1 编制背景

2010 年以前，兰州市区空间主要沿黄河河谷东西向拓展，是兰州发展的“黄河时代”。2010 年 12 月，兰州新区设立，带动兰州工业产业和城市空间北向发展，兰州发展进入“新区时代”。2015 年，国务院批复的《兰州市城市总体规划（2011—2020 年）》，明确提出“拓中川、延榆中、升红古、优什川、疏三片、育两山”，确立了兰州“一城两翼”发展格局的初步框架，榆中生态创新城作为兰州“东翼”，将引领兰州发展进入“创新时代”（图 14-2）。

2020 年 3 月，甘肃省政府批复的《榆中生态创新城总体规划 2019—2035 年》中将榆中生态创新城总体定位为“西部创新新平台，甘肃新兴增长极，兰州城市副中心”。区别于

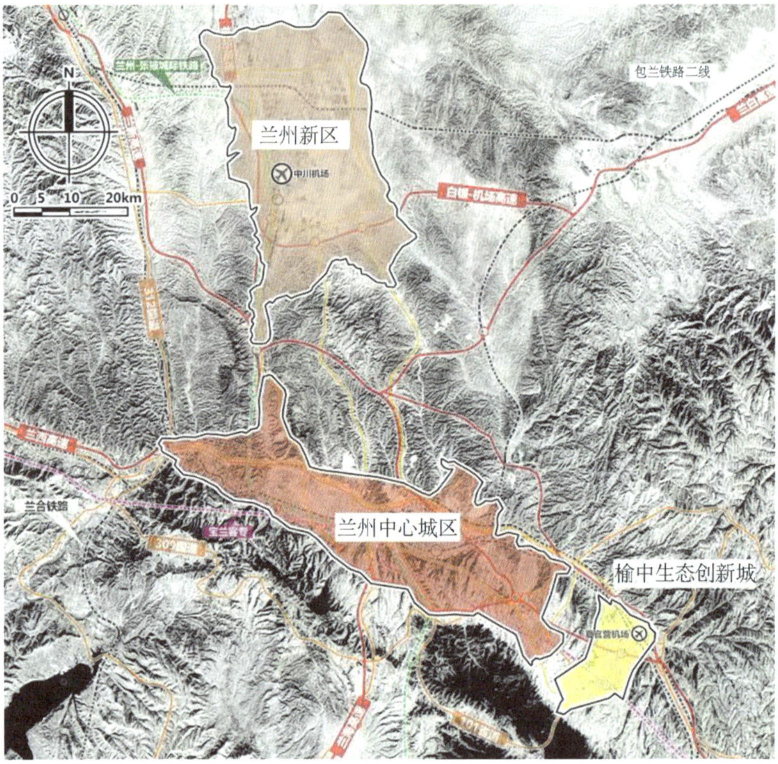

图 14-2 兰州市“一城两翼”发展格局示意图

来源:《榆中生态创新城总体规划 2019—2035 年》

兰州市主城区“两山夹一河”的地形特征，榆中生态创新城地理环境优越，榆中生态创新城南北长 18 千米，东西宽 15 千米，地势南高北低。周边为兴隆山、白虎山、青龙岭、北山四山环抱，形成盆地地形。规划面积约 123 平方千米，城市建设用地 66 平方千米。

目前，榆中生态创新城正处于启动发展阶段。由于城市发展阶段、山水格局、地形条件、资源禀赋、城市定位等都与兰州市主城区存在较大差异，《兰州市城乡规划管理技术规定》难以指导榆中生态创新城规划管理工作。因此，榆中生态创新城迫切需要一部能够结合新城自身城市发展特点、有效指导新城建设的国土空间规划管理技术规定。

14.3.2 编制定位与管控深度

规划管理技术规定一般包含三大板块：一是规划编制管理板块，尽管国家层面出台了国土空间规划编制办法的相关文件，但在地方层面，还是会有基于地方特定要求的规划编制需求。二是规划审批管理板块，主要包括土地用途管制的准入条件、用途管制的规划许可两部分。三是规划批后管理板块，主要包括规划核实、监督检查等。

针对规划编制管理的内容一般在省级或市级层面的相关法规或国土空间规划管理技

术规定中予以规定，《榆中生态创新城国土空间规划管理技术规定》（以下简称《技术规定》）的定位着重于规划审批管理，兼顾规划编制指标层面的技术要求。同时，对规划核实和监督检查也制定了相关规定。在规划编制指标层面，能够为控制性详细规划、修建性详细规划、城市设计以及各类专项规划的编制提供技术依据。

14.3.3 管控要素

基本管控要素，包括土地使用与开发强度、公共服务设施、城市设计与城市风貌、建筑间距和建筑控制、综合交通、市政工程和绿色基础设施、历史文化遗产保护与防灾减灾、村庄规划8类。此类要素为国土空间规划建设管理的基本管控内容，在国家标准行业标准的基础上，根据榆中生态创新城实际建设和规划编制情况，对部分指标、参数进行了适度修正。

监督检查和规划核实管控要素，此类要素旨在为尚处于启动阶段的榆中生态创新城规划实施监督提供规范、严谨的指导要求。对建设工程规划验线、过程监督、规划核实验收三个阶段的工作内容、实施细则进行说明。

创新探索管控要素，包括创新产业空间、蓝绿空间。创新内容要素在国家标准、行业标准等的基础上，结合榆中生态创新城独特的发展阶段、发展要求和发展目标等，进行了创新性、探索性研究，提出了契合地方现阶段发展需求的引导性规定要求。

14.3.3.1 基本管控要素

（1）土地使用与开发强度

土地使用与开发强度管控要素，主要包括分区管控与用地分类、用地兼容性、强度分区与容积率控制三方面内容，对规划分区、用地分类、地下空间用途分类、用地与地下空间兼容性、开发强度管控方法与分区、地块容积率计算分别作出了详细规定。

本部分内容以国土空间规划用地分类体系为载体，结合现实用地需求和政策导向，增设新型产业用地M0，融合产业空间等创新型产业功能以及相关配套服务的用地。同时，在用地混合方面，主要面向控制性详细规划编制和规划管理，借鉴新加坡和雄安的兼容性管理思路，对用地分类的兼容性进行详细设定，实现土地使用功能复合。

（2）公共服务设施

公共服务设施管控要素，基于《城市公共服务设施规划标准》（GB/50442—20××）（2018年征求意见稿）的五类设施分级，将便民商业设施和公共管理设施纳入，形成七大类①。按照设施等级分为新城、片区和生活圈三级配置，对各类设施配置规模、配置标准

---

① 七大类分别为教育设施、医疗卫生设施、社会福利设施、公共文化设施、公共体育设施、便民商业设施、公共管理设施。

作出了详细规定和说明。同时，基于创新空间提出了公共服务设施空间共享共建的引导性要求。

（3）城市设计与城市风貌

城市设计与城市风貌管控要素，明确了榆中生态创新城城市设计管控层级、内容、等级。对总体形态要素、城市建筑风貌、公共开敞空间、夜景照明设施等系统提出了具体管控要求，为城市风貌、形态规划建设确定了基本规则。结合国土空间规划体系下的城市设计新要求，对榆中生态创新城的城市风貌提出了总体要求，即充分发挥榆中生态创新城"山环水润"的生态本底优势，以"四山、五河"为骨架，修山、理水、增林、厚田、蓄湖、丰草、营城、富村，体现山、水、林、田、湖、草、城、乡全要素国土空间规划要求。

（4）其他管控要素

其余一般管控要素包括建筑间距和建筑控制、综合交通、市政工程和绿色基础设施、历史文化遗产保护与防灾减灾、村庄规划五个方面。

建筑间距和建筑控制要素，主要包括建筑间距、退让、高度与面宽三方面建筑控制内容，对其基本原则、计算方法、重要参数、控制规定等作出了详细规定，与《兰州市城乡规划管理技术规定》（2018 年）管控要求进行衔接和地方性探索。

综合交通要素，主要包括城市公共交通、步行和自行车交通、城市道路和城市交通设施四方面内容。市政工程和绿色基础设施，主要包括给水、排水、供电、通信、燃气、供热和管线综合七方面内容，规定了六类市政工程指标计算方法、设施规模配置要求、管线布局原则和绿色节能要求，针对榆中生态创新城低碳、绿色发展理念，在交通和能源方面提出相关引导性指标。

历史文化遗产保护与防灾减灾、村庄规划两部分内容，均引用国家标准，明确了基本原则和设施设置要求。

以上五类内容均基本引用了相关国标与地方标准，并在此基础之上，根据榆中生态创新城相关规划要求进行了适当修正。

14.3.3.2 监督检查和规划核实管控要素

监督检查和规划核实是国土空间规划实施的落地环节，包括建设用地、农用地和生态用地的用途管制，目前管委会职能集中于建设用地用途管制，依据建设工程规划许可证及其附图要求，对建设工程项目开工放线到工程竣工验收的全过程进行规划监督。主要工作包括建设工程规划验线、建设过程的规划监督和规划核实验收三个阶段。技术规定的主要内容是针对每一阶段的实施细则和监督要点进行规定，明确了国土空间规划管理部门在规划监督核实中的操作指南。

规划核实主要是核实核验项目建设是否符合《建设工程规划许可证》中的相关内容，主要包括：用地范围，绿化区域，出入口位置，建筑色彩，计容建筑面积，建筑密度，建筑用途，建筑平面尺寸、层数、高度、间距、退界、公建配套设施和项目配套设施的建筑面积和位置等。项目在实际建设过程中难免产生或多或少的技术误差，这就需要在管理规定中对容许的误差范围作出合理的规定，这也是规划核实工作的核心内容。

14.3.3.3 创新探索管控要素

（1）创新产业空间

概念界定。创新产业空间指在功能上以创新、科研、文创、高技术制造等知识经济主导的产业活动为主，包含知识、人才、技术、资金、地方文化、良好的生态环境等，具有多样性、集聚性、商业性和交融性特征的产业空间。创新产业空间包含两种主要类型，第一种类型是指位于商业商务区，以现代知识型服务业为主的集商务办公、企业孵化、共享空间、商业服务、居住功能为一体的复合产业群落中的创新产业空间；第二种类型是指位于城市工业发展区或创新产业区，以工业用地为主的承载新型产业用地（M0）的创新产业空间。

管控目的。创新产业空间管控旨在引导榆中生态创新城产业空间配置，致力于建构创新产业生态网络和营造创新氛围，推动创新产业绿色低碳发展。

主要内容。此类要素对创新产业发展指引、新型产业用地（M0）建设控制和创新氛围营造三方面进行了探索研究，提出了相关要求。其一，创新产业发展指引方面，根据国家、省市相关产业目录与战略规划，提出了产业发展准入指引、产业功能复合指引、创新产业服务设施建设内容。其二，新型产业用地（M0）建设控制方面，主要对新型产业用地设置目的、概念界定、用地管理、布局与建设管理等方面提出了控制性要求。其三，创新氛围营造方面，主要针对产—学—研联动体系、街块和街坊空间、公共空间体系、景观环境和公共服务设施等方面，提出了产业空间角度的引导性要求。

（2）蓝绿空间

概念界定。蓝绿空间包含榆中生态创新城城镇开发边界内以及周边统筹协调范围内的绿地与各类生态空间。

管控目的。其一，推进生态保育、生态修复与生态建设并行，划定并保护现状自然生态良好的地区，实现可持续发展；其二，统筹蓝绿空间，构建公园城市，综合考虑山水林田草等要素，结合湿地公园、郊野公园等，充分发挥生态、环境、景观、游憩、减灾方面的综合作用；其三，提升蓝绿空间品质，配套服务设施，充分考虑人的活动特征以及城乡自身发展需求，构建新区城乡蓝绿空间发展结构。

主要内容。此类要素依据地理要素对全域蓝绿空间进行分类，包括绿地空间、农业空间、河道生态空间、山体生态空间。其中绿地空间包含公园绿地、防护绿地、区域设施防护绿地。针对不同蓝绿空间类型，界定了其实体空间界线，明确了利用与管控的基本要求。重点对各类蓝绿空间设施的准入类型、配置要求、规模控制作出了基本规定，探索对蓝绿空间的分区准入与用途管制。

14.3.4 《技术规定》编制的创新探索

14.3.4.1 城市设计管控的全过程

2015 年 12 月召开的中央城市工作会议中提出“要加强对城市的空间立体性、平面协调性、风貌整体性、文脉延续性等方面的规划和管控，留住城市特有的地域环境、文化特色、建筑风格等‘基因’”，进而提出要“全面开展城市设计”。2021 年 7 月《国土空间规划城市设计指南》正式实施。作为我国城市设计领域的纲领文件，对城市设计的制度建立、技术完善、实施监管等方面作出全面规定。本《技术规定》按照总体城市设计、详细城市设计以及专项城市设计三种分类类型，重点对完成的总体城市设计和重点片区城市设计进行规范化的“转译”，《技术规定》为城市建设提供准则，防止城市设计编而不用，或者限于管理人员水平难以有效指导规划建设。

《技术规定》针对重点控制区城市设计，更加关注其特殊条件和核心问题，通过精细化设计技术手段，进一步落实轴线、地标节点等城市整体框架相衔接的空间结构与形态设计内容，结合片区功能提出建筑形态、建筑立面、建筑色彩、第五立面、天际线等要素的设计技术要点，深化研究各类公共开敞空间的规模尺度与空间形态。同时，结合城市设计从技术导向向管理导向的转变，将通则式的控制性详细规划内容转译到“一书两证”的个案管理之中。城市设计也应对接现行的规划实施管理程序，在土地出让、用地规划、建设工程规划等环节就管控要求予以落实，并建立相应的公众参与制度和城市设计实施督察机制，使宏观、中观的城市设计内容能够推进至微观的可操作层面。[7]规划许可中的城市设计内容宜包括界面、高度、公共空间、交通组织、地下空间、建筑引导、环境设施等，必要时可附加城市设计图则（城市设计指南）。依据《兰州市城乡规划条例》，榆中生态创新城作为重点地区的城市设计经审定后，应纳入控制性详细规划，并落实到控制性详细规划的相关指标中。这就要求相关规定及相关控制性详细规划的指标要与规划许可中的内容相衔接。如在公共开敞空间管控中，适度推广“小封闭、大开放”的街区模式，应以街道为载体，营造宜人的公共交往、游憩休闲空间。街道空间划分为商业型街道、生活型街道、景观型街道、交通型街道、创新产业型街道和综合型街道六大类，在规划审批中将落实贴线率、街墙开放度、出入口间隔、道路断面空间等控制要求。

14.3.4.2 建筑控制指标的在地化

建筑控制指标的设定是传统城市规划管理技术规定的核心内容，主要体现在建筑后退与建筑控制以及规划核实阶段的容差控制。在为榆中生态创新城设定控制指标的时候，主要应做好以下两个方面，一是要确保指标设置的合理性、合规性和全面性，二是保障新设定的控制指标与现行的控制指标的兼容性。

要保障与现行控制指标兼容，需要对当前指标控制体系进行深入研究，保证新设定指标与现行控制指标不冲突是最基本的要求，在不冲突的前提下，要尽可能做到更加优化，更加适用，更加便于操作。如：《兰州市城乡规划管理技术规定》中“面宽大于40米的高层居住建筑与北侧与其平行的高层居住建筑正向重叠部分大于被遮挡建筑0.5倍时，间距不小于35米；与东西侧与其平行的高层居住建筑（即正向重叠部分小于被遮挡建筑0.5倍时）间距不得小于30米”，分析此条，概因兰州市用地紧张所致，才将平行布置区分为两种情况，只为在特定情况下减少建筑间距，适应用地紧张的情况，而在榆中生态创新城用地条件下，这种规定则过于复杂且没有必要，因此将其统称为“平行布置”，新规定为“南北向平行布置的高层居住建筑，建筑间距不小于遮挡建筑高度的0.5倍，且最小间距不得小于35米”。如此，既兼容了原技术规定的指标，又更加符合新城特点，简化了规划管理难度。

14.3.4.3 重点管控要素的法定化

用于规划管理的技术规定一般采用地方政府规章或政府规范性文件两种类型，前者如上海、广州、武汉、重庆及天津等地，采用政府令的形式颁布，以强化其法律效力的刚性和适用广度（适用于地方政府所有行政职能部门）；后者如深圳、成都及杭州等地采用地方政府通知、函的形式颁布，具有相对灵活的制定和审批程序。

《技术规定》成果未来设想以两种形式进行颁布：其一，将《技术规定》中核心规划管控内容进行凝练化，明确强制性内容，采用单层级条款的法规条文形式，建议兰州市纳入《兰州市国土空间规划条例》。作为地方性法规，履行相关法定程序后颁布实施。其二，采用多层级条款形式的技术标准形式，编制内容要素完整、深度适当的详细手册，并以图文并茂的形式来增强指导性、实用性，作为指导规划编制和规划管理的工作手册。由榆中生态创新城政府管理机构以政府规范性文件的形式进行颁布，便于审批与修订调整。

采用两种形式对不同管控需求的内容履行有差别的法定化程序，在保障核心内容刚性法律效力的同时，也有利于增强其他内容的审批、修订的便利性。

14.4 结语

目前国土空间规划技术标准体系正在重构之中，各级国土空间规划的编制尚未完成，地方规划行政管理面临着审批、管理和监督的现实需求，榆中生态创新城作为兰州市重点打造的城市新区，编制规范性技术文件指导管理工作，通过过渡期的试用和优化，将核心内容纳入兰州市地方标准体系是促进空间治理体系和治理能力现代化的重要手段。

建立国土空间规划体系并监督实施，要求规划技术标准体系既能实现“多规合一”下的全域全要素用途管制，又要实现新发展理念和精细化治理。在既有标准体系的技术上进行创新和实践既是巨大的挑战，也是非常有意义的探索。榆中生态创新城的规划管理工作离不开技术规定的支撑，技术规定的合理性和可操作性还有待时间的检验和实践的反馈。

（本章文中的榆中生态创新城位于兰州市东南部，是兰州市"一心两翼多点"城镇空间格局的"两翼"之一。2019年榆中生态创新城成立并进入起步发展阶段。同时，我国国土空间规划体系正在转型，为满足其高起点、高标准、高质量建设要求，提升规划成果质量，规范审查工作标准，引导城市高品质建设，特编制本规划管理技术规定，是地方技术规范的先行和探索。）

参考文献

[1] 陈敦鹏，李蓓蓓，郑振兴.地方城市规划技术规范比较与思考[J].规划师，2018(8)：161-165.

[2] 中山市自然资源局.中山市国土空间规划技术标准与准则[S].2019.

[3] 十堰市自然资源和规划局.十堰市国土空间规划技术规定（征求意见稿）[S].2020.

[4] 深圳市规划和自然资源局.深圳市城市规划标准与准则（修订版）[S].2019.

[5] 周劲，王承旭，顾新，等."五合"·"五分"·"五化"—2013版《深圳市城市规划标准与准则》修订思路综述[J].规划师，2013(6)：43-46.

[6] 河北雄安新区管理委员会.雄安新区规划技术指南（试行）[S].2019.

[7] 段进，兰文龙，邵润青.从"设计导向"到"管控导向"——关于我国城市设计技术规范化的思考[J].城市规划，2017(6)：67-72.

[8] 耿慧志，张乐，杨春侠.《城市规划管理技术规定》的综述分析和规范建议[J].城市规划学刊，2014(6)：95-101.

15 建成环境评价与生活圈诊断中的手机大数据应用*

王 德 谢栋灿 钟炜菁 傅英姿 陈姝颖**

15.1 引言

在中国经济社会发展全面转型的背景下，生活空间及生活品质逐步引起学界的关注。对于城市空间品质的传统研究集中于城市物质空间和功能角度，如城市用地的布局和混合度、公共服务设施的可达性、交通系统的承载力和连结性等。近年来，对城市空间环境的关注视角逐渐从物质空间转向社会空间，研究的关注点从功能研究转向行为研究，即从空间的合理配置转向人的行为在空间中的表现。目前，已有众多研究从人的行为视角去探讨城市空间，如从居民出行来对生活空间单元进行划分；分析居民活动的时空分布特征，并探讨了城市建成环境对居民通勤方式选择；汽车出行行为；日常活动弹性等的影响。

随着大数据时代的到来，GPS、微博数据、手机信令数据等新数据源能够突破传统数据样本量的制约，从个体时空行为的视角出发，分析城市中出现的诸多问题，如低效用地、职住不平衡、生活圈差距等。国内外已有大量基于大数据的相关研究，其中包括通过居民或游客在城市中的时空间分布特征，分析活动的偏好、城市活动强度的空间分布与周期性特征以及识别城市的空间结构。另外一些研究，通过对个体位置数据的追踪，提取居民出行交通起止点调查（OD交通量调查）以及职住地，来分析城市内的交通流与跨区出行联系和职住空间关系等。除此之外还有对特定人群特定行为的分析，如商圈消费者来源的分析、大型事件的客流分析，以及对时空数据的综合应用，如对建成环境评价的尝试。

而生活圈作为反映居民时空间活动在建成环境中空间分布特征的地理学、城市规划概念，其研究对于掌握居民活动的时空间规律至关重要。但现有研究主要集中在城市宏

---

* 本章部分内容发表于《城市规划》2018年第10期，原名“上海市建成环境的评价与分析——基于手机信令数据的探索”；《上海城市规划》2019年第6期，原名“手机信令数据助力上海市社区生活圈规划”。

** 王德，同济大学建筑与城市规划学院教授，上海同济城市规划设计研究院有限公司数字规划研究中心主任，中国地理学会人口地理专业委员会副主任委员、行为地理专业委员会副主任委员。邮箱：dewang@tongji.edu.cn。谢栋灿，上海城策行建筑规划设计咨询有限公司四所副所长、城市测量师行城市数字化应用中心副主任。钟炜菁，杭州市规划设计研究院工程师。傅英姿，江苏省规划设计集团，助理规划师。陈姝颖，广州市城市规划勘测设计研究院助理工程师。

观活动空间以及居民个体、个别住宅区的微观生活空间上，尚未在中观层面多个住宅区中开展。申悦利用GPS数据与市民活动日志相结合，对北京的城市生活空间进行研究。王波、甄峰则利用新浪微博签到数据对南京城市活动空间特征进行研究。手机信令数据具有高覆盖率、高持有率的特征，其对城市功能结构与居民出行活动的描述性解释与分析也被逐渐应用于城市发展的评价。王德等利用手机信令数据，针对郊区新城，以上海市宝山区为例，从职住关系、通勤行为和居民消费休闲出行的微观个体行为视角进行了城市建成环境的综合评价。丁亮、钮心毅利用手机信令数据识别居民游憩—居住功能联系，对中心城区商业中心空间的特征进行研究。

因此，行为研究与大数据技术的发展，为分析城市建成环境提供了新的思路和方法。本章节利用手机信令数据，从个体的时空行为出发，在用地强度、职住关系两个方面，对上海市的城市建成环境进行分析和评价。其次，利用手机信令数据，选择253个大规模住宅区作为分析样本，分析生活圈的现状特征，并与《上海市城市总体规划(2017—2035年)》中已经提出建设15分钟生活圈的总体目标进行对比，描述其间存在的差距，对上海市的生活圈进行诊断并提出规划建议。

15.2 研究数据与研究方法

15.2.1 研究数据

研究主要采用的是2014年某连续两周的2G用户手机信令数据，每条记录包含匿名ID、时间戳、基站编号、信令事件类型等信息。每用户的记录时间间隔约为1～2小时，但存在一定的缺失。数据记录的位置以基站的位置表示，因此与用户的真实位置可能有数百米的误差(郊区基站密度较低的区域可能达1～2千米)。数据共包含约2 400万个用户的超过80亿条记录，其中有记录天数在5天及以上的用户约1 800万个。数据空间分布上覆盖上海全市域，但在嘉定区的外冈镇和安亭镇存在较多缺失，因此研究中涉及该两镇及周边区域的计算结果会有一定的异常或偏差。

在对生活圈进行评价分析时，考虑到周末与工作日行为上的差异，工作日居民活动中通勤占比较大，生活性活动信息较少，活动时间也受工作时间限制，手机信令数据记录到的数据结果不能描述生活圈的特征。而周末活动中通勤活动比重较小，大部分以生活性活动为主，故此时使用周末数据进行研究。

15.2.2 分析框架

手机信令数据包含了个体用户的时间和空间信息，可从不同维度分析行为的空间特征。如果仅使用记录的时间属性而不对个体进行轨迹追踪，则得到时间截面数据即不同时段的人群分布密度，可用来评价用地使用强度；通过对个体用户的时空记录进行追踪，可从中判断出居住地与工作地，并提取通勤出行和消费休闲出行。利用识别出的结果，可进一步分析职住关系、出行的空间特征以及空间联系等。

在建成环境评价方面从两个方面进行分析，分别是用地强度、就业与居住关系。用地强度方面，主要对居住用地和工业用地进行分析，从而识别低强度用地。就业与居住关系方面，计算职住平衡指数并划分居住就业功能混合分区。以上各项分析内容，从人的行为视角去分析城市行为空间，并从行为空间对城市空间进行分析评价，从而构成上海市建成环境空间特征分析的研究框架。

在生活圈评价方面，本研究选择了上海市 253 个大规模住宅区作为分析样本。所选择的住宅区面积都在 1 平方千米以上、内部及周边用地较为均质，以保证手机基站记录到足够的用户量。以住宅区内部数据记录量最大的基站点识别的用户进行分析，用户总量必须大于 300 人，经过筛选，共 253 个住宅区符合条件。本章节分析生活圈的现状特征，采用活动核心圈指标和 15 分钟生活圈活动覆盖率指标两种测度方式，描述现状生活圈与规划的 15 分钟生活圈之间的差距，并进一步对生活圈建设进行评价及分类建设指导，从而助力生活圈规划的编制与实施。

15.2.3 数据处理

15.2.3.1 居住地工作地识别

从人的行为视角评价上海市建成环境方面，需对用户的居住地和工作地进行识别，识别原则如下：针对每一个用户，首先使用 10 个工作日 0～6 点间的记录识别是否有稳定的居住地。另外使用工作日 9～17 点的记录通过同样的流程识别出用户的稳定工作地，最后得出具有稳定居住和工作地的用户 752 万个，占同年上海常住人口的 31.0%。需要指出的是，该处所指的工作地为名义上的工作地，具体所指为用户白天的稳定所在地，并不表示该用户一定有就业。下文中涉及用户居住地或工作地的分析，均为基于该识别结果。

15.2.3.2 生活圈的识别

从人的行为视角评价上海市生活圈方面，以居住小区为单元，识别其生活圈，识别原则如下：通过手机信令识别住宅区居民及其生活性活动的停留点，以此描述其生活空间的范围，即现状生活圈。并勾勒现状活动核心圈及次核心圈，描述居民活动的高频日常区域及主要区域，进一步刻画现状生活圈特征。具体步骤如下：

首先，采用手机信令数据识别住宅区对应的居民及居民的活动轨迹。针对手机信令数据每一个用户当日 20 点至次日 6 点时间段的所有记录点，剔除偏远点，选择与所有点平均距离最小的点为当天的居住地，重复操作得到 14 天可能的居住地点集。计算居住地点集中与所有点平均距离最小的点为居民稳定居住地，同理亦可识别用户稳定工作地。通过住宅区内基站点即可提取各住宅区居民的信令数据。

其次，提取各住宅区居民的生活性活动停留点，将停留点的集合作为实际的生活圈。生活性活动是除通勤活动外居民的日常休闲、购物、教育等出行活动的总和。本研究所采用的活动为：周末活动停留减去少量加班等通勤活动停留后的活动，不包含家内活动。在实际操作中，如居民标准周末中在某地（除居住地、工作地）活动停留超过 20 分钟，则将该地点标记为活动地。通过 ArcGIS 核密度计算后，较为真实地呈现各住宅区居民的生活圈。

15.3 用地强度分析

用地强度分析的主要目的是识别城市建设用地中的不合理、低效现象，如闲置工业用地、入住率极低的居住区等，本研究主要针对居住用地和工业用地进行用地强度分析。

15.3.1 居住用地强度分析

研究采用夜间 20 点至次日 8 点的平均人口分布密度来表示居住用地的使用强度。具体数据处理流程如下：针对每一个基站，计算其 14 天中在 20 点至次日 8 点每隔 2 小时记录到的用户数，并取 84 个时间段的平均值，然后用每个基站的平均用户量值对全市分布做核密度分析，并用上海市 2014 年土地使用现状图中的居住用地边界进行裁剪，得到居住用地活动强度图（图 15-1）。

从图 15-1 中可以发现，手机数据识别出的中心城区居住人口密度普遍高于 5 000 人/平方千米（考虑到手机数据并不是对全样本的记录，且存在用户关机或基站记录缺失的情况，因此该数值相对于实际情况会有一定的折减，下同），中环线以内浦西部分则大部分高于 10 000 人/平方千米；但在浦东存在一部分人口密度较低的别墅区，是中心城区内低居住用地强度的代表。郊区的居住人口密度相对中心城区较低，其中在外环线周边、各区的区中心普遍可以达到 5 000 人/平方千米，同时也存在一些居住人口密度很低的区域，主要包括新建居住区（如罗店大型居住区）和别墅区（如松江区北部的别墅区）等。整体来看，中心城区仍是上海市居住分布的强中心，但外环线周边以及郊区新城的建设已经有了比较明显的成效。另外，目前浦东的居住人口分布密度仍明显低于浦西。

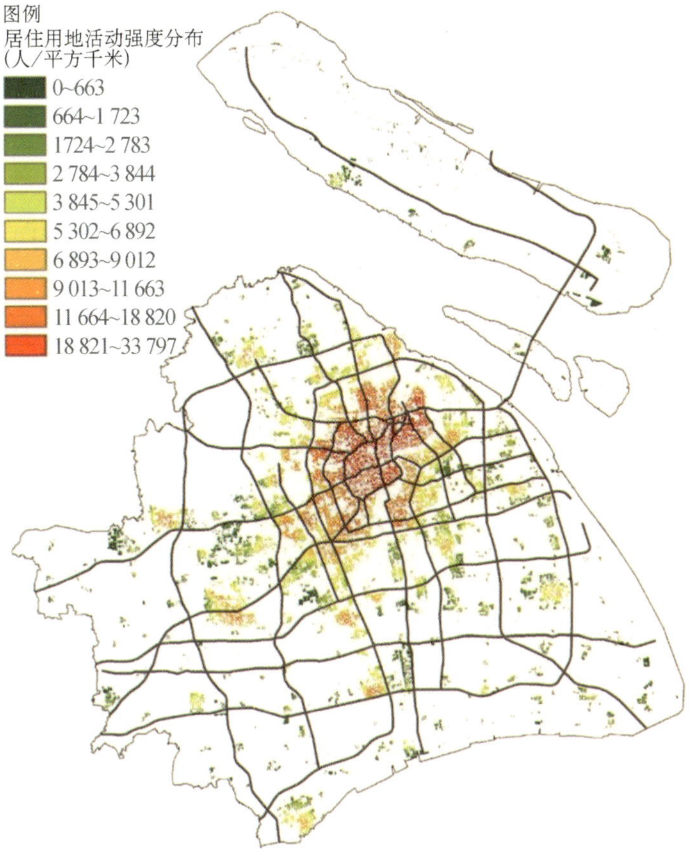

图 15-1 居住用地活动强度分布

15.3.2 工业用地强度分析

研究采用 8～20 点的平均人口分布密度来表示工业用地的使用强度，数据处理流程与上文居住用地强度分析相同。用上海市 2014 年土地使用现状图中的工业用地边界对人口分布密度图进行裁剪，得到工业用地活动强度图(图 15-2)。

工业用地活动强度整体分布上呈现出从中心城区向外强度逐渐降低的圈层结构。郊区工业区中，松江区工业园区的活动强度最高，嘉定、青浦、奉贤、浦东次之。城市边缘区如金山区、奉贤区、芦潮港、宝钢等的活动强度较低，可能原因为产业衰退或产业类型为非劳动力密集型。除了全市空间尺度上的评价外，分析结果还可帮助规划管理者辨别尚不清楚的空置厂区。

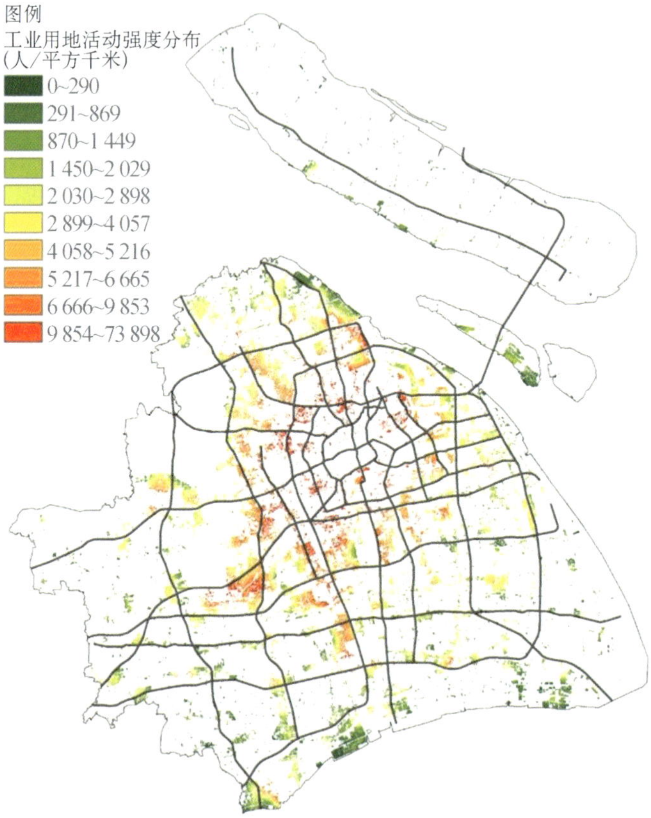

图 15-2 工业用地活动强度分布

15.3.3 低强度用地的分布

为了计算低强度用地的面积与比例，研究中计算了密度栅格值的平均数 M 与标准差 SD，并将密度值低于 M－⅔SD 的栅格界定为低强度用地（表 15-1）。

表 15-1 低强度用地的面积与比例

用地类型	低强度用地面积(平方千米)	低强度用地占此用地类型总面积的比例
居住用地	39.49	7.40%
工业工地	40.24	5.89%

图 15-3 为低强度居住和工业用地的分布，其中低强度居住用地主要分布在外环线以外的郊区，外环线以内浦东部分也有少量分布。低强度工业用地主要分布在远离市中心的远郊区，如宝山、奉贤、临港的工业区。

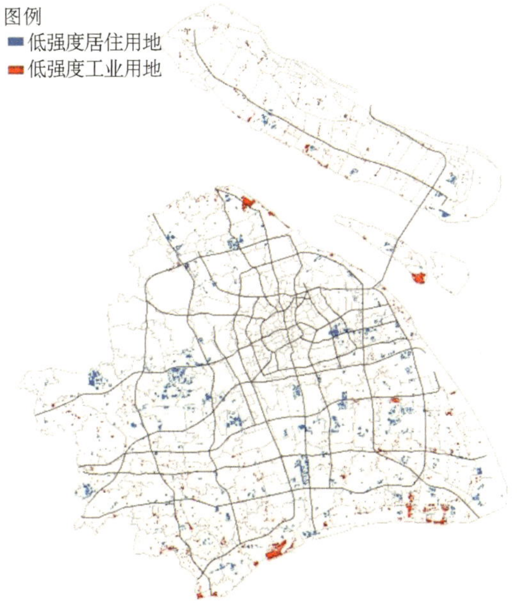

图 15-3 低强度居住和工业用地分布

15.4 就业与居住关系

手机数据记录了用户一定时间间隔的位置轨迹，因此可以从中识别用户的居住地和工作地。基于每个个体的居住地和工作地信息，通过在一定空间单元上进行汇总统计，便可对全市的就业与居住关系进行分析和评价。

15.4.1 职住平衡分析

职住平衡分析对于评价城市居住区和工作岗位的分布配置是否合理具有重要意义，职住越趋于平衡，表明该地域单元内的岗位配置平衡度和自足性越高，就业者所需花费的通勤成本就越低，也能缓解城市的交通压力。基于手机信令数据识别出的个体居住地和工作地，可以以比较高的准确度对街道尺度的职住平衡指数进行计算。研究分别计算了名义职住平衡指数和实际职住平衡指数。

名义职住平衡指数计算方法与传统的职住平衡指数相同，是由各街道(镇)的就业人口数与居住人口的比值来表示。从计算结果上看，其整体分布呈圈层和点状结构(图 15-4)。其中，内环线以内部分为职住平衡指数偏高的区域，该区域作为上海的核心区，有高密度的就业岗位分布但是相应的居住容量较低。外环线周边两侧的圈层为职住平衡指数偏低的区域，该圈层为中心城区就业者提供居住配置但自身就业岗位数相对较少。郊区也呈现出类似的现象，就业密集地区的职住平衡指数较高，如松江工业区、上海化工区等，而其相邻的周边街道则职住平衡指数较低。

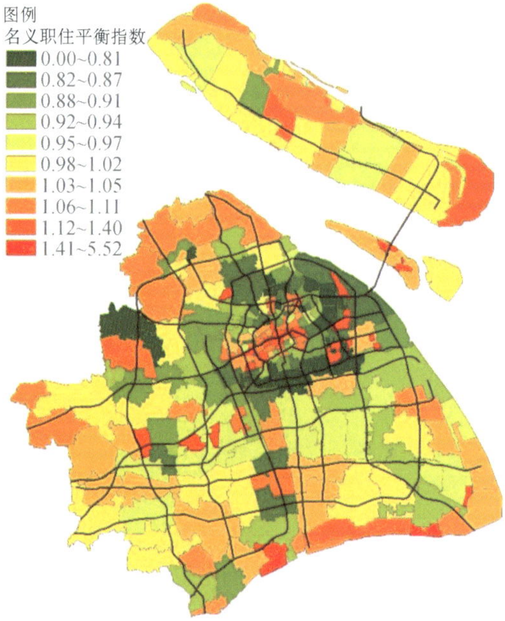

图 15-4　名义职住平衡指数的空间分布

与名义职住平衡指数不同，实际职住平衡指数是由某街道(镇)的居民中，同时工作在该街道(镇)的人群所占比例来表示(图 15-5)。从整体上来看，中心城区的指数值普遍在

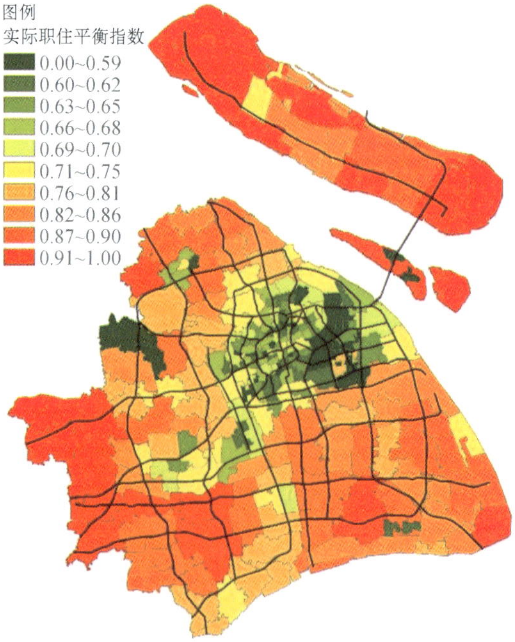

图 15-5　实际职住平衡指数的空间分布

0.70 以下，即 30%以上的居民有跨街道通勤行为。一方面这与中心城区街道面积相对较小有关，另一方面也表明中心城区的职住分异现象至少在街道尺度上比较严重。郊区的居住者职住平衡指数大部分在 0.70 以上，但在一些工业园区的指数值低于 0.70，如松江工业区、嘉定工业区、莘庄工业区、海港综合经济开发区等。郊区部分地区的指数值达到了 0.90 以上，如青浦区、金山区、奉贤区、崇明区发展建设相对较弱的街道（镇）。

15.4.2 用地混合度分析

除了使用就业人数与居住人数之间的相对比例来描述评价职住关系外，研究还从就业者和居住者分布的绝对密度来对用地的职住功能与混合度进行评价。研究首先计算得出居住者分布的核密度栅格和就业者分布的核密度栅格，并根据分类标准（表 15-2），得到四类用地混合类型（图 15-6）。

表 15-2 用地混合分区分类

功能混合分区	密度值标准	居住就业密度关系
低密度区	居住者密度和就业者密度均低于各自的 30%分位数	—
高密度混合区	居住者密度和就业者密度均高于各自的 90%分位数	—
居住为主区	前两类以外的情况	居住者密度大于就业者密度
就业为主区	前两类以外的情况	就业者密度大于居住者密度

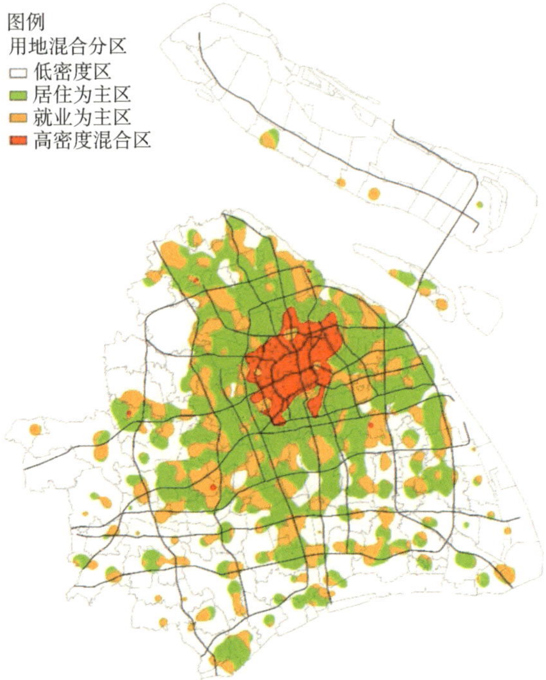

图 15-6 用地混合分区

从空间分布上来看，高密度混合区主要集中在中心城区内，并且大部分是在浦西部分，浦东部分主要是在陆家嘴地区向南延伸区域。从高密度混合区向外扩展为连续的居住为主区，而就业为主区以斑块状分布其中，主要是在郊区的副中心和工业园区。远郊区则主要为居住分布密度和就业分布密度均为低水平的低密度区，包括青浦区、松江区、金山区、奉贤区、浦东新区的城市边缘部分以及崇明区的绝大部分。从用地混合度的分布上来看，上海市的单中心结构非常显著。

15.5 生活圈的多样性分析

生活圈的研究与规划最早可以追溯到日本，随后扩散到了韩国，依据服务的功能及层级，生活圈包含不同尺度的多级结构，但并未形成统一标准。《上海市 15 分钟社区生活圈规划导则（试行）》（下文简称《导则》）中，上海市 15 分钟社区生活圈是指从自家出发步行 15 分钟，就能到达各类生活所需的文教、医疗、体育、商业等基本服务功能与公共活动空间。这在生活圈规划体系中属于基本生活圈范畴。

15 分钟生活圈规划是理想的目标，然而在实际建设中，住宅区居民的生活圈因区位、交通、建设水平等多方面的原因存在多样性，为提高规划的可实施性，需了解居民活动的现状，在对现状生活圈充分把握的基础上，测度现状建设与目标的差距，评估 15 分钟生活圈建设目标可行性。

通过周末住宅区居民停留点的核密度分布，可以反映住宅区活动空间的情况，是生活圈最直接的呈现。比较 253 个住宅区样本，可以发现住宅区生活圈具有丰富的多样性，以及变化的规律性（图 15-7）。

当住宅区在市中心部（内环以内）时，其生活圈以住宅区为中心单点高度集聚，非常紧凑，见图 15-7(a)；随着与市中心的距离的增大，市中心部（外环以内）住宅区生活圈面积开始变大，形态出现由住宅区至市中心指向性集聚分布的特点，见图 15-7(b)；当住宅区位于外环附近或轨道交通末端时，其形态则呈现强烈的中心指向带状特征，见图 15-7(c)；位于新城的住宅区，生活圈与市中心部（内环以内）类似，见图 15-7(d)；其他郊区住宅区，生活圈相对缺乏规律，呈现松散的多点特征，在住宅区周边、市中心、临近新城及临近建设较为成熟区域，形成停留热点地区，见图 15-7(e)、图 15-7(f)。形成生活圈多样性的因素包括活动中心的分布、轨道交通的引导以及住宅区类型的影响等。

然而，这多样化的生活圈类型也具有共同特征，即呈现高频近距离分布规律。纵使活动相对分散，其生活性活动在住宅区周边的比例均呈现高值特征，故在住宅区周边形成基本生活圈。换言之，区位、交通、社区建设及住宅区特性等内外部的因素会在一定程度上影响居民的生活空间，使其出现多样化的特征，但居民的日常生活性活动始终依赖于近距离服务，呈现紧密圈层结构，形成基本的生活圈。故近距离服务的数量及质量将直接影响

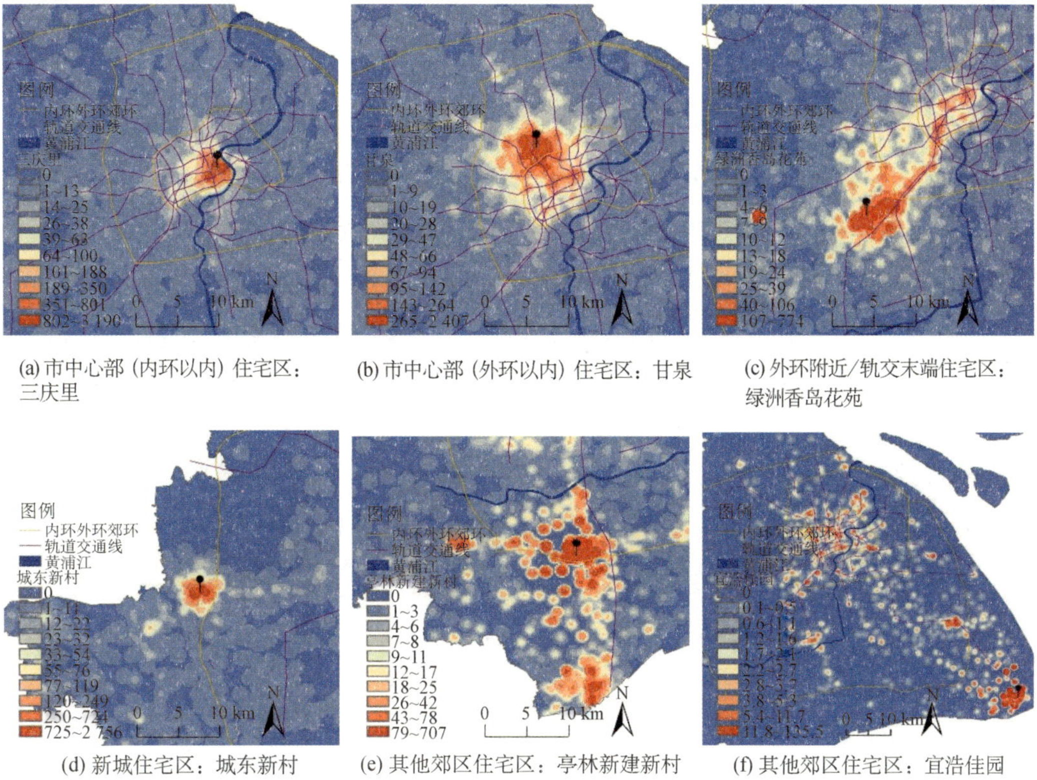

(a) 市中心部（内环以内）住宅区：三庆里　(b) 市中心部（外环以内）住宅区：甘泉　(c) 外环附近/轨交末端住宅区：绿洲香岛花苑

(d) 新城住宅区：城东新村　(e) 其他郊区住宅区：亭林新建新村　(f) 其他郊区住宅区：宜浩佳园

图 15-7　多样的居民生活圈图

居民的生活品质，这种高频近距离活动的情况，可从活动核心圈、活动覆盖率视角加以分析，并与 15 分钟生活圈的目标进行对比。

15.6 生活圈的诊断

15.6.1 住宅区活动核心圈视角

15.6.1.1 核心圈及次核心圈划定

高频近距离的活动空间，是居民实际的活动核心地区，是规划的 15 分钟社区生活圈真正想要涵盖的范围，因此需对其进行界定和刻画。定义生活性活动出行核心圈及次核心圈，核心圈是包含居民 50%活动的最小面积区域，为住宅区居民活动最高频的区域，承载居民日常的生活性活动，是居民日常活动空间；次核心圈是包含居民 80%活动的最小面积区域，为住宅区居民相对稳定的活动范围，承载居民大多数的生活性活动，是居民主要活动空间。

核心圈及次核心圈的形态及面积，可在一定程度上反映生活性活动的空间联系和空间聚集程度，在一定程度上印证地区公共服务设施服务水平及基本生活圈建设成熟度，判别 15 分钟生活圈的达标情况。

15.6.1.2 核心圈及次核心圈特征

从图 15-8 相同比例尺、相对具有典型性的图示可以看出，从形态上来说，绝大多数住宅区的核心圈都位于住宅区周围，符合上文所描述的高频近距离、紧密圈层结构的特点。区别在于，实际的生活圈是具有一定方向性的，指向市中心等地区。除市中心及新城住宅区的核心圈在次核心圈的正中，居民生活性活动由住宅区向四周扩散外，外环内住宅区的次核心圈则相对存在偏移，指向市中心；外环附近及轨道交通末端住宅区此特征更为明显；其他郊区住宅区的次核心圈则不具有连续性，主要在市中心、临近新城及临近建设较为成熟区域。

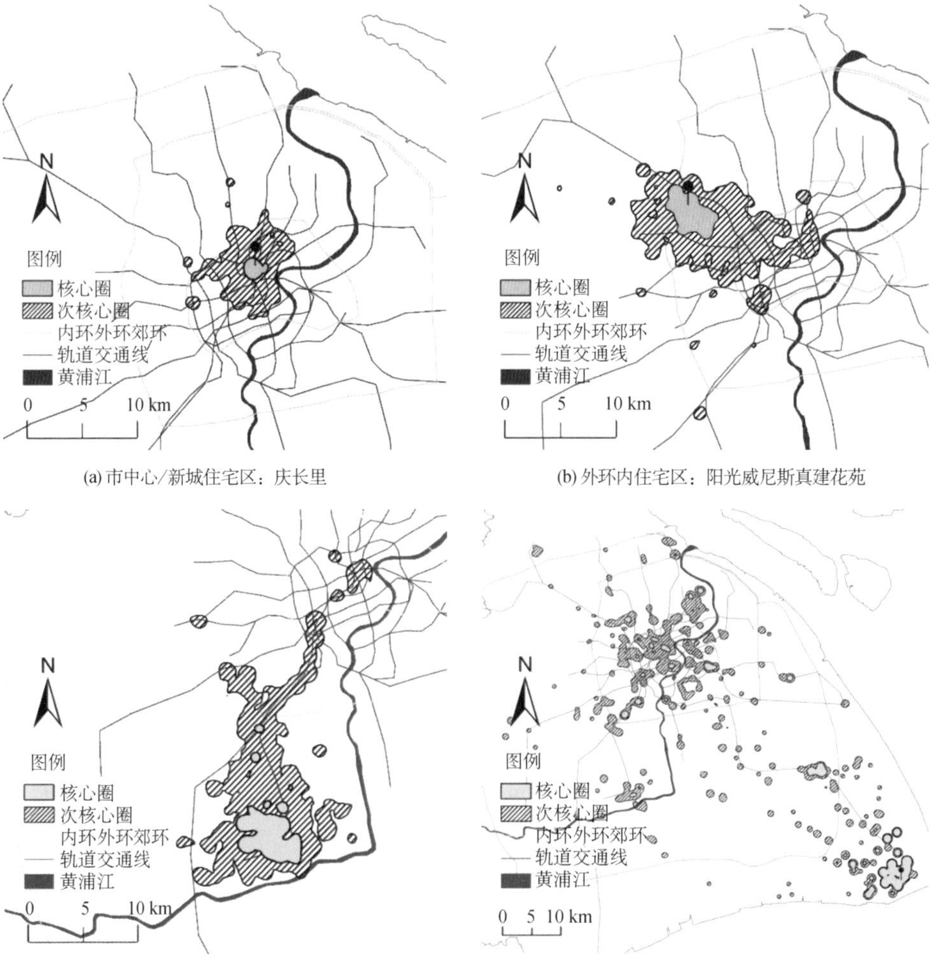

(a) 市中心/新城住宅区：庆长里　(b) 外环内住宅区：阳光威尼斯真建花苑

(c) 外环附近/轨道交通末端住宅区：夏朵小城　(d) 其他郊区住宅区：宜浩佳园

图 15-8 典型生活性活动核心圈及次核心圈

从面积上来说，核心圈的面积存在较大差异，从最小的 3 平方千米到最大的超过 60 平方千米，相差 20 倍，大部分集中在 10～30 平方千米(图 15-9)。市中心及新城住宅区核心圈面积多为 15 平方千米以下，普遍比其他住宅区要小；核心圈面积随着与市中心距离的增大而增大，直至其他郊区地区，由于交通条件等限制，居民活动相对集中，核心圈面积有所回落；浦东地区核心圈面积普遍大于浦西地区。一般来说，核心圈面积越小，即在较为集中的区域可完成大多数活动，一定程度上意味着生活越为便利，实际的生活圈建设越为成熟。

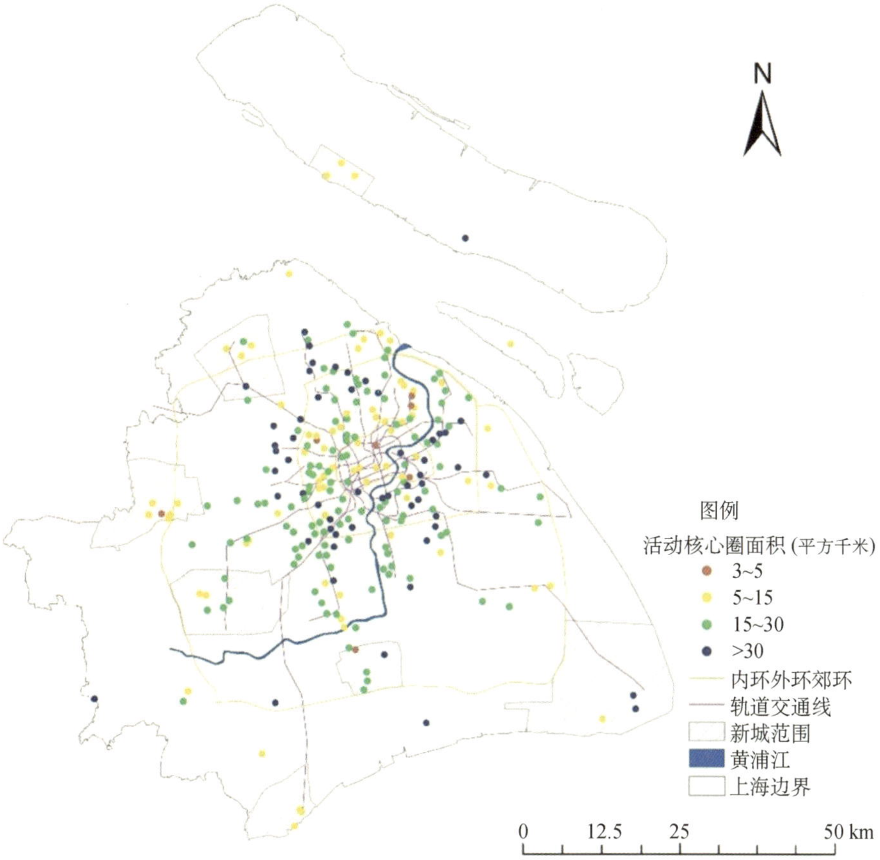

图 15-9 住宅区活动核心圈面积图

15.6.1.3 与 15 分钟生活圈的差距

《导则》指出，15 分钟生活圈的一般规模在 3～5 平方千米，在实际比较研究中，由于基站点间隔在 200 米到 2 000 米不等，为避免由于基站间隔导致计算中居民活动离家距离增大而引起的近距离活动量的错误估计，综合考虑成年人 15 分钟步行距离、基站点位置等情况，将以住宅区为中心，半径 1.5 千米的范围设定为 15 分钟社区生活圈的范围，其面积约 7 平方千米，较《导则》提出的 3～5 平方千米稍大。

从上文计算的活动核心圈面积来看，面积小于7平方千米的有18个，即仅7.1%满足规划目标的15分钟生活圈的规模条件，大多数住宅区仍有很大的提升空间。

然而，活动核心圈可能存在"活动飞地"情况，与15分钟生活圈以住宅区为中心的连续区域存在一定差异性，简单地从面积角度衡量现状建设情况，存在一定的不足。因此引入指标15分钟核心圈比率，即核心圈与目标的15分钟生活圈重叠区域面积占核心生活圈面积的比例，作为辅助指标。

由图15-10可知，15分钟核心圈比率的高值区域主要位于市中心，低值区域主要位于轨道交通末端及其他郊区住宅区，与核心圈面积的分布情况大致相同，但在某些新城出现特例，主要原因是住宅区与新城中心存在偏离。15分钟核心圈比率高于50%的住宅区占全部样本的16.9%，比率低于30%的住宅区占全部样本的50.1%。

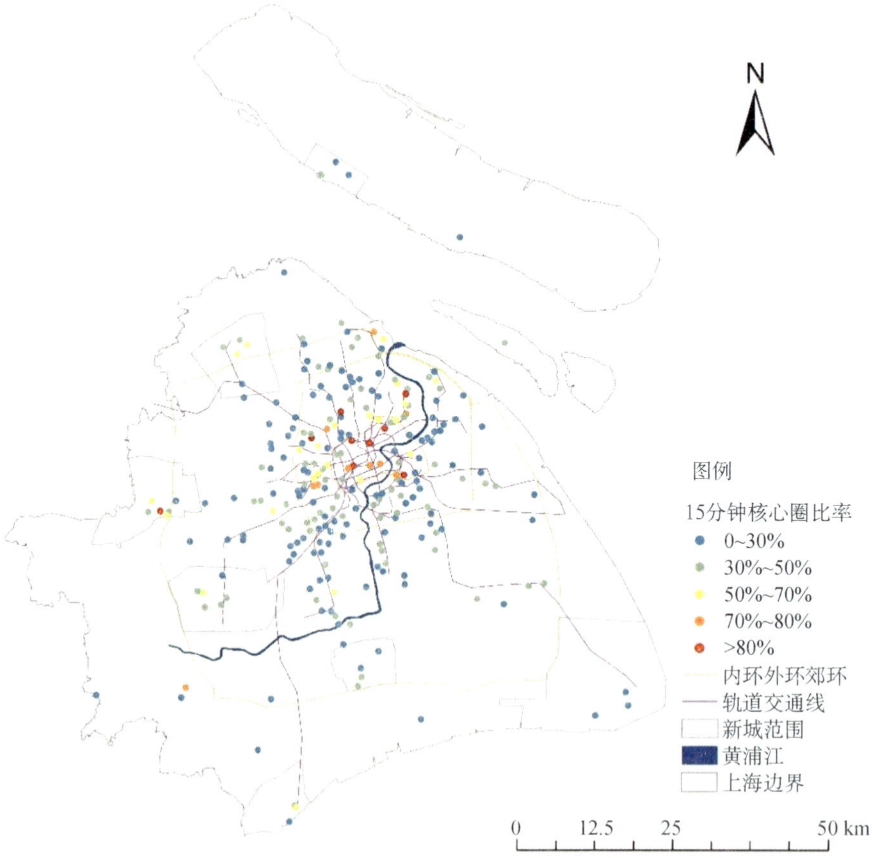

图15-10 住宅区15分钟核心圈比率

15分钟核心圈比率越高，意味着居民在15分钟内可到达的核心活动区域越多，也就意味着生活圈建设越成熟。将15分钟能够到达大多数活动核心圈作为临界点，认为15分钟核心圈比率高于50%的住宅区达标，则达标率为16.9%；比率介于30%～50%的为基本达标，基本达标率为33%；比率低于30%的住宅区不达标，不达标率为50.1%。现状生活圈不达标率超过半数，有着较大的提升空间。

15.6.2 住宅区15分钟生活圈活动覆盖率视角

15.6.2.1 住宅区15分钟生活圈活动覆盖率计算方法

15分钟生活圈活动覆盖率是指15分钟生活圈内覆盖了居民活动的比例，即在15分钟生活圈内进行的生活性活动占居民全部的生活性活动之比。一般来说，比例越高，15分钟生活圈建设越为完善，居民的生活越为便利。在实际操作中仍以住宅区为中心，半径1.5 km的范围为15分钟生活圈的范围。

15.6.2.2 住宅区15分钟生活圈活动覆盖率特征

通过计算样本住宅区的15分钟生活圈活动覆盖率发现(图15-11)，活动覆盖率较高的地区相对集中于中心城区，随着与市中心距离的增大，活动覆盖率逐渐减小，新城住宅区活动覆盖率相对高于郊区其他住宅区。

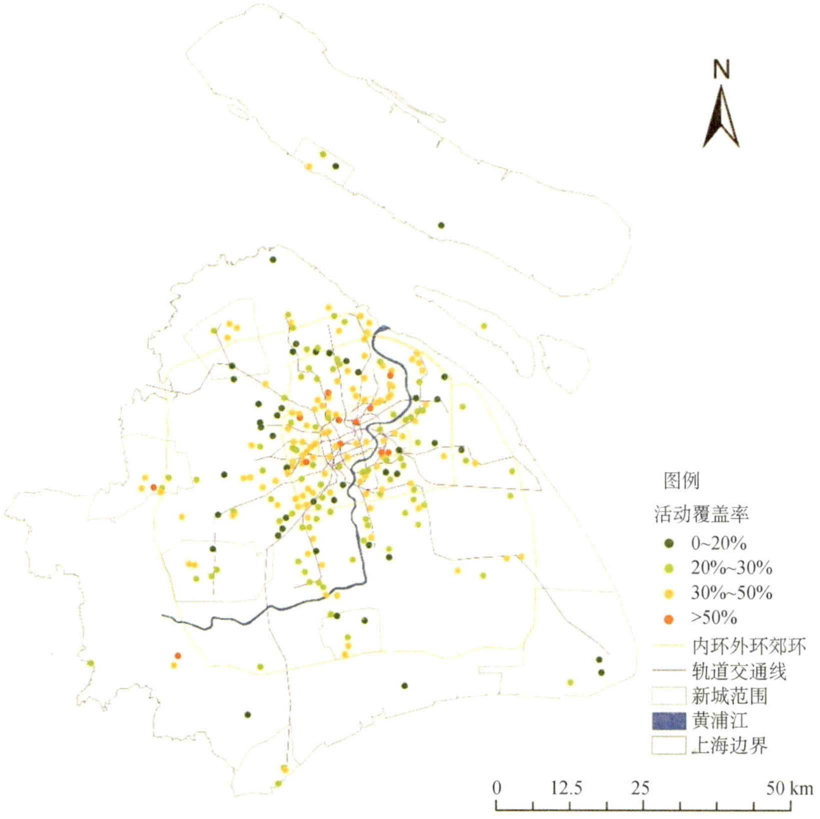

图15-11 住宅区15分钟生活圈活动覆盖率

若以50%为达标阈值，则有12个住宅区的活动覆盖率达标，占总样本量的4.74%，达标住宅区主要位于市中心及部分郊区新城；而有130个住宅区活动覆盖率低于30%，属于不达标住宅区，占比51.4%，这些住宅区大多位于轨道交通末端或郊区；活动覆盖率在30%～50%的为基本达标，占比43.86%。总体来说，不同区位住宅区生活圈活动覆盖率存在较为显著差异，整体活动覆盖率不高。

15.6.3 综合评价

活动核心圈指标从活动的高频紧凑区域入手研究现状生活圈的建设情况，而15分钟生活圈活动覆盖率则是从目标生活圈现状利用情况入手，两种测度方式的结果具有一致性。达标地区集中在市中心或新城内，不达标的地区主要为轨道交通末端或其他郊区住宅区。

可以将两种视角的结果进行综合，只需任意满足一个视角就算达标，则共有43个住宅区达标，生活圈达标率为16.9%；满足两个视角都不达标则不达标，共有107个住宅区不达标，不达标率为42.3%；其余为基本达标，占比40.8%。现状生活圈建设状况并不理想，与目标仍有较大差距。

15.7 生活圈规划对策

15.7.1 生活圈指标与人口密度的关系

生活圈大小与人口密度紧密相关，不仅现状生活圈特征受人口密度影响，未来还要依照人口密度制定生活圈规划策略。

依照《导则》建议，15分钟生活圈的常住人口为5万～10万人，人口密度1万～3万人/平方千米。由上文可知，任一住宅区均有其生活出行范围，如出行范围内没有其他住宅区，则其15分钟生活圈的人口承载并不能达到5万人的下限，15分钟生活圈从理论上来说是不存在常住人口下限的。然而出于公共服务设施的合理布局的原则，避免浪费或是超负荷使用的情况，《导则》建议了其人口规模。根据2010年上海市第六次人口普查数据，中心区密度高达6万人/平方千米，远郊人口密度低至小于0.1万人/平方千米，而导则中提及的人口密度1万～3万人/平方千米区域主要位于外环与内环之间的环状区域。如果按照千人指标进行设施配置，那么人口密集的中心城区，容易形成紧凑的生活圈，15分钟生活圈目标容易达成。相反，在人口稀少的远郊，所需设施的数量较少，不易形成便捷紧凑的生活圈。

参照生活圈覆盖率指标(图15-12)，人口密度大于3万人/平方千米的地区，其活动覆盖率相对最高，11.5%的住宅区活动覆盖率在50%以上；人口密度小于1万人/平方千米的地区，其活动覆盖率最低，1.5%的住宅区活动覆盖率在50%以上；而人口密度1万～3万人/平方千米的地区，7.2％的住宅区活动覆盖率在 50％以上。相对而言越靠近市中心，活动覆盖率越高。因此，在人口密度不同的地区，生活圈建设目标应该有所差异。

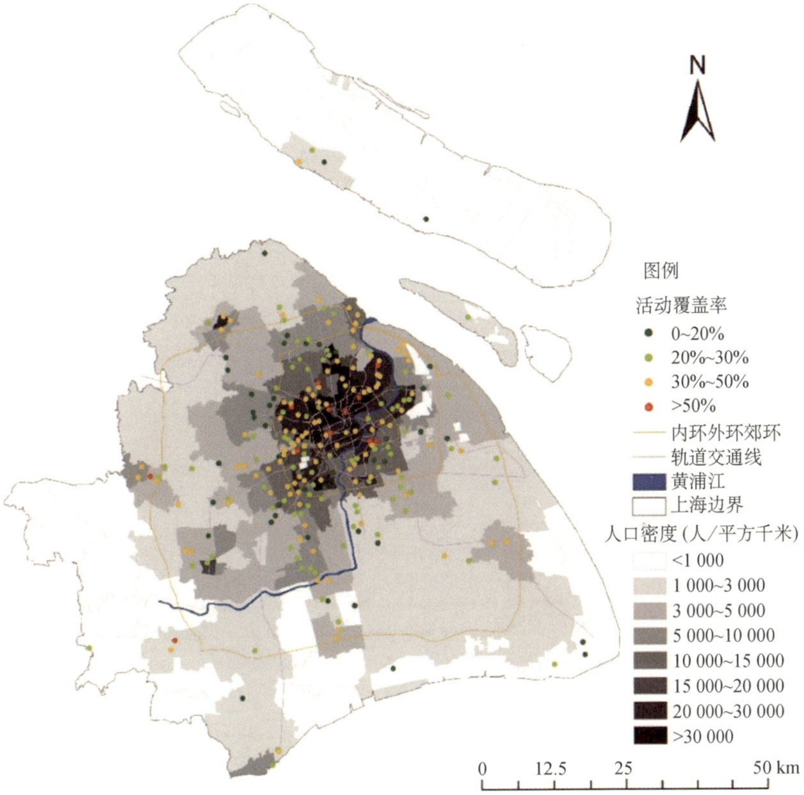

图 15-12　人口密度与活动覆盖率叠合图

15.7.2　分类建设策略

从居民活动核心圈及 15 分钟生活圈活动覆盖率的角度来说，总体上，上海市现状生活圈便利程度以中心城区向外随距离衰减，至郊区新城内稍微回升。就 15 分钟社区生活圈建设而言，现状生活圈达标率为 16.9％，不达标率为 42.3％，与目标有着明显的差距，有着较大的提升空间。

针对不同人口密度、设施配置水平的地区，生活圈应因地制宜进行差异化建设，以在提升居民生活性活动便利性、满足基本需求的同时合理配套公共服务设施，避免过度建设和低效使用。如图 15-13 所示，对于人口密度大于 3 万人/平方千米，活动覆盖率低于 50％的中心城区地区，建议采用微改造的方式，针对性地建设和完善公共服务设施，提升住宅区生活品质及便利性。对于人口密度 1 万～3 万人/平方千米，活动覆盖率低于 30％的靠近外环的环状区域，需对照《导则》，加大社区建设力度，重点提升社区生活圈品质。而对于人口密度小于 1 万人/平方千米，活动覆盖率低于 20%的郊区，其建设密度相对较低，在该人口规模情景下如以中心城区同样的社区建设标准加以规划建设，势必导致公共服务设施的利用率低下，造成过量建设，因此针对郊区活动覆盖率较低地区，建议放宽标准，建设 15~30 分钟社区生活圈(图 15-14)。而其他住宅区，则作为远期提升地区，近期暂不做建设。

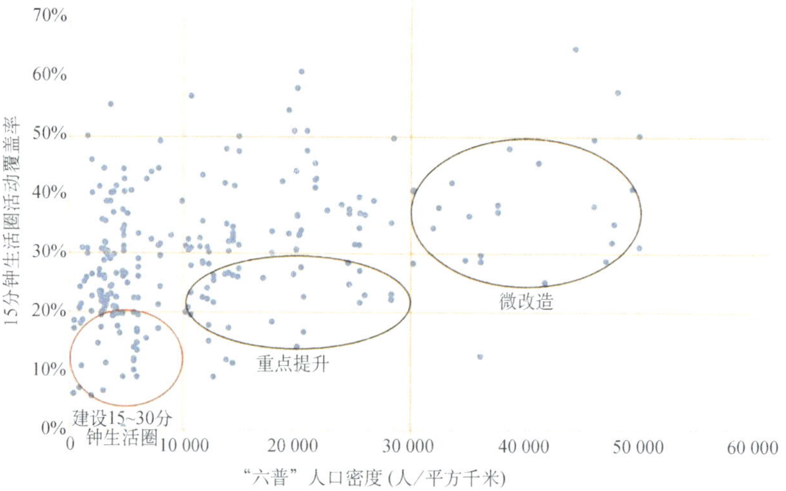

图 15-13 基于人口密度与 15 分钟生活圈活动覆盖率的分类建设指导

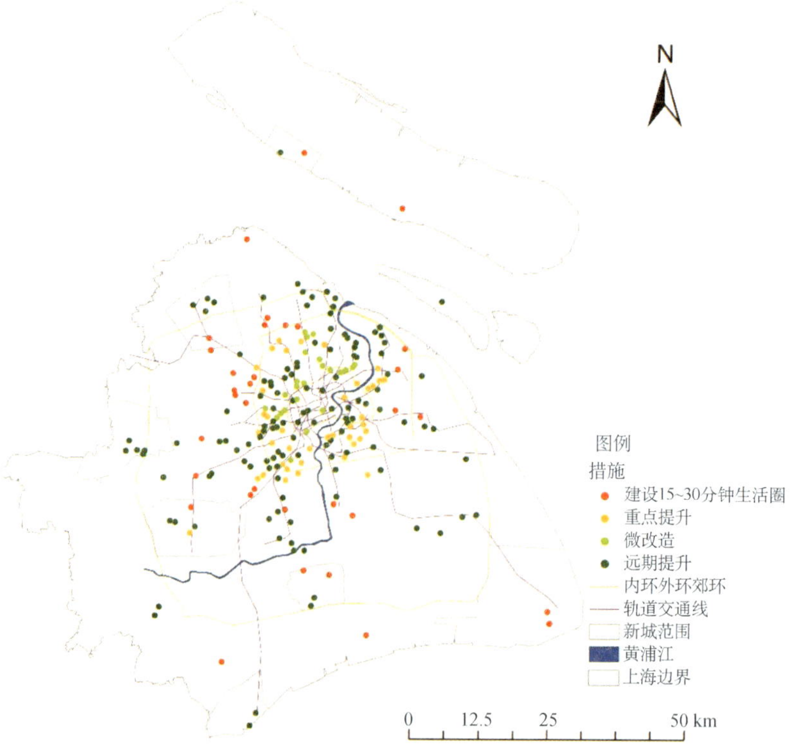

图 15-14 社区生活圈分类建设指导

15.8 结语

本研究利用手机信令数据，从中提取出居民的时空行为，从居民的实际行为特征出发，更真实地反映城市的空间特征。研究从用地强度、职住关系分析居民行为的空间特征，对上海市建成环境进行了评价；从住宅区居民生活性活动的空间特征，刻画了居民真实的现状生活圈，并与规划目标的15分钟生活圈进行对比分析，对上海市生活圈进行评价。

在建成环境评价方面，本研究充分利用了手机信令数据样本量大、覆盖面广且包含个体层面时空行为信息的优势，从居民的行为角度对城市的建成环境进行评价，展示了手机信令数据在城市分析研究中的价值与意义。城市空间的使用主体是其中的居民，因此从居民的行为特征去评价城市建成环境比使用实体环境指标更具有现实意义。另外，手机信令数据等可以直接反映居民时空行为的大数据，相比传统通过人工调查得到数据，还具有成本低、客观、动态持续等优势。通过对居民时空行为的持续观察分析，还可建立起城市建成环境的动态持续监测体系，对城市规划与建设和城市管理具有重要意义。

在生活圈评价方面，本章节利用手机信令数据对住宅区居民生活性活动出行进行了识别，其活动空间呈高频近距离紧密结构圈层的共性，在不同地区形态具有多样性和复杂性。同时定义并描绘了住宅区居民生活性活动的核心圈层以及主要圈层，刻画了居民真实的现状生活圈。并从15分钟社区生活圈角度出发，测度现状居民活动情况，将真实的居民活动与规划目标的15分钟生活圈进行对比分析，现状生活圈达标情况不足一成。最后从人口密度、活动核心圈指标、15分钟生活圈活动覆盖率指标等方面测算，提出不同人口密度的地区的差异化建设指导以及少数特例地区的针对性指导。

但是，利用手机信令数据进行空间规划的分析时还需注意该数据自身存在的一些问题，在研究中也应充分认识并进行规避，如由于个体时空记录的时间粒度在小时级、空间定位精度在数百米等级，因此分析的时间单元和空间单元就不可太细。另外，手机信令数据样本量虽然很大但并不是全样本，并且数据的处理与筛选可能会进一步影响样本的偏差，例如：在生活圈评价时，核心圈50%阈值的设定；在剔除家内、工作活动时，选择去除住宅区、工作地基站点500 m范围内的活动，均存在一定的主观性。

参考文献

[1] GLANZ K, HANDY S L, HENDERSON K E, et al. Built environment assessment: multidisciplinary perspectives[J]. SSM — Population Health, 2016(2):24-31.

[2] 曹新宇.社区建成环境和交通行为研究回顾与展望:以美国为鉴[J].国际城市规划,2015(4):46-52.

[3] 柴彦威,刘天宝,塔娜.基于个体行为的多尺度城市空间重构及规划应用研究框架[J].地域研究与开

发,2013(4):1-7.

[4] 季珏,高晓路.基于居民日常出行的生活空间单元的划分[J].地理科学进展,2012(2):248-254.

[5] 周素红,邓丽芳.居民日常活动的时空集聚——以广州市为例[C]//地理学核心问题与主线——中国地理学会2011年学术年会暨中国科学院新疆生态与地理研究所建所五十年庆典论文摘要集.乌鲁木齐:中国地理学会,2011:144.

[6] 孙斌栋,但波.上海城市建成环境对居民通勤方式选择的影响[J].地理学报,2015(10):1664-1674.

[7] 塔娜,柴彦威,关美宝.建成环境对北京市郊区居民工作日汽车出行的影响[J].地理学报,2015(10):1675-1685.

[8] SHEN Y, CHAI Y, KWAN M. Space - time fixity and flexibility of daily activities and the built environment: a case study of different types of communities in Beijing suburbs[J]. Journal of Transport Geography, 2015(47): 90-99.

[9] VACCARI A, LIU L, BIDERMAN A, et al. A holistic framework for the study of urban traces and the profiling of urban processes and dynamics[C]//2009 12th International IEEE Conference on Intelligent Transportation Systems, 2009.

[10] GIRARDIN F, CALABRESE F, FIORE F D, et al. Digital footprinting: uncovering tourists with user-generated content[J]. IEEE Pervasive Computing, 2008(4): 36-43.

[11] LI L, GOODCHILD M F, XU B. Spatial, temporal, and socioeconomic patterns in the use of Twitter and Flickr[J]. Cartography and Geographic Information Science, 2013, 40(2): 61-77.

[12] SEVTSUK A, RATTI C. Does urban mobility have a daily routine? explorations using aggregate mobile network data[C]//Proceedings of the 11th International Conference on Computers in Urban Planning and Urban Management, 2009.

[13] RATTI C, PULSELLI R M, WILLIAMS S, et al. Mobile landscapes: using location data from cell phones for urban analysis[J]. Environment and Planning B: Planning and Design, 2006, 33(5): 727-748.

[14] 陈宏飞,李君轶,秦超,等.基于微博的西安市居民夜间活动时空分布研究[J].人文地理,2015(3):57-63.

[15] 钮心毅,丁亮,宋小冬.基于手机数据识别上海中心城的城市空间结构[J].城市规划学刊,2014(6):61-67.

[16] WANG M, SCHROCK S D, VANDER B N, et al. Estimating dynamic origin-destination data and travel demand using cell phone network data[J]. International Journal of Intelligent Transportation Systems Research, 2013,11(2):76-86.

[17] LARIJANI A N, OLTEANU-RAIMOND A, PERRET J, et al. Investigating the mobile phone data to estimate the origin destination flow and analysis; case study: Paris region [J]. Transportation Research Procedia, 2015(6):64-78.

[18] 龙瀛,张宇,崔承印.利用公交刷卡数据分析北京职住关系和通勤出行[J].地理学报,2012(10):1339-1352.

[19] 钮心毅,丁亮.利用手机数据分析上海市域的职住空间关系——若干结论和讨论[J].上海城市规划,

2015(2):39-43.

[20] 任颐，毛荣昌.手机数据与规划智慧化——以无锡市基于手机数据的出行调查为例[J].国际城市规划，2014(6):66-71.

[21] 王德，王灿，谢栋灿，等.基于手机信令数据的上海市不同等级商业中心商圈的比较——以南京东路、五角场、鞍山路为例[J].城市规划学刊，2015(3):50-60.

[22] 方家，王德，谢栋灿，等.上海顾村公园樱花节大客流特征及预警研究——基于手机信令数据的探索[J].城市规划，2016(6):43-51.

[23] 王德，钟炜菁，谢栋灿，等.手机信令数据在城市建成环境评价中的应用——以上海市宝山区为例[J].城市规划学刊，2015(5):82-90.

[24] 申悦，柴彦威.基于GPS数据的北京市郊区巨型社区居民日常活动空间[J].地理学报，2013(4):506-516.

[25] 王波，甄峰，魏宗财.南京市区活动空间总体特征研究——基于大数据的实证分析[J].人文地理，2014(3):14-21,55.

[26] 王波，甄峰，张浩.基于签到数据的城市活动时空间动态变化及区划研究[J].地理科学，2015(2):151-160.

[27] 丁亮，钮心毅，宋小冬.上海中心城区商业中心空间特征研究[J].城市规划学刊，2017(1):63-70.